高等学校交通运输专业"十四五"规划系列教材

运输组织学（第3版）

主　编　何　杰　鲍香台

东南大学出版社
SOUTHEAST UNIVERSITY PRESS
·南京·

内容提要

运输组织学是一门正在发展中的综合性交叉学科,涉及管理学、运输经济学、运输工程学、运筹学、物流信息学等多个学科。安全迅速、经济合理地实现人、货空间位移是运输组织的终极目标。本书在第二版的基础上,结合近期的研究成果,以公路运输组织为主要研究对象,对运输组织学进行了系统的阐述。

本书共分为四部分:第一部分(1~4章),介绍了运输组织的基本理论,运输市场与运输管制,运输需求分析与预测,运输供给分析等基本知识;第二部分(5~6章),介绍了交通运输系统及客运组织管理内容和基本方法,包括城际客运组织内容和方法、城市公共交通客运组织内容和方法;第三部分(7~8章),介绍了货物运输组织管理内容和基本方法,包括货物运输组织的基本知识、典型货物运输组织方式;第四部分(9章),介绍了运输组织评价指标体系及运输组织发展。

本书适合作为交通运输及物流管理类专业的必修或选修课教材,也可供运以及相关服务(仓储、配送、供应链管理等)部门的工程技术人员、管理人员参考。

图书在版编目(CIP)数据

运输组织学 / 何杰,鲍香台主编. —3版. —南京:东南大学出版社,2022.12
ISBN 978-7-5766-0532-7

Ⅰ.①运… Ⅱ.①何… ②鲍… Ⅲ.①交通运输管理—高等学校—教材 Ⅳ.①F502

中国版本图书馆 CIP 数据核字(2022)第243094号

选题策划:李 玉
责任编辑:黄 惠　　责任校对:韩小亮　　封面设计:顾晓阳　　责任印制:周荣虎

运输组织学(第3版)　YunShu ZuZhi Xue(Di-san Ban)

主　　编	何 杰 鲍香台
出版发行	东南大学出版社
社　　址	南京市四牌楼2号　邮编:210096　电话:025-83793330
网　　址	http://www.seupress.com
电子邮箱	press@seupress.com
经　　销	全国各地新华书店
印　　刷	广东虎彩云印刷有限公司
开　　本	700mm×1000 mm　1/16
印　　张	20.75
字　　数	504千字
版　　次	2022年12月第3版
印　　次	2022年12月第1次印刷
书　　号	ISBN 978-7-5766-0532-7
定　　价	69.00元

本社图书若有印装质量问题,请直接与营销部联系,电话:025-83791830。

后　记

成就了属于我的一份荣耀。记得我曾问过徐伯钧博士"为何要读博",他说读博是一份荣耀。当时我不太明白其中涵义,也读不出"荣耀"二字的厚重。现在当听到老母亲乐呵呵地跟别人讲"二丫头也博士毕业了",婆婆骄傲地说"我家儿媳妇也是博士",儿子说"我妈是博士",我才懂得这份荣耀其实是催你奋进的不竭的精神力量。谨以此书的出版,开启我学术生涯的新旅程。

本书的出版得到了东南大学出版社的大力支持,感谢为此书的出版进行编辑、校对、审核和印刷的各位老师。本书的出版也得到了江苏经贸职业技术学院、文化旅游学院的领导与同事的关心与支持,特此感谢！

凌　红

2023 年 10 月于江宁九龙湖

前 言（第3版）

2007年12月,由国家重点学科东南大学载运工具运用工程学科的具有多年教学、科研经验的教师编写了这套"高等学校交通运输专业'十一五'规划系列教材",《运输组织学》是系列专业教材之一;作为交通运输专业的专业课程教材,《运输组织学》于2009年第一次出版,并于2015年修订第二次出版,已被多所高校作为交通运输专业和物流专业的教材使用。

"十四五"交通运输规划是推进交通强国战略的第一个"五年规划",规划强调了区域交通一体化、交通N网融合、提升运输服务水平、大力发展智慧交通、低碳运输等战略重点。本书正是在以上国家交通运输发展战略的背景下,为适应运输业需求和高等教育发展的新变化而进行的第三版修订,以使其更准确地反映当前运输与物流业的实际状况,与交通运输业的发展和需求保持最密切的联系,并使其具有一定的理论指导作用。

为了保持教材的连续性和稳定性,本版的篇目、章节安排做了适当更新和调整,但中心学习内容范围基本没变。此次修订在第二版的基础上主要进行了以下几方面的工作:

第一,对部分叙述性内容进行了适当压缩,对已过时的专业数据进行了更新;第二,将本书的内容划分成了运输组织理论与运输系统需求预测、客运组织、货运组织、运输组织评价及运输组织发展等内容,在理解理论知识的基础上,能够进行供给、需求的分析和预测,熟悉运输规划的基本理论和方法,进而掌握开展运输组织业务的内容,使内容的逻辑性更强,内容更丰富;第三,增加了供给侧结构性改革、"互联网+"背景下新型运输组织方式学习内容,增加了近几年快速发展的几种典型货物运输组织方式的学习内容;第四,对每章的复习思考题进行了增减,增加了案例分析和方案设计等题目,这有助于读者理解和掌握相关知识。

需要说明的是,由于运输组织学涉及面较广,实践性较强,而且处于不断发展变化之中,尽管作者已尽最大努力,但由于自身的学识水平有限,不足之处在所难免,且随着时间的推移,某些知识将可能过时或变得不妥,作者恳请业内专家、学者和广大读者给予指正,以便再版时吸收采纳,使之更趋完善。

何杰　鲍香台
2022年8月于南京

目 录

1 绪论 …………………………………………………………………………（1）
　学习目标 ………………………………………………………………………（1）
　1.1 运输组织学概述 …………………………………………………………（1）
　　1.1.1 组织的概念及功能 …………………………………………………（1）
　　1.1.2 运输组织的概念及特性 ……………………………………………（2）
　1.2 运输组织学研究的内容 …………………………………………………（2）
　1.3 运输组织结构设计 ………………………………………………………（3）
　　1.3.1 运输组织结构设计任务、原则 ……………………………………（3）
　　1.3.2 运输组织结构类型 …………………………………………………（5）
　思考题 …………………………………………………………………………（7）

2 运输市场与运输管制 …………………………………………………………（8）
　学习目标 ………………………………………………………………………（8）
　2.1 运输市场 …………………………………………………………………（8）
　　2.1.1 运输市场的特点及分类 ……………………………………………（8）
　　2.1.2 运输市场运行环境及影响因素分析 ………………………………（12）
　　2.1.3 运输市场竞争方式及竞争特点 ……………………………………（13）
　　2.1.4 运输产品及市场营销 ………………………………………………（15）
　2.2 运输企业管理 ……………………………………………………………（18）
　　2.2.1 运输主体构成及其各自具备的功能 ………………………………（18）
　　2.2.2 运输企业分类及业务模式 …………………………………………（20）
　　2.2.3 传统运输业务管理 …………………………………………………（22）
　　2.2.4 新型运输业务管理 …………………………………………………（25）
　2.3 运输行业管理 ……………………………………………………………（30）
　　2.3.1 运输行业管理机构 …………………………………………………（30）
　　2.3.2 各管理机构的管理目标与职责 ……………………………………（32）

2.4 运输政策与管制 (35)
2.4.1 运输政策 (35)
2.4.2 运输管制 (39)
思考题 (40)

3 运输需求分析与预测 (41)
学习目标 (41)
3.1 运输需求简述 (41)
3.1.1 运输需求要素及特征 (41)
3.1.2 运输需求产生及影响因素 (43)
3.1.3 运输调查的方法和步骤 (45)
3.2 运输量预测 (49)
3.2.1 运输量预测含义及预测原理 (49)
3.2.2 运输量预测方法 (50)
3.3 客运需求调查及预测 (59)
3.3.1 客运量调查内容 (59)
3.3.2 客运量预测内容 (60)
3.3.3 客运量预测案例 (61)
3.4 货运需求调查及预测 (63)
3.4.1 货源及货运量调查 (64)
3.4.2 货运量预测内容 (68)
3.4.3 货运量预测实例 (69)
思考题 (73)

4 运输供给分析 (75)
学习目标 (75)
4.1 运输供给概述 (75)
4.1.1 运输供给的特征 (76)
4.1.2 运输供给的影响因素 (77)
4.1.3 交通运输系统供给内容 (77)
4.2 运输供给分析 (81)
4.2.1 运输供给函数分析 (81)
4.2.2 运输供给弹性分析 (83)
4.3 运输供给与需求均衡分析 (83)
4.3.1 运输供需平衡概述 (83)
4.3.2 供需变动下运输市场的均衡 (85)
4.3.3 其他条件下的运输市场均衡 (86)

4.4 运输供给侧改革分析 ·· (87)
4.4.1 供给侧结构性改革的概念 ·· (87)
4.4.2 运输供给侧改革的途径 ·· (88)
思考题 ·· (89)

5 城际客运组织 ·· (90)
学习目标 ·· (90)
5.1 城际客运组织概述 ··· (91)
5.1.1 城际客流分类 ·· (91)
5.1.2 城际客运组织生产基本过程及组织原则 ···················· (93)
5.1.3 城际客运(中长途客运)发展趋势 ····························· (94)
5.2 城际公路客运组织 ··· (97)
5.2.1 公路客运概述 ·· (97)
5.2.2 城际公路客运站类型及级别划分 ····························· (100)
5.2.3 城际公路客运计划编制 ··· (104)
5.2.4 城际公路客运站务组织 ··· (112)
5.3 城际铁路客运组织 ··· (113)
5.3.1 铁路客运概述 ·· (113)
5.3.2 城际铁路客流特征及车辆运行特点 ·························· (114)
5.3.3 城际铁路客运站务组织主要内容 ····························· (115)
5.4 城际民航客运方式组织 ··· (116)
5.4.1 民航客运体系 ·· (116)
5.4.2 航空客运组织主要内容 ··· (116)
思考题 ·· (119)

6 城市公共交通客运组织 ·· (120)
学习目标 ·· (120)
6.1 城市公共交通系统概述 ··· (120)
6.1.1 城市公共交通系统组成及特点 ································ (121)
6.1.2 城市公共交通组织要点 ··· (124)
6.2 城市公交客流特征及客流调查 ···································· (125)
6.2.1 城市公交客流特征 ·· (125)
6.2.2 城市公交客流调查 ·· (128)
6.3 城市地面公交运营组织 ··· (131)
6.3.1 常规公交客运组织 ·· (131)
6.3.2 BRT 公交客运组织 ··· (147)
6.3.3 出租车和网约车客运组织 ······································ (149)

   6.3.4 公共自行车和共享单车运营管理 ……………………… (154)
  6.4 城市轨道交通客运组织 ………………………………………… (159)
   6.4.1 轨道交通客运组织概述 …………………………………… (159)
   6.4.2 地铁站点客运组织 ………………………………………… (162)
   6.4.3 地铁车辆运营组织 ………………………………………… (163)
  6.5 城市公共交通系统的衔接与协调 ……………………………… (167)
   6.5.1 城市公共交通系统的衔接协调 …………………………… (167)
   6.5.2 城市公共交通间的换乘衔接协调组织 …………………… (169)
   6.5.3 城乡公交一体化运营组织 ………………………………… (174)
  思考题 ……………………………………………………………………… (177)
7 货物运输组织基本知识 …………………………………………………… (178)
  学习目标 …………………………………………………………………… (178)
  7.1 货物运输概述 …………………………………………………… (178)
   7.1.1 货物的分类 ………………………………………………… (178)
   7.1.2 货物的特性 ………………………………………………… (180)
   7.1.3 货运车辆种类 ……………………………………………… (181)
   7.1.4 货物运输组织的原则和要求 ……………………………… (183)
  7.2 货物合理化运输 ………………………………………………… (183)
   7.2.1 合理化运输的影响因素 …………………………………… (183)
   7.2.2 不合理运输的表现形式 …………………………………… (184)
   7.2.3 合理化运输组织措施 ……………………………………… (186)
  7.3 道路货运车辆运行组织形式、运输线路和车辆选择 ………… (187)
   7.3.1 货运车辆运行组织方式 …………………………………… (187)
   7.3.2 货运车辆行驶路线及其选择 ……………………………… (190)
   7.3.3 货运车辆的选择 …………………………………………… (204)
  7.4 货运生产计划与编制 …………………………………………… (205)
   7.4.1 运输生产计划的构成 ……………………………………… (205)
   7.4.2 运输量计划及编制 ………………………………………… (205)
   7.4.3 车辆计划及编制 …………………………………………… (207)
   7.4.4 车辆运用计划及编制 ……………………………………… (209)
   7.4.5 车辆运行作业计划及编制 ………………………………… (215)
  思考题 ……………………………………………………………………… (217)
8 货物运输组织方式 ………………………………………………………… (219)
  学习目标 …………………………………………………………………… (219)
  8.1 集装箱运输组织 ………………………………………………… (219)

  8.1.1　集装箱运输概述 ……………………………………………………(219)
  8.1.2　集装箱货物分类 ……………………………………………………(225)
  8.1.3　集装箱运输组织 ……………………………………………………(227)
 8.2　多式联运组织 ……………………………………………………………(231)
  8.2.1　多式联运组织的概念及条件 ………………………………………(231)
  8.2.2　多式联运组织构成要素 ……………………………………………(232)
  8.2.3　多式联运的主要组织形式 …………………………………………(233)
  8.2.4　多式联运的运输组织模式 …………………………………………(234)
 8.3　甩挂运输组织 ……………………………………………………………(236)
  8.3.1　甩挂运输概述 ………………………………………………………(236)
  8.3.2　甩挂运输体系及适用条件 …………………………………………(237)
  8.3.3　甩挂运输的主要组织形式 …………………………………………(239)
 8.4　集疏运组织 ………………………………………………………………(241)
  8.4.1　集疏运组织流程 ……………………………………………………(242)
  8.4.2　集疏运系统的组成 …………………………………………………(243)
  8.4.3　集疏运系统分类 ……………………………………………………(244)
  8.4.4　国内外典型集疏运系统介绍 ………………………………………(246)
  8.4.5　集疏运发展趋势 ……………………………………………………(247)
 8.5　电商货运组织 ……………………………………………………………(249)
  8.5.1　电子商务概述 ………………………………………………………(249)
  8.5.2　电商物流组织分类 …………………………………………………(250)
  8.5.3　电商信息平台 ………………………………………………………(254)
 8.6　特殊货物运输组织 ………………………………………………………(256)
  8.6.1　危险品运输的组织与管理 …………………………………………(256)
  8.6.2　超限货物运输的组织与管理 ………………………………………(262)
  8.6.3　鲜活易腐货物运输的组织与管理 …………………………………(264)
 8.7　车货匹配货运组织 ………………………………………………………(265)
  8.7.1　无车承运人 …………………………………………………………(265)
  8.7.2　车货匹配平台 ………………………………………………………(267)
 思考题 …………………………………………………………………………(268)

9　运输组织评价及运输组织发展 …………………………………………………(270)

 学习目标 ………………………………………………………………………(270)
 9.1　运输组织评价概述 ………………………………………………………(270)
  9.1.1　运输组织评价内容及分类 …………………………………………(270)
  9.1.2　运输组织评价的原则及评价步骤 …………………………………(272)
 9.2　运输组织效果评价指标 …………………………………………………(273)

9.2.1　建立评价指标体系的原则 …………………………………… (273)
　　9.2.2　运输组织效果评价指标 …………………………………… (274)
9.3　载运工具运用效率指标 ……………………………………………… (278)
　　9.3.1　车辆利用单项指标 ………………………………………… (279)
　　9.3.2　车辆利用综合指标 ………………………………………… (282)
9.4　运输组织综合评价 …………………………………………………… (286)
　　9.4.1　综合评价指标体系确定的原则 ……………………………… (286)
　　9.4.2　综合评价指标体系的主要内容 ……………………………… (287)
　　9.4.3　综合评价指标的数量化 ……………………………………… (290)
9.5　运输组织常用评价方法介绍 ………………………………………… (291)
　　9.5.1　模糊综合评价法 ……………………………………………… (292)
　　9.5.2　层次分析法 …………………………………………………… (300)
9.6　运输组织发展 ………………………………………………………… (307)
　　9.6.1　运输组织的智慧发展 ………………………………………… (307)
　　9.6.2　运输组织的可持续发展 ……………………………………… (314)
思考题 ……………………………………………………………………… (317)

参考文献 ………………………………………………………………… (319)

1 绪 论

学习目标

- 理解组织、运输组织、运输组织管理的含义及特性
- 熟悉运输组织学主要研究内容
- 掌握运输组织设计的任务、原则与运输组织结构类型
- 能够对某个运输组织进行结构设计

1.1 运输组织学概述

1.1.1 组织的概念及功能

1) 组织的概念

"组织"可以从静态与动态两个方面来理解。

静态的组织是指组织结构,是为了实现某一共同目标确定的、使工作任务得以分解、组织和协调的权责结构。静态组织的内涵有三层含义:组织作为一个整体,具有共同的目标;组织必须有分工和合作;组织要有不同层次的权责制度。

动态的组织是指通过一定权力体系,为了实现组织的目标,将所进行的各项工作加以分类,对所需要的一切资源(人、物、财、信息)进行合理配置的行为及过程。其内涵包括:为了实现组织目标,首先要进行组织结构设计,或通过对已有的组织结构优化,使组织更有效率且更能适应目标的需求;在建立组织结构的基础上,明确组织成员的角色和分工、赋予组织中各成员完成相应工作所需要的权力,协调内部组织间、成员间的责任和权力关系,充分发挥组织成员的才能,进而实现组织目标。

2) 组织的功能

任何一种组织都应具备以下功能:

(1) 能为组织内部所有成员提供明确的指令,有助于组织内部各部门、各成员之间

的合作,使组织活动更具有秩序性和预见性;

(2) 能及时总结组织活动的成功经验和失败教训,依据工作目标的需求,不断进行调整优化,形成适应完成目标的合理组织结构;

(3) 能够保持组织活动的连续性,有助于工作的合理分工与协调,提高工作效率。

1.1.2 运输组织的概念及特性

1) 运输组织学概念

运输组织学是在运输生产和经营实践中发展起来的关于运输资源合理配置的理论和技术,是研究如何合理配置运输资源,实现少投入、多产出的管理技术经济学。运输组织是把各种运输方式通过运输过程本身的要求联系起来,优势互补、协作配合,最大限度地运用各类资源,提高运输效率和效益,实现合理运输的过程。

2) 运输组织的特性

运输需求具有多样性,需要多样的运输组织方式来满足。因此在支持全社会运输活动、不断调整自身发展策略的过程中,运输组织开始具有以下特性:

(1) 国民经济的基础性。国民经济的基础性表现在:工农业生产、人民生活、国防建设及社会活动诸方面对交通运输活动具有普遍需求性。纵观人类社会发展历程以及许多国家的经验表明:一个发达的经济体同时会具有完善的运输网络、先进的载运工具和科学合理的运输组织方式。

(2) 生产服务性。运输组织的过程是为社会提供"运输产品"的过程,即实现旅客和货物空间位移的一切组织手段和活动过程;运输组织的生产活动为社会提供的效用不是实物形态的产品,而是一种劳务,通过提供的运输服务体现其价值,即运输不产生新产品,但产生新价值。因此,运输行业也被界定为第三产业范畴。

(3) 公共性与企业性的双重性。运输组织活动具有公共性,其产品在一定程度上具有公共产品的属性,同时在生产经营过程中,运输组织活动也具有一定的企业属性。正确理解运输的双重属性,对更好地制定运输政策具有一定的指导价值。

(4) 隐性的社会贡献性。隐性的社会贡献性是从国民经济基础性派生出来的,为什么把其作为运输组织的特征之一加以强调? 一方面是因为运输需求是从其他社会经济活动中派生出来的,运输组织活动只是其实现目标的手段;另一方面是因为运输活动的经济效益具有滞后性,这是因为整个运输系统的基本建设规模较大,一般投资大、建设周期长,且建成所带来的效益是逐渐显现的。例如,一些高速公路和大型机场在建成后需经过一段时间才能显现其最佳的效益。

1.2 运输组织学研究的内容

运输组织学的研究有以下不同角度或方向:

(1) 从载运工具运用的角度看,有车辆、船舶、飞机的客运服务项目、货物配载问

题,如何实现客货安全空间位移问题,以及无人驾驶关键技术推广应用研究问题等;

(2) 从运输港站(运输节点)研究的角度看,有港站规划设计、规划组织问题,运输动力、线路、作业站台、仓库货位和装卸机械等设备配置问题,客货运输作业流程组织管理问题等;

(3) 从运输网络运用和管理的角度看,有如何运用科技手段(如互联网＋、AI 技术、大数据处理技术等)进行交通流的组织优化和动态监控、确保系统的安全和畅通、确保交通高效有序的问题;

(4) 从运输企业生产经营的角度看,有运输市场调查、客货流组织以及运输产品设计问题,运输设备综合运用和运输生产过程优化组织问题;

(5) 从整个运输系统的角度看,有如何实现多种运输方式优势互补、协调发展、相互配套、紧密衔接形成一体化运输系统的问题。

随着运输需求的不断变化,从运输资源合理配置的角度,需要对运输设备及其运输能力的加强和发展提出运营管理上的要求,科学合理地规划运输固定设备、活动设备和运输管理系统的布局和建设。这些都是运输组织所要研究和解决的重要理论和技术问题。

1.3 运输组织结构设计

目前,运输组织结构设计的任务已经从解决问题变成了优化问题,运输市场对组织结构设计的要求也由设计运输产品转换到设计运输管理。即根据乘客、货主需求,把握市场动态与运输需求者认知,并由此转换在新运输产品中,影响和适应用户的需求。不论是组织构架、设计流程,还是人员配置,都需要以创造性思维为核心,将三者进行有机的循环融合,设计出合理的组织结构,力求达到最优运输组织模式。

1.3.1 运输组织结构设计任务、原则

任何组织都是由各种要素、人员,按照一定的结构或形式进行组合而形成的团体。如果说人员的构成是组织建立的基本,那么组织结构的存在就是为了使各成员能够按照一定的秩序结合起来,增加彼此的关联性,并且为了实现某个特定的目标而共同努力。

设计组织如何合理地实现人员、权责的分配,如何使成员发挥他们最大的效率,是组织结构设计的重点。组织结构的创新是组织设计管理创新的一个方面,它影响着设计流程的建立,也影响着人员的配置,只有建立有效的组织架构,才能进行设计流程的创新,才能使人员合理分工,使团队实现最大的工作效率,并且激发组织的创新能力。

1) 组织结构设计的任务

尽管每个组织的目标不同,组织结构形式不同,但一个组织的基本设计过程是基本相同的。一般组织结构设计需要完成以下 6 个步骤:

① 岗位设计

首先,将为实现组织目标所进行的活动分解成为有机相连的部分,形成相应的工作岗位。划分为实现组织目标所进行的活动的基本要点是按工作性质的不同进行划分,使得每个组织成员或若干个组织成员能执行一项明确的工作。通过估算每项工作所需的时间,就可以计算完成组织目标所需的操作者人数。

② 部门化

当组织将任务分解成了具体的可执行的工作后,将这些工作按一定的逻辑合并成相应的组织单元,如部门、科室等,这就是部门化过程。通过部门化或单元管理,明确各单元的权力和责任,使得不同的部门根据其工作性质的不同而采取有差别的管理方式。常见的部门化方法有职能部门化、地区部门化、产品部门化、顾客部门化、程序部门化等。

③ 确定管理幅度和层次

部门化解决了各项工作如何进行归类以实现统一领导的问题,然后确立组织中每个部门的职位等级数量,即组织层次问题。组织层次的多少与组织中管理幅度的大小有直接关系。在一个部门的成员数量一定的情况下,一个管理者能直接管辖的下属越多,该部门的组织层次就越少;反之亦然。在管理幅度确定的情况下,可以根据成员数量的多少,计算出所需管理人员数和相应的组织层次。

④ 配置人员

组织结构的设计为实现组织目标所必须开展的工作奠定了基础,但若不能根据各岗位的要求选择合适的人员,最好的组织结构也无法有效发挥作用。因此,在设计合理的组织结构的同时,还需要根据各单位和部门分管的业务工作和对人员素质的要求,配置称职的人员数量。

⑤ 规定职责与权力

进行人员配置后,根据组织目标的要求,明确规定各单位、部门、工作岗位应负的责任以及评价其工作业绩的标准。在规定责任的同时,也要根据工作开展实际需要,授予各单位、部门及负责人完成相应工作所需的权力。

⑥ 整合联成一体

在进行以上组织设计的活动之后,还应当明确规定各单位、部门、岗位之间的工作关系,以及它们之间的信息沟通和相互协调等方面的原则和方法,把各个组织实体从多个角度连接起来,形成一个能够协调运作,并且有效地实现组织目标的管理组织系统。

2) 组织结构设计的原则

由于组织所处的环境、采用的技术、制定的战略、发展的规模不同,所需的职务和部门及其相互关系也不同,但任何组织在进行机构设计时,都需要遵守一些共同的原则。

① 因事设职与因人设职相结合的原则

组织设计中,逻辑性要求首先考虑工作的特点和需要,要求因事设职,因职用人,即"事事有人做",而非"人人有事做"。

组织设计往往并不是为全新的、迄今为止还不存在的组织设计职务和机构，而是主要为解决组织优化的问题，这时就必须考虑现有组织中现有成员的特点。组织设计的目的不仅是要保证"事事有人做"，而且要保证"有能力的人有机会去做他们真正胜任的工作"。

任何组织，首先是人的集合，人之所以参加组织，不仅有满足某种客观需要的要求，而且希望通过工作来提高自身能力、实现自我的价值。因此，组织的设计也必须有利于个人的能力的提高、有利于每个人的发展。

② 权责对等的原则

组织中的每个部门和职务都必须完成规定的工作，为了保证"事事有人做""事事都能正确地做好"，组织设计既要明确各个部门的任务和责任，还要明确取得和利用人力、物力、财力以及信息等工作资源相应的权力，对等的权责也意味着赋予某个部门或岗位的权力不能超过其应负的职责。

③ 命令统一的原则

"统一命令"或"统一指挥"的原则指的是"组织中的任何成员只能接受一个上司的领导"，根据上级的指令开始或结束、进行或废止、调整或修正自己的工作。如果一个下属同时接受两个上司的指导，而这俩上司的指示并不总是保持一致，那这名下属的工作就会形成混乱。

统一命令是组织工作中的一条重要原则。只有实行这条原则，才能防止政出多门，遇事互相扯皮、推诿，才能保证有效地统一和协调各方面的力量、各单位活动，使组织运行效率最高。

1.3.2 运输组织结构类型

1) 金字塔型组织结构

传统的设计组织机构在一定的项目规模下一般采用垂直型(即金字塔型)的结构，以某物流公司为例，其结构形式如图 1.1 所示：

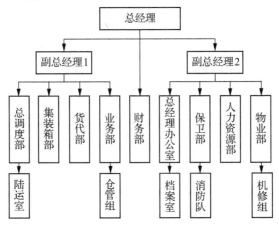

图 1.1 某物流公司组织结构图

这种组织结构具有以下两大优点：一是分工细致，各个成员或者部门的任务明确；二是专业性较强，工作效率较高。但它同时也存在着难以摒弃的缺点：一是缺乏信息交流，组织成员之间的关系相对独立；二是因为部门相对独立，组织成员目标不易统一，工作协调难度大。这种组织结构的部门相对独立，很容易造成业务脱节的情况，信息沟通不顺畅。

垂直型(金字塔型)结构一般只适用于一定规模，并且产品较为单一的企业，不适用于业务种类多、业务量大且工作需要灵活开展的组织结构。

2) 二维矩阵企业管理结构

二维矩阵企业管理结构，是为了业务量多且复杂的大型联合公司而设计的，特别是以创新为目的的创新型设计组织。其组织结构如图 1.2 所示：

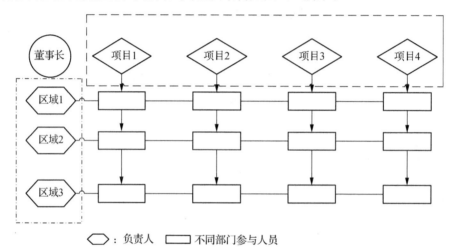

图 1.2 二维矩阵企业组织结构图

这种组织结构是一个开放的系统，以水平的矩阵型结构为工作方式，以项目为工作轴心，在项目众多的情况下，每一个项目都有直接的决策人，根据项目的特殊需要，由不同部门人员组成项目小组。由于二维矩阵结构是按项目进行运作的，所以其既增强了不同部门之间人员的配合和交流，还能随着项目的开始与结束进行组织或解散。而且，一个员工还能够根据自身情况选择同时参加几个项目小组，提高了人员的利用率。这种组织结构能使领导者随时掌握每个项目的运行情况，项目负责人能根据实际情况调整项目进度和对组织成员的使用程度，从而加快项目进程。这种组织结构相对于垂直型组织结构，能够更加充分利用组织的人力资源，适用于多个项目同时进行的组织，也能适应当前多变的社会环境。

1 绪论

思考题

1.1 静态组织与动态组织的内涵是什么？组织应具有什么功能？运输组织学的内涵是什么？

1.2 运输组织学研究的主要内容包括哪些？

1.3 组织设计的任务是什么？组织设计应遵循哪些原则？

1.4 以某一运输企业为例，试将其企业组织结构图绘制出来，并写明各岗位、部门的职责与权力。

2 运输市场与运输管制

学习目标

- 理解运输市场的内涵、特点,熟悉市场分类及其用途
- 掌握运输市场体系的构成及运输市场的功能,了解市场竞争基本方式及竞争特点
- 了解运输主体的构成及其功能,熟悉运输企业业务管理基本流程和产品营销策略
- 熟悉运输行业管理机构构成,掌握各管理机构的管理目标与职责
- 了解各类运输政策及运输管制方式

2.1 运输市场

市场属于商品经济的范畴,是商品交换顺利进行的条件。目前市场的概念有三种内涵:① 狭义的市场,② 一般意义的市场,③ 广义的市场。本章在阐述运输市场内涵及运输市场体系构成的基础上,研究运输市场所需的运行环境以及运输市场的内在运行规律。

2.1.1 运输市场的特点及分类

运输需求与运输供给构成运输市场。运输市场是运输生产者和运输消费者之间进行运输交易的场所或区域,主要由需求方、供给方、中介方和政府监管方组成。

狭义的运输市场是指运输产品交换的场所或区域。它仅是一个地点概念,如客运站、货运站、机场、港口、物流园区等。

一般意义的运输市场是指运输需求方(旅客或货主)、运输供给方(运输企业及运输代理)相互见面,在条件具备的情况下发生交换(买卖)的过程。如国际航空客运市场、国内铁路货运市场等。

广义的运输市场是运输劳务交换关系的总和,即运输市场不仅是作为运输劳务交换的场所,而且还是包括运输活动的各个参与者之间、运输部门与其他部门之间的经济关系。

1) 运输市场的特点

运输市场同其他市场一样,是以商品交换为主要内容的经济联系形式,是运输劳务交换关系的总和,它除具备一般商品市场的特征之外,还具有与一般市场不同的特征,即运输市场具有第三产业服务性的特征,主要表现在以下几个方面:

(1) 运输市场是一种典型的劳务市场

运输企业为客、货提供没有实物形态的运输劳务,在运输生产过程中,由于使客、货实现了空间位移,而为旅客提供了服务、使货物的价值得到了提升,因此,运输不产生新产品,但产生新价值。

(2) 运输商品生产和消费之间具有同步性

运输商品的生产、消费过程是融合在一起的,由于运输所创造的产品在生产过程中同时被消费掉,因此不存在任何可以存储、转移或调拨的运输"产成品"。同时运输产品又具有矢量特征,不同的到、发站之间的运输形成不同的运输产品,他们之间不能相互替代,也不能靠储存或调拨运输产品方式调节市场供求关系。

(3) 运输市场具有较强的区域性和波动性

运输市场中的交易行为不局限于某一时刻或某一固定地方,它具有广泛性、连续性以及区域性。运输需求在不同区域会具有较强的不平衡性;另外,无论客运还是货运需求,都具有季节性变动的规律,同时运输市场受各种因素影响,运输量在流量、流向、流时、流距等方面波动性较大。

(4) 运输市场容易形成垄断

运输行业在一定的发展阶段,由于某种运输方式在技术上优势明显,在运输市场上会形成较强的垄断势力。部分运输市场,如铁路、航空、国际海运等运输市场的进入有一定难度,这是由于运输企业的投资规模大,对技术要求高,一般经营者很难进入这一行业,这也成了运输市场形成垄断的一个重要因素。

(5) 运输需求多样性

消费者对运输时间、方便程度以及经济性等方面有着不同的要求,这就要求运输企业提供更多的运输组织方式满足消费者多样性需求。

目前交通运输仍不能完全满足国民经济和社会发展的需要,各种运输方式在供求关系上也显示出较大差别,健康有活力的运输市场,可以促进企业竞争,推动技术进步,改善生产经营管理,提高经济效益。

2) 运输市场体系构成及分类

(1) 运输市场体系构成

运输市场体系是指各类运输市场以一定质的联系与量的比例形成的有机整体。运输市场体系包括按不同的运输范围、运输对象、运输方式及相应的配套服务划分的各类运输市场,如图 2.1 所示。

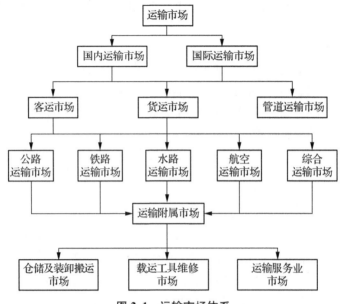

图 2.1 运输市场体系

运输市场体系一般可划分为三个层次,第一层次(也是最高层次)的运输市场是指整体运输市场,它包含了一个国家国内、国际运输服务的全部供求关系;第二层次是客运市场与货运市场,它们分别体现了一个国家客运与货运的全部供求关系;第三层次是公路、铁路、航空、水上、管道运输市场以及由它们的联合运输方式所形成的综合运输市场,它们分别体现着各种运输方式的全部供求关系,除管道运输之外,均包含客货运总量的供求关系。

除此之外,各种运输方式还有着相应的配套服务市场,包括仓储及装卸搬运、载运工具维修、货运代理等附属市场。综合运输市场是我国今后一段时间内运输市场的主要发展方向。

综合运输市场是指把每种运输方式的技术经济与不同区域的自然地理条件合理联系起来,基于不同运输方式的技术经济优势发挥各自运输优势,合理分配各种运输方式的运能,提高我国综合运输市场整体运作效率,为社会经济发展服务。

(2) 运输市场体系分类

运输市场的类型,根据研究的目的不同,我们可以划分为以下几种:

① 按运输方式不同,可划分为公路运输、铁路运输、水上运输、航空运输和管道运输市场等。这种分类方式便于研究各种运输市场之间的竞争关系,比较各种运输市场的特点,寻求更合理的运输形式,如多式联运、联合运输、甩挂运输、集装箱运输等。

② 按运输对象不同,可划分为客运市场、货运市场等。这种分类便于研究不同运输对象的市场需求规律,从而为市场提供合理的供给。客、货运市场还可以进一步细

分,如客运市场可进一步分为城市公共客运市场、中长途客运市场等;货运市场根据运输货物的种类不同可分为干散货运输市场、危险品运输市场、大件运输市场、冷链运输市场、集装箱运输市场、快件运输市场等。

③ 按营运方式不同,可划分为城市公交客运市场、出租车客运市场,班车客运市场、包车客运市场,整车运输市场、零担运输市场、集装箱运输市场等。每种运输方式都有其独特的经济特性,这种分类便于研究各种运输市场的内在经济运行规律。

④ 按运输竞争态势和竞争程度,可划分为完全竞争市场、不完全竞争市场、寡头垄断市场和完全垄断市场四大类。市场的竞争态势和竞争程度受到多种因素的影响,一般情况下,市场上的买卖双方数量越多,竞争程度越激烈;交易者的数量越少,竞争程度越小;参加交易的商品(或服务)差异越小,竞争程度越大。

⑤ 按运输需求弹性的大小,可分为富有弹性和缺乏弹性的运输市场。这种分类的目的便于根据需求弹性的大小采取措施,调节运输市场,满足运输需求。如在城市客运市场中,由于运输需求弹性较小,不能一味采取调整运价的措施,使供求关系基本平衡,但对于旅游等富有弹性的运输市场,就可以采取调整运价的措施,调节运输市场在时间上供求关系的基本平衡。运输市场分类如图 2.2 所示。

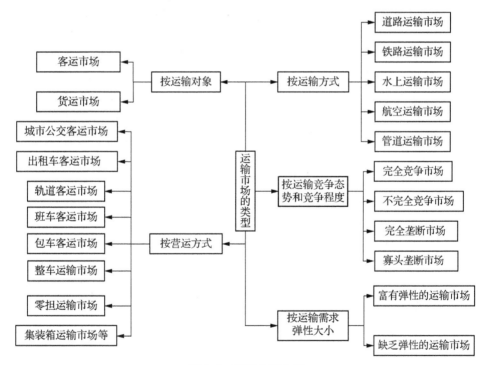

图 2.2　运输市场分类

2.1.2 运输市场运行环境及影响因素分析

运输市场的运行环境是指给运输企业的商业活动带来机会或造成威胁的内外界因素的总和,一般可把这些运行环境分为间接环境和直接环境。

1) 影响运输市场运行的间接环境

(1) 政治法律环境。这是指国家为发展本国经济而制定的一系列方针政策,主要包括经济政策、产业政策、能源政策、价格政策、环保政策、财政、税收、金融与货币等政策。它决定着国家与企业之间的利益关系,运输企业必须遵循这些方针政策,关注国家政策的变化,依据市场运行规律,抓住有利机遇并善加利用。

(2) 经济环境。这是指构成运输企业生存发展的社会经济状况及国家经济政策。社会经济状况主要包括消费者收入水平、社会购买力水平、消费者支出结构和消费者储蓄变化等。国家经济政策主要指国家制定的在一定时期内国家经济发展目标实现的战略与策略,它包括了国家的经济发展战略和产业政策等,运输企业应密切关注国家经济政策的变化,抓住机遇并充分利用。

(3) 人口环境。人口环境对运输市场有较大的影响,主要体现在运输需求量以及运输需求结构上。影响运输市场的人口环境因素主要包括该区域的人口总体规模及增长率、人口流动特点、人口结构及其分布等。

(4) 科技技术环境。科技技术环境主要指科技要素以及各要素在运输行业中的应用,包括科学技术、科学产品、科学组织方式等的应用。在世界新一轮科技革命浪潮推动下,自动驾驶、物联网、大数据、人工智能、移动互联网、云计算、区块链等新一代信息技术迅猛发展,带动了交通运输领域新技术、新产品、新业态、新模式的不断涌现,科技与交通运输逐步深度融合,进一步减少了地理空间上的障碍,同时也为国家(地区)乃至全球运输市场的一体化创造了条件。

(5) 政策法规环境。国家在不同时期根据经济发展的不同需要,制定和颁布相应的经济政策和法令,直接或间接地影响了企业在市场上的经营活动,从而引导市场的发展方向。其目标是要求企业的生产、经营、管理、分配、交换以及改组、合并等行为必须符合国家和社会的利益,有利于社会主义市场经济的发展。

(6) 自然环境。自然环境主要指气候的自然变化及地表自然环境、地理位置等构成的影响因素,地理位置和地表环境会影响运输方式的选择、对运输工具的要求以及运输成本,运输企业要系统分析各种地理环境因素,对运输方案进行科学决策。

2) 影响运输市场运行的直接环境

(1) 运输的对象。运输的对象主要是指由运输对象特性和要求所决定的各项影响因素,主要包括运输对象的性质、种类、批量、运距、送达期限等。由于运输对象不同,运输工作的组织方式会有很大的区别,因此深入研究不同种类货物的运输特点有助于提高运输效率和运输安全性,降低运输成本,实现合理化运输。

(2) 运输的组织与技术。运输的组织与技术主要指运输企业的生产组织方式和方法以及技术水平所决定的影响因素,包括运输企业针对不同运输对象所采用的运输组织方式,技术装备水平,装卸搬运条件,仓储条件,载运工具运行资源的供给条件等。

(3) 运输市场的竞争。运输市场的竞争主要指不同运输方式间、同种运输方式的不同运输企业间的竞争,竞争的目标是获得旅客与货主,竞争的实质是谁能提供更好的运输服务和优惠的运输价格,"优胜劣汰"是竞争的普遍规律。

(4) 交通运输法规。交通运输法规是调整交通运输关系的法律规范的总称,交通运输关系是交通运输中产生的社会关系,包括交通运输行政管理关系和运输合同关系。

交通运输行政管理关系是国家交通主管机关对交通运输业实施行政管理的一种关系。从国际通行的交通含义来讲,还包括铁路、航空、管道运输和信息产业、邮政的行政法规。

运输合同关系是承运人与旅客、货主(收货人、发货人)通过运输合同所建立的权利与义务关系。它主要包括运输经营中在相关利益主体之间产生的经济合同关系、运输服务交换关系、经营关系等。在这些公约或规则中,规定了运输相关方的责任、权利和义务,明确了运输合同的关系。

2.1.3 运输市场竞争方式及竞争特点

在市场经济和商品经济条件下,竞争是商品经济发展的客观规律,是市场的本质和特点,若要了解运输市场,掌握运输市场运行的规律和特点,应了解运输市场竞争的基本方式和竞争特点。

1) 运输市场竞争的基本方式

① 运输价格竞争

运输供给者以降低运价的方式吸引客户,消费者倾向运输价格较低的一方,这就产生了市场竞争。价格竞争实质上是生产技术水平和管理经营水平在价格上的反映,企业的运输产品实际成本与社会平均水平差别越大,越能在激烈的价格竞争中获胜。

② 运输服务质量竞争

在运价等因素不变或运输质量的提高足以抵消运价上升给运输需求者带来影响的条件下,运输产品的质量越高,越能吸引需求者,市场占有率就会提高。运输服务质量竞争一般体现在安全、舒适(客运)、准确、经济、便利、文明服务等内容上,其中,安全是运输生产的基本要求。

此外,运输服务质量的提高往往伴随着运输成本的增加,虽然在一定的范围内,较小的费用代价可以换来较高的运输服务质量,但超过某一服务质量范围,就要付出较高的成本,因此,运输服务质量的提高是有限度的。

③ 运输服务项目竞争

随着社会经济技术的发展,人们对运输服务的要求也在不断提高,希望运输企业提供的运输服务越来越周到、方便和快速,新的运输产品也就在不断出现。怎样使运输服务多样化、不断推出新的运输服务项目,是运输企业在市场竞争中需要重点决策的一个方面。新的运输服务项目已经成为运输市场竞争的重要方式之一,也是推动运输行业不断发展的强大动力。

运输市场的竞争除了上述基本方式之外,还存在运输规模竞争、运输营销策略竞争、运输人才与运输政策竞争等。

2)运输市场竞争的特点

各类运输市场采取不同的运输方式,每一种运输方式也呈现出不同的竞争特点:

① 公路运输市场的竞争特点

公路运输固定成本低的特点,使公路运输不会受到较高的资金成本限制,从而成为所有运输方式中竞争最为激烈的一种。首先,运输价格已经不再受到严格限制,公路货运价格已全面放开,主要由供需关系决定,客运价格也根据运输服务的不同由行业管理者给出了很宽泛的指导范围;其次,由于汽车运输企业进入市场的门槛较低,很容易出现同一运输服务项目、服务区域、运输线路有多家运输企业在经营;此外,在中短途运输中,还有铁路运输、水路运输进行竞争。例如,在长三角地区,南京—上海、杭州—上海、杭州—南京,无论货运还是客运,都有两种不同的选择:公路运输和铁路运输,高速铁路的开通,加剧了公路与铁路客货运的竞争。

目前,我国公路运输市场竞争已属于完全竞争类型。

② 铁路运输市场的竞争特点

目前,我国铁路仍属于国有化经营,运输市场基本属于垄断经营,无论客运还是货运都处于卖方市场。铁路运输服务只由铁路局一家经营,不存在替代性运输服务。尤其是大宗低值货物,受地理位置限制,只能选择铁路运输,而且只能选择某个铁路局运输。此外,铁路运输与其他几种运输方式相比具有运价低、运量大、安全等特点,特别适合运输外形长大笨重、附加值低的大宗货物,这也是其他运输方式所无法竞争和替代的。

我国铁路运输市场属于由国家完全垄断的铁路运输市场,价格的涨落与运输能力的调控主要靠国家的宏观调控,但随着铁路运输行业改革的深入,这种垄断程度会有所降低。

③ 航空运输市场的竞争特点

目前,我国空运市场发展迅速,客运、货运需求成倍增长。空运与铁路运输相比,具有不完全垄断竞争的特点。我国航空运输主要是国有航空公司,但随着改革的不断深入,集体、合资、股份制航空公司相继出现,已经打破单一体制的经营模式。其次,一个航空公司可能拥有几条航线和多个航班,一条航线也可能同时由几家航空公司运营,这都会给航空运输业带来内部竞争,竞争出现了市场集中度高、竞争激烈的特点,再加上旅客的需求具有时效性和多层次性的特点,也要求有更多的需求选择,但进入航空运输领域的门槛较高,使得该市场又具有一定的垄断性。

④ 水运市场的竞争特点

水运按水路划分为内河运输(包括湖泊运输、河流运输)和海洋运输(包括沿海运输、近海运输和远洋运输)。

内河运输及沿海运输中,由于船舶种类多、运输技术要求相对不高,不同的航运企业间存在激烈竞争,近海运输及远洋运输投资大、周期长,航运公司较少,其竞争是国家的竞争,属于寡头垄断与完全垄断的竞争类型。

2.1.4 运输产品及市场营销

1) 交通运输产品

(1) 交通运输产品概念及构成

交通运输产品是指劳动者使用载运工具和设备,实现旅客和货物空间位移的过程。它既包括提供给消费者的有形产品,同时也包括提供给消费者的无形产品和利益。运输产品包括三部分,即核心产品、形式产品和延伸产品。

① 核心产品:指承运人为乘客或货主提供的人或货的空间位移服务。

② 形式产品:指实现核心产品的形式。运输服务的形式产品主要表现在五个方面:品质(安全性、快捷度、时限保证、服务水平等)、特色(运输产品不同于其他产品的特色,如铁路的"行包专列""中欧班列"等)、式样(双层客车、超音速客机等)、品牌(如铁路的双优列车、"五定"班列等)及包装(外观等)。

③ 延伸产品:指核心产品在销售和使用过程中的各种服务、保证等。消费者对产品附加利益的要求,虽然与产品的形式无关,但对产品效用的最终实现有很大关系,因此产品的附加利益成为产品不可缺少的组成部分。

旅客运输产品和货物运输产品,其结构层次的关系分别见图 2.3(a)、图 2.3(b)。

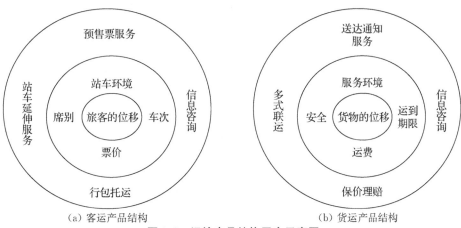

(a) 客运产品结构　　　　　　(b) 货运产品结构

图 2.3　运输产品结构层次示意图

(2) 交通运输产品特征

交通运输产品属于无形产品,具有区别于其他物质生产部门有形产品的主要特征:

① 非实物性。运输产品是以服务形式体现的无形产品,不具备一般实物性有形产品的直接感知性。其评价的内容通常包括安全性、及时性、经济性和方便性等。

② 不可分离性。运输产品的生产过程与消费过程同时进行,两者不可分离。

③ 差异性。因为运输产品的构成成分(各种运输设备、服务人员在各个不同时空下的不同状态)经常变化,因而其质量水平也不断发生变化,难以采用统一的标准。

④ 不可储存性。运输产品不具有生产、流通和消费之分,不能储存,无法通过产品流通、调拨进行调剂,只能通过增强市场供给能力来解决。

⑤ 较强的可替代性。各种运输方式、各个运输企业所提供的各种运输产品,其核心功能都集中体现为实现乘客或货物的空间位移,这种功能的同一性必然造成运输产品具有较强的可替代性、各种运输方式容易产生激烈的市场竞争。

⑥ 缺乏所有权。在运输服务的生产和消费过程中,一般不涉及物品的所有权转移。

除此之外,交通运输产品依然能具有与普通产品一样的普适特征,例如品种、品牌、品质、款式、价格等。

2) 运输产品的市场营销

运输供给方要把运输产品提供给运输需求者,这就需要运输市场营销活动。运输市场营销依托于运输市场,通过提供优质运输产品,巩固运输企业原有市场、开拓新的运输市场。因此,研究运输市场营销对于运输组织的发展具有重要意义。另外,运输市场营销活动需要依托于一定组织机构对其进行的计划和控制,才能使企业的营销活动有计划、有目的地进行,并在进行过程中不断改进和完善。

(1) 运输市场营销含义

运输市场营销是指在运输市场上通过运输劳务的交换,满足运输需求或者实现潜在需要的综合性营销活动过程。在提供运输产品之前,要研究旅客与货主的需求,分析运输市场机会,从而决定运输产品类型、运输生产组织形式以及运输范围和数量;在组织生产经营过程中,要使运输产品策略、运价策略、客货源组织策略和服务策略有机结合起来。通过良好的公共关系去实现运输生产过程;运输生产结束后,还要做好运输结束后的服务和信息反馈工作。这样周而复始,形成良性循环,不断满足运输需求,提高运输企业经营管理水平。

(2) 运输企业营销工作的任务

运输企业营销工作任务,就是了解并满足乘客、货主的需求。对实际运作的营销管理人员来讲,可将总任务表述为下列几项具体的任务:

① 运输市场研究

运输市场研究就是通过系统地收集、分析有关运输市场的信息,通过科学有效的方法帮助运输企业人员进行决策。运输市场研究是运输企业营销组织的基础任务之一,通常应包括:运输市场需求研究、目标市场研究、旅客货主行为研究、运输产品研究、广告研究、竞争研究及宏观环境研究等。

② 运输产品管理

运输产品管理是指研究和开发满足旅客、货主需要的新产品和服务。运输新产品管理一般是营销部门、研究开发部门、生产部门共同的责任。在运输新产品和服务开发以后,营销部门要根据运输波动情况及客货运输的不同特点拟订产品策略,并对有关运输产品的各个要素进行决策。

③ 促销管理

促销管理包括规定各种促销手段及其具体内容,如确定广告的形式、进行广告费用预算、选择广告媒体、拟订广告方案、选择广告代理商及评价广告活动效果,制订营业推广计划、人员推销计划等。

④ 价格管理

根据企业的竞争战略和市场战略,确定每个市场的定价政策、新产品的定价及价格的调整和变化等。

⑤ 树立企业形象

通过企业识别系统(Corporate Identity System,CIS),给顾客和公众一个鲜明、独特的印象和感觉,使企业形象在激烈的竞争中易于识别。

3) 运输市场营销策略

在运输市场中,运输企业应通过制定合理的运输产品规划策略、改善产品质量、拓宽营销路径等措施促进运输产品的营销,提高企业的运输效益。

(1) 运输产品规划策略

运输需求因素、运输供给因素和市场竞争因素是影响运输产品规划的主要因素。围绕以上三大要素,运输产品规划策略的制定步骤一般为:市场分析和预测—产品设计目标—产品规划—市场反馈—产品改善。

运输产品规划主要规划出产品的类型及各种运输产品的数量组合,但并不确定具体的产品细节,例如确定北京至上海的民航班机时,产品规划中只确定开行 N 对,但具体的开行时间在规划中并不具体确定。

(2) 改善运输产品质量

运输产品质量即运输服务质量,是指运输服务满足客货用户的运输需要的程度,主要的特性指标有安全性、准确性、及时性、经济性、方便性、舒适性 6 个方面,围绕 6 个特性指标,运输产品质量的改善措施如下:

① 改善安全质量:把安全生产放在第一位,保证运输中人身和财产安全,防止人员伤亡事故;保证货运安全,尽可能减少货盗、货损,积极采用存储、包装、载运新技术。

② 改善服务质量:围绕客票发售、乘降组织、餐饮供应、服务态度等改善客运服务质量;围绕货运计划、信息查询、报价服务等改善货运服务质量。

③ 优化价格水平:规范企业的收费行为,收费要透明,取信于旅客、货主,根据运输市场供求关系,建立灵活的运价机制。

④ 打造品牌效应:不同运输方式和运输企业在树立品牌的过程中,很重要的一点是注重展示品牌的可见性要素,包括企业及相关设施的名称、标识、颜色、服务、设备等。运输企业能够留给顾客的印象越深,这个企业及产品的品牌地位就越高。

⑤ 改善运行质量:指面向线路通畅、运力资源配置、载运工具组织、运行准时程度

等方面优化运输秩序和提升运输效益。

⑥ 改善其他方面的服务质量:如通过提高作业标准化水平改善作业质量,通过及时有效的保养维护改善设备质量,通过制定完善的规章制度改善管理质量等。

面向智慧运输发展的趋势,如一些货运企业在运输工具上配备了全球定位系统、智能传感系统、可视化感知系统等先进设备,实现了对运输全流程质量的实时把控。

(3) 拓宽营销路径

① 合理宣传:运输企业开展运输产品营销,需树立自身良好的企业形象,提高运输行业产品占有率。主要的宣传方式可以是运输人员促销,寻求潜在的消费者,充分了解运输能力、时间上的高效性、装卸能力、服务水平等消费者所在意的信息。目前我国的互联网发展迅速,宣传方式改善及时,广泛正确应用互联网的便捷性、收集市场信息、用科学的手段协调产品产销,已被大多数企业所运用。

② 充分利用互联网等媒介:在运输市场中,信息传输的主要媒介包括智能手机、电脑等,在自媒体时代,运输企业可以正确利用媒介,将自身信息群发至客户,拓展运输企业的知名度。同样,互联网作为受欢迎的媒介,企业应优化企业官网,全方位展示其风采,提高其在消费者心目中的地位,从而拓展运输市场。不同的消费者对于产品运输有不同的要求,运输企业可运用体验营销的方式,使得消费者在一次运输活动中获得真实感知,主要以消费者的体验为核心,增加消费者在运输中的参与感,赢得消费者市场,提升运输产品竞争力。

③ 组织联合运输:运输产品还可以通过运输企业间联合运输的方式营销,既满足了企业的运输需求,也可以满足消费者的需求,实现运输过程中的共赢。

2.2 运输企业管理

2.2.1 运输主体构成及其各自具备的功能

运输主体是指为运输活动提供服务和保障的组织、团体、机构或企业。运输主体一般是指存在于运输企业内部,为企业的运输业务提供技术支持、服务管理、生产保障等职能的组织机构,如图 2.4 所示。运输主体作为运输企业常态化运作的核心和关键,发挥着连接中央与地方、城市与乡村、生产与流通、分配与消费的纽带职能;生产原材料及产成品的供应职能;运送旅客及物质实体的输送职能。

基础设施服务主体是实现运输产品价值的载体,其功能是为交通质量管理提供物质基础,为交通基础设施提供建设、安全维护、保养等配套工作;运输组织服务主体的功能为运输组织、货物分拨、运输方式和运输路线选择、运输方案制定提供运输信息等;运载服务主体的功能为利用载运工具实现运输产品空间状态的转移和产品价值的附加。

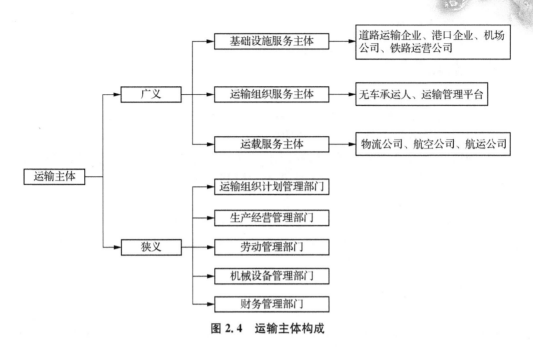

图 2.4 运输主体构成

狭义上各主体部门的功能如下：

1）运输组织计划管理部门

运输组织计划是对一段时间内所要从事的运输业务的规划安排，应按照一定的工作程序进行，如图 2.5 所示。

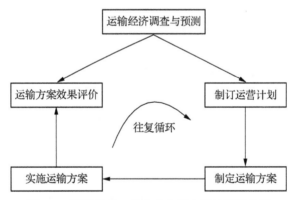

图 2.5 运输组织工作各个步骤之间的相互关系

运输经济调查与预测是以后各步工作的前提，运营计划是依据了运输经济调查和预测的信息而制订的，是运输企业一定时期工作的规划方案。方案的实施是运输方案付诸实际的过程，运输方案效果评价是对之前各步工作的总结评价，并为下一阶段的工作提供借鉴。总之，在运输组织工作中，这五个步骤不断循环，不断提高，使运输组织工作不断完善。

2）生产管理部门

运输生产管理是对运输活动进行计划、组织和有效控制。一般包括生产准备管理、生产过程管理、质量管理等工作内容。

3）劳动管理部门

劳动管理是指以人、具体工作任务、运输成本为对象，根据任务的需要和人的能力分配相应的工作，制定科学合理的工作职责和劳动定额，并根据个人完成的工作质量给予相应的报酬，是企业内部的能力总量、工作总量和工资总额保持平衡的过程。它包含了企业劳动力管理、劳动工资计划管理、劳动保障和福利管理等。

4）机械设备管理部门

运输企业机械设备主要指载运工具、装卸搬运机械、存储设备、信息系统等，是保证运输企业生产的重要条件和固定资产。机械设备的日常管理主要包括设备的选择、使用、维护保养、更新等管理工作。

5）财务管理部门

财务管理是根据运输企业生产经营过程中资金流动规律，利用价值（货币）形式，通过计划、组织、调节、监督，对企业的运输服务收入和利润进行管理。财务管理的主要任务是保证生产经营活动合理的资金需要，提高资金利用率；降低企业经营成本，提高盈利水平。

2.2.2 运输企业分类及业务模式

1）运输企业的分类

运输企业按照不同的标准，可以进行不同的分类：

（1）按照所有制性质不同，运输企业可以分为全民所有制运输企业（如中国邮政集团有限公司）、集体所有制运输企业、私营运输企业、股份制运输企业（包括股份有限公司和有限责任公司）、合伙制运输企业、联营运输企业等。

（2）按照企业所属部门不同，运输企业可以分为铁路企业、民用航空企业和交通运输企业。

交通运输企业又可以分为公路运输企业、远洋运输企业、沿海运输企业、河运企业、港口企业、公共交通企业、管道运输企业等。公共交通运输企业又可进一步分为公共汽（电）车企业、出租汽车企业、轮渡企业、地铁企业、缆车及索道企业等。

（3）按照企业规模大小不同，运输企业可以分为大型运输企业、中型运输企业、小型运输企业和微型运输企业。以从业人员和年营业收入作为划分指标，年营业收入2 000万元以上的运输企业为规模以上运输企业。

2）现代运输企业的运作模式

现代运输企业是连接生产、交换、流通、消费等各个环节，并为各环节提供专业运输服务的经济组织，它是建立在信息技术和现代物流理念基础之上，为用户提供个性化、专业化服务和综合性物流服务的经济组织,它不仅可以提供货物运输、配送,还可以提供仓储、包装、流通加工等有形服务以及优化物流方案的设计和提供物流信息等无形服务。

其运作模式具有以下特点:

① 基于运输信息系统强有力的支持。现代运输企业建立在以数据交换系统和互联网为基础的公共运输信息平台上,通过全球卫星定位系统对货物实施全程跟踪与监控,以实现实时监控和信息共享。近几年,运输企业依托高速发展的物联网技术、移动通信技术、电子信息技术、大数据技术等前沿科技,利用数据挖掘、机器学习、深度学习等高效工具,不断优化各主体的服务模式、提高各主体的服务能力,为运输企业寻求效益最大化。例如基于5G+新基建的新型基础设施服务、基于大数据+云计算+区块链的运输组织服务、基于多维传感网络+北斗导航系统+智能终端的运载服务等,图2.6展示了某国际物流公司开展物流运输服务的智能管理平台。

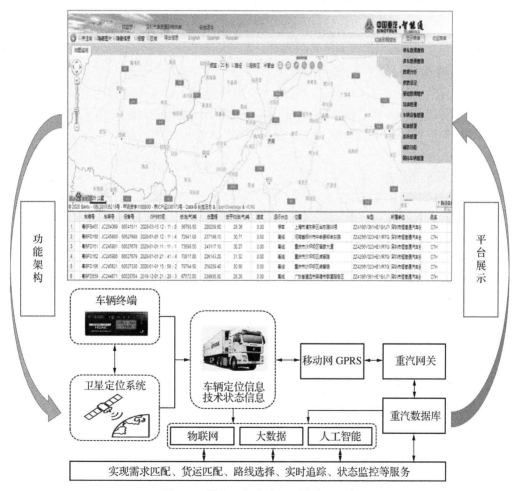

图 2.6 某国际物流公司运输管理平台

② 以服务用户为导向的管理理念。现代运输企业向用户提供高效率、低成本快捷的运输超值服务并与用户建立一种新型的战略联盟关系，这已成为当今运输市场竞争的重要战略手段。

③ 提供深度物流服务的现代运输企业。不是简单的货代企业，也不是单纯的运输企业，企业业务涉及用户的销售计划、订货计划、生产计划、库存计划等整个生产经营过程，影响到用户企业的生产经营，与用户建立的战略合作关系能够使企业随时可以调节生产和库存、生产周期和销售周期，设计企业的生产能力，实现生产的JIT（Just In Time）管理。

④ 建立在先进的物流技术基础之上的高效率、低成本的运营模式。现代运输企业运用现代物流管理理念，充分发挥物流技术和先进装备的效能作用，提高物流运作效率、降低物流成本。

2.2.3 传统运输业务管理

运输业务管理的环节包括运输生产过程、旅客运输组织、货物运输组织和运输流作业组织。

1) 运输生产过程

运输生产过程，泛指客货运输对象的空间位移过程。旅客和货物通过各种载运工具实现空间位移，需要经过许多作业环节才能完成，不同运输方式的作业环节有所差异，但总体都可根据作业流程分为运输准备环节、运输生产环节和生产辅助三大作业环节。

（1）运输准备作业

运输准备作业，主要包括：运输经济调查与运输工作量预测、运营线路开辟、运营作业站点设置、运力配置、运输生产作业计划安排以及制定有关运输组织管理制度、规章等。其中有些准备工作需要在运输生产作业前进行较长时间准备，如运输经济调查、线路开辟、站点设置等；有些准备工作属于日常持续进行的准备，如客货运输生产作业计划安排等环节。

（2）运输生产作业

运输生产作业指直接实现客货空间位移的载运工具的运输工作，主要包括乘客上下车及货物装卸车作业、客（货）车辆运送作业（载运工具在途作业）以及必需的车辆调度作业等。

（3）运输生产辅助工作

运输生产辅助工作指为运输生产及其准备工作提供后勤保障服务的各项工作总称，包括载运工具选择与技术运用组织、运输生产消耗材料的供应与保管工作、运输劳动组织工作等。

上述各项作业环节，是构成各种运输方式生产过程所必需的主要作业环节。其中又以运输生产作业为基本运输作业环节，其余工作环节需围绕运输生产工作环节的各类需要,科学、合理地进行组织,以保证运输生产作业顺利进行。

2) 旅客运输组织

客运站(港、机场)是旅客运输的起终点,客运站(港、机场)的作业组织是旅客运输的核心,它主要包括发售客票、行包受理(目前主要是空运)、安全检查、候车服务、调度车(船、机)、检票、车(船、机)准备、组织乘车(船、机)、车(船、机)运行、车(船、机)到达、旅客下车(船、机)、交付行李、旅客出站等,如图2.7所示。

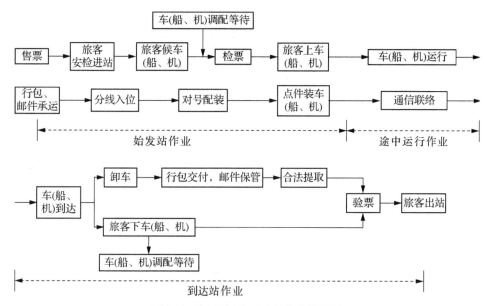

图 2.7 客运站(港、机场)作业流程图

(1) 发售客票

售票主要包括售票、退票、客票变更等。售票的形式,按售票员的身份可以分为自动(售票机)和人工售票;按售票的场所可以分为窗口售票、网上售票、流动售票和车(船)上售票;按旅客的特征可以分为团体售票和个人售票。

(2) 行李受理和到达交付

行李受理作业包括行李承接、保管、装车(船、机)等;行李的到达作业包括行李的卸车(船、机)、保管、交付等。根据行李与旅客经济利益关系的差别,通常分为3类:① 随身携带物品,持有客票的旅客可随身携带体积和重量不超过规定标准,并在限额件数之内的物品。② 免费行李,在民航客运中,持有客票(除婴儿票外)的旅客,可将限额内的行李交付承运人免费运输。③ 付费行李,旅客交付承运人运输的超过免费部分的行李需要按一定标准支付费用(公路、铁路和水路不设置付费行李)。

(3) 候车(船、机)服务

候车(船、机)服务工作是旅客运输中的重要环节,它是衡量运输服务水平的重要标志。候车(船、机)服务主要包括以下内容:① 保持候车(船、机)室清洁卫生,为旅客提供必需的候车服务。②维护候车(船、机)室的正常秩序,及时向旅客通告客运信息。③设立小件物品寄存处和问讯处等辅助服务窗口。

(4) 检票、组织旅客上下车(船、机)工作

检票是对客票核查并进行记录的过程,检票具有两大作用:一是对承运人与旅客之间旅行运输合同开始或结束的确认;二是对旅客所持客票与其所要开始的旅程是否相符的确认。

(5) 车(船、机)途中运行

驾驶、随车(船、机)服务人员在途中为乘客创造一个安全、舒适的运行环境,并为乘客提供周到的服务,如餐饮、休息、娱乐等服务。

(6) 车(船、机)组织及日常维护、后勤保障

车(船、机)组织包括车(船、机)的来源安排、将车(船、机)从停放场(停车场、码头、停机坪)停泊到指定的上客位置;当车(船、机)到达后,指挥车(船、机)从所在位置停泊在指定的停放场;日常维护主要是清洁车(船、机)并对其性能进行检查。后勤保障包括车(船、机)上能源、水和生活用品的供给与更换等。

3) 货物运输组织

货运组织过程主要包括组织货源、办理货物承运手续、货物保管、装卸、途中运送、到达卸车(船、机)、货物保管、交付、运输统计与结算等环节。其作业流程见图 2.8 所示。

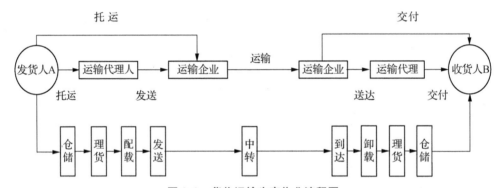

图 2.8　货物运输生产作业流程图

港站货运业务的基本内容因运输方式和运营组织方式不同而有所区别,但无论是何种运输方式都包含四大作业内容:发送作业、途中作业、到达作业、运输统计与结算。

4) 运输流作业组织

运输流作业组织包括运输系统外部和内部两大方面的组织。

(1) 运输系统外部的作业组织

运输系统外部的作业组织是指旅客运输、货物运输的商务和交易组织过程,一般称为运输销售环节。它是揽客、揽货、谈判(尤其货运)、卖票(客运)、签订运输合同(货运)的过程,是运输企业能够生存和发展下去的首要工作和任务。运输企业要具备能够提

供客户愿意接受的运输服务的软、硬件条件,并不断提高其服务质量和服务水平,这样企业才能可持续地经营发展下去。

(2) 运输系统内部的作业组织

运输系统内部的作业组织是指对运输流的计划、组织、监督、协调、控制和统计、分析、评价工作。

运输计划是根据已有资料、现有状况和预测的运输流信息,对完成运输任务的数量、质量、时间及完成条件所做出的"事先"的安排方案。运输计划有远期、中期、近期之分,如年度计划、月度计划、日常计划等。计划工作在运输组织中具有重要作用,在运输资源相对稀缺(运力紧张)时,尤其是在运输流实行严格组织管理的铁路运输、民航运输中,显得尤为突出和重要。

运输组织是要在较大的地域范围内,在运输全过程的时间范围内,在众多的部门与环节的协调配合中,处理错综复杂的动态运输流的监控,实现运输资源的合理配置和运输时空效用的最优化。其中,高效通达的信息系统是运输组织的基础条件,实现运输时空效用的最优化是运输组织的目标,而合理配置运输资源是运输组织的关键。

2.2.4 新型运输业务管理

目前,我国正处于"百年之未有大变局"的时代,交通运输行业也正在发生着翻天覆地的变革,经济、政治、社会、技术的不断变革促生了一些新型运输模式,如"一带一路"、跨境电商、网约车和众包货运配送等。

1) "一带一路"运输业务

中欧班列(CHINA RAILWAY Express,缩写 CR Express)是中国铁路总公司组织,按照固定车次、线路等条件开行,往来于中国与欧洲及"一带一路"沿线各国的集装箱国际铁路联运班列。铺画了"西、中、东"3 条通道中欧班列运行线路:西部通道由我国西部地区经阿拉山口(霍尔果斯)出境,中部通道由华北地区经二连浩特出境,东部通道由我国东南部沿海地区经满洲里(绥芬河)出境;中欧班列是运行在中国和欧洲之间的铁路货物班列,是"一带一路"沿线国家经济贸易合作的重要载体,截至 2021 年 5 月,中欧班列已铺画 73 条运行线路,通达欧洲 23 个国家 170 多个城市,运输货品 5 万多种。

中欧班列可以通过货主或其他代理(船公司、货运代理公司、港口)等办理班列业务,国内出口货物通过各种运输方式都可以将货物汇聚到中欧班列中心站办理出口手续,进口业务也一样。中欧班列主要业务流程如图 2.9 所示。

(1) 中心站发送业务办理流程

集装箱进入海关监管区→转主箱区→装车→发运。以西安中心站的发送流程为例,其中欧班列发送流程如下:

① 客户在铁路 95306 信息系统提交货物运输需求,生成运单。

② 客户持运单到计划岗位受理审核运单。

③ 运单审核后,客户持运单到预约岗位集卡预约进站,预约的箱、车、票等信息正

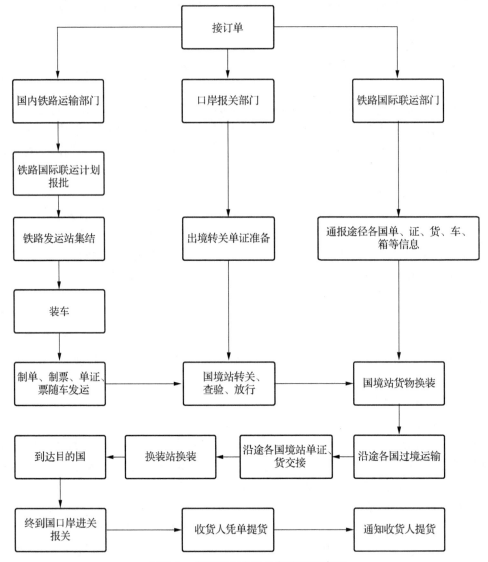

图 2.9 中欧班列主要业务流程示意图

确无误,根据中心站海关监管区堆场使用规则分配待发箱箱位。

④ 当货物运抵海关监管区后,中心站通过铁路交换平台提取运单信息,生成运抵报告,并对货物进行称重检查。

⑤ 客户在海关申报系统报关,海关依据中心站和客户报关信息进行匹配,进入通关审核模式。

⑥ 待海关检验完毕后,即通关审核完毕。

⑦ 进款室核算制票岗位根据承运货运员签章审核通过的运单制票,在国际货协运单各联上加盖车站承运日期戳,将运单副本交托运人。

⑧ 客户按制票金额到进款室缴纳相关费用,客户凭货票丙联到进款室换取发票。
⑨ 中心站按计划装车挂运。

(2) 中心站到达业务流程

集装箱到达卸车→转入海关监管区→收到海关国检放行指令→货物放行出站。以西安中心站的到达流程为例,其中欧班列到达流程如下:

① 当货物卸车后进入运抵海关监管区后,中心站场站信息系统通过铁路交换平台实现数据交换,生成运抵报告。
② 客户在海关申报系统申请报关,海关依据中心站和客户报关信息进行匹配,进入通关审核模式。
③ 待海关检验完毕后,即通关审核完毕,由海关向中心站发送放行指令,即可办理放行(包含转关)。
④ 办理交付手续。
⑤ 客户集卡预约进场提箱出站。

(3) 拼箱流程

部分班列除了整箱运输,还提供拼箱服务。以"湘欧快线"为例,拼箱流程为订舱→接单→接货→装箱→准备铁路文件→报关→发送提单及账单。

2) 跨境电商运输业务

跨境电商一般指跨境电子商务。跨境电子商务是指分属不同关境的交易主体,通过电子商务平台达成交易、进行支付结算,并通过跨境物流送达商品、完成交易的一种国际商业活动。

我国跨境电商进出口的主要流程如图 2.10 所示。

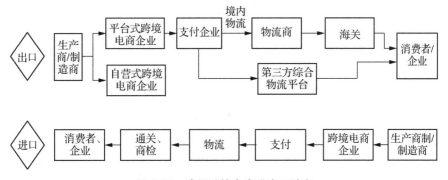

图 2.10 我国跨境电商进出口流程

以进口电商为例,目前主要由保税仓备货、B2C(跨境直邮)和个人物品快件 3 种业务模式。

(1) 保税仓备货

国外商家先将大批量海外商品运送到海关监管之下的保税仓库,顾客下单后,由各电商根据顾客订单为相应的商品办理海关通关的手续,保税仓库对商品进行打包并贴上相关面单,经由海关查验放行后,委托国内快递派送至购买者手中。

(2) B2C 跨境直邮

顾客下单后,商家根据顾客订单打包好相应的商品,通过国际物流运至国内的保税仓库,各电商再为相关商品办理海关通关手续,经海关查验放行后,委托国内快递派送至消费者手中,该模式通常适用于小型电商企业。

(3) 个人物品快件

商家在海外将消费者所购买的商品进行打包后贴好面单,集货后空运到指定清关口岸,货物落地后,由清关公司负责清关,并委托国内快递派送至消费者手中。通常适用于单笔或小批量订单,可以大大缩短物流时间。

3) 网约车客运业务

网约车是利用移动互联网的特点,将线上与线下相融合,从乘客发送打车需求的初始阶段到完成运输服务后通过微信、支付宝等线上工具支付车费的用户现代化出行方式。代表性网约车平台包括滴滴出行、T3出行、曹操出行等,其具体的业务流程如图 2.11 所示。

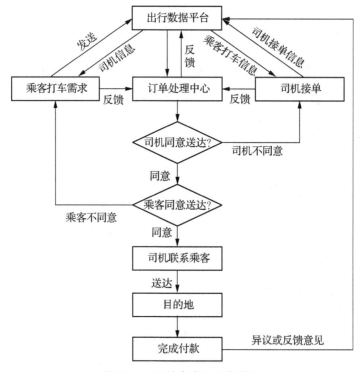

图 2.11 网约车出行业务流程

(1) 需求发布:用户通过滴滴平台提出打车需求,平台利用大数据分析,通过与百度或高德地图的合作,把用户所需的打车信息反馈给用户,让用户选择打车的起点和终点以及打车预期的费用,用户叫车是免费的,但也可以选择加价提高高峰期的接单概率。

（2）建立订单：平台把用户的电话资料和打车信息发布给乘客附近的司机，司机可以查看用户信用的评价，用户也可以查看司机的信用评价，司机选择是否进行服务，乘客选择是否接受司机的服务。

（3）运输服务：如果司机或乘客中有一方拒绝，则重新开始整个过程。如果用户和司机双方都接受，司机将联系乘客完成订单，之后乘客通过支付宝、微信、银联等方式付款给司机。

（4）订单评价：订单完成后，乘客可以对司机的服务态度进行评价，评价的结果会直接影响司机的奖励和服务评分。如若乘客对费用、司机的服务等方面有任何的异议，可通过 App 反馈给平台，平台会核查具体情况，最终将结果反馈给乘客。

4）众包货运配送业务

众包配送是指在现有专职配送员的资源无法满足配送需求时，在线平台通过配送平台向社会征集闲散资源进行兼职配送的方式。

众包配送方式是针对城市末端配送对于时效性的特殊要求，整合社会闲散资源，通过线上平台与线下商家合作的方式，将顾客线上的订单转交给通过配送平台的众包配送员，众包配送人员多为拥有本职工作而利用闲暇时间赚取众包服务报酬的大众群体，可以提高资源的利用率，实现配送能力的公众化和碎片化。众包配送方式避免了自营物流和第三方物流配送的缺点，能够有效地解决城市末端配送的难题。

众包配送主要以货代和无车承运人进行区域间的运输，代表型平台包括快狗打车、运满满和货车帮等。其业务流程如图 2.12 所示，首先由用户在众包物流平台上发送物流配送需求，包括预约取件时间、货物名称、声明价值、寄件人和收件人的地址、联系方式等相关信息，平台分发系统会借助 GPS/GIS 等技术将物流配送需求信息就近推送给物流配送供给方，任何有条件接单的配送员都可以抢单；配送员在抢单成功后根据平台自动计算出的最优取货路线到达指定地点验证相关信息，进行物流货物的包装；在收货方成功接收后即可进行支付妥投；平台会综合考虑距离、时段等因素对订单进行结算。

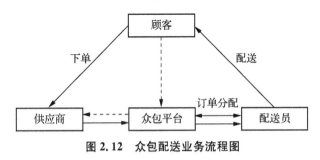

图 2.12　众包配送业务流程图

当前众包物流也面临着诸多问题，如社会人员素质参差不齐、兼职配送员对企业的忠诚度不高等，针对存在的问题，物流平台也在不断改进、完善。

2.3 运输行业管理

交通运输行业的核心价值观:人便于行,货畅其流,服务群众,奉献社会。交通行业核心价值观阐明了行业发展的根本任务和核心价值追求,是制定行业发展战略和方针政策的本质导向和基本原则。

"人便于行、货畅其流"体现了交通运输的基本功能定位和服务特征。交通运输作为国民经济的基础产业和服务性行业,要求有规划布局合理、功能完备、有效衔接的交通运输体系,营造公平、公正、公开的交通运输市场环境,提供畅通、高效、安全、绿色的优质文明服务,适应国民经济发展和建设社会主义强国的需要。

"服务群众,奉献社会"体现了交通运输行业应以为民众服务为宗旨,建设服务型交通管理部门和负责任的行业管理体制,坚持以人为本、服务为先、诚实守信,无私奉献的行业管理者精神。

2.3.1 运输行业管理机构

目前,我国国家层面的运输行业管理是按照以下方式进行分类管理的,如图 2.13 所示。

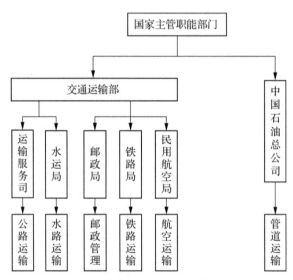

图 2.13 国家层面运输行业管理机构

在地方政府层面,基本形成"一省一厅""一市一局(委)""一县一局"的三级组织、管理模式。三级交通运输主管部门的基本职能应包括:各行政范围内的公路、地方铁路、水路、航空等各个交通运输方式的组织协调和附带场站等交通设施的运营、维护及管理;城市道路客运系统(出租车、公交车、网约车等)和轨道交通系统(地铁、轻轨、有轨电车等)的运营组织与管理;跨省域方面的综合运输组织与协调等。

对于省级交通运输主管职能部门,通常是由交通运输厅、邮政管理局、石油分公司以及区域性的铁路、航空管理局组成,以江苏省为例,运输行业管理机构如图 2.14 所示。

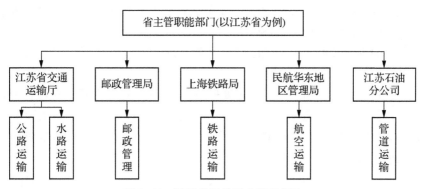

图 2.14　江苏省运输行业管理机构

市、区(县)的交通运输局通常承担了公路、水路、铁路、航空的主要职能,以南京市为例,其运输行业管理机构如图 2.15 所示。

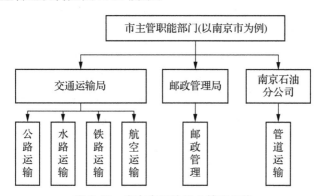

图 2.15　南京市运输行业管理机构

每一种运输方式又有进一步的细分架构,以国家铁路局为例,其组织管理机构如图 2.16 所示。

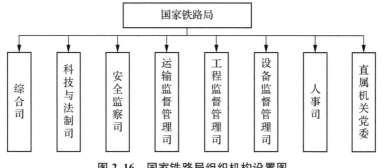

图 2.16　国家铁路局组织机构设置图

2.3.2 各管理机构的管理目标与职责

运输行业的管理目的是保证国家交通主管部门制定的关于运输行业发展的方针、政策、规划等得到正确实施;保障运输经营者、运输企业与消费者的合法权益,保护合法经营,维护道路运输市场秩序;通过适度的调控来实现运力供给与需求的基本平衡,从而达到"货畅其流,人便于行"的目标。

运输行业的主要管理方式是依法行政管理,应以经济、法律管理手段为主,并辅以行政管理手段。

行业行政管理是政府相关部门的重要职责,不论哪种运输方式的行业管理,其主要职责都包括:制定规划、政策,颁布法令、规范,监督政策的执行等,下面从国家层面,按照不同交通类别的运输行政管理部门,来介绍不同运输方式的行政管理职责。

1) 交通运输部主要职责

主要负责拟定并组织实施公路、水路、民航等行业的综合规划、政策和标准的编制与发布,承担涉及综合运输体系的规划协调工作,促进各种运输方式相互衔接等工作。

(1) 承担涉及综合运输体系的规划、协调工作,会同有关部门组织编制综合运输体系的规划,指导国家交通运输枢纽规划和管理。

(2) 组织拟订并监督实施公路、水路、民航等行业规划、政策和标准。组织起草法律法规草案,制定部门规章;参与拟订物流业的发展战略和规划,拟订有关政策和标准并监督实施;指导公路、水路、铁路和航空等行业的整体体制改革等工作。

(3) 承担道路、水路运输市场监管责任。组织制定道路、水路运输有关政策、准入制度、技术标准和运营规范并监督实施。指导城乡客运及有关设施规划和管理工作,指导出租汽车行业的运营、管理工作。负责汽车出入境运输、国际和国境上河流运输及航道等方面的管理工作。

(4) 承担水上交通安全监管责任。负责水上交通的管制、船舶及相关水上设施的检验、登记及污染排放;承担水上消防、航海保障、救助打捞、通信导航、船舶与港口设施保安及危险品运输监督管理等工作;负责船员资质、考核、驾驶信息统计等方面的管理工作;负责中央管理水域的水上交通安全事故、船舶及相关水上设施污染事故的应急处置,依法组织或参与事故调查处理工作,指导地方水上交通安全监管工作。

(5) 负责提出公路、水路固定资产的投资规模、方向及国家财政性资金的安排与分配等方面的意见。拟订公路、水路等行业有关的处罚和收费政策并监督实施,提出有关财政、土地、价格等政策建议。

(6) 承担公路、水路建设市场的监管责任。拟订公路、水路工程建设的相关政策、制度和技术标准并监督实施;组织协调公路、水路有关重点工程建设和建设过程中的工程质量、安全生产的监督管理工作,指导交通运输重大基础设施和有关重要设施的管理和维护;按规定负责港口规划和岸线使用管理工作。

(7) 指导公路、水路等行业的安全生产和应急管理工作。按规定组织、协调运输国家重点客货、应急物资等；负责国家高速公路及重点干线路网的运行监测和协调，承担国防动员等有关工作。

(8) 指导交通运输信息化的建设，监测分析铁路、水路、航空等各行业的运行情况，开展相关统计工作，并向公众发布有关的指导信息。指导公路、水路行业环境保护和节能减排工作。

(9) 负责公路、水路国际合作与外事工作，开展与港澳台地区的交流与合作。

(10) 指导航运、海事、港口公安工作，协助管理交通直属公安队伍。

(11) 承办国务院交办的其他事项。

2) 铁路局主要职责

(1) 起草铁路监督管理的法律法规、规章草案，参与研究铁路的发展规划、政策和体制改革工作，组织拟订铁路技术标准并监督实施。

(2) 负责铁路安全生产的监督管理，制定铁路运输安全、工程质量安全和设备质量安全监督等方面的管理办法并组织实施；组织实施依法设定的行政许可；组织或参与铁路生产的安全事故调查与处理。

(3) 负责拟订规范铁路运输和工程建设市场秩序等政策措施并组织实施，监督铁路运输服务质量和铁路企业承担国家规定的公益性运输等任务。

(4) 负责监测、分析铁路运行情况，开展铁路行业统计工作。

(5) 负责开展铁路与政府间的有关交流与合作。

(6) 承办国务院及交通运输部交办的其他事项。

3) 民航局主要职责

(1) 提出民航行业的发展战略和中长期规划，以及与综合运输体系相关的专项规划建议；按规定拟订民航有关规划和年度计划并组织实施和监督检查。起草相关法律法规草案、规章草案、政策和标准，推进民航行业体制改革工作。

(2) 承担民航飞行的安全和地面安全的监管责任。负责民用航空器的运营人、航空人员等方面的训练、民用航空产品及维修单位的审定和监督检查；负责危险品航空运输监管、民用航空器的国籍登记和运行评审工作；负责机场飞行程序和运行最低标准监督管理工作，承担民航航空人员资格和民用航空卫生监督管理工作。

(3) 负责民航的空中交通管理工作。编制民航空域规划，负责民航航路的建设和管理，负责民航通信导航监视、航行情报、航空气象等方面的监督管理。

(4) 承担民航空防的安全监管责任。负责民航安全保卫的监督管理，承担处置劫机、炸机及其他非法干扰民航事件相关工作；负责民航的安全检查、机场公安及消防救援的监督管理。

(5) 拟订民用航空器事故及事故征候标准，按规定调查处理民用航空器事故。组织协调民航突发事件应急处置，组织协调重大航空运输和通用航空任务，承担国防动员有关工作。

(6) 负责民航机场的建设和安全运行的监督管理。负责民用机场的场址、总体规划、工程设计审批和使用许可管理等工作;承担民用机场的环境保护、土地使用、净空保护有关管理工作,负责民航专业工程质量的监督管理。

(7) 承担航空运输和通用航空市场的监管责任。监督检查民航运输服务标准及质量,维护航空消费者权益,负责航空运输和通用航空活动有关许可管理工作。

(8) 拟订民航行业的运输服务价格、收费政策、标准并监督实施,提出民航行业财税等政策建议;按规定权限负责民航建设项目的投资和管理;审核(审批)购租民用航空器的申请;监测民航行业经济效益和运行情况,负责民航行业统计工作。

(9) 组织民航重大科技项目开发与应用,推进信息化建设。指导民航行业人力资源开发、科技、教育培训和节能减排等工作。

(10) 负责民航国际合作与外事工作,维护国家航空权益,开展与港澳台的交流与合作。

(11) 管理民航地区的行政机构、直属公安机构和空中警察队伍;承办国务院及交通运输部交办的其他事项。

4) 邮政局的职责

(1) 拟订邮政行业的发展战略、规划、政策和标准,提出深化邮政体制改革和促进邮政与交通运输统筹发展的政策建议,起草邮政行业法律法规和部门规章草案。

(2) 承担邮政监管责任,推动建立覆盖城乡的邮政普遍服务体系,推进建立和完善普遍服务和特殊服务的保障机制,提出邮政行业服务价格政策和基本邮政业务定价的建议,并监督执行。

(3) 负责快递等邮政业务的市场准入,维护信件寄递业务的专营权,依法监管邮政市场。

(4) 负责监督检查机要通信的工作,保障机要通信的安全。

(5) 负责邮政行业的安全生产监管,负责邮政行业运行安全的监测、预警和应急管理,保障邮政通信与信息安全。

(6) 负责邮政行业统计、经济运行分析及信息服务,依法监督邮政行业服务质量。

(7) 负责纪念邮票的选题和图案审查,负责审定纪念邮票和特种邮票年度计划。

(8) 代表国家参加国际邮政组织,处理政府间邮政事务,拟订邮政对外合作与交流的政策并组织实施,处理邮政外事工作,按照规定管理涉及港澳台工作。

(9) 垂直管理各省(自治区、直辖市)的邮政管理局。

(10) 承办国务院及交通运输部交办的其他事项。

5) 中国石油总公司关于管道运输方面的主要职责

统一管理和集中调控能源的供给与需求,优化产运销各环节衔接和资源配置,有效平衡国产和进口油气资源,确保管道运行始终处于安全、可靠和受控状态,保证油气田平稳生产和炼厂安全运营的需求。

6) 交通运输协会的职责

中国交通运输协会成立于1982年,是经原国家计委批准的,由交通运输、铁道、民航、邮政和军事交通等部门和单位共同发起,从事交通运输、物流等有关企事业单位及个人自愿结成,具有法人资格的全国性、行业性、非营利性社会组织。

坚持以为国家、为行业、为企业、为社会的"四个服务"宗旨,在政府和企业之间起桥梁、纽带作用及参谋助手作用,协会的工作目标是促进我国交通运输和现代物流行业的发展。

2.4 运输政策与管制

2.4.1 运输政策

运输政策是指国家为了实现一定时期的目标而制定的协调参与运输活动的各个经济主体利益关系的准则,主要包括交通规章、运价与费用政策、交通投资、交通补贴政策等。交通运输政策也是国家宏观经济政策的重要组成部分。

交通运输政策以国家社会利益为前提,并具有前瞻性、开创性、规范性和整体性的特点,为制定与运输有关的政策提供主要依据。

交通运输政策的基本目标是实现我国社会资源的最佳分配,根据各个地区的资源、收入等的差别,在确定出相应的交通投资和补贴等相关政策的同时,也要通过运输政策保护生态环境健康,实现可持续发展。

1) 运输政策的变迁

运输政策的变迁是指为了适应运输发展的需要而不断进行调整、替代、转换的过程,并且两者存在密切的关系。

在早期,运输政策还未成形,运输业处于前运输化阶段。运输业的发展并未受到重视,社会经济与运输业的关联度较小,社会经济的发展对运输业的依赖程度较低。

为了改善这一现象,开始采取扩大运输能力的政策,进入运输化初级阶段,在这一阶段运输供给短缺,急需扩大运输供给能力。

随之进行运输结构政策的调整,进一步完善运输行业结构,这一阶段运输能力得到很大改善,与运输需求更加协调。

在后运输化阶段,运输化能力提高,但导致了资源环境问题突出,在之后的运输政策调整中逐渐将可持续发展作为重要目标之一。

2) 运输政策的形成过程

政策法规的形成过程主要包括政策启动、拟定草案、征求意见、讨论审议和政策发布等环节。

(1) 政策启动:对各方面提出的政策事项建议进行研究论证后,报请相关机构决定是否启动政策程序。

(2) 拟定草案:若启动,政策承办单位应当在广泛深入开展调查研究、全面准确掌握有关信息、充分协商协调的基础上,拟订草案。

(3) 征求意见：政策承办单位应当采取便于社会公众参与的方式，来充分听取意见，依法不予公开的政策事项除外。

(4) 讨论审议：草案应当经决策机关常务会议或者全体会议讨论，在集体讨论的基础上做出是否予以通过的决定。

(5) 政策发布：决策机关应当通过本级人民政府公报、政府网站以及在本行政区域内发行的报纸等途径及时公布重大行政决策。对社会公众普遍关心或者专业性、技术性较强的重大政策，应当说明群众意见、专家论证意见的采纳情况，通过新闻发布会、接受访谈等方式进行宣传解读。

以"十三五规划纲要"为例，其出台过程如图 2.17 所示。

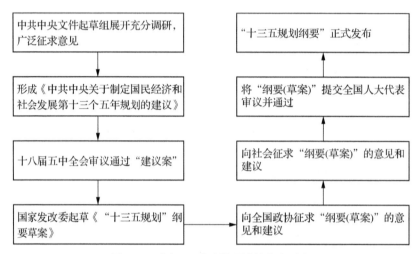

图 2.17 "十三五规划纲要"的出台过程

3) 运输政策的系统框架

不同的运输政策在颁布的时间和空间上存在明显差异，但是各个政策却是相互联系、相互作用的，形成了完整的交通运输政策系统。运输政策系统架构可划分为纵向结构和横向结构，见图 2.18 所示。

纵向结构的子系统是指各个构成运输政策体系的要素，包括总政策、基本政策、具体政策以及法律规范等层级。

其中，总政策是指交通运输政策的指定主体在一定历史阶段为实现一定的交通发展任务而规定的指导全局的总原则。

基本政策的政策主体用于指导某一领域或某一方面工作的原则，是总政策在某一方面的具体化。

具体政策的政策主体是针对某一具体问题而制定的具体措施、准则、界限性规定等。

交通运输方面的法律规范是通过国家的立法机关制定并认可的，是用以指导、约束人们交通运输行为的规范。

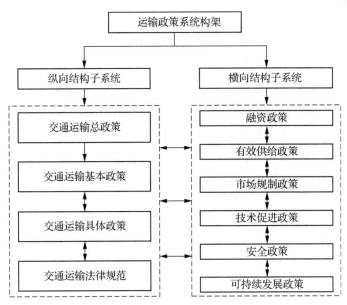

图 2.18 运输政策系统构架

横向结构子系统是指各个运输政策按具体内容划分的有关区域,包括融资政策、有效供给政策、市场规制政策、技术促进政策、安全政策以及可持续发展政策等。在具体发挥的功能上,根据问题的具体性质,发挥不同运输政策的功能,相互协调,各分系统内政策以及同一系统内的不同政策均要相互配合。

4) 运输政策的实施手段

运输政策的实施必定需要采取一定的手段,目前主要有行政手段、法律手段、经济手段、诱导手段等。

(1) 行政手段:此种手段主要是依靠政府的权威,通过行政命令、指示、规定及规章制度等方式,按照行政系统、行政层次和行政区划分来实现政策的方法,具体表现为各类交通运输法规和标准,这种手段的施行具有高度的权威性和强制性。

(2) 法律手段:这是指通过各种法律法规或司法工作来调整运输政策执行过程中的各种问题的方法,如《公路法》《铁路法》《民用航空法》等,具有权威性、强制性、稳定性以及规范性的特点。

(3) 经济手段:这是根据交通经济运行的规律和利益原则,采用经济杠杆,调节政策执行过程中的不同经济利益关系,促进交通运输政策顺利实施的方法,通常采用调节价格、税收、投资等手段实行。

(4) 诱导手段:此种手段不具有强制性,主要是通过舆论、说服教育、对话或奖惩的方式,使运输政策执行者和政策对象自愿地贯彻执行政策。

5) 运输政策的内容

目前,我国的运输政策主要有综合政策和各种运输方式的运输政策,具体内容如下：

(1) 综合政策

2021年中共中央、国务院印发了《国家综合立体交通网规划纲要》，明确我国交通发展目标是：到 2035 年，基本建成便捷顺畅、经济高效、绿色集约、智能先进、安全可靠的现代化高质量国家综合立体交通网。《国家综合立体交通网规划纲要》的提出为我国交通运输业的发展指明了方向。

目前我国的综合运输政策主要包括发展综合运输、加强旅客运输、发展现代物流、发展集装箱多式联运、扶持中西部地区运输业、运输设施的投资融资、提高运输业技术水平、交通信息化、人才资源开发、实现运输业可持续发展等方面。

(2) 公路运输政策

2014 年 8 月修订的《公路水路交通运输主要技术政策》，明确提出我国公路运输的主要技术政策。具体包括：创新道路客运运营组织与服务模式，满足多样化运输需求，提升客运服务品质；发展先进货运组织模式，提高货物运输效率；完善营运车辆技术标准，提高营运车辆专业化、标准化水平；加强车辆管理技术应用，提高车辆管理水平。

此外，从公路运输政策的具体内容来看，主要包括：公路建设和管理政策、道路运输、站场建设和管理政策、公路管理与养护政策、道路运输政策、公路交通投资融资政策及道路交通安全政策等。

(3) 铁路运输政策

2019 年修订的《中华人民共和国铁路法》，规定了铁路法和法制建设的基本原则，明确了铁路建设、铁路运输、铁路安全与保护等方面的基本问题，为理顺和调整与铁路有关的各种社会关系提供了法律依据。

《国家综合立体交通网规划纲要》提出到 2035 年我国铁路的发展目标是形成由"八纵八横"高速铁路主通道为骨架、区域性高速铁路衔接的高速铁路网；由若干条纵横普速铁路主通道为骨架、区域性普速铁路衔接的普速铁路网；京津冀、长三角、粤港澳大湾区、成渝地区双城经济圈等重点城市群率先建成城际铁路网，其他城市群城际铁路逐步成网。研究推进超大城市间高速磁悬浮通道布局和试验线路建设。

铁路运输政策主要包括运价政策，投资融资政策，公益性、政策性亏损的铁路建设政策，铁路公益性、政策性经营亏损补贴政策等。

(4) 水路运输政策

《公路水路交通运输主要技术政策》中明确提出我国水路运输的主要技术政策，其主要内容为：提升船舶运输组织的技术水平，推广内河船舶的物联网技术应用，提升航运智能化水平；水路运输的具体政策包括港口建设和管理政策，航道建设和管理政策，海洋运输政策，内河运输政策，水路交通投资融资政策以及水上交通安全政策等。

(5) 航空运输政策

《国家综合立体交通网规划纲要》提出到 2035 年我国航空运输的发展目标是基本建成以世界级机场群、国际航空(货运)枢纽为核心，区域枢纽为骨干，非枢纽机场和通用机场为重要补充的国家综合机场体系。该目标的实现,必须依靠完善的政策体系。我国的航空运输政策主要体现在《中华人民共和国民用航空法》《国内旅客及行李航空运输规则》《国内航空货物运输规划》等法律法规中,主要分为市场准入政策、运价政策和投资融资政策等。

2.4.2 运输管制

1) 运输管制的概念

运输管制是指为了促进资源的有效配置和整体社会福利的提高,由政府通过立法或者其他行政手段对运输行业,特别是运输行业中企业的某些特定的生产及经营行为进行直接干预的行为。运输管制主要分为经济性运输管制和社会性运输管制两大类。

经济性运输管制是指在自然垄断和存在信息不对称的领域,为了防止发生资源配置低效率和确保参与者的公平利用,政府主管部门基于法律的权限,通过许可、认可等手段,对运输企业的进入和退出、价格、服务的数量和质量、投资等行为加以管制。

社会性运输管制是以保障劳动者的安全与健康、保护环境、防止事故等为目的,管制部门对运输产品和运输服务的质量以及伴随它们而产生的各种活动,提出制定一定标准,并禁止、限制特定运输行为。

2) 运输管制的目标

运输管制的目的是促进运输部门之间整体发展,提高资源的使用效率,避免不公平的差别待遇,以及避免不合理的优惠或毁灭性的竞争行为,以达到维护公众利益与安全的目的。

运输管制的目标一般包括以下内容:

① 促进整体交通运输系统的发展,以配合国家经济发展的需要;

② 为社会大众提供安全、高效、合理价格的运输服务;

③ 促进国家、国际的商业发展;

④ 力求运输、能源、土地使用、环境保护、社会政策(如就业、土地分配、区域成长等)之间的均衡发展;

⑤ 保障运输业主的权利及安全。

3) 运输管制的类型

运输管制大致可以分为以下 5 种类型。

(1) 报酬率管制

受管制的业主在管制者所认定的合理报酬率的限制下,追求其最大利润(如电信资费的投资报酬率在 8.5%~12%之间),我国铁路业、邮电业等均受管制报酬率的管制。在报酬率管制下追求利润的最大化,会使资本过度使用,投入的资源遭受扭曲,导致厂商平均成本的提高及产量的减少。这就是有关管制模式中著名的 A-J 报酬率管制模式的产出紧缩效果。

（2）营运比管制

营运比管制是对独占者的总收入与运营费用的差额设定一合理比率,即保障管制者在利润为营业费用的合理比率之下,其收入之最大。营运比管制亦即成本加成法管理,我国的汽车客运就受此管制。营运比管制虽不会引起资本误用的现象,但须防止业主浮报成本,故政府必须对业主加强成本的审计核查工作。

（3）价格管制

价格管制为传统上常用的管制措施,可分价格上限与价格下限两种。最高价格管制会产生需求大于供给的现象,导致黑市情形发生；而最低价格管制则会因供过于求而产生销价行为,因此价格管制往往会导致效率的降低。

（4）数量管制

数量管制也是传统上采用的管制措施,例如管制牌照、管制进口等。这种管制如果过度严格,市场上将产生供需失调的情形,也可能造成黑市乱价情况。因此政府应予以妥善运用,以健全运输市场的营运秩序。

（5）服务品质管制

通常运输市场的服务品质要受到政府的管制,而服务水准的标准通常有：旅行时间、服务班次、服务的可靠性、服务的直接性、旅客的舒适程度和安全性等。运输经济学研究发现,对运输服务品质的管制,通常可适当提高社会福利。

思考题

2.1 简述运输市场特点及市场分类。

2.2 简述运输体系的构成。

2.3 简述影响市场运行的因素有哪些。

2.4 目前,我国各类运输市场竞争的方式和特点是什么？

2.5 未来传统的运输企业组织管理模式如何与前沿科技相融合？尝试结合实例展开分析。

2.6 我国运输行业有哪些行政管理机构？熟悉各行业管理的主要目标与职责。

2.7 运输管制可分为几种类型？

3 运输需求分析与预测

学习目标

- 理解运输需求的概念和特征
- 能够分析运输需求与影响因素的关系
- 掌握运量预测的原理和方法
- 熟悉运输调查的方法和步骤
- 能够完成客、货运量的调查和预测

3.1 运输需求简述

运输需求是指在一定时期内、一定价格水平下,旅客或货主对运输供给者提出的有支付能力、可以实现的要求。因此运输需求应具备两个条件:一是有购买运输服务的要求,二是具有购买运输服务的能力。在一定的价格水平下,购买者的收入越高,购买能力越强。

运输活动的主要内容是实现人或货物的空间移动,因此只有了解了运输市场的需求状况,运输企业才能进行有效的运输活动。

3.1.1 运输需求要素及特征

1) 运输需求具有的六大要素

(1) 运输需求量(流量),指在一定的时间、空间的条件下客运和货运需求的数量与规模。

(2) 流向,指旅客或货物发生空间位移的空间走向,表明客货流的产生地和消费地。

(3) 流距(运输距离),指旅客或货物所发生的空间位移的起始地至到达地之间的运输距离。

（4）运价，指运输每位旅客或单位计费重量的货物所需要的运输费用。

（5）流时和流速（运送时间和送达速度），前者是指旅客或货物发生空间位移时从起始地至到达地之间花费的时间；后者指旅客或货物发生空间位移时从起始地至到达地之间单位时间内的位移。

（6）运输需求结构，指按不同货物种类、不同旅客类型或不同运输距离等对运输需求的分类。

2）运输需求的基本特征

运输需求是一种普遍性需求，然而与其他商品需求相比，运输需求具有以下特征：

(1) 广泛性和多样性

人类社会活动离不开人和物的空间位移，为此也产生了运输对象的多样性，运输业作为一个独立的产业部门，肩负着实现人和货的空间位移的责任。因此，运输需求具有广泛性，且包含对运输服务、运输工具及运输组织方式的多样化需求。

(2) 派生性

旅客或货主提出位移要求的最终目的不是位移本身，而是为了实现其生产、生活中的其他需要，完成空间位移只是中间的一个不可或缺的环节。因此，运输是社会生产和人们生活派生出来的需求。

派生性的特点说明，运输需求总是由人们的消费需求或生产需求引起的，运输行为本身不能导致人和货物运输的需求，但会影响客运量、货运量以及运输方式的选择。

(3) 空间和时间上的不平衡性

空间上的不平衡。运输需求的大小和方式依赖于经济、区域位置、产业结构布局、基础设施完善程度、科技水平等方面的发展水平。在不同区域，运输需求具有很强的空间不平衡性，甚至在同一线路的不同方向上，运输需求也具有明显的差异性，例如，货运需求在方向上往往是不平衡的，特别是一些受区域分布影响的大宗货物（如煤炭、石油、矿石等），都有明显的流动方向，这是造成货物运输量在方向上不平衡的主要原因；国家法定节假日的开始，出城的客流量多于进城的客流量，假期结束，会出现相反的客流量。因此，运输需求空间分布特性决定了运输市场的空间分布特征，研究某区域的运输需求特点是进行运输供给的重要前提。

时间上的不平衡。客货运输需求在发生的时间上有一定的规律性，例如，周末和重要节假日前后的客运需求明显高于其他时间，市内交通的高峰期是上下班时间；蔬菜和瓜果的收获季节也是这些货物的运输繁忙期。运输需求时间上的不平衡引起运输生产在时间上的不均衡。

(4) 部分可替代性

部分可替代性指不同的运输需求在一定范围内可以相互替代，例如，某人从南京到上海，他可以选择乘坐高铁出行，也可以选择乘坐大巴汽车出行；某单货物从南京发货点运送到北京收货点，既可以选择铁路运输，也可以选择航空运输或汽车运输。值得注意的是，运输需求的替代性只能存在于一定范围或条件下，不同的运输需求是不能完全相互替代的。例如,货物(人)从北京到新疆乌鲁木齐的位移不能由北京到上海的位移来替代。

运输需求的这种部分可替代性是区位理论解决产业选址问题和国民经济重大工程项目进行技术经济分析的基础。

3.1.2 运输需求产生及影响因素

运输需求分为客运需求和货运需求。

1) 运输需求的产生

(1) 客运需求分为生产性运输需求和消费性运输需求。

① 生产性需求。生产、交换和分配等社会活动引起相关人员的出行需求。例如各种订货、展销、技术交流、售后服务等活动产生的旅行,被称为生产性客运需求。它是生产活动在运输领域的继续和延伸,其运输费用摊入产品或劳务成本。

② 消费性需求。由个人出行目的引起的运输需求为消费性需求,例如旅游观光、购物、探亲访友,它是来源于个人生活的一种消费活动。

(2) 货运需求是由于货物交换双方(发货人和收货人)的需要而产生的运输需求。生产商、供应商、批发商、经销商、分销商、零售商和最终的消费者,都会因商品交换的需要而产生运输需求。货物运输需求产生的来源有以下三个方面:

① 自然资源地区分布不均衡,生产力布局与资源产地的分离。例如,我国煤炭探明储量集中在北方,其中山西、内蒙古、陕西三省就占 68% 左右;铁矿石集中在河北、辽宁、四川三省,储量合占全国探明储量的 52% 左右。而生产力布局不可能完全与自然资源相配合,这就必然产生运输需求。

② 生产力与消费群体的分离。由于自然地理环境、社会经济基础差异、地区经济发展水平和产业结构差异,决定了生产性消费分布的存在。随着生产社会化、专业化的发展,生产与消费在空间上日益分离,也就必然产生运输需求。

③ 地区间商品品种、质量、性能、价格上的差异。地区之间、国家之间自然资源、技术水平、产业优势不同,产品质量、品种、价格等方面就会存在很大差异,这就会引起货物在空间上的流动,从而产生运输需求。

2) 运输需求的影响因素

(1) 客运需求的影响因素

客运需求受人口数量、城镇化程度、人们的出行时间规律、居民消费水平以及运输价格水平等因素的影响。

① 人口数量及城镇化程度。客运对象是人,人口数量及其增长速度,尤其是人口中劳动力数量及其增长速度是影响人口流动的重要因素,而城镇化程度则进一步加剧了人口的流动。

② 人们出行的时间段。客运需求的一个重要特征是具有很强的时间性。例如,在城市中法定工作日,每天早晨的高峰时间段一般是 7:00—9:00,下午的高峰时间段是

17:30—19:30；一般城市间的交通量高峰会在国家法定节假日出现。

③ 居民消费水平。研究表明，根据马斯洛的需求层次理论（美国心理学家亚伯拉罕·马斯洛于1943年在《人类激励理论》论文提出），吃、穿、住、医疗只能算是人们起码的生存和安全需要，这些需要满足后，就会产生友谊和社交的需要。随着居民生活水平的提高，居民消费总额中用于衣、食、住、医疗等生存和安全需要的支出比重将逐渐减少，而用于提高生活质量的高层次需求，如探亲访友、度假、旅游的消费性旅行需求的支出比重将逐渐增加。

④ 运输服务质量与价格水平。运输需求与运输价格之间存在着函数关系，函数关系确定后，就可以根据运价水平的变化分析运输需求量的变化规律。除此之外，安全、迅速、便利的运输服务将吸引人们出行和货运需求的增加，反之，则将抑制客货运输需求的增加。如图3.1所示。

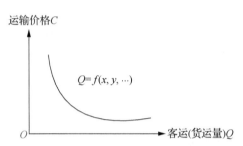

图 3.1　运输价格与运输需求量的函数关系

⑤ 其他运输方式的竞争，由于各种运输方式之间存在着竞争与互补的关系，所以在原有的运输方式和运输线路之外再开通其他运输方式和线路、运价水平和服务质量都将影响原有运输方式的运输量，例如，上海—北京高铁的开通，使得原有的航空客运量大大降低，上海—南京高铁的开通，使得原有的高速公路客运量骤降。

(2) 货物运输需求的影响因素

① 经济发展水平。经济规模越大的区域，运输需求则越大。经济发展的不同阶段对货运需求的数量和质量差别较大：工业化初期，采掘和原材料工业对大宗、散装货物的运输需求急剧增加；到机械加工工业发展时期，运输需求的数量仍在增加，但增长速度有所放缓，运输需求开始多样化，对运输速度和质量的要求有所提高；进入精加工工业时期，经济增长对原材料依赖减少，附加值高的产品比例上升，货运需求量增长速度放缓，但运输需求更加多样化，在安全、快速、方便、绿色运输服务的质量方面的要求越来越高。另外，发达国家和地区集装箱货运比例高于发展中国家和地区。

② 国民经济产业结构和产品结构。首先，生产不同产品所引起的厂外运量（包括原材料、附件、能源、半成品和产成品等）差别很大，如生产1 t棉纱引起厂外运量2.5～3 t，生产1 t钢铁引起场外运量约7～8 t。其次，不同产品利用某种运输方式的产运系数（即产品的运输量与其总产量的比值）是不同的，如煤炭和基础原材料工业对铁路的依赖比较大，其他产品则可能更多地利用其他运输方式。再者，不同的产业构成，在运输需求的量与质上要求不同。如果用单位GDP所产生的货物周转量来表示货运强度，则重工业的货运强度大于轻工业，轻工业的货运强度大于服务业，随着产业结构层次的提高，货运强度将逐步下降。

③ 运输网络密度和运输能力。交通运输网络的布局和运输能力直接影响着客、货

运输需求量及增长速度,地处优越的交通地理位置,交通网络密度高、综合运输网络发达,不仅能满足本区域的运输需求,还可以吸引过境乘客、过境货物、中转乘客、中转货物。完善、合理的运输网络布局,方便、快捷、高质量的运输能力会刺激运输需求的增加,而滞后的交通运输业会阻碍经济发展,抑制货运需求。

④ 运价水平的变动。运输需求对运价水平变动是有弹性的,运价水平下降时运输需求上升,运价水平上涨时,运输需求会受到一定的抑制。另外,燃油、载运工具价格的变动,也可能导致运输需求的变动。

⑤ 人们购物方式的变化。网购作为新兴的购物方式之一,日益受到人们的青睐,与此同时,件小、量大、送货上门的快递运输量得到快速增长。例如,国家邮政局邮政业安全中心统计数据显示,从2021年2月11日(除夕)到2月15日(正月初四),全国邮政快递业累计揽收和投递快递包裹3.65亿件,同比增长224%。

⑥ 人口增长与分布。人口增长快,将引起食品、生活用品等供应的增加,从而引起运输需求量的增加;大量人口流入城市将引起城市消费能力的增长,因而也会导致货运需求的增长。

3.1.3 运输调查的方法和步骤

运输调查就是运用一定的调查方法和调查形式,对一定范围(地区)内的运输需求和运力供给情况进行系统的搜集、整理和分析,并最终得出调查结论、形成调查报告的过程,也称为运输市场调查,或叫作客、货源调查。

1) 运输调查的意义

运输调查是客观预测运输量的基础,调查结果可以为运输市场某类决策提供依据。从宏观看,它对交通运输主管部门摸清实情,编制交通运输行业发展规划,确保合理运输和均衡运输,增进产、供、销之间的协作,提高交通运输管理水平具有重要意义。从微观看,准确的调研成果能让运输企业发现经营机会,改进运输组织工作,提高运输服务质量,增强市场竞争能力。

2) 调查的形式

运输调查可根据不同的需要选择不同的调查形式。一般有综合调查、抽样调查、典型调查、专题调查、日常调查等形式。

(1) 综合调查。以营运区域内运输市场总体为调查对象,组织专门机构和人员开展对客货源形成及其影响因素的全面调查。所得资料比较全面,便于认识和掌握运输规律,但人力、物力和财力的消耗大。因此,一般都是在制定行业规划、运输企业年度计划前展开调查。

(2) 抽样调查。以营运区域内运输市场为研究总体,利用概率统计原理从研究总体中抽出一部分样本进行调查,从而推断整个运输市场的特征。抽样调查是一种非全面调查,因而存在一定误差,但由于其可执行性强,是目前常用的调查方法。该方法的难点是要综合考虑各方面因素确定一个合适的抽样样本数。

(3) 典型调查。选取一些具有代表性的地区、线路或客货运企业作为典型调查的对象,对之进行周密细致的调查、了解和分析,从中寻求同类事物的共同规律。典型调查可以弥补全面调查的不足,探索普遍规律,研究并提出对同类问题的解决措施、方法。该方法的关键是选择的对象要有代表性。

典型单位的选择可遵循以下原则:首先,被选调查单位要能反映一类问题,或者能体现共同的要求;其次,被调查单位在整个运输行业有较好的代表性。一些先进的单位或者落后的单位和试点单位皆可以被选为调查的对象。

(4) 专题调查。对某些重点部门、特定任务或在特定的时间(如节假日)进行的调查。专题调查针对性强,适合对某一关键问题,或某一重点客源、货种进行深入、系统的研究。

(5) 日常调查。日常调查是通过车站(港口、机场)等的售票、检票、服务和组织货源、业务联系等环节的日常工作,向旅客或货主了解客、货流变化情况以及运输要求,并做出各项记录。日常调查是运输经营单位掌握运输市场变化情况并积累有关资料而经常进行的一种调查。

3) 运输调查的基本方法

运输调查的基本方法有抽样调查法、统计调查法和观察法。

(1) 抽样调查法

抽样调查法是将要调查的事项以当面、书面、问卷等形式,向被调查者提出询问和笔录,以获得所需资料的一种调查方法。一般分为面谈法、电话询问法、网上(包括邮件)问卷法调查三种形式。比较而言,面谈法全面、具体、灵活、准确,是普遍使用的一种方法;电话询问法的优点是联系迅速,缺点是调查事项不易深入具体;网上问卷法调查,效率高,成本低,是被逐渐广泛采用的一种方法。

例如,在南京市公交线网规划中,针对市民出行抽样调查,如表3.1、图3.2所示。

表3.1 南京市居民出行(OD)抽样调查表(2021年8月)(面谈、电话询问方式)

被调查者: A 男 B 女
年龄:A. 20~29 岁　B. 30~39 岁　C. 40~49 岁　D. 50~59 岁　E. 60 岁以上
您的家庭月出行支出占收入的百分比: 　A. 60%以上　B. 49%~60%　C. 39%~50%　D. 29%~40%　E. 低于 29%
居住区:_____　　　工作(上学)区:_____ 1. 玄武区　2. 白下区　3. 秦淮区　4. 建邺区　5. 鼓楼区　6. 下关区　7. 栖霞区 8. 雨花台区　9. 江宁区　10. 溧水区　11. 高淳区　12. 浦口区　13. 六合区
您此次出行时间(到达时间—出发时间): A. 30 min 以内　B. 30~60 min　C. 1~2 h　D. 2 h 以上
您此次出行方式: A. 步行　B. 自行车　C. 电动或摩托车　D. 公交或地铁　E. 私家车　F. 出租车

续表 3.1

您选择该出行方式的理由：
A. 方便　　B. 在途时间短　　C. 交通费合理　　D. 乘坐环境舒适　　E. 准点率高　　F. 其他
如果您考虑换一种出行方式,您主要考虑的因素是： A. 出行费用,继续问题①　　B. 出行时间,继续问题②　　C. 不会考虑更换出行方式 ① 您能够接受使用该交通工具出行的最高费用是＿＿＿＿元,在此情况下您能接受的最长出行时间是＿＿＿＿min。 ② 您能够接受使用该交通工具出行的最长时间是＿＿＿＿min,在此情况下您能接受的最高出行费用是＿＿＿＿元。

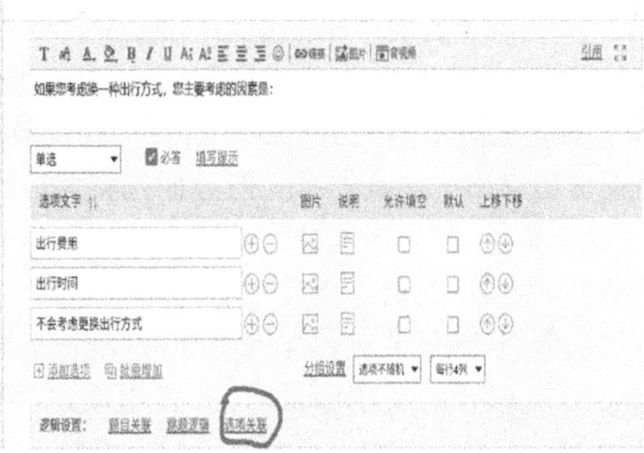

图 3.2　南京市居民出行(OD)网上抽样调查表(2021 年 8 月)

(2) 统计调查法

统计调查法是利用售票、检票、视频监控、电子记录仪等手段,通过表格统计,得到调查资料。其特点是数据具有连续性,更准确地记录交通量、客流量、货流量数据,使得后续分析、预测的依据更可靠。

例如,某公路客运班车某日载客人数统计表,如表 3.2 所示。

表 3.2　南京—苏州公路长途客运班车运行统计表(中间无停靠站)

2021 年 06 月 20 日

客车类型	站距	班次	发车时间	发车人数	票价	上座率	总收入
始发站:南京小红山长途客运站					终点站:苏州北广场客运站		
大型高客 45 座	220 km	KK1228	7:30	39 人	99.5 元/人	86.7%	3 880.5 元
始发站:苏州北广场客运站					终点站:南京小红山长途客运站		
大型高客 45 座	220 km	KM1269	11:30	35 人	99.5 元/人	77.8%	3 482.5 元

(3) 观察法

观察法是调查者亲赴运输现场或通过电子设备,对调查对象的数量、行为及感受进行侧面观察和记录的一种方法,根据调查内容,选择采用抽样或统计调查法。此方法具有调查材料比较真实客观,有较高的准确性和可靠性等优点。缺点是只看到调查时间段内的表现情况,而且需要进行大量的观察才能保证较高的正确性,调查时间长。因此,只限于做重点调查。

4) 运输调查的步骤

运输调查是一项较为复杂烦琐的工作,为使此项工作达到预期的目的,必须有计划、有组织、有步骤地进行。调查可分为前期准备、调查实施和资料整理三个阶段,九大步骤:

(1) 组建调查组。接到调查任务后,组成调查组或联合其他运输方式相关部门组成联合调查组,召开调查工作会议,明确分工。

(2) 确定调查目的。明确调查所要解决的主要问题、主要调查对象及调查的时间。调查时间应包括调查开始和结束的时间、调查的资料所属的时间段。

(3) 拟订调查计划。确定调查参加人员之间的责任分工,根据调查目的,具体安排调查各项工作、预算调查费用支出。调查安排一般遵循先整体后局部的顺序,先通过开座谈会的形式收集一些已有资料,如向当地经贸委调查本地区生产、流通、分配、消费等计划,向交通局调查运输基础设施、交通发展计划等。在对调查对象有一般性全面了解之后,根据具体的需要对某部门、某环节进行深入调查,以进一步调整、补充调查项目。

(4) 选择调查方法。根据调查的要求以及时间、费用,结合调查对象的实际情况,选定合适的调查方式和方法。

(5) 设计调查表格。根据调查目标、调查项目及调查方法,调查组便可拟定调查问题,设计包含与调查目的相关的主要指标的调查表格,用作记录与分析,调查问题和表格设计得是否合理,直接关系到调查结果的准确、客观性。

(6) 人员培训。在上述工作完备以后,要及时组织调查人员进行学习,明确调查目的,熟悉调查计划的内容和调查表的填写要求、方法等,以便于展开调查工作。

(7) 实施调查。按照调查计划分步骤、分阶段地进行调查,应注意研究和处理调查过程中出现的各种问题,及时制定解决问题的方法。同时,应注意掌握调查工作的进展情况,做好控制工作,以保证如期完成调查任务。

(8) 整理调查资料。通过对资料的整理和分析做出总结,提出建议。首先,对调查获取的资料应分门别类地整理和分析,如进行运量分析、发展趋势分析等,同时应分析是否存在矛盾或错误;其次,通过整理资料能够总结出几种典型观点和意见。

(9) 编写调查报告。在对资料进行整理和分析的基础上,编写调查报告,阐述调查目的、采用的方式方法、调查结果并提出参考性意见,为运输量预测提供客观依据。

以上所述的各步骤均存在信息反馈的过程。当我们在实施调查中遇到一些不曾考虑而又须予以考虑的问题时,要及时修改或重新制订调查实施计划,设计新的调查表格进行补充调查。

3.2 运输量预测

运输量预测是在一定区域、一定时间范围内,对客货运输量发展变化态势的定量预判,未来事物的判断受多种因素的影响,有必要了解运输量的概念、特点以及运输量预测原理和方法,以便帮助我们进行准确的运输预测。

3.2.1 运输量预测含义及预测原理

1) 运输量预测的含义

运输量是指在单位时间内,一定运输供给条件下所能实现的人或货物空间的位移量,包括运量(人次或吨次)和周转量(人次·km,t·km)。运输量可以是单位时间内,公路上汽车客货运输量,航空线路上客货运输量,船舶上客货运量,以及铁路列车上的客货运送量等。

运输量预测是根据运输及其相关变量过去发展变化的客观过程和规律性,参照当前已经出现和正在出现的各种可能性,运用现代管理、数学和统计的方法,对运输及其相关变量未来可能出现的趋势和可能达到的水平的一种科学推测。

运输量的大小与运输需求水平有密切的关系,这两个概念既相互区别又相互联系,运输量本身并不能完全代表社会对运输的需求。在需求与供给均衡或者在供给大于需求的情况下,运输需求量才是现实的运输量。但如果供给不足,实际运输量要小于经济发展所产生的运输需求量。在这里实际运输量小于需求量的那一部分,不是由于人们的支付能力不足造成的,而是由于供给不足造成的。

过去有许多预测工作没有分清运输需求与运输量的区别,在大部分预测过程中主要采用了以过去的历史运输量数据预测未来运输需求的方法,以"运输量预测"简单代替运输需求预测,这种概念上的误差会影响到预测的准确程度。显然,在运输能力满足需求的情况下,运输量预测尚可以代表对运输需求量的预测;而在运输能力严重不足的情况下,不考虑运输能力限制的运输量预测结果,就难以反映经济发展对运输的真正需求。

因此,在实际工作中,要注意运输需求预测和运输量预测这两者之间的区别,在实际经济分析中要注意预测所依据的资料、条件和方法,准确把握它们的经济含义,这一点非常重要。

2) 运输量预测原则

运输量预测需要坚持以下几个原则:

(1) 可知性原则。人们不但可以认识推测对象的过去和现在,而且还认为事物都有一个延续发展的规律,可以根据其历史和现状以及这种延续性推测其未来,关键是要掌握事物发展的客观规律,注意事物发展的全过程的统一,即过去、现在和将来的有机统一。

(2) 系统性原则。预测过程中要注意预测对象是一个完整的系统,系统内还包含若干个子系统,系统外部还有相关的平行系统,这些错综复杂的关联因素对系统功能和系统完整性的体现有着重要影响。缺乏系统观点的预测,将导致决策顾此失彼。

(3) 相似性原则。实践证明,事物未来发展趋势和过去发展变化之间的相似性是经常出现的。据此,将预测对象与类似的已知事物的发展状况相类比,从而推测预测对象的未来。

(4) 关联性原则。事物之间都有其相互依存的关系,同一事物在不同的发展阶段也有一定的因果关系,称为事物的关联性。在预测过程中,通过对这些关系的研究,对预测对象做出某种判断。

(5) 可能性原则。预测对象的发展有各种各样的可能,而不是只存在单一的可能性。对预测对象所做的预测,实际上是对它的发展的各种可能性进行预测。

3.2.2 运输量预测方法

运输部门在进行路网和运输节点规划、运输政策制定过程中,离不开运输量数据的支持。选取合适的方法实现预测效果和精度的提升,实现对运输行业发展趋势和状态更为精确的掌握,为运输规划、政策制定和企业运营管理决策提供数据支撑,是学习运输量预测方法的初衷。

随着理论和科技技术的不断推陈出新,原有预测理论和方法体系需要借助最新技术手段不断完善。现阶段,运输量预测方法既有传统的统计理论预测模型法,也有采用机器学习技术的浅层模型法和组合预测模型法。

1) 一般预测方法

(1) 从时间序列的角度对运输量进行预测

统计表明,运输需求变化与时间迁移呈较强的关联性。因此可以根据运输量从过去到现在的变化规律,推测未来的运输量。这种方法的主要优点是需要的数据少、简便,只要研究的运输量时间序列其趋势没有大的波动,就会有较好的预测效果。这类方法的缺点是无法反映出运输量变化的原因。对于影响运输量变化的外部因素变化,如调整经济政策和发展速度而引起的运输需求的变动无法反映。

时间序列趋势外推的方法很多,其关键是趋势的识别与拟合是否准确。常用的方法有:

① 移动平均(MA)模型

MA 模型是基于当期和前期的随机误差项的线性组合来实现当期预测值的表达。用该种模型修匀原始时间数列比较客观,也比较容易从中看出变动趋势。但数列两端的值无法进行修匀计算,因此每一次移动平均都会使数列变短,影响更进一步的观察,预测中常用一次移动平均法,也称简单平均法。计算公式如下:

$$\hat{Q} = \frac{Q_1 + Q_2 + \cdots + Q_n}{n} = \frac{\sum_{i=1}^{n} Q_i}{n} \tag{3.1}$$

式中,$\hat{Q}$——第 n 期的一次移动平均值;

$Q_1,Q_2,\cdots,Q_n$——各时期实际值;

n——实际资料时期的项数。

应用一次移动平均法进行预测,本期的移动平均值就是下一期的预测值,即:

$$Q_{n+1}=\hat{Q} \tag{3.2}$$

② 指数平滑模型

指数平滑法也称作时间数列的指数平滑法,它也是通过修匀历史数据中的随机成分去预测未来。但它所用的修匀方法与移动平均法不同,它引入了人为确定的系数,可以体现不同时期因素在预测中所占的权重。预测中常用一次指数平滑法。计算公式如下:

$$Q_{t+1}=\alpha Q_t+(1-\alpha)\hat{Q}_t \tag{3.3}$$

式中,Q_{t+1}——下一时期预测值;

Q_t——本期实际值;

$\hat{Q}_t$——本期预测值,可按一次移动平均法计算;

α——平滑系数。

平滑系数 α 的值越小,说明近期数据对预测值影响越小,预测得到的结果比较平稳;反之,则近期数据对预测值的影响较大,远期数据对预测值的影响较小。

α 取值的确定有两种方法:一是由经验确定,若统计资料实际值的长期趋势为接近稳定的常数,α 取值在 0.4~0.6 之间;若统计资料实际值呈明显的季节性波动,α 取值在 0.6~0.9 之间;若统计资料实际值长期趋势变动较缓慢,则 α 一般取 0.1~0.4 之间。二是实验法,选择几个不同的 α 值进行计算,取其平均误差小者进行预测。

③ 灰色系统 GM(1,1)模型

在实际操作中,有时要得到大量的数据是很困难的。灰色系统把随机变量看作是在一定范围内变换的灰色量,通过对原始数据列"就数找数"的处理,从而得到规律性较强的生成函数。和其他方法相比,由于灰色模型是在离散数据本身基础上建立的连续微分方程,能捕捉到事物的内在规律,因而较适合中、长期的规划预测。对于预测型的 GM(1,N)(灰色模型微分方程为 1 阶,且给定 N 个已知数列),其预测精度一般低于 GM(1,1)(当 $N=1$ 时),在此讲述 GM(1,1)模型。

设变量的时间序列为 $x^{(0)}(k),k=1,2,\cdots,n$

做一次累加得到生成数列 $x^{(1)}(k)$ 为:

$$x^{(1)}(k)=\sum_{i=1}^{k}x^{(0)}(i) \quad k=1,2,\cdots,n$$

用累加数列建立如下微分方程:

$$\frac{\mathrm{d}x^{(1)}}{\mathrm{d}t}+ax^{(1)}=b \tag{3.4}$$

式中,a,b——待估参数。

将式(3.4)中的导数以离散形式展开,得到:

$$x^{(0)}(k+1) = -\frac{1}{2}[x^{(1)}(k)+x^{(1)}(k+1)]a+b$$

分别令 $k=1,2,\cdots,n-1$,得到:

$$x^{(0)}(2) = -\frac{1}{2}a[x^{(1)}(1)+x^{(1)}(2)]+b$$

$$x^{(0)}(3) = -\frac{1}{2}a[x^{(1)}(2)+x^{(1)}(3)]+b$$

$$\cdots$$

$$x^{(0)}(n) = -\frac{1}{2}a[x^{(1)}(n-1)+x^{(1)}(n)]+b$$

对上述展开的离散方程组,由最小二乘法求解得到:

$$\boldsymbol{a} = (\boldsymbol{B}^{\mathrm{T}}\boldsymbol{B})^{-1}\boldsymbol{B}^{\mathrm{T}}\boldsymbol{Y}_N$$

其中,

$$\boldsymbol{Y}_N = \begin{bmatrix} x^{(0)}(2) \\ \vdots \\ x^{(0)}(n) \end{bmatrix}, \quad \boldsymbol{a} = \begin{bmatrix} a \\ b \end{bmatrix}$$

$$\boldsymbol{B} = \begin{bmatrix} -\frac{1}{2}[x^{(1)}(1)+x^{(1)}(2)] & 1 \\ \vdots & \vdots \\ -\frac{1}{2}[x^{(1)}(n-1)+x^{(1)}(n)] & 1 \end{bmatrix}$$

预测公式为:

$$\hat{x}^{(1)}(k+1) = \left(x^{(0)}(1)-\frac{b}{a}\right)\mathrm{e}^{-ak}+\frac{b}{a}$$

将预测累加数列还原,即得到变量的预测模型:

$$\hat{x}^{(0)}(k+1) = \hat{x}^{(1)}(k+1)-\hat{x}^{(1)}(k) \tag{3.5}$$

④ 自回归分析(AR)模型

AR 模型是一种可以实现对于某类实际存在的序列进行有效描述的随机模型。当时间数列内的数值在某一固定间隔期具有较高的相关性时,就可以应用自回归模型进行预测。一级自回归方程的形式为:

$$Y_t = b_0 + b_1 Y_{t-r} \tag{3.6}$$

式中,b_0,b_1——待定系数,一般由最小二乘法确定;

Y_{t-r}——第 $t-r$ 期的实际发生值,其中 r 为时间序列发生周期性变化的最小期间数;

Y_t——第 t 期实际发生值的估计值。

AR 模型是时间序列预测方法中最为常用的一种方法,常用作与其他模型对比的对象。

(2) 从影响因素入手对运量进行预测

在经济发展过程中,经济变量之间不是孤立的,而是存在着相互依存的关系。影响总运输需求的主要因素前面第一节中已经谈过。但具体的预测目标类型、范围是不同的,必须细致地分析其最主要的影响因素,设法将其用量化指标反映出来。通过对过去和现在的指标数据进行分析研究,可以找出运输需求与相关经济量的关系,用于对运量的预测。

这类预测方法在数据量足够多的情况下,常可获得较好的精度,并提供运量变化原因方面的信息。其缺点是自变量、外生变量指标未来值的选择本身就带有预测性,影响预测的精度。常用的预测方法有:

① 一元线性回归预测模型

一元线性回归自变量可以是时间,也可以是其他变量,用 x_i 表示影响因素,用 $\hat{y}_i$ 表示待预测的因变量。一元线性回归方程如下:

$$\hat{y}_i = a + bx_i \tag{3.7}$$

式中,$\hat{y}_i$——第 i 期的预测值;

x_i——影响因素在第 i 期的值;

a, b——回归系数。

根据最小二乘法,a 和 b 的计算公式为:

$$a = \bar{y} - b\bar{x} \tag{3.8}$$

$$b = \frac{L_{XY}}{L_{XX}} \tag{3.9}$$

$$\begin{cases} \bar{x} = \frac{1}{n} \sum_{i=1}^{n} x_i \\ \bar{y} = \frac{1}{n} \sum_{i=1}^{n} y_i \\ L_{XX} = \sum_{i=1}^{n} (x_i - \bar{x})^2 = \sum_{i=1}^{n} x_i^2 - \frac{1}{n} \left(\sum_{i=1}^{n} x_i \right)^2 \\ L_{XY} = \sum_{i=1}^{n} (x_i - \bar{x})(y_i - \bar{y}) = \sum_{i=1}^{n} x_i y_i - \frac{1}{n} \left(\sum_{i=1}^{n} x_i \right) \left(\sum_{i=1}^{n} y_i \right) \end{cases} \tag{3.10}$$

式中,y_i 为第 i 期的实际值。

另外,引入

$$L_{YY} = \sum_{i=1}^{n} (y_i - \bar{y})^2 = \sum_{i=1}^{n} y_i^2 - \frac{1}{n} \left(\sum_{i=1}^{n} y_i \right)^2 \tag{3.11}$$

根据历史数据建立一元线性回归模型后,还需要对所建立的模型进行检验。模型的合理性和影响因素,对预测对象 y 的影响的显著性,可用相关系数 γ 及可决系数 γ^2 来进行检验,γ 表示 x 与 y 之间的线性相关的密切程度。当 $|\gamma| \to 1$ 时,说明影响因素 x 与预测对象 y 之间具有较明显的线性关系,可用一元线性回归法进行预测。当 $|\gamma^2| \to 1$

时,说明 x 对 y 的影响显著,可选用 x 作为自变量。γ 的计算公式为:

$$\gamma=\frac{L_{XY}}{\sqrt{L_{XX} \cdot L_{YY}}} \tag{3.12}$$

② 多元线性回归模型

当预测对象 Y 受多个因素 $X_1,X_2,\cdots,X_m$ 影响时,如果 $X_j(j=1,2,\cdots,m)$ 与 Y 之间具有线性相关关系,则可以建立多元线性回归模型进行分析和预测。当自变量数量大于 3 时,手工计算已很困难,一般采用计算机及专用的软件计算。

如果在对变量 Y 与 X_j 的 n 次观测中,获得了如下数据:

$$\boldsymbol{X}=\begin{bmatrix} x_{11} & x_{12} & \cdots & x_{1n} \\ x_{21} & x_{22} & \cdots & x_{2n} \\ \cdots & \cdots & \cdots & \cdots \\ x_{m1} & x_{m2} & \cdots & x_{1n} \end{bmatrix}$$

$$\boldsymbol{Y}=\begin{bmatrix} y_1 \\ y_2 \\ \vdots \\ y_n \end{bmatrix}$$

则多元线性回归模型的一般形式为:

$$Y=a+b_1X_1+b_2X_2+\cdots+b_mX_m \tag{3.13}$$

式中,Y——多元线性回归因变量;

a——参数;

b_i——Y 对 X_j 的回归系数。

多元线性回归方程中,因变量 Y 对某一自变量的回归系数 $b_i(i=1,2,\cdots,m)$ 表示当其他自变量都固定时,该自变量变化对因变量 Y 影响的大小,又称为偏回归系数。参数 $a,b_i(i=1,2,\cdots,m)$ 的确定,与一元线性回归方程参数的确定方法相同,仍采用最小二乘法。根据最小二乘法,应使

$$\sum_{j=1}^{n}(Y_j-a-b_1X_{1j}-b_2X_{2j}-\cdots-b_mX_{mj})^2 \tag{3.14}$$

为最小。对式(3.14)中的 $a,b_i(i=1,2,\cdots,m)$ 分别求偏导,并令其等于零,得到

$$\begin{cases} L_{11}b_1+L_{21}b_2+\cdots+L_{m1}b_m=L_{Y1} \\ L_{12}b_1+L_{22}b_2+\cdots+L_{m2}b_m=L_{Y2} \\ \cdots \\ L_{1m}b_1+L_{2m}b_2+\cdots+L_{mn}b_m=L_{YM} \end{cases} \tag{3.15}$$

$$a=\overline{Y}-\sum_{i=1}^{m}b_i\overline{X}_i \tag{3.16}$$

式(3.15)和式(3.16)中:

$$\begin{cases} \overline{Y} = \dfrac{1}{n}\sum_{k=1}^{n} Y_k \\ \overline{X}_i = \dfrac{1}{n}\sum_{k=1}^{n} X_{ik} \quad (i=1,2,\cdots,m) \\ L_{ij} = \sum_{k=1}^{n}(X_{ik}-\overline{X}_i)(X_{jk}-\overline{X}_j) \quad (i,j=1,2,\cdots,m) \\ L_{Yj} = \sum_{k=1}^{n}(Y_k-\overline{Y})(X_{jk}-\overline{X}_j) = \sum_{k=1}^{n}X_{jk}Y_k - \dfrac{1}{n}\Big(\sum_{k=1}^{n}X_{jk}\Big)\Big(\sum_{k=1}^{n}Y_k\Big) \quad (j=1,2,\cdots,m) \end{cases}$$

(3.17)

$$L_{YY} = \sum_{k=1}^{n}(Y_k-\overline{Y})^2 \tag{3.18}$$

式(3.14)称为多元线性回归方程的正规方程,利用它及式(3.15)可确定 $a,b_i(i=1,2,\cdots,m)$,从而得到多元线性回归方程。

同一元线性回归分析一样,对已经确定的多元线性回归分析模型能否较好地反映事物之间的内在规律,要进行线性相关的检验。

全相关系数是反映因变量受许多自变量共同影响而变化的相关程度的指标,计算公式为:

$$R = \sqrt{\dfrac{\sum b_i L_{Yi}}{L_{YY}}} \tag{3.19}$$

式中,R——全相关系数,是考察两个变量之间的相关程度指标。相关系数的取值范围是 $0\sim1$,取值越接近1,说明两个变量之间的相关程度越大;取值越接近0,则说明两个变量之间的相关程度越小,一般情况下可以通过以下取值范围判断变量的相关强度:

相关系数 R:<0.8~1.0　极强相关
　　　　　　<0.6~0.8　强相关
　　　　　　<0.4~0.6　中等程度相关
　　　　　　<0.2~0.4　弱相关
　　　　　　0~0.2　极弱相关或不相关

③ 递增率模型

递增率模型是根据客货运量的预计增长速度进行预测的方法。一般的做法是,先分析历年客货运量增长率的变化规律,然后根据对今后经济增长的估计确定预测期客货运量的递增率,再预测未来的客货运量。递增率法的关键是确定增长速度,一般用于运量增长率变化不大,或预计过去的增长趋势在预测期内仍将继续的情况,也常用于综合性运量的预测。但预测结果比较粗略。用递增率法计算运量的公式为:

$$Q_1 = Q_0(1+a)^t \tag{3.20}$$

式中,Q_1——预测期运量;

Q_0——基期运量；

a——确定的运量递增率；

t——预测期的年限。

④ 产运系数模型

产运系数模型是根据某种货物的运量随其生产总量发生变化的规律性，预测货运量的方法。从实际中发现，一些主要货物的发送量与其生产总量的比值（即产运系数）总是相对比较稳定的，这就可以根据它们的未来产量预计未来运量。运用产运系数法的关键在于分析掌握各大类货物产运系数的变化原因。一般说来，生产布局的改变，大中小型企业产量构成的变化，基建投资结构的变化，进出口量的多少，产、供、运、销关系的变化和各种运输方式分工结构的变化，都可能引起货物产运系数的变化。产运系数的计算公式为：

$$\gamma = \frac{Q}{M} \tag{3.21}$$

式中，γ——某年产运系数；

Q——某种货物的年发运量；

M——某种货物该年的总产量。

在 γ 值比较稳定的前提下，按产运系数法计算该货物预测发送量的公式为：

$$Q_t = M_t \gamma \tag{3.22}$$

式中，t——代表预测年份。

以上介绍的几种方法一般称为传统预测方法，使用起来比较简单，在某些情况下也能够达到预测要求。

(3) 定性预测法

经济现象的发展变化是错综复杂的，不可能准确地对全部复杂关系做出定量描述。在应用数理方法预测的同时，运用预测者的经验，综合考虑多种影响因素，分析经济活动的特点和构成，对运量进行预测，这类方法在历史资料很少、预测期较长的情况下，可以与其他预测方式结合使用。

① 运输市场调查法

运输市场调查法是通过一定的方法征求购买运输产品的顾客意见，了解顾客购买意向和心理动机，从而对运输需求情况进行收集、记录整理和分析，在此基础上进行运量预测的方法。

运输市场调查法一般采用抽样调查，如网上填写选项抽样调查、发放表格抽样调查等。利用运输市场调查法进行预测，不仅可以估计运输企业未来市场的需求量，而且有利于促进企业与顾客的关系。不过，抽样调查的花费通常比较高，而且，在许多情况下不少被调查者不愿暴露自己的意向，如果不给予充分合作，或者调查对象没有足够的能力清楚准确地表达自己的意愿，预测的结果就会受到较大影响。

② 专家咨询法

专家咨询法以预先选定的专家作为征询对象,并与适当数量的专家建立直接的函讯联系,预测小组以匿名方式发函征求专家意见,将收集到的专家意见汇总整理,作为参考资料再发给每个专家,供他们分析判断,提出新的论证,操作流程见图 3.3。如此反复多次,专家的意见逐步趋于一致。这种方法的优点是:可独立发表意见;能发扬民主且有许多不同意见供参考。其缺点:意见易分散、不集中、有一定的主观性。综合其优缺点,此法适用于专家人数较多,而面对面交流思想效率较低的情况。

图 3.3　专家咨询法

③ 类推法

类推法是应用经济现象间相似性的发展规律,通过找出先导事件进行预测。先导事件可以是历史上发生过的同类事件,也可以是国外或其他地区发生过的同类事件,还可以是其他领域发生过的同类事件。这一方法在运量预测中也可以使用。社会经济运动是有规律的,但人们对这一规律的认识能力在当前是有限的,因此预测误差是不可避免的。

2) 深度学习理论

深度学习是机器学习的深化,具有强大的能动性和灵活性特征,通常理解为一种特殊类型的机器学习。它可以使计算机系统通过对历史经验和数据的识别和训练实现计算机应用技术的提高。目前深度学习在数字语音识别、强化学习以及预测等领域有了较大成就,并且多次在预测结果方面超越其他已有的方法。下面介绍深度学习的常用模型。

(1) 深度学习概述

深度学习由神经网络发展而来,它不仅继承了神经网络的优点,还在一定程度上很好地克服了它的不足之处。它的本质是深层网络模型及训练算法的集合,通过建立具有隐含层的模型,经由训练的方式来实现序列中有价值特征的提取,是人工智能的一种技术手段。

人们总是会期望在少量的计算单元基础上实现"紧表达"(Compact Representation)目标函数的建立,来提高模型的泛化能力,而这通过单一隐含层模型是根本无法实现的,但在深度学习模型中却可以完整实现。单一隐含层模型在对高维函数的表现方面存在困难,而深度学习模型却可以实现高维度特征对低层特征的抽象表示,并以此获取数据的分布特征。

通常,深度学习在实践中的应用主要通过以下三个步骤实现:首先确认神经网络结构,不同的连接点设置会产生不同的网络结构;其次通过数据训练实现目标函数以及功能函数的选择,完成整个网络结构的搭建;最后实现模型的实际应用。深度学习的三个实现步骤也可以从函数的角度展开理解,分别是函数集的识别定义、函数拟合度的定义以及最佳函数的选择,可以更好地理解深度学习的应用和实现过程,如图 3.4 所示。

图 3.4　深度学习的实现流程

深度学习在过去很长一段时间的发展过程中,充分借鉴了相关统计学以及应用数学方面的知识,实现了很好的发展。近年来,随着计算机功能的愈加强大,使得在数据范围增大的同时,深层网络训练的技术也实现了一定的提升,为深度学习的进一步发展和应用提供了很好的外部环境。这一切都使得深度学习的普及性以及适用性得到了一定的提升。

(2) 深度学习常用模型

深度学习包括受限玻尔兹曼机,自编码器,深层信念网络,深层玻尔兹曼机,和积网络,卷积神经网络,深层堆积网络,循环神经网络以及长短时记忆网络九种类型。目前相对较为常用的深度学习模型包括自编码模型,深层信念网络,卷积神经网络以及循环神经网络。各种模型的基本介绍如表 3.3 所示。

表 3.3　常用深度学习模型

模型名称	基本结构	作用	主要应用领域
自编码模型	① 编码器 ② 隐含层 ③ 解码器	通过高维数据特征的获取,实现输入与输出保持一致	① 语音识别 ② 图像分类
深层信念网络模型	① 显性神经元 ② 隐性神经元	实现特征识别以及数据的分类和生成	① 手写体及人脸识别 ② 分类预测
卷积神经网络模型	① 特征提取层 ② 特征映射层	实现特征提取	① 擅长视觉处理 ② 图像、视频的识别
循环神经网络模型	① 输入层 ② 隐含层 ③ 输出层	通过隐含层实现对于数据信息的记忆	① 文本及手写体的识别 ② 语音序列的识别 ③ 时间序列预测

(3) 深度学习模型的应用

深度学习是计算机从数据中提取决策依据的一个过程。与传统的基于算法的系统相比,其最大的不同在于给定模型之后,深度学习系统可以自动地学习如何完成给定的任务,它可以解决的问题也越来越深入复杂,所应用的领域越来越广泛。

基于深度学习架构的人工智能如今已被广泛应用于计算机视觉、自然语言处理、传感器融合、目标识别、预测领域、自动驾驶等汽车行业的各个领域,例如,从自动驾驶初创企业、互联网公司到各大 OEM 厂商（Original Equipment Manufacture）（原始设备制造商）都正在积极探索通过利用 GPU 构建神经网络实现自动驾驶。

"大数据"时代使得深度学习的应用更加易于实现,截至 2016 年,大量研究已经证明深度学习在大数据样本的条件下应用会获得更好的实验结果。如训练样本分别为 5 000 个和 10 000 个时,前者可以达到可以接受的性能水平,而后者往往能达到甚至超过人类在某一方面的表现。同时人们开始研究如何在更小的数据集上获得成功,如基于深度学习的长短时记忆网络（Long Short-Term Memory,LSTM）模型如何应用于运输量预测实践中,这是众多运输学者研究的一个方向。

3.3 客运需求调查及预测

客运需求调查和预测是运输组织管理的基础性工作,是进行运输结点规划,运输企业制定运输发展规划、运输生产计划、客运组织方案的依据。

3.3.1 客运量调查内容

1) 客运需求调查

客运需求调查是指对调查范围内的客运需求地点分布、客运需求目的等状况的调查。

客运需求地点分布调查主要指调查区域内引起大量人口流动的基础设施的分布状况,如居住区、商业区、学校、医院、工业园区等企事业单位以及旅游景点的分布状况。通过客运需求地点分布调查可以明确居民工作地点分布规律、生活生产出行的基本特征,进而制定城市或地区客运总体规划方案,如各种运输方式运输网布局、综合运输枢纽布局、综合运输协调等。

2) 客运需求量调查

客运需求量调查指对居民的客运需求量及出行目的的综合调查。其调查项目主要有:被调查者的社会人口统计特征(如性别、年龄、工作单位、居住地址、职业、家庭情况等);一天内的出行情况(出行目的、出发地点、到达地点、出行方式、出行时间、所经路线)等。

3) 客运市场调查

客运市场调查指对现有的各种运输方式的基础设施以及在社会运输中所承担份额的调查。主要调查项目有:各种运输方式在区域内设置站点、开行客班、服务区域、运送能力、便利程度及经济效益等状况。客运市场调查直接反映区域内运输供给状况,由于供给和需求的孪生性,间接映射出基于供给的需求情况。

4) 客运服务调查

客运服务调查主要用于各运输方式满足客运需求程度的调查,包括乘行调查、客流量调查和满载率调查。

(1) 乘行调查即乘客沿线乘行起终点调查,用以获取以下资料:某路线各停车站间对应的客运量、各路段客流量、各停车站点乘客集散量、路段或路线的车辆满载情况以及客流沿不同乘行方向的分布等。

(2) 客流量调查即调查沿线乘行人员数量,而不在乎乘客乘行对应的起终点。调查目的旨在改进城市客运某一环节的运输服务工作。

(3) 满载率调查即对客运网或某一路段的载运工具利用程度的调查,用以反映布置运力的紧缺或闲置状况,为优化运力结构提供依据。

3.3.2 客运量预测内容

根据预测目的的不同,客运量预测可分为全社会客运量预测(又称综合客运量预测)、营运性客运量预测和运输企业客运作业量预测。

全社会客运量是指在一定区域、统计时间段(通常为一年)内通过运输系统完成的客运总量,包括营运性客运量和非营运性客运量。全社会客运量预测是依据相关部门统计的全社会客运总量年鉴资料和有关规划中的发展目标对未来年份可能发生的客运需求量进行的预测。由于社会经济发展水平及人口增减状况与客运量的变化有很大的相关性,通常在进行综合客运量预测之前先预测社会经济主要指标及人口数量的变化情况,以此来反映并检验综合客运量的预测结果。符合发展趋势的预测结果能够正确反映社会客运需求情况,为交通主管部门实施运输基础设施规划、运输管理规划提供基础依据,同时为运输企业掌握客运市场提供信息。

营运性客运量是指全社会客运量中由运输企业组织完成的客运量部分,包括公交运输、轨道运输、出租车运输、旅游包车等出行方式所产生的客运量。营运性客运量预测可以由全社会客运量预测结果按相关关系分解所得,也可以依据相关部门统计的营运性客运量资料进行预测。营运性客运量与当地运输供给状况密切相关,对营运性客运量的预测往往为交通运输管理部门掌握营运市场,合理制定运输策略,规划场站设施建设,调整运力运量结构提供依据。

运输企业客运作业量是指通过某客运公司组织完成的旅客运输量。运输企业客运量属于营运性客运量,对其预测基于企业历史客运量资料,预测结果有利于运输企业掌握客运作业量变化规律,做出正确投资决策及经营策略,调整运力匹配。如图3.5为全社会客运量、营运性客运量和运输企业客运量的包含关系图。

由以上分析可知,三种客运量预测基于的预测资料有所不同,但预测思路和预测方法是相通的。

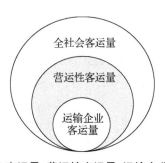

图 3.5　全社会客运量、营运性客运量、运输企业客运量关系图

3.3.3　客运量预测案例

下面以案例说明预测的具体步骤,预测中结合各种预测方法的特点和已知数据的特点确定选用的预测方法。

例 3.1　某地区交通运输规划需预测未来 2030 年的综合客运量,现调查收集到该地区 2001—2020 年二十年综合客运量数据如表 3.4 所示,根据上述条件预测该地区 2030 年综合客运量。

表 3.4　某地区历年综合客运量　　　　　　　　　单位:万人次/年

年份	综合运输量	年份	综合运输量	年份	综合运输量	年份	综合运输量
2001	6 140	2006	6 851	2011	8 082	2016	12 104
2002	6 663	2007	9 287	2012	13 927	2017	16 473
2003	7 101	2008	8 807	2013	11 810	2018	14 291
2004	7 517	2009	8 125	2014	10 586	2019	16 845
2005	7 324	2010	7 519	2015	19 863	2020	18 559

解: 根据已知数据的特点,采用趋势外推法进行预测。

通过对该地区历年综合客运量的分析发现,综合客运量的发展随时间的推移呈现总体增加的趋势。因此,根据区域的历史统计资料,以时间 x 为自变量建立时间序列模型,对未来年份综合客运量进行预测。

对历年综合客运量进行分析,采用综合客运量随时间变化的指数时间序列模型。

$$y = 5\,545.2 e^{0.0576 x}$$

式中,y——综合客运量;

x——时间序列(以 2001 年作为时间序列起点)。

该模型相应的综合客运量与时间序列的相关系数(由 3.19 式得到)$R = 0.90$,说明该地区的综合客运量与时间序列有密切的关系,所得到的模型可以反映地区综合客运量的发展变化趋势。

将 2030 年所对应的时间序列代入所得到的趋势外推预测模型,计算得到未来

2030 年该地区的全社会综合客运量为 $y = 5\,545.2e^{0.0576 \times 30} = 31\,216$（万人次/年）。

值得注意的是，针对同一个预测对象，采用不同的预测方法将得到不同的结果。由于不同的预测方法有着不同的特点，因此在预测过程中为了提高预测结果的可靠性，一般应采用多种预测方法，并对预测结果进行分析，从多个预测结果中选择并最终确定采用的预测结果。

例 3.2 某地区客运周转量的增长与该地区总人口的增长及人均月收入存在相关关系。表 3.5 为近十年的数据资料。如果预测 5 年后该地区的总人口为 650 万人，人均月收入为 725 美元，试预测该地区 5 年后的客运周转量。

表 3.5 已知相关数据及计算

序号	客运周转量（千万人·km）	总人口（万人）	人均月收入（10 美元）	$X_{1i}Y$	$X_{2i}Y$	$X_{1i}X_{2i}$	X_{1i}^2	X_{2i}^2	Y^2
1	47	300	50.0	14 100	2 350	15 000	90 000	2 500	2 209
2	49	322	47.5	15 778	2 327.5	15 295	103 684	2 256.25	2 401
3	53	352	52.5	18 656	2 782.5	18 480	123 904	2 756.25	2 809
4	56	375	57.5	21 000	3 220	21 562.5	140 625	3 306.25	3 136
5	59	413	60.0	24 367	3 540	24 780	170 569	3 600	3 481
6	61	428	62.5	26 108	3 812.5	26 750	183 184	3 906.25	3 721
7	67	450	65.0	30 150	4 355	29 250	202 500	4 225	4 489
8	73	495	62.5	36 135	4 562.5	30 937.5	245 025	3 906.25	5 329
9	75	525	67.5	39 375	5 062.5	35 437.5	275 625	4 556.25	5 625
10	77	540	70.0	41 580	5 390	37 800	291 600	4 900	5 929
合计	617	4 200	595	267 249	37 403	255 292.5	1 826 716	35 912.5	39 129

解：客运量与总人口、人均月收入存在相关关系，现用二元线性回归方程进行分析，回归方程式为：

$$Y = a + b_1 X_1 + b_2 X_2$$

式中，X_1——总人口（万人）；

X_2——人均月收入（美元）。

为计算回归方程中的系数，列表求相关的数据，见表 3.5。

由式（3.15）有：

$$\begin{cases} L_{11}b_1 + L_{21}b_2 = L_{Y1}, \\ L_{12}b_1 + L_{22}b_2 = L_{Y2} \end{cases}$$

$$\bar{Y} = \frac{1}{10}\sum_{i=1}^{10} Y_i = 61.7, \quad \bar{X}_1 = \frac{1}{10}\sum_{i=1}^{10} X_{1i} = 420, \quad \bar{X}_2 = \frac{1}{10}\sum_{i=1}^{10} X_{2i} = 59.5$$

$$L_{11} = \sum_{i=1}^{10}(X_{1i}-\overline{X}_1)^2 = \sum_{i=1}^{10}X_{1i}^2 - \frac{1}{10}\Big(\sum_{i=1}^{10}X_{1i}\Big)^2 = 62\,716$$

$$L_{22} = \sum_{i=1}^{10}(X_{2i}-\overline{X}_2)^2 = \sum_{i=1}^{10}X_{2i}^2 - \frac{1}{10}\Big(\sum_{i=1}^{10}X_{2i}\Big)^2 = 510$$

$$L_{12}=L_{21} = \sum_{i=1}^{10}(X_{1i}-\overline{X}_1)(X_{2i}-\overline{X}_2) = \sum_{i=1}^{10}X_{1i}X_{2i} - \frac{1}{10}\Big(\sum_{i=1}^{10}X_{1i}\Big)\Big(\sum_{i=1}^{10}X_{2i}\Big) = 5\,392.5$$

$$L_{Y1} = \sum_{i=1}^{10}(X_{1i}-\overline{X}_1)(Y_i-\overline{Y}) = \sum_{i=1}^{10}X_{1i}Y_i - \frac{1}{10}\Big(\sum_{i=1}^{10}X_{1i}\Big)\Big(\sum_{i=1}^{10}Y_i\Big) = 8\,109$$

$$L_{Y2} = \sum_{i=1}^{10}(X_{2i}-\overline{X}_2)(Y_i-\overline{Y}) = \sum_{i=1}^{10}X_{2i}Y_i - \frac{1}{10}\Big(\sum_{i=1}^{10}X_{2i}\Big)\Big(\sum_{i=1}^{10}Y_i\Big) = 691.5$$

$$L_{YY} = \sum_{i=1}^{10}(Y_i-\overline{Y})^2 = \sum_{i=1}^{10}Y_i^2 - \frac{1}{10}\Big(\sum_{i=1}^{10}Y_i\Big)^2 = 1\,060.1$$

得到方程组

$$\begin{cases}62\,716b_1 + 5\,392.5b_2 = 8\,109,\\ 5\,392.5b_1 + 510b_2 = 691.5\end{cases}$$

求解该方程组得：$b_1=0.139\,9$，$b_2=-0.123\,4$。则 $a=\overline{Y}-b_1\overline{X}_1-b_2\overline{X}_2=10.284\,3$。

因此，所求的回归方程为 $Y=10.284\,3+0.139\,9X_1-0.123\,4X_2$。

对得到的回归方程进行相关性检验

$$\gamma=\sqrt{\frac{b_1L_{Y1}+b_2L_{Y2}}{L_{YY}}}=\sqrt{\frac{0.139\,9\times8\,109-0.123\,4\times691.5}{1\,060.1}}=0.994\,8$$

可见，变量 X_i 和 Y 之间的线性相关关系高度显著，得到的回归方程能够很好地反映客运量 Y 与总人口 X_1 和人均收入 X_2 之间的关系。

将预测年份的总人口 $X_1=650$，人均月收入 $X_2=72.5$ 代入上述方程，得到预测年份的客运周转量为：

$$Y=10.284\,3+0.139\,9\times650-0.123\,4\times72.5=92.27(千万人\cdot km)$$

3.4 货运需求调查及预测

在一定时期内能够产生一定品类和数量的货运供给的源点，称为货源。货源调查是掌握经济区域内工农业生产的发展情况和商贸、物资流通情况，地区货物运输需求的数量和质量特征，掌握货源和货流的变化情况及其规律性，经济合理地组织货物运输的关键。

货运量调查与预测具有非常重要的意义。从整个交通运输业来说，它是研究未来货物运输任务、发展交通运输能力、研究各种运输方式之间运量的合理分配以及建立合理运输结构的依据；对运输企业来说，它是做好计划工作的前提条件，是进行决策和制定企业发展规划、开辟营运路线、合理布局运力、设置站点以及进行设备配置的依据。

下面以道路运输为例,讨论货源及货运量调查的主要业务内容。

3.4.1 货源及货运量调查

道路货源及货运量调查属于货运需求调查,是指对调查范围内货物发生与吸引的地点分布,货物流向与流量的调查。调查的主要内容包括:现有货主的地区分布和数量;货主的类别、规模、基本经济状况;货物种类、数量和流向;货物按时间及空间的分布;货物转运、装卸、途中保管地点及分布;货主的托运习惯、托运的动机和心理;货主对运输服务的满意度和信赖程度及货主的潜在要求。

1) 道路货源调查

货源调查的目的,是为运输企业吸引和组织货源,提供比较准确、可靠的信息,提高计划和决策的预见性。物流中心、货运场站是进行货源调查的基本单位。物流中心和货运场站的吸引地区包括经由该站发送和到达货物的所有生产企业、批发销售市场和城镇居民点。

货源调查的对象,除了大型生产、流通企业以外,应更多地注重中小型企业、出口贸易、来料加工企业等。不仅要重视生产性企业的货源调查,而且要重视从事商品流通和销售企业的货源调查,因为后者的货源变动更能反映该地区的市场变化。

货源调查应同该地区运输市场调查紧密结合,运输企业经营状况、市场份额和竞争能力进行全面的调查分析,摸清该地区运输市场的供给能力和供给特征,以便确立货运企业的目标市场和营销策略。运输市场调查,要注重道路传统的散装、短途运输品的市场调查,更要重视高运价率、高附加值货物的运输市场调查,因为这类货物对运输质量和时效的要求更高,运输企业也因此可以获得更大的经济效益,历来是运输市场竞争的焦点。

2) 道路货运量调查

(1) 道路货运量调查的意义

道路货运量调查就是借助于适当的调查方法对一定范围、一定时期内道路货物运输量需求(供给)情况的调查。调查所取得的资料是运输经营管理部门进行货运量预测的基础资料,是货运企业做出经营决策和编制经营计划的重要参考依据。

(2) 道路货运量调查的目的

通过对货物量调查研究,了解和掌握货源结构以及流向、流量等,为货源组织工作即货运企业编制生产计划准备资料,为保证运输计划均衡的实施提供客观依据。

① 掌握运营服务区域内的货流分布、构成规律,为合理调整运力布局提供基础数据;

② 掌握运营服务区计划期内的流量、流向、流时和变化趋势,为制订货运计划提供数据依据;

③ 了解货主对运输服务的需求意向;

④ 为各种形式的(公—铁、公—水、公—航)联合运输提供参考依据;

⑤ 掌握运输服务区域内各种运输方式以及同一种运输方式中不同运输企业的规模及其分布情况等。

3) 道路货运量调查的主要内容

(1) 运输组织环境调查

运输组织环境调查包括运输政策、经济、社会文化、运输科技和自然等环境。对运输经营而言,运输组织环境是不可控因素,运输企业的生产活动必须与之相协调和适应。

① 运输政策调查,要了解政府对运输市场管理的有关方针、政策、法律法规以及政策导向等。例如,在《道路运输条例》中给出的发展政策是:"国家鼓励道路运输企业实行规模化、集约化经营。鼓励道路运输企业实行组织结构调整、经营结构、运力调整"。

② 经济环境调查,主要包括区域经济特征、产业结构、经济发展水平、基本建设规模、类型以及运输方式、能源状况等调查。

③ 科技环境调查,主要调查内容包括载运工具、信息技术、装卸搬运机械以及存储设备在物流以及货运业中的应用水平和作用,交通运输科学技术的发展速度与发展趋势等。

④ 自然环境调查,主要调查自然资源、自然地理位置、气候条件、季节因素等对道路货运经营的影响。

(2) 运输市场需求调查

运输市场需求是决定运输市场购买力和市场规模大小的主要因素。货主需求构成了整个货运市场需求,货运市场具有购买者数量少、购买数量大、运输服务专业性强、技术要求高、受经济发展影响大等特点,因此针对货运市场所进行的需求调查是运输经济调查中重要内容。

货主需求调查主要包括:① 现有货主的地区分布和数量;② 货主的类别、生产规模、基本经济情况;③ 货主的托运习惯,对运输服务的要求;④ 货主对货运企业提供的服务的满意及信赖程度;⑤ 货主的潜在需求,如货主对接货、送货的时间以及接货送货地点和方式的要求,是否具有可转移运输方式或运输经营企业的潜在可能。见图 3.6 所示。

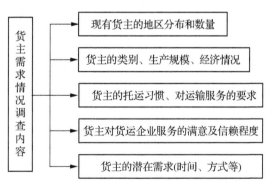

图 3.6 货主需求调查内容

(3) 运输市场供给调查

运输市场供给调查指一定时期内运输企业能为市场提供的产品数量和产品种类。市场供给调查的目的在于使市场供给与需求相适应,以便更好地满足不断变化的市场需求。运输市场供给调查主要包括:企业运营服务区域内运输市场的供应情况及发展趋势,运输企业数量、生产能力、技术水平、运输产品种类、交通运输总体发展规划等。

道路货运企业市场供给调查结合本企业的经营业务种类和发展方向,进行以下主要内容的调查(如图 3.7 所示):

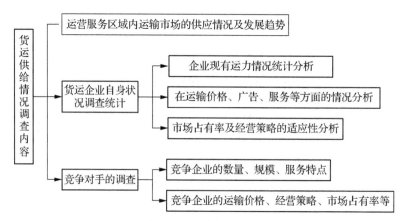

图 3.7　货运供给调查内容

① 营运服务区域内运输市场的供应情况及发展趋势;

② 货运企业自身经营状况调查,包括:道路货运企业运力资源状况(车辆保有量、场站、装卸搬运设备、存储设备等)、运输价格、市场占有率、服务项目、营销策略、广告等方面的情况;

③ 竞争对手的调查,包括:竞争企业的数量、规模、服务特点、竞争企业的运输价格、经营策略、市场占有率。

道路货运量调查的对象主要是相关运输服务区域统计局的统计资料,包括货运量、货运周转量、货运种类、运距等;相关公路运输管理部门的统计资料,包括运输车辆的种类、数量、运量等;相关运输服务区域主要(典型)工矿、生产、加工、销售等企业的原材料、半成品、产成品运输量的调查。

4) 道路货运量调查的步骤

道路货运量调查是一项复杂细致且涉及面较广的工作,要保证调查工作的效率和准确性,就应尊重客观规律,按科学的程序和方法进行。道路货运量调查包括三个阶段九个步骤,如表 3.6 所示。

表 3.6　道路货运量调查步骤

调查阶段	序号	调查步骤	调查内容
准备阶段	1	确定调查目的	明确调查的目的;确定调查范围,一般从地区上确定市场区域,从运输产品上确定货主群体
	2	拟订调查计划	确定调查地点、调查对象及调查方法;分配调查任务;安排调查时间和工作进度;预算调查费用等

续表 3.6

调查阶段	序号	调查步骤	调查内容
调查实施阶段	3	选择资料收集方法	现场调查收集原始资料(第一手资料),采用市场调查法(询问、观察等);到相关企业收集现成资料(第二手资料),包括内部资料如有关统计报表、历年统计资料,外部资料如从统计机构、行业组织、市场调研机构、科研情报机构等获得的资料,收集方法可以直接查阅、购买、交换、索取以及通过信息情报网等间接方式
	4	设计调查表格	拟定调查表格,用作记录分析,要求调查表主体明确,重点突出,便于回答和计算机处理
	5	拟定调查方式	根据调查的目的和要求以及调查对象的特点,选取适当的调查方式。一般包括市场普查、重点调查、典型调查及抽样调查等方式
	6	实施调查	按照确定的调查对象、调查方法,分步骤、分阶段进行实地调查,收集第一手资料
调查结果处理阶段	7	整理调查资料	将调查所得到的资料进行分类、汇总,使之系统化、条理化
	8	撰写调查报告	报告基本内容应包括:调查的地点、时间、对象、目的,采用的主要调查方法,调查结果的描述分析,调查结论与建议等
	9	追踪检查	检查调查的结论在今后的工作中是否被采纳及采纳后的效果如何,总结经验吸取教训

表 3.6 中所列各步骤均存在信息反馈过程。若在调查过程中遇到一些不曾考虑而又必须予以考虑的问题时,可及时修改或重新制订调查计划,设计新的调查表格进行补充调查。

5) 道路货运量调查的方式和方法

(1) 调查方式

① 全面调查,是在编制、下达年度计划之前进行对该地区的物资生产、流通情况的概略性调查,因为在货源调查时,大部分生产企业需要运输的货物数量并没有落实,往往只是一个计划,而计划的实现也要受许多主客观因素的影响,不可避免地要发生波动。因此,更详细的货源调查应在编制月度运输生产和营销计划时进行重点调查。这种调查方式获得的资料全面、系统、准确,但耗费的人力、物力、财力较多。

② 抽样调查,是一种非全面调查,它利用概率统计原理从被研究的总体中抽出一部分样本进行调查,进而推断整个货运市场的特征。抽样调查是从样本推断总体,因而可能会存在一定误差,抽样调查准确与否的关键是样本的抽样率。

③ 典型调查,通过选取一些具有代表性的区域、线路、运输服务产品作为典型调查

对象,进行细致的调查和分析,从中研究同类运输的共同规律,提出同类问题的解决措施。选择典型调查对象时应考虑:第一,被选择调查对象要能反映一类问题或者能体现共同的要求;第二,被调查的单位对整个道路货运企业具有较大的影响。一些先进的单位或落后的单位以及试点单位都是可以被选为调查的对象。

④ 专题调查,专题调查是不定期的一种带有研究性质的典型调查,是道路货运企业为了研究道路货运生产中某一关键问题或某一重点货运对象(如集装箱运输),专门进行的一种深入而系统的调查。专题调查的针对性较强,它要求选择一些重点、关键问题进行调查,如道路货运企业运输服务质量问题的调查等。

⑤ 经常调查,是道路货运企业为随时掌握营运服务区域内货物流量、流向、流时等的变化情况并积累有关资料而经常进行的一种调查。

(2) 调查方法

① 询问法,是将要调查的内容以书面(一般为表格)、电话、问卷等形式,向被调查者提出询问和笔录,以获得所需要的资料的一种调查方法。该方法简单易行,调查者可灵活掌握,并可以随时询问调查者感兴趣的问题。

② 观察法,调查者到货运市场或通过电子设备,对调查对象的行为、反应及感受进行侧面观察和记录的一种方法。

3.4.2 货运量预测内容

以公路货运量调查为例,与客运量预测相似,根据预测目的的不同,货运量预测可分为全社会货运量预测(又称综合货运量预测)、营运性货运量预测和运输企业货运量预测。

1) 道路货运量预测的目的

全社会货运量是指在一定区域、统计时间段(通常为一年)内完成的货物运输总量,包括营运性货运量和非营运性货运量。营运性货运量是指通过签订运输协议,由货运企业完成的货物运输总量,而非营运性货运量是指个人或生产单位自行组织的货物运输量,运输货物不进入运输市场。

全社会货运量预测能够反映未来社会货运需求情况,为交通主管部门实施运输基础设施规划,从宏观上协调运输需求与运输供给,为制定宏观运输政策提供依据。营运性货运量预测可以反映货运市场未来趋势变化,为交通运输管理部门掌握市场规律,制定运输策略,规划站场设施,调整运力结构提供依据。运输企业货运作业量预测有利于货运企业掌握货运作业量变化情况,做出正确的投资决策及经营策略,调整运力匹配。

预测的时限,一般可分为短期(1年以上,5年以下)、中期(5~10年)和长期预测(10年以上),有时根据需要,在短期预测中,进行一年中的季度、月度甚至旬间的运量预测。无论何种预测,都表现为运量随时间序列的变动规律。

一般可分为以下三种类型:

(1) 趋势变动,是指在长期的时间序列中,预测对象的数值朝一定方向持续上升或下降的状态。

(2) 周期变动,分为两种:一种是景气变动,即若干年内的不固定周期的波动;另一种称为季节性变动,即以一年为周期,在特定的月份乃至季节中达到高峰的变动。

(3) 不规则变动,又分为突然变动和暂时变动。所谓突然变动是无法预测的变动,如金融危机、政治动乱、自然灾害等的较大影响发生的变动;暂时变动则是短期内各种影响因素随机变动的综合影响造成的不规则的变动。

2) 道路货运量预测的步骤

道路货运量近期预测的程序可以概括为以下步骤:

(1) 确定近期预测的目标。这是进行预测要最先解决的问题,即预测目的是什么,解决什么问题,预测的对象是什么,预测的期限有多长和范围有多大等。

(2) 拟订预测计划。主要包括:近期预测的内容、参加预测的人员及分工、预算的编制、预测的进程等。

(3) 收集、分析和整理信息资料。从各方面收集的资料和数据还不能称作信息,只有经过系统加工整理的资料和数据方能称作信息。

(4) 选择预测方法。建立预测模型要根据近期市场发展趋势,建立相应的数学模型,根据数学模型预测近期的公路货运工作量。

(5) 估计预测误差。预测是根据事物的过去及现在预测未来,而未来具有很大的不确定性。因此,预测误差的产生是难免的,需要尽可能准确地估计可能产生的误差,并对预测值进行适当的调整。

(6) 检验预测结果。将预测结果与实际发生情况进行对比,找出其差额,分析产生的原因,以修正预测模型,提高预测精度。预测同样也存在信息反馈的过程。当检查的结果表明预测不准确,存在较大的误差的时候,我们可以根据有关的信息,修改预测模型,重新进行分析与计算,直到获得符合实际的预测结果。道路货运工作量近期预测的步骤如图 3.8 所示。

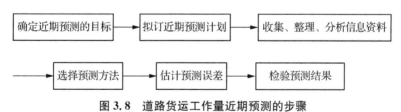

图 3.8 道路货运工作量近期预测的步骤

3.4.3 货运量预测实例

例 3.3 已知某地区社会总产值与货运量之间有线性相关关系,见表 3.7。试建立数学模型,并预测当该市社会总产值达 60 亿元时,该市的货运量是多少?

表 3.7 某地区社会总产值与货运量之间关系

社会总产值/亿元	42.5	43.9	41.0	43.1	49.2	55.1	52.3	49.6	54.0	57.5
货运量/10^7 t	15.0	23.8	30.0	35.6	40.0	46.4	43.2	42.0	50.0	53.5

解：(1) 建立一元线性回归方程,其数学模型为：

$$Y = a + bX$$

回归方程中的待定系数 a 和 b 由下式计算：

$$a = \overline{Y} - b\overline{X}, \quad b = \frac{L_{XY}}{L_{XX}}$$

计算回归模型中的系数如表 3.8 所示：

表 3.8 回归模型系数

序号	总产值 X_i	货运量 Y_i	$X_i Y_i$	X_i^2	Y_i^2
1	42.5	15.0	637.5	1 806.25	225
2	43.9	23.8	1 044.82	1 927.21	566.44
3	41.0	30.0	1 230	1 681	900
4	43.1	35.6	1 534.36	1 857.61	1 267.36
5	49.2	40.0	1 968	2 420.64	1 600
6	55.1	46.4	2 556.64	3 036.01	2 152.96
7	52.3	43.2	2 259.36	2 735.29	1 866.24
8	49.6	42.0	2 083.2	2 460.16	1 764
9	54.0	50.0	2 700	2 916	2 500
10	57.5	53.5	3 076.25	3 306.25	2 862.25
合计	488.2	379.5	19 090.13	24 146.42	15 704.25

$$\overline{X} = 488.2/10 = 48.82$$

$$\overline{Y} = 379.5/10 = 37.95$$

$$L_{XX} = \sum_{i=1}^{10} X_i^2 - \frac{1}{10}\left(\sum_{i=1}^{10} X_i\right)^2 = 24\ 146.42 - 23\ 833.924 = 312.496$$

$$L_{YY} = \sum_{i=1}^{10} Y_i^2 - \frac{1}{10}\left(\sum_{i=1}^{10} Y_i\right)^2 = 15\ 704.25 - 14\ 402.025 = 1\ 302.225$$

$$L_{XY} = \sum_{i=1}^{10} X_i Y_i - \frac{1}{10}\left(\sum_{i=1}^{10} X_i\right)\left(\sum_{i=1}^{10} Y_i\right) = 19\ 090.13 - 18\ 527.19 = 562.94$$

$$b = \frac{L_{XY}}{L_{XX}} = \frac{562.94}{312.496} = 1.801$$

$$a = \overline{Y} - b\overline{X} = 37.95 - 1.801 \times 48.82 = -49.975$$

则所求的线性回归方程为 $Y = -49.975 + 1.801X$。

(2) 相关性检验

相关系数为：

$$\gamma = \frac{L_{XY}}{\sqrt{L_{XX} \cdot L_{YY}}} = \frac{562.94}{\sqrt{312.496 \times 1\,302.225}} = 0.88$$

$\gamma = 0.88$ 属于高度相关，说明货运量与社会总产值之间的相关程度很高。

(3) 预测结果

当社会总产值 X_0 为 60 亿元时，预测货运量 $\hat{y}_0 = -49.975 + 1.801 \times 60 = 58.085(10^7\ t)$。

例 3.4 某运输公司过去 10 年货运量的统计资料如表 3.9 所示，试分别采用移动平均法和一次指数平滑法预测该公司今年的货运量。

表 3.9 历史货运量数据

周期/年	1	2	3	4	5	6	7	8	9	10
货运量/万 t	355	360	356	390	374	365	372	380	383	394

解：根据已知数据特点，分别采用移动平均法和一次指数平滑法进行预测。

(1) 移动平均法预测

根据公式(3.1)，分别取 $n=3$ 和 $n=4$。计算结果见表 3.10。

表 3.10 移动平均法预测货运量

实际值 X_t/万 t	预测值 Q_t		绝对误差值 $|Q_t - X_t|$	
	$n=3$	$n=4$	$n=3$	$n=4$
355	—	—	—	—
360	—	—	—	—
356	—	—	—	—
390	357.00	—	33.00	—
374	368.67	365.25	5.33	8.75
365	373.33	370.00	8.33	5.00
372	376.33	371.25	4.33	0.75
380	370.33	375.25	9.67	4.75
383	372.33	372.75	10.67	10.25
394	378.33	375.00	15.67	19.00
—	385.67	382.25	—	—
平均绝对误差			12.43	8.08

从表 3.10 中可见，$n=4$ 时的平均绝对误差比 $n=3$ 时的平均绝对误差小，因此取 $n=4$ 时的预测模型计算结果较好。预测今年的货运量为 382.25 万 t。

(2) 一次指数平滑法预测

分别取 $a=0.1$ 和 $a=0.9$ 进行预测，计算结果见表 3.11。

表 3.11　指数平滑法预测货运量

实际值 X_t/万 t	预测值 Q		绝对误差值 $\|Q_t-X_t\|$	
	$a=0.1$	$a=0.9$	$a=0.1$	$a=0.9$
355	—	—	—	—
360	355.00	355.00	5.00	5.00
356	355.50	359.50	0.50	3.50
390	355.55	356.35	34.45	33.65
374	359.00	386.64	15.01	12.64
365	360.50	375.26	4.50	10.26
372	360.95	366.03	11.05	5.97
380	362.05	371.40	17.95	8.60
383	363.85	379.14	19.15	3.86
394	365.76	382.61	28.24	11.39
—	368.59	392.86	—	—
平均绝对误差			15.09	10.54

由于 $a=0.9$ 时的平均绝对误差小于 $a=0.1$ 时的绝对误差，因此取 $a=0.9$ 时的预测结果较好。预测今年的货运量为 392.86 万 t。

由移动平均法和一次指数平滑法预测得到今年货运量分别为 382.25 万 t 和 392.86 万 t，然后由专家咨询法对预测值进行加权综合，最终得到结果为：今年的货运量 = $382.25 \times 0.2 + 392.86 \times 0.8 = 390.74$ 万 t。

例 3.5　某汽车货运公司根据前三年汽车运量的增长情况，现请 10 位专家进行主观概率预测。其结果是：2 名预测增长率为 12%、3 名预测增长率为 11%、1 名预测增长率为 9.5%、4 名预测增长率为 10.5%。试采用主观概率法确定 2013 年度市场运量增长率。

解：2013 年度增长率预测值：
$$\bar{P} = \frac{2 \times 12\% + 3 \times 11\% + 1 \times 9.5\% + 4 \times 10.5\%}{10} = 10.85\%$$

即该公路货运公司 2013 年度货运增长率预测值为 10.85% 左右。

比较而言，主观概率法采用主观概率为权数，综合反映了各位专家的意见，较集合意见法有了一定的进步,但专家没有机会修改自己的意见。

例 3.6 某公路货运企业 2020 年 1 至 5 月份实际完成的货运量如表 3.12 所示,试采用简单平均法预测其 6 月份的货运量。

表 3.12　2020 年 1～5 月份道路货运量统计表

月份	1	2	3	4	5
货运量/t	25	24	23	21	20

采用简单平均法,求得其第 6 月份的公路货运量是:

$$\hat{Q}=\frac{Q_1+Q_2+Q_3+Q_4+Q_5}{5}=22.6 \text{ t}$$

算术平均法计算简单,当数据变化比较平稳时,采用此方法较为准确。一旦数据波动较大时,采用此方法误差较大。

思考题

3.1　运输需求的概念是什么以及运输需求有哪些基本特征?
3.2　影响运输需求的有哪些影响因素?各种影响因素与需求之间呈什么样的关系?
3.3　常用的一般运输量预测方法有哪些?适合运输量预测的机器学习法有哪几种?
3.4　简述深度学习的实现流程及在运输量预测中哪些方面可以应用?
3.5　运输调查的主要方式和步骤分别是什么?
3.6　运输量预测的原理主要有哪些?
3.7　某城市社会总产值及货运量有线性相关关系,该城市 2011—2020 年的社会总产值及货运量情况见表 3.13,已知该城市 2025 年的社会总产值预测值为 58.0 亿元,试用线性回归法预测该城市 2025 年的货运量大小。

表 3.13　某城市社会总产值及货运量之间关系

社会总产值/亿元	28.5	33.0	29.1	33.8	45.2	47.0	44.3	44.5	47.0	49.5
货运量/10^7 t	15.0	25.8	28.0	30.2	34.0	35.3	39.3	41.0	42.3	45.5

3.8　某省 2009—2020 年国内生产总值如表 3.14,试用灰色 GM(1,1)模型预测 2030 年的 GDP。

表 3.14　某省历年 GDP 变化情况　　　　　　　　　　　　　　　　单位:亿元

年份	GDP	年份	GDP	年份	GDP	年份	GDP	年份	GDP	年份	GDP
2009	658	2011	801	2013	1 489	2015	2 339	2017	2 805	2019	3 038
2010	664	2012	1 070	2014	2 004	2016	2 670	2018	2 909	2020	3 290

3.9 某市人口增长变化情况见表3.15,试用增长率法预测2030年该市人口数量。

表 3.15 某市 2009—2020 年人口统计情况　　　　　单位:万人

年份	人口	年份	人口	年份	人口	年份	人口	年份	人口	年份	人口
2009	259.9	2011	261.8	2013	264.4	2015	268.2	2017	273.3	2019	278.6
2010	261.2	2012	262.9	2014	266.3	2016	270.5	2018	275.8	2020	280.5

3.10 某公路客运公司6个月中客运增长率如表3.16,现在请你组织5～6名同学利用专家咨询法预测该公司7月份可能的客运增长率大小,提交预测报告。

表 3.16 某客运公司客运增长率变化情况

月份	1	2	3	4	5	6
增长率/%	7.5	8.3	7.2	6.9	8.7	9.5

3.11 已知某汽车货运公司二队2016年至2020年货运量完成情况如表3.17所示,试采用直线回归法预测2021年和2022年该车队的货运量。

表 3.17 2016 年—2020 货运量回归预测计算表

年份	2016	2017	2018	2019	2020
货运量/万 t	58	64	70	66	72

3.12 已知某公路货运公司2018年1至5月份完成的货运量如表3.18所示,平滑系数为0.3,试用指数平滑法求6月份的货运量。

表 3.18 2018 年 1～5 月份道路货运量统计表

月份	1	2	3	4	5
货运量/t	3 900	3 820	3 990	4 100	4 200

4 运输供给分析

学习目标

- 了解运输供给的特征及影响因素
- 掌握运输供给弹性分析的方法
- 熟悉运输供需状态平衡理论及分析方法
- 理解运输供给侧改革的意义及改革方向

运输供给与运输需求是运输市场的两个基本面,运输需求是运输供给产生的根源,运输市场的供给行为主要取决于运输市场需求行为,当然,运输供给行为也会影响运输需求行为。随着社会科技进步、基础设施的不断完善、人们生活水平的提高,导致社会生产、生活消费模式不断发生改变,要求运输供给方综合运输市场的需求情况及发展趋势,高效开展运输组织工作,提供能满足运输需求的运输服务。

4.1 运输供给概述

运输供给是指运输企业在特定的时期内,在一定的价格水平上,愿意并有能力提供的各种运输服务产品的数量。运输供给必须具备两个条件,即运输企业出售运输服务的愿望和提供运输服务的能力,缺少任何一种条件,都不能形成有效的运输供给。

运输供给能力由载运设备和运输基础设施两个部分构成。铁路、公路、航道、管道等运输线路及车站、港口、机场等运输基础设施形成了运输供给的物质技术基础,是运载设备运行的载体;铁路机车车辆、汽车、船舶、飞机等运载设备与运输线路等基础设施的结合共同构成了运输的生产能力。在运输管理体制上,运输基础设施与运载设备的管理可能分离,但是在运输生产能力的形成上,两者是紧密结合、缺一不可的。

4.1.1 运输供给的特征

1) 不可储存性

运输业提供的产品是旅客或货物的位移,具有无形性的特点,运输的生产与消费同时进行,因此,运输产品不可储存。运输产品的不可存储性,决定了运输业不能采取运输产品储备的形式,只能采取储存运输能力的方式来适应运输市场变化。

运输业的运输供给能力由载运设备和运输基础设施两个部分构成,具有投资大、资本回收期长的特点,运输供给能力一般按照设计周期内运输高峰需求量进行设计,具有一定的超前量。因此,在一定时期内相对稳定的运输生产能力很难与运输需求完美匹配,运输生产难以均衡,企业经营者如何既能抓住市场需求增长的机遇,又能降低承担的风险,是企业经营者研究的重要课题。

2) 部分可替代性

运输市场中存在多种运输方式和多个运输供应者,有时这些运输方式和运输供应者都能完成同一运输对象的空间位移,于是在这些运输供给间存在一定程度的替代性。同时,由于运输产品具有时间上的规定性、空间上的方向性、对运输工具的适应性以及对运输服务的经济性、方便程度的要求等,使得不同运输方式之间或同一运输方式中替代性受到限制。因此,运输供给的替代性和不可替代性是同时并存的。

3) 供求不平衡性

运输供求不平衡性主要表现在时间上和地区上的不平衡。由于运输需求的季节性不平衡造成运输供给量在时间分布上的不平衡。

由于世界经济和贸易发展的不平衡,或一个国家内部各地区之间经济发展的不平衡,经济发达国家(地区)的运输供给量比较充分,而经济比较落后的国家(地区)的运输供给量则相对滞后。运输供给的不平衡性在国际运输市场表现突出。供给与需求的平衡是暂时的、相对的,而不平衡是绝对的、长期的。

4) 外部性

如果某人或企业从事经济活动时给其他个体或社会带来危害或利益,而它们并未因此支付相应的成本或得到相应的报酬,经济学将这种现象称为存在外部性(Externalities)。外部性分为两种类型:负外部性和正外部性。

正外部性是某个经济行为个体的活动使他人或社会受益,而受益者无须花费代价,"要想富,先修路"很形象地说明了运输业的正外部性;负外部性是某个经济行为个体的活动使他人或社会受损,而造成负外部性的人却没有为此承担成本。运输供给具有较强的负外部性特点,表现在两个方面:

运输业可以在成本增加很少的情况下,在需求允许时,增加供给量,但伴随而来的是运输条件的恶化,运输服务质量的下降,使得本该由运输企业承担的成本部分地转移到消费者身上。运输供给的成本转移还体现在运输活动带来的空气、水、噪声等环境污染,能源和其他资源的过度消耗以及交通阻塞等成本消耗也部分地转移到运输业外部的成本中。

4.1.2 运输供给的影响因素

为了更好地理解运输供给,需要了解影响运输供给的因素有哪些,以便我们更好地进行运输供给分析。

1) 经济影响因素

经济发展使运输需求增加的同时,要求增大对运输供给的投入。经济发达的国家或地区,也是运输基础设施比较完善、运网密度较大、配套技术水平较高、供给能力较强的地区;而在经济比较落后的地区,其运输供给能力也较低。

2) 技术影响因素

技术对运输供给的影响主要表现在运输基础设施和运载设备的技术水平以及管理水平上。运用先进技术水平建设的高等级公路、铁路线、车站、码头等运输基础设施,可以提高运输供给能力。运输设备的革新,使运输供给从小运量、低运能、低速度,发展到大运量、大牵引力、高速度,提高了运输生产效率、运输服务质量,提高了运输生产的组织管理水平,降低了运输成本,从而提高了运输供给的能力。

3) 政策影响因素

由于交通运输具有准公共性质,运输政策是影响运输供给的重要因素。运输政策在运输业发展的方式、速度、规模、结构等方面给予了引导和规定,这对一个国家运输业的发展有着重大影响。

4) 用户行为影响因素

运输供给的某些属性也依赖于运输体系中的用户行为。随着社会的发展和经济水平的提高,运输用户的行为特征对运输供给的影响也在逐步增大。

例如,城市客运中出行者可以对出行路线、行程时间、安全性、舒适性、经济性、便利性等有所要求,从而对运输方式进行选择来影响运输供给的属性,运输系统将根据用户行为来不断地调整和更新自身的交通服务;对于货物托运人来说,他们对运输方式进行选择时往往要考虑更多的问题,如时间要求、库存水平、运输频次、运输批量、包装、中转等,总之要考虑全部的装运成本,这些也将影响运输供给者为适应不同种类的货物运输需求来改进运输体系,使其具有满足货运需求的特点。

4.1.3 交通运输系统供给内容

1) 交通运输体系的定义、构成及特点

交通运输系统从运输方式的经济特性上看,是由五大运输子系统(公路、铁路、水运、航空及管道)组成的有机体,其中每个子系统各自独立又相互关联共存于交通运输大系统之中。

交通运输体系则指各种运输方式在社会化运输过程中,按其技术经济特点组成的布局合理、分工协作、有机衔接的交通运输综合体。它强调各种运输方式分工协作、优势互补、结构优化,实现交通基础设施网络、运输服务和组织的一体化衔接。交通运输体系一般由以下三个系统组成:交通运输网络与装备系统、交通运营与管理系统和运输服务系统。

(1) 交通运输网络与装备系统:配备先进适用的技术装备,建设通达顺畅的运输通道和综合协调的运输枢纽,构成布局合理、连贯通畅、有机衔接的运输网络系统,是交通运输体系的物质基础。

(2) 交通运营与管理系统:对各种交通网络和运输生产过程进行宏观政策引导和组织管理,是交通运输体系建立和完善的关键。

(3) 运输服务系统:各种交通工具运行组成的运输全过程,承载各种运输方式横向合理分工和纵向有效联合,是最终体现交通运输体系效率、效益的系统。

此外,从交通运输体系的各子系统完整性和服务对象的差异性来理解,交通运输体系可以包括区域综合交通运输系统和城市综合交通运输系统。若将交通运输体系进行运输要素分解,则可以分为交通运输工具、通路、场站、动力、通信、经营管理人员和经营机构等要素。

无论何种分类方法,一个完善的运输体系都必备以下特点:

(1) 各种运输方式在发展规模和空间分布上都具备合理性,既能契合本地区或城市的总体发展,又可以作为重要的组成部分很好地与城市群(圈)交通发展相协调。

(2) 综合运输体系中各种运输方式间要实现合理衔接与组合,就需要建设合理的枢纽与节点,实现功能衔接上的协调,以便为社会出行与运输服务提供最大的运输能力。

(3) 实现客、货运输体系在运输、流动及组织等方面合理、有序分工,保障客、货运输体系分类明晰,运力合理匹配,尽量避免客货运输的混乱、相互干扰。

2) 交通运输系统供给发展的目标及类型

建立运输体系的目的在于能够最有效地发挥各种运输方式的优势,以最低成本为社会提供最佳服务。因此,在制定交通运输体系的发展规划时也应以此为目的,并且切实结合实际情况对交通运输系统的发展进行规划与组织。

(1) 交通运输系统供给发展目标

不同区域或级别交通运输系统供给的发展目标、指标不同。例如,国家层面的发展指标如表4.1所示,这些指标以5个一级指标,即便捷顺畅、经济高效、绿色集约、智能先进、安全可靠,9个二级指标和多个三级指标来体现。

(2) 交通运输通道的类型及特点

交通运输通道作为现代化运输的组成要素,是指在一定地理区域内,连接主要经济点、生产点、重要城市和交通网枢纽,其之间具有达到一定规模的、共同的、稳定的交通流,为了承担此强大交通流而建设的具有综合交通运输能力的交通运输线路的集合。

4 运输供给分析

表 4.1 国家综合立体交通运输系统 2035 年的主要发展指标表

序号	指标		目标值
1	便捷顺畅	享受 1 h 内快递交通服务的人口占比	80%以上
2		中心城区至综合客运枢纽 0.5 h 可达率	90%以上
3	经济高效	多式联运换装 1 h 完成率	90%以上
4		国家综合立体交通网主骨架能力利用率	60%～85%
5	绿色集约	主要通道新增交通基础设施多方式国土空间综合利用率提高比例	80%
6		交通基础设施绿色化建设比例	95%
7	智能先进	交通基础设施数字化率	90%
8	安全可靠	重点区域多路连接比率	95%以上
9		国家综合立体交通网安全设施完好率	95%以上

交通运输通道内存在多种交通运输方式,运输方式间既存在竞争,又存在合作,促进通道内运输方式的协调发展,也即对运输通道运输结构的合理优化配置,已经成为运输通道发展的重要研究课题。结构配置需要解决的问题是确定各交通运输方式在通道总运量中所承担的比重,以此为基础预测通道内各交通运输方式的合理数量,分析通道内各交通运输方式对不同的运输需求的适应情况,为未来的发展提供科学依据。

交通运输通道发展不仅涉及多个行政区域的管理、统筹,还涉及各个行政区内的国土资源、水域资源、空域资源、口岸资源及对外通道等诸多资源的整合与优化。它具有方向性、规模性和特定的结构类型,并且按照不同的划分标准,可以将运输通道分为不同的类型,具体如表 4.2 所示。

表 4.2 交通运输通道的类型及特点

划分依据	类型	定义及案例特点
按照运输服务对象划分	客运运输通道	主要由承担运输乘客的线路、场站等构成,往往具备高时效性、舒适性。例如京沪高铁客运通道、成渝城际客运通道
	货运运输通道	主要承担货物的运输与移动的线路、场站等设施,往往具备运量大,运费廉价等特点。例如,中欧班列货运通道,晋豫鲁重载铁路通道
	客货混合运输通道	兼顾承担运输乘客与货物的运输、转移的线路与场站等设施,通常是运输轻便的大宗货物和乘客的通道居多,以公路、铁路为主。例如,京九铁路通道

续表 4.2

划分依据	类型	定义及案例特点
按通道的覆盖范围划分	广域运输通道	主要是承担国际、国内客货运输而配置的强大交通运输通道,联系国家对外及国内各大经济区之间的重要桥梁,也是国家交通运输网上的骨干通道,承担国家主要客货流的任务。例如京沪通道、陇海—兰新大陆桥、陆上丝绸之路(中欧班列大通道)等
	区域运输通道	连接经济区域内的不同亚区,是一个经济区内经济联系和主要客货流运输的运输通道,承担区域内的主要客货运输联系,如我国的沪宁运输通道、广珠运输通道等
	城市及其对外通道	主要包含市域对外路网中的通道、市区对外路网中的通道和城市的主要交通走廊。市域对外路网中的通道指与城市管辖区域内周边城市之间的通道,如南京绕城高速通道,市区对外路网中的通道指城市中心区与其外围的卫星城、组团或片区之间的通道
按运输速度和运输能力划分	高速大运量运输通道	由干线航空、高速铁路、高速公路、管道等组成,主要承担区域对外和内部交流的高时间价值的客货运以及紧急救援等功能,该通道主要适用于交通运输时效性强,可靠性高、舒适性高等运输服务
	快速运输通道	由航空、铁路、高速公路组成,承担区域对外和内部交流的较高时间价值客货运、较高附加值货运及紧急救援的功能,各种运输方式互补性较好,可靠性较高,强调时效性,需要配置快速及小批量、高频率运输服务
	大运量运输通道	由干线铁路、管道、公路、支线航空组成,较好地满足大宗货物(煤、石油、矿石等)的运输需求,需配置大批量、低频率或小批量、高频率地运输服务,一般对运输速度要求不高
	区域骨干运输通道	由铁路、干线公路等组成,是连接地州市的运输通道,需要配置大批量、低频率或小批量、高频率的运输服务,主要满足区域间客货运输需求
	区域运输联络支路通道	由铁路、干支线公路等组成,是连接县市的运输纽带,一般配置大批量、低频率或小批量、高频率的运输服务,提高地区运输网络的通达性或支撑边境地区的国防安全连接等级

(3) 综合交通运输枢纽的分类及特点

综合交通运输枢纽指在区域范围内的各种(两种及两种以上)运输方式通过区域或城市交通紧密联系形成的一个复杂综合体。该综合体不仅要充分考虑各种交通运输方式的衔接,使得交通便利、客货流通顺畅;也需要符合城市总体发展规划,实现现有交通设施资源充分整合。

不同的综合交通运输枢纽具有不同的特征,国内外依据综合交通运输枢纽的特点和不同的划分标准,将综合交通枢纽分为不同的类型。其中,区域综合交通运输枢纽主要的划分类型,如表 4.3 所示。

表 4.3 区域综合交通运输枢纽的分类及特点

划分的依据	综合交通枢纽的类型	枢纽的特点
按运输服务对象划分	综合客运交通枢纽	将两种及两种以上对外运输方式与区域外交通的客流(乘客)转换场所在同一空间(或区域)内集中布设,实现设施设备、运输组织、公共信息等有效衔接的客运基础设施。如上海虹桥综合客运枢纽、南京南站综合客运枢纽、广州南站综合客运枢纽、深圳宝安机场综合客运枢纽
	综合货运交通枢纽	区域内不同交通方式(两种及以上)的货物运输网络中相邻路径交汇点,是集货物运输、作业、管理和服务等多种功能于一体的综合场所
按承担运输服务的方式划分	港口型、机场型、公路场站型和铁路车站型等交通运输枢纽	各种类型的综合运输枢纽中,主要交通运输方式(铁路、公路及机场等)承担的大多为长距离或大运量的客货运输;集疏运方式包括公路、轨道交通、内河航运和支线航空等
按运输枢纽在综合交通网中的地位	国际、全国、区域和城市型综合交通运输枢纽	不同枢纽的服务的地域、范围不同
按综合枢纽的参与层次划分	多运输方式参与的枢纽站	一般以空港、铁路的客货运站为中心,有多种对外交通方式参与,规模大,辐射范围广,地位作用非常重要
	单运输方式参与的枢纽站	只有一种对外交通方式参与,如公路枢纽客、货运站(物流园区等)、部分铁路枢纽客、货运站和客货航运港口等
	一般客运站	一般以公路客运站居多,大多分布在城市主城区周边及下辖各区市县的中心地区,也有部分分布在主城区范围内

4.2 运输供给分析

4.2.1 运输供给函数分析

1) 运输供给函数

运输供给函数是运输供给量与影响它的诸多因素间的函数,运输供给量指在一定时间、空间和一定的条件下,运输生产者愿意且能够提供的运输服务数量。"一定的条件"指的是影响运输供给的诸多因素,如政府对运输业的政策、运输服务的价格、运输服务的成本等。式 4.1 反映了运输系统特征和系统服务水平之间的关系,与需求函数呈逆函数关系。

运输供给量可以用以下函数表示：
$$Q_S = Q_S(P, X_1, X_2, \cdots, X_n) \tag{4.1}$$

其中：Q_S——运输供给量；

P——运输服务价格；

$X_1, \cdots, X_n$——除运价以外的其他影响因素。

2）运输供给曲线

在影响运输供给量的诸多因素中，运输价格是最灵敏、最重要的因素。因此，为了描述运输价格和供给量之间的关系函数，我们引入运输供给曲线。此时，运输供给函数可简化为：
$$Q_S = Q_S(P) \tag{4.2}$$

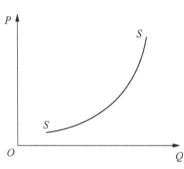

图 4.1　运输供给曲线

运输供给曲线是除运价以外的其他影响因素都不变的情况下，运输供给量与运输价格之间的关系曲线，如图 4.1 所示。一般情况下，Q_S 与 P 同方向变化，即供给量随运价上涨而增加，随运价下跌而减少，这是运输供给的一般规律。

3）运输供给变动与运输供给量的变动

运输供给变动并不等同于运输供给量的变动。运输供给量的变动指的是当非价格因素不变时，供给量随运价变化而沿供给曲线移动，每一运价水平对应一个相应的供给量。而运输供给变动指的是非价格因素变化时导致的供给曲线的位移，如果供给发生了变动，即使价格不变，运输供给量也会发生变化。

如图 4.2 表示的是运输供给量的变动，当运价从 P_1 升到 P_2 时，供给量从 Q_1 升高到 Q_2。图 4.3 表示的则是运输供给除价格以外因素发生变动时，即当非价格因素发生变化时，运输供给曲线由 $S_0 S_0$ 变为 $S_2 S_2$ 或者 $S_1 S_1$。

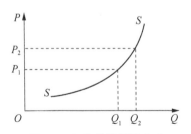

图 4.2　运输供给量的变动

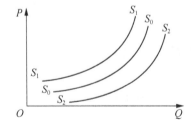

图 4.3　除价格以外因素运输供给发生变动

4.2.2 运输供给弹性分析

1) 运输供给的价格弹性

运输供给弹性指在其他条件不变情况下,运价变动所引起运输供给量的变动程度。运输供给的价格弹性可以用供给弹性值来表示,表达式为:

$$E_S = \frac{\Delta Q_S \div Q_S}{\Delta P \div P} = \frac{\Delta Q_S}{\Delta P} \cdot \frac{P}{\Delta Q_S} \tag{4.3}$$

其中,E_S——供给弹性值;

P——运价;

ΔP——运价变动量;

Q_S——运量;

ΔQ_S——运量变动量。

供给弹性值的大小可以衡量供给量对运价的反映程度。因运价和运输供给量同方向变动,所以供给 E_S 一般为正值。$E_S>1$,运输供给富有弹性;$E_S<1$,运输供给缺乏弹性;$E_S=1$,说明运输供给是单位弹性的(单位弹性表示需求量的变动率和价格的变动率刚好相等)。

2) 运输供给的交叉价格弹性

运输供给的交叉价格弹性,指的是某种运输服务价格的变动引起的另一种运输服务供给变动的灵敏程度,用运输供给交叉弹性系数 E_{SAB} 来表示。

$$E_{SAB} = \frac{\Delta Q_{SA}/Q_{SA}}{\Delta P_B/P_B} \tag{4.4}$$

式中:E_{SAB}——B 种运输服务价格变动引起 A 种运输服务供给变化的弹性值;

$\Delta Q_{SA}, Q_{SA}$——A 种运输服务供给量变化值及服务供给量;

$\Delta P_B, P_B$——B 种运输服务价格变化值及服务价格。

理论上,独立或不可替代的运输供给交叉价格弹性系数趋于零;可替代的运输之间价格与供给呈逆向变动,其供给交叉弹性系数为负值;如交叉价格弹性系数为正值的情况,则被称为互补运输。

若 A、B 互相独立,则不可替代,$E_{SAB}=0$;

若 A、B 可替代,则 $E_{SAB}<0$;

若 A、B 互补,则 $E_{SAB}>0$。

4.3 运输供给与需求均衡分析

4.3.1 运输供需平衡概述

1) 运输市场均衡

运输系统是一个综合系统,它的均衡包括四个方面:运输市场均衡、用户均衡、运输经营者均衡、供需均衡。

其中运输市场均衡是由供给和需求两者形成。供给与需求是决定运输市场行为的最基本的两种力量,它们之间的平衡是相对的,不平衡是绝对的。市场作为一种有机体,总是存在着自我调节机制,即市场运行机制。因此,在市场充分竞争的必要条件下,能够使供给和需求形成某种规律性的运动,出现某种相对的均衡状态,即市场均衡。

2) 运输供需平衡

运输需求和运输供给是构成运输市场的两个重要的要素,当运输市场处于均衡的状态时,即运输供需相对平衡时,运输市场才能稳定,才能实现运输资源合理配置,产生最佳经济效益和社会效益。

从运输供给与运输需求两方面来分析运输市场变化规律及状态属于均衡分析。根据所考察的对象与前提,均衡分析可以分为局部均衡分析和一般均衡分析。

局部均衡分析是假定在其他条件不变的情况下,分析某一货物种类或运输工具的供给与需求达到均衡的运动过程。一般均衡分析是假定在各货类和所有运输工具的总供给、总需求与运价相互影响的情况下,分析总供给与总需求同时达到均衡的运动过程。

一般用供求图描述运输市场均衡,如图 4.4 所示。在运输需求量与供给量相等时,市场达到均衡,在均衡点 R 处,价格既没有上升的趋势,也没有下降的趋势,运输需求与供给价格相一致,这个价格称为均衡价格 P;运输需求量与供给量相一致,这个量称为均衡供求量 Q_0。

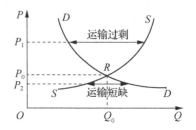

图 4.4 运输均衡运价与均衡供求量

由图 4.4 可见,当运价高于均衡运价 P_0 时,供给大于需求,运输能力过剩;反之,当运价低于均衡运价时,需求大于供给,运输能力短缺。

上述分析是在静态地分析均衡运价与均衡供给量随运输需求和供给变化的情况,而从原来的运输均衡点到新的运输均衡点的发展变化过程,则要借助动态的均衡分析。

3) 运输供需短缺

由于在世界各国运输具有公共性(半公共性),因此运价具有不自由性。各国的运输价格都受不同程度的管制,并限制最高运价。并且运输对象的变化相对于运输主体的变化是快速的,其中特别是运输主体的路网部分建设周期长,难以及时形成供给能力,所以在世界各国的运输中总会长时间出现运输短缺现象。

运输短缺是需求与供给差异的一种表征,反映了一定经济条件下生产不能满足需求的滞后现象。运输短缺在宏观控制中的作用主要有:

(1) 短缺作为供给约束,制约经济的增长;

(2) 短缺作为非价格信号影响着运输的投入;

(3) 运输短缺作为一个局部信号,会引起运输需求在不同交通运输方式中实现替代或转移。

4) 运输供需动态均衡

运输供需平衡同时也是动态性的。随着社会经济发展水平以及人口数量的不断变化,运输需求量也在不断变化。为了满足运输需求,区域运输市场的供给总量也必须随着需求量的变化而不断变化,因此运输市场供给和运输需求二者是动态均衡的。

在动态均衡中,时间 t 的供给量 S_t 是由前期的运价决定的,时间 t 的需求量 D_t 是由当前的运价决定的,时间 t 的价格 P_t 是由前期的价格 P_{t-1} 以及需求 D_{t-1} 是否超过供给 S_{t-1} 决定的。这可用下述方程组表示:

$$\begin{cases} D_t = f(P_t) \\ S_t = f(P_{t-1}) \\ P_t = P_{t-1} + \psi(D_{t-1} - S_{t-1}) \end{cases} \quad (4.5)$$

式 4.5 中 ψ 为参数,取正值,表明当需求超过供给时价格趋于上涨。当 ψ 值足够小的时候即是静态平衡。价格波动作用于需求和供给两个方面,一般最终收敛于平衡点,但在理论上存在无限发散的可能,这取决于需求曲线与供给曲线斜率之间的关系(蛛网理论)。在完全自由竞争的市场经济中,运输市场能够均衡调节运输需求与供给,前提是运输供给的基础设施能力在总体上能满足运输需求,运输工具的供给投入则随需求变化和市场调节而变动。

动态均衡性一般表现为以下几个方面:

(1) 供给和需求这一对矛盾统一体中,需求居于主导地位,它决定着供给的一切方面。供给处于被动、从属的地位,必须适应需求。

(2) 均衡的精度依赖于时间段划分的详细程度。动态均衡是短暂的、相对的,不平衡是长期的、绝对的。在进行需求量预测时,往往预测的是下一个或几个时间段的需求量,供给量是由这个预测量决定的,因而是一段时间内的平衡。

(3) 这种均衡不仅仅是系统总量上的平衡,而且需要在每条线路的每种运输方式的供给量都必须做到和需求量动态均衡。

(4) 需求具有快变性,而供给具有慢变性。需求量随时间、地点等条件的变化而快速变化,运输供给却无法及时做出反应,显得无弹性,但它又要尽可能满足需求。所以,在需求急剧增加时(如春运),通过大幅度降低运输质量去适应需求达到均衡;而在需求大幅度减少时,则只能通过闲置设备达到均衡。

4.3.2 供需变动下运输市场的均衡

1) 供给不变、需求变动对均衡点的影响

如图 4.5 所示,原需求曲线、供给曲线分别是 DD、SS,均衡点为 R,P_0 为原均衡运价,Q_0 为原均衡运量。

当运输需求受某因素影响而增加时,需求曲线由 DD 向右上方移动到 D_1D_1,新需求曲线 D_1D_1 与 SS 交于 R_1,新的均衡运价为 P_1,新的均衡运量为 Q_1。$P_1 > P_0$,$Q_1 >$

Q_0,说明在供给不变前提下,需求的增加会使均衡价格以及均衡运量都相应增加。

当运输需求受某因素影响而减少时,需求曲线 DD 向左下方移动到 D_2D_2,分析可得,在供给不变前提下,需求的减少会使均衡价格以及均衡运量都相应减少。

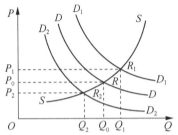
图 4.5 供给不变、需求变动对均衡点的影响

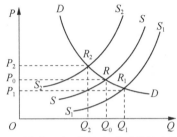
图 4.6 需求不变、供给变动对均衡点的影响

2)需求不变,供给变动对均衡点的影响

如图 4.6 所示,当运输需求 DD 保持不变的条件下,供给影响因素变化导致供给增加时,供给曲线 SS 向右移动到 S_1S_1,S_1S_1 与 DD 交于 R_1,对应新的均衡运价 P_1,均衡运量 Q_1,$P_1<P_0$,$Q_1>Q_0$,说明在需求不变的前提下,供给的增加能够使均衡价格下降,均衡运量增加。

当供给减少时,供给曲线 SS 左移到 S_2S_2,S_2S_2 与 DD 相交于 R_2,说明在需求不变的前提下,供给的减少能够使均衡价格上升,均衡运量下降。

3)需求与供给同时变动对均衡点的影响

如图 4.7 所示,假定需求由 DD 增加到 D_1D_1,供给由 SS 增加到 S_1S_1,此时供给增加的幅度小于需求增加的幅度,新均衡点为 R_1,新均衡运价为 P_1,新均衡运量为 Q_1,$P_1>P_0$,$Q_1>Q_0$。

如果供给由 SS 增加到 S_2S_2,此时供给增加幅度等于需求增加幅度,新均衡点为 R_2,新均衡运价 $P_2=P_0$,新均衡运量为 Q_2,$Q_2>Q_1$。

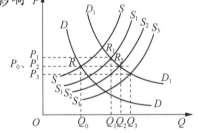
图 4.7 需求与供给同时变动对均衡点的影响

如果供给由 SS 增加到 S_3S_3,此时供给增加幅度大于需求增加幅度,新均衡点为 R_3,新均衡运价为 P_3,新均衡运量为 Q_3,$P_3<P_0$,$Q_3>Q_0$。

从以上分析可见,在需求、供给均增加的情况下,均衡运量是一定增加的,而均衡价格的上升还是下降,则取决于需求与供给增加的幅度的相对大小。当需求增加幅度大于供给增加的幅度,则均衡价格上升;当需求增加幅度等于供给增加幅度,则均衡价格不变;当需求增加幅度小于供给增加幅度,则均衡价格下降。

4.3.3 其他条件下的运输市场均衡

以上主要描述的是价格对于运输市场均衡的影响,在实际社会经济体制中,运输市场是极其复杂的,会受到多元变量的影响。对一个完整的运输市场分析,应当综合考虑多方面因素,不能忽略对于影响运输系统状态的内力与外力的考察。在这里,运输系统的内力指的是市场运行机制,而运输市场的外力则指的是市场的发展、政府的调节作用、国家政治体制、社会经济结构等因素。

例如,国家税收会对运输市场产生影响。如果国家对某一运输服务实行征税,由于税收是由生产者或销售者付给国家的,并且包含在消费者所接受的运价当中,并且消费者一般很难关注到运输价格中的税金,他们关心的往往是价格直观的高低。因此,征税对需求曲线没有影响。

但对于供给曲线,征税是有一定影响的。如图 4.8,征税后,供给曲线将沿运价轴方向向上移动一段距离,形成新的供给曲线 $S'S'$,移动的这段距离的长短为单位运输服务的税额(RM)。此时新的均衡点为 R',运价从原来的 P_0 升高到 P';需求量由原来的 Q_0 降为 Q',征税使运价提高了,需求量减少了。

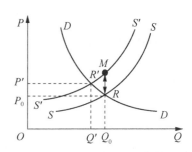

图 4.8 征税对运输供给曲线的影响

对运输服务的征税需要有一方承担税收负担,而由哪方承担则取决于消费者以及运输服务生产者的寻找替代服务能力。寻找替代服务的能力决定需求弹性与供给弹性,寻找替代服务能力越强,则弹性越大;反之弹性越小。当需求弹性大于供给弹性时,消费者负担的税收份额将小于生产者的负担。

从税收的变化对运输市场的影响可以表明,不同运输系统外力对其市场均衡起到了多元化、复杂的影响。因此,如果要研究运输市场的供需状态,不仅要研究市场调节的内在力量,还需要研究各种多元环境下的市场外力,考虑不同政策、体制、经济结构的影响,从而更系统地分析运输市场供需状态,并制定相应措施,将内力和外力有机结合,引导运输市场趋于相对平衡状态。

4.4 运输供给侧改革分析

4.4.1 供给侧结构性改革的概念

供给侧结构性改革是指打破传统的需求拉动经济模式,从供给端着手,提高供给质量,用改革的办法推进结构调整,矫正要素配置扭曲,扩大有效供给,通过释放生产力来拉动经济增长,更好地满足广大人民群众的需要,促进经济社会持续健康发展。

过去,我国宏观经济供求矛盾主要表现为供给短缺,需要扩大生产规模;现在我国宏观经济供求矛盾主要表现为部分产能过剩和部分需求得不到有效满足并存,需要供给和需求更好匹配。同时,通过供给侧结构性改革消除发展新行业、新业态和新商业模式的体制机制障碍,发展新经济,培育新动能。

4.4.2 运输供给侧改革的途径

1) 运输供给从投资驱动走向投资与创新的双驱动

在经济新常态下,交通运输供给能力持续提高,在满足多样化的需求驱动下,运输供给需要从投资驱动型转向投资—创新双驱动型,创新驱动是指科技进步、人力资本、制度创新所起的推动作用。如我国物流快递行业的顺丰控股,一直在利用信息技术、货物运输技术、服务产品和其他策略来优化网络效率,提供创新解决方案,以减少由于交付和提货尝试不成功而浪费的里程和相关排放。

2) 运输供给从各方式分立扩张发展到多方式综合协同发展

客货运输从公路、水路、铁路、航空比较分立的发展转向基于多式联运和综合枢纽的综合交通运输体系的协同发展,强化各种运输方式的整合衔接,从运输通道、综合运输枢纽等方面构建综合立体运输空间。物流服务也正在由传统的装卸、转运业务向上下游供应链延伸,向着包装、加工、仓储、配送、信息服务、保税、金融、贸易等高附加值综合物流功能方向发展,建设全程物流综合服务的"物流+金融+商贸+信息化+技术服务"的多模块体系。

3) 运输供给政策制定从分散走向综合

交通运输供给侧结构改革的核心任务是去产能、去库存、去杠杆、降成本、补短板。这需要通过技术创新形成新的投资增长点,通过制度创新形成有效地实现投资的机制,从而避免严重的重复或无效投资;改善社会分工和企业内部分工体系,形成新主体、培育新动力、发展新产业;以提高交通全要素生产率为手段,以较低的成本、服务质量的提高为依据,以有效供给匹配有效需求为目的,从低水平的交通供需平衡过渡到更高水平的交通供需平衡。

4) 运输供给经营主体从小而全走向集群式发展

以我国公路运输为例,曾经存在的突出问题有"小、散、乱、差",通过多年的信息化、网络化、集约化转型发展,目前的公路旅客运输都是集团化运营,货运物流经营主体也是从小而散转变到大中小企业充分整合、基于通道网络、物流园区和配送体系的集群发展。

5) 运输供给产业组织走向线上线下多维度融合

新时代交通服务将从线上与线下结合不紧密转向线上线下充分融合,网约车、联程联运、运游融合、定制公交、"城乡公交+物流配送"电商物流、物流金融、物流信息与咨询、交通运输与物流研究等多业态、多模式发展,加快了交通运输与金融、旅游、文化等服务的融合发展。

6) 运输供给载运设备走向技术进步和绿色发展

新时代交通运输将不断提高新能源和新的先进交通工具的使用比例,进一步提高交通工具的信息化和智能化程度，加快节能减排。载运设备技术进步和绿色发展主要包括纯电动化、无人化、高速化。

思考题

4.1　运输供给必须具备的条件是什么，包含哪些内容？
4.2　运输供给具有什么特征，受到哪些因素影响？
4.3　运输供给函数以及运输供给曲线的含义是什么？
4.4　运输供给价格弹性的特点及影响因素是什么？
4.5　简述运输供需平衡状态及均衡点分析。
4.6　简述供需变动下的运输市场供需平衡机制。
4.7　简述运输供给侧改革的内涵以及未来发展趋势。

5 城际客运组织

学习目标

> 了解城际客流的特征和分类
> 重点掌握城际公路客运组织的主要内容
> 熟悉城际铁路客运组织的主要内容,重点掌握高铁运营组织相关内容
> 了解航空客运组织、旅游客运组织的主要内容

城际客流是指在城市间流动形成的客流。城际客流与货流一样,也具有类别、流量、流向、流时及运距五大属性。城际客流有区别于城市客流的特点和规律性,掌握这些规律性和特点是运输行业管理部门、运输企业合理组织客运工作的基础。

城际客流具有以下特点和规律性:

(1) 时间上不平衡,方向上大体平衡。因为旅客一般多是"有往必有返",只是在返回的时间上有所不同。因此长期统计资料显示,客流在方向上大体上是平衡的,但时间上是不平衡的。

(2) 不同运输方式有着不同优势吸引范围。统计分析显示,一定运距范围的客流较大比例地倾向于选择某一种运输方式,说明不同的运输方式基于其自身技术经济特点有其优势吸引范围。图 5.1 为高速铁路、航空、高速公路三种运输方式旅客出行总时间比较图,图中显示,客运市场运距 200~400 km 和运距在 1 000~1 500 km,分别是公路和航空的优势竞争范围,运距 400~1 000 km 则是高速铁路的优势吸引范围;西欧在高速铁路修建之前,出行距离在 380 km 左右时有 50% 的人选择公路,28% 的人选择火车;运距在 400~600 km,有 34% 的人选择火车;而当运距在 600 km 以上时,就有 40% 以上的人选择飞机,且运距越远比例越高。但高速铁路开通后,情况就有很大变化,1 000 km 以上的距离也有很多人选择铁路。

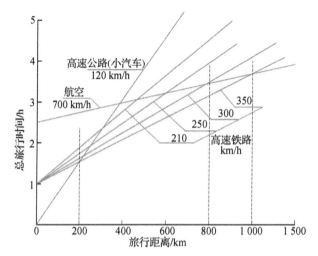

图 5.1　旅客出行方式与出行总时间比较图

我国人均收入水平相对欧美地区略低,旅客时间价值比发达国家会低些,铁路的优势距离范围应该比发达国家更大一些。因此,各种运输方式应根据我国不同区域实际情况,重点发展优势距离范围内的运输产品。

通过本章的学习,要求熟悉中长途客运组织的相关内容。

5.1　城际客运组织概述

5.1.1　城际客流分类

城际客运是指借助于客运工具,实现旅客在城市间空间位移的过程。一般用旅客运量(p)和旅客周转量(p·km)来衡量运输生产劳动量。

1)城际客流按运输方式分类

(1)城际公路客流:长途直达客流、城乡短途客流、普通客流、旅游客流、阵发性客流;

(2)城际铁路客流:直通客流、管内客流;

(3)航空客流:国际客流、国内客流;

(4)水运客流:沿海客流、内河客流,目前一般以旅游船舶客运为主。

2)城际客流按客运组织方式分类

旅客运输分类方式很多,一般会按照载运工具、运输距离、运输区域、经营方式等进行划分,如图5.2所示。

(1)按运输方式分类

① 公路客运:分为长途客运、短途客运;公路客运具有机动灵活、能实现门到门服务,在中短途客运中占有主导地位。

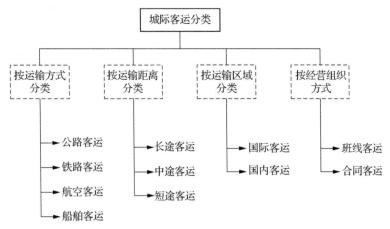

图 5.2 城际客运分类

② 铁路客运:分为直通列车客运、管内列车客运,根据列车种类还分为高铁、动车、特快、快速、临时、旅游列车客运等;铁路客运具有运量大、安全快速、能耗小、费用低、全天候、环境效益好等优势,这也是我国大力发展高铁客运的原因。

③ 航空客运:包括国际航空客运、国内航空客运,根据航线等级还分为干线客运和支线客运等;航空客运以其速度快、服务质量高的特点占据了长途客运市场,但随着高铁网密度的增加,高铁客运开始有较强的竞争优势。

④ 船舶客运:包括沿海客船运输、内河客船运输,由于其速度慢、需要接驳,目前主要以游船客运为主。

(2) 按运输距离分类

客运主要分为长途、中途、短途运输。对于长、中、短途运输划分没有严格的标准,而且以不同的运输方式划分,它们的标准也有较大差别。例如,公路客运把运输距离在25 km 以内的客运称为短途客运,运距在 800 km 及以上的客运一般称为超长客运(随着我国铁路、航空基础设施不断完善,超长公路客运占比已经很小),而 800 km 的运距对于航空运输来说难以称为长途运输。

(3) 按运输区域分类

客运主要分为国际客运、国内客运。国际客运是指运输路径至少跨越两个或两个以上国家的运输方式;国内客运是指在本国内部各地区之间的运输。国际客运市场方面,航空占据绝对优势,其余则是欧亚大陆桥上的少量铁路客运、游船运输、边境省份的公路客运。

(4) 按经营组织方式分类

① 班线客运:班线客运的主要特征具有四个固定特点:固定线路、固定站点、固定发车时间、固定票价。

② 合同客运:通过与顾客签订合同的形式提供的客运服务,如通勤包车、接送学生上、下学的学校包车及旅游包车等。合同客运的车班运行时刻、站点由顾客安排。

5.1.2 城际客运组织生产基本过程及组织原则

1) 城际客运组织生产基本过程

客运站(港口、机场)是旅客运输的起终点,客运组织与管理主要是在客运站(港口、机场)内完成,城际客运组织生产过程主要包括:

① 为进出客运站(港口、机场)乘客提供的服务作业内容:发售客票、行包受理、安全检查、候车服务、检票、组织乘车(船、飞机)、乘客下车(船、飞机)、交付行李、乘客出站(港、飞机);

② 为进站(港口、机场)接送乘客的载运工具提供的作业服务内容:调度车(船、飞机)、车(船、飞机)进站准备、等待乘客上车、指挥车(船、飞机)离站(港、机场)、安排车(船、飞机)进站(港、机场)等。

汽车站、火车站、机场以及港口的作业内容、环节有所不同,但安检的重要性都是排在第一位的,为乘客提供全方位、细致周到的服务,为进站(港、机场)载运工具提供准确调度作业指令是每一种客运组织的主要内容。城际客运组织生产基本过程,如图5.3所示。

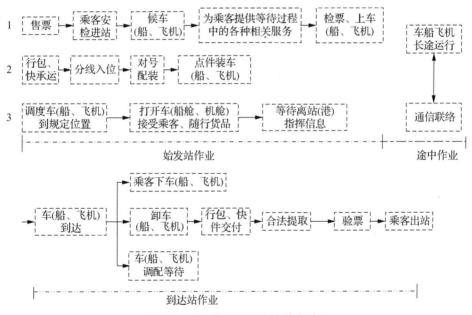

图 5.3 城际客运组织生产基本过程

2) 城际客运组织原则

(1) 保证旅客运输安全。旅客运输的安全性是衡量旅客运输质量的重要标志之一。旅客运输不单是实现旅客的空间位移,而且必须保证旅客在旅行中的生命和财产的安全,并且包括旅客心理和生理不受到损伤。因此,必须不断改善各种技术设备,严格执行各项安全作业制度。

（2）提高旅客运输服务质量。客运不仅要在技术装备和服务设施等硬件上为提高服务质量提供物质基础，更重要的是要对客运员工工作规范性有标准要求，如铁路客运有《铁路旅客运输服务质量统一标准》，民航局修订颁布了《公共航空运输旅客服务管理规定》，道路客运有《道路旅客运输企业服务质量考核管理体系》等。旅客的出行活动是一种自主的行为，在售票、候车、乘降、换乘以及行包承运、交付以及事故理赔等方面，应简化手续、方便旅客，在信息服务和运转工具、港（站）服务设施方面为旅客创造良好的旅行环境。

（3）提高客运企业的经济效益。运输行业既有公益性又有商业性，运营成本既有内部性又有外部性，因此，运价就成为行业主管部门和消费者关心的焦点。针对运输行业的公益性和运输成本的外部性，在一些运输业务中，政府应该给予运输行业一定的补贴，特别是带有公益性的客运（如城市公共客运业务、村村通公交客运业务）。与此同时，运输企业也要科学地组织运输过程，保证各部门工作的协调配合，并有效地利用各种运输资源，这就需要根据客运市场合理地制定运输方案、调整运输方案，如科学编制客运班线计划、安排客运时刻表、科学使用客运运力等。

（4）发展各种交通工具的联合运输。人们有城际客运出行需求时，往往很难用一种运输方式完成，需要由两种或两种以上的客运方式联合完成，这种客观需求，要求从运输规划开始，科学规划站点区域的客运衔接基础设施、合理安排运营中的客运衔接环节和作业流程，满足安全、快速、舒适、便捷的旅行需求。

5.1.3 城际客运（中长途客运）发展趋势

1）快速化

（1）铁路提速

最近 40 年，我国列车速度经历了"适当提高""努力提高""普遍提高""发展高速"等几个阶段。我国普速铁路经过 6 次大面积提速，旅客列车最高运行速度已达到 160 km/h；高速铁路使得旅客列车运行速度、技术速度、旅行速度和服务质量有了大幅度提升，目前复兴号动车组已经在多条线路实现 350 km/h 常态化运营。目前，正在进一步研究发展 400 km/h 等级的高速铁路成套技术，推动铁路技术上升到一个新水平。

（2）城际客运公交化运营

① 城际公交

城际公交主要服务于以通勤出行为主的"常态化"出行需求，与传统城际客运在服务时间、服务对象、服务范围以及运营组织模式上均存在较大差别，是一种基于传统城市内部公交系统衍生而来的新型道路客运方式。城际公交行驶在城市与城市间道路上，按公交运输组织方式，按规定站点、路线运行。其中途站点较多，运输可达性较高。

城际公交覆盖范围广，票价低廉，其开通为跨城、跨区出行的居民提供了方便、快捷的服务，逐渐成为区域间联系的纽带。

② 城际铁路公交化运营

城际铁路的公交化运营是指城际铁路列车在运输能力较大、运输组织简便的前提下,拥有较高的发车密度、较小的单位运输能力、较短的发车间隔,使旅客能够乘坐城际铁路方便、快捷地出行。

城际铁路的运营里程往往在 300 km 以内,运行速度 200～300 km/h,车站分布紧密结合城市规划,站间距较小,一般为 5～30 km,更加便于城际铁路旅客花费较少的时间实现短距离的出行,同时发车密度也相应地增大,"公交化"的特点十分明显。

越来越多的城际铁路实行无须取票也可以刷身份证直接进站,并开通中铁银通卡、铁路 e 卡通等业务,旅客可以提前购票,也可以临时刷卡乘车。同时许多车站都设有城际铁路专用进站通道,减少旅客进站所花费的时间,公交化运营的城际铁路发车密度较大,且在客流高峰时段还会适当加大发车密度,城际铁路旅客的候车时间普遍较短,且不受车次的限制,基本能够实现随到随走。

2）客运枢纽综合现代化

目前,我国综合客运枢纽的建设已初具规模,正在逐步向现代化发展。以铁路综合客运枢纽为例,其主要发展趋势如下:

（1）交通一体化。特大型及大型铁路综合客运枢纽将逐步形成高速铁路网、城际铁路网、普速铁路网、城市轨道交通网"四网"并存的发展格局。新建枢纽将铁路旅客运输与城市交通相融合,实现多种交通方式"零换乘"。

（2）布局立体化。在高速铁路蓬勃发展的时代,车站的站房主体结构将向综合化、多层化方向发展,枢纽的建筑空间将向地上和地下双向发展。这种建设布局能充分利用城市土地资源,促进枢纽内换乘客流流线立体化,同时避免人流和车流的交叉。

（3）换乘人性化。科学智能化规划换乘流线,建设合理数量及规模的换乘通道、楼梯、自动扶梯等换乘设施,设置完善的交通引导系统,采用先进的运营组织管理服务模式,提高枢纽内旅客的换乘效率,实现以人为本的发展战略,是铁路综合客运枢纽发展的主要趋势。

（4）功能多元化。利用铁路综合客运枢纽交通可达性高的优势,在保证客流集散换乘方便快捷、安全舒适的前提下对枢纽周边地区进行商业开发是未来枢纽建设方向发展趋势。

（5）运营现代化。在信息共享的大数据时代,铁路综合客运枢纽以网络技术和信息技术为依托,实现售票、检票、停车、寄存、信息咨询、换乘引导等功能自动化、智能化,实现设施资源的最优利用,提升枢纽的整体运营效率。

3）联程运输服务化

（1）空地联运

空地联运指面向旅客的空地联程运输,即利用机场陆侧、空侧资源和衔接机场的铁路、公路、水路等交通设施,通过航空与其他不同运输方式之间的组织,为旅客提供无缝连接的运输服务。在有需求、有条件的城市机场和高铁车站力求实现"无缝衔接、零换乘",在有需求、无条件的机场与车站间开展摆渡服务进行衔接。

空地联运给旅客提供了更多样的出行方案选择。在创新空地联运产品和提升服务方面,实现旅客"一站购票",联程运输票价优惠政策、联运旅客行程延误解决方案、退改签制度和票款清算机制。优化联运机制下的列车与航班计划联动编排;根据需要在机场、车站互设中转服务中心,互相提供抵离信息;在有条件的情况下,铁路对机场到达转乘火车无托运行李的旅客免除安检等服务。

(2) 公铁联运

公铁联运目前已经普遍开展,经由铁路换乘城市公共交通或者长途巴士,已经成为一种常规出行方式。大巴或公交发车班次会根据火车时刻表以及实际客流量实行动态调整。实现公铁联程这一模式,需要解决数据共享和售票系统整合等技术问题,旅客通过一个售票口,实现车次查询、车票购买等操作,方便旅客出行。此外,汽车客运站还设有旅游集散中心、定制客运和汽车租赁等服务,为旅客提供个性化、定制服务。

4) 出行智慧化

(1) 无纸化

地铁、公交刷城市交通卡(电子车票)直接通行的方式已经取代排队购票,铁路也在推进电子客票。

电子车票无需取票缩减了乘车流程,尤其是在乘车高峰期,不用排队取票大幅度提升了乘客的过检效率。进出站检票凭证,由过去的"身份证件+车票",简化为持有效身份证件"一证通行",如身份证或电子乘车码。旅客将身份证放在闸机读卡区后,进站闸门立即弹开,认读时间仅一两秒。经测算,闸机检票速度提高 3 倍左右,检票平均速度由 3.8 s/人缩短至 1.3 s/人,极大提升了进出站效率。购买电子客票后,旅客可通过互联网退票和改签,足不出户便可完成操作。

(2) 人脸验证

目前在车站、机场采用验证身份证匹配已购票信息,以及身份证与本人人脸匹配验证两项重要技术,两项信息都能匹配成功,才准予开闸进站,而且识别准确率较高。3D人脸识别技术将为旅客出行提供更大便利性,它采用主动光方案,可减少环境光变化对人脸检测识别的影响,能够进一步提升人脸识别准确率;另外,在识别活体人脸方面也具有天然优势,可以抵抗来自照片、视频的攻击。3D 人脸识别是未来的发展方向。场景适应性更强、安全性更高,将进一步减少旅客进站的时间。

(3) 安检互认

在地铁、高铁、机场等交通服务场所进行安检,旨在为交通运输增加一道安全保障。但在现实中,多数旅客出行都要辗转经过多个交通换乘场所才能到达目的地,在换乘旅途中,往往要经历机场、高铁、地铁等多部门重复安检,一定程度上影响了旅客的出行效率,也耗费了安检部门的人力物力。安检互认化繁为简,将重复安检合二为一,提高通行效率,提供便捷的换乘服务。

多数情况下,与机场、高铁、地铁等相衔接的车站,各道安检程序检查的往往是同一批旅客、同一批行李。在这种情况下,对旅客进出站通道和安检关口科学规划建设,实现旅客在站与站之间的封闭环境内流动,实现便捷换乘、无缝衔接、安检一站通过,满足人们安全、便捷、舒适的出行愿望。"安检互认"实现的是安全便利的无缝衔接。

(4) 一卡通

传统的城市一卡通,通常支持本地的公共自行车、公交和轨道交通等,并且享有一定的折扣和换乘优惠。为了更好地推动城市交通一卡通行业发展,规范卡片发行,由交通运输部主导的交通联合(China T-union)系统应运而生。

交通联合一卡通是具有支付功能的预付费卡,持交通联合卡可在支持互联互通城市的公共交通系统(公交车、出租车、轨道交通、轮渡等)刷卡付费。截至2020年底全国已实现303个地级以上城市交通一卡通互联互通。交通卡公司与华为公司携手打造,并与支付宝公司合作,提供零元开卡的便捷使用方式,使用手机刷NFC交通卡,提供用户线上充值的服务。交通联合系统使全国各地的交通系统串联起来,使各城市间的联系更加密切,一卡刷遍中国使得出行更加方便、快捷,同时标志着中国各地区发展的协同化、一体化、同城化正有序地开展和推进。

5.2 城际公路客运组织

公路客运是我国道路运输业的一个重要组成部分,也是所有客运中的衔接客运。因此,了解公路客运业务,做好运输组织工作,对于提高道路客运组织水平具有重要的意义。

5.2.1 公路客运概述

公路客运是指以旅客为运输对象,以汽车为主要运输工具,在公路上实现旅客空间位移过程的活动。公路客运除了是人们中短途出行的主要运输方式之外,也是衔接铁路客运、航空客运的重要方式。公路客运具有机动灵活、直达性好可实现"门到门"直达运输等优势。

1) 公路客运特点

公路客运与其他客运方式相比,具有以下特点:

(1) 路网密度最高。公路客运是沟通城市—城市、城市—乡村,连接内地和边疆,分布范围最广,而且在各种运输方式中网络密度最大的运输方式。

(2) 运输覆盖面广。以汽车为主要运输工具,对道路条件适应性强,能够运达山区、林区、牧区等其他运输方式不易到达的地方。

(3) 运输方式多样。既可组织较多车辆完成一定规模的、大批量的旅客运输任务,也可单车作业,完成小批量的旅客运输任务。道路客运可以满足多种客运需要,如长途、超长途、高速、旅游、包车、出租等运输。

(4) 灵活性强。道路客运线路纵横交错、干支相连,线路和站点形成网络,易于根据情况调整,较好地满足旅客出行的需求,具有其他运输方式所没有的"门到门"运输和就近上下客等特点。

(5) 投资少,资金回收快。与其他运输方式相比,投资少、车辆更新容易。

2) 公路客运营运方式

针对不同的旅客出行需求,公路运输主要采取以下不同的运营组织方式:

(1) 长途直达客运

在运距较长的线路上,在起终点站之间不停靠,或仅在大站停靠的班车运输方式,主要用于跨省、跨区的长途干线上的旅客运输。一般情况下,当直达客流量大于客车定员的60%时,可考虑开行直达客车。

高等级公路上的长途直达客运,可以不配乘务员,旅客上下由停靠站组织。采用这种运输方式的客车,要求车内整洁、车况良好,要尽可能提高乘坐的舒适性和车辆行驶速度。

(2) 城乡短途客运

开行在城乡线路上的客车,需要沿途各站频繁停靠。因此,为方便随车售票,组织招呼站旅客上下车,这种营运方式的客车上通常配乘务员。用于这种营运方式的客车,除有一定数量的座椅外,还应保留一定站位和放置物品的空间。

(3) 普通客运

这是普遍采用的客运班车营运方式,该方式的客车在沿线主要站点都会停靠进行服务作业。当直达客流不多,区间客流占班线客流的80%以上时,一般采用这种运输方式。普通客运与直达客运在客流量较大的干线上共运,相互配合,以满足不同旅客的需要。普通客运班车可以配乘务员。

(4) 旅游客运

这是在游客较多的旅游线路上开办的旅客运输方式。这种客车通常对舒适性要求较高,而且车型不能单一,应具备较高级的大、中、小型客车,以满足不同旅客的需要;同时还应配有导游人员。客车应根据旅客要求在风景点停靠,开行的方式可以采用定线、定班或根据游客要求安排诸如包车等适当的形式。

(5) 旅客联运

随着生活水平的提高,远距离旅行越来越多,因此,选择多种运输方式旅行已经很普遍。开展旅客联运,需要各地联运企业与各运输部门签订联售火车、轮船、汽车、飞机等客票的协议;在港、站设立联合售票所,开展火车、汽车、轮船、飞机客票的代订、联售业务,并代办行包托运、保管、接送、旅行咨询等服务项目;在旅客中转量大的城市,可设立代办中转客票的专门机构等。旅客联运可以减少旅客的中转换乘时间,受到旅客的欢迎。

(6) 包(租)车客运

这是为有关单位或个人、集体选择公路旅行提供方便而采用的营运方式。其主要服务对象是机关、企事业单位集体外出学习、游览的职工。包(租)车可根据具体情况分为计时和计程两种。为了满足包车用户乘车人数和舒适度等不同要求,运输企业要有不同车型、不同座位数的大、中、小各型客车,制定不同的运价供租车人选用。由于包车没有固定线路和固定客流,往往忙闲不均。

3）公路客运班车分类及选型

(1) 客运班车分类

班车客运是指具有"四固定"特点,即"固定线路、固定站点、固定班次、固定票价"的运营方式,在线路起讫点及中间站点均可上下乘客。

目前,公路客运班车根据交通运输部的规定,具体分类如下：

① 按班次性质分类

直达班车,指由始发站直达终点站,中途只作技术性停留,但不上下旅客的班车。

普通直达班车,指站距较长,沿途只停靠县、市及大镇等主要站点的班车。

普通班车,指站距较短,停靠站点(含招呼站)较多,配备随车乘务员的班车。

城乡公共汽车,指由城区开往附近农村乡镇,站距短,旅客上下频繁,并配备随车乘务员的短途班车。

② 按班次时间分类

白班车,指在白天运行的各种客运班车。

夜班车,指在夜间运行,发车时间或到达时间在夜间的客运班车。

③ 按运行区域分类

县境内班车,指运行在本县境内的各种客运班车。

跨县班车,指运行在本地(市、州)境内,县与县之间的各种客运班车。

跨区班车,指运行在本省(直辖市、自治区)境内,地(市)与地(市)之间的各种客运班车。

跨省班车,指运行在国内省与省之间的各种客运班车。

跨国班车,指国与国之间运行的客运班车。

④ 按运行距离分类

一类班车,指运行距离在 800 km 或 800 km 以上的客运班车,一般称超长客运。

二类班车,指运行距离在 400 km 或 400 km 以上 800 km 以下的客运班车。

三类班车,指运行距离在 150 km 或 150 km 以上 400 km 以下的客运班车。

四类班车,指运行距离在 25 km 或 25 km 以上 150 km 以下的客运班车。

短途班车,指运行距离在 25 km 以下的客运班车。

(2)客运班车类型选择

公路客运部门在选用班车车型时,一般应考虑以下几个方面：

① 根据用途选用

对于铁路分流和旅游线路上的客车,应该选用速度高、舒适性好的客车;对长途直达线路应尽可能选用具有较高行驶速度和有较大行李箱、架的客车;对城郊短途运输客车,在道路条件容许时,应选用速度较低和载客量较大的大型通道车;对旅客比较少的边远山区,可配置小型客车;对农村短途客运,可适当改装车身,增加站位以方便旅客携带物品。

② 根据客流量的大小选用

为满足客流流动的基本需求,当线路年运输旺季的平均日客流量超过 500 人次,且比较集中时,宜选用中型客车,如果客流量分散,可视情况选用中型或小型客车;线路日客流量在 200 人次以下时,视客流集散程度,可选用中型或小型客车。

③ 根据公路的条件选用

对等级较高、客流量大的干线公路,一般可配大型或中型客车;对等级较低的干线或支线公路,可根据客流量大小选用中型或小型客车;对经济条件较差和客流量较少的边远山区、林区和牧区,宜选小型客车;对道路条件好、客流量大的短途班车,则应选用大型客车。

④ 根据舒适性需求选用

对于乘车旅游和长途旅行的旅客以及生活水平较高地区所用的客车,可选用舒适性较高的高档客车;但一般短途旅客对舒适性要求较低,可选用中、低档客车。

⑤ 根据运输成本选用

选用车型时,一般倾向于选用运输成本较低、利润较高、投资回收期较短的客车。但须指出的是,选用车型往往要综合考虑,要在综合分析客流构成的基础上确定所选客车的档次,从而满足不同层次旅客的出行需求,更好地吸引客流,以提高运输效益。

5.2.2 城际公路客运站类型及级别划分

1) 城际公路客运站的功能与类型

公路汽车客运站(简称车站)是公益性交通基础设施,是公路客运网络的节点,是为旅客和运输经营者提供站务服务的场所。公路汽车客运站担负着组织生产、为旅客服务、管理线路和发布信息等方面的任务,它不仅是交通运输的重要枢纽,也是一个城市的精神和物质文明建设的"窗口"。

(1) 车站的功能与类型

① 车站的功能

公路汽车客运站集运输组织与管理、中转换乘、多式联运、通信、信息收集与传输、综合服务与公路运输市场管理于一体,把无形的旅客运输市场变为有形的市场,把车主、乘客、运输管理部门的利益有效地结合起来,是保证公路客运市场健康而有序发展的场所。

公路汽车客运站的功能包括以下几个方面:

Ⅰ. 客运生产组织与管理功能。包括发售客票、候车服务、问讯、广播通信、验票引导登车等为组织旅客上、下车而提供的各种服务;为参营车辆安排运营班次、制订发车时刻表、公布票价等；为车辆提供维修服务与管理、为驾乘人员提供食宿服务等。

Ⅱ．客流组织与管理功能。客运站通过生产组织与管理，收集客流信息和客流变化规律资料，根据旅客流量、流向、类别等，合理安排营运线路，开辟新的班线与班次，以良好的服务吸引客源。

Ⅲ．运行组织与管理功能。包括为参营客车办理到发手续，组织客车按班次时刻表准点正班发车，利用通信手段掌握营运线路的通阻情况，向驾乘人员提供线路通阻信息，发现问题及时与有关方面联系，会同有关部门处理行车事故、组织救援、疏散旅客等。

Ⅳ．参与管理客运市场功能。认真贯彻执行交通运输部颁发的《道路旅客运输及客运站管理规定》要求，建立健全岗位责任制，实行营运工作标准化，提高旅客运输质量，维护客运秩序，协助运管部门加强对客运市场的管理。

② 车站的类型

根据交通运输部《汽车客运站级别划分和建设要求》（JT/T 200—2020），将公路汽车客运站分为以下三大类：

Ⅰ．按车站规模划分为：

等级站，指具有一定规模，可按规定分级的车站。

简易站，指以停车场为依托，具有集散旅客、售票和停发客运班车功能的车站。

招呼站，指在公路沿线（客运班线）设立的旅客上下点。

Ⅱ．按车站位置和特点划分为：

枢纽站，为两种及两种以上的运输方式提供客运服务，且旅客在站内能实现自由换乘的车站。

停靠站，为方便城市旅客乘车，在市（城）区设立的具有候车设施和停车位，用于长途车停靠、上下旅客的车站。

港湾站，指道路旁具有候车标志、辅道和停车位的旅客上下点。

Ⅲ．按车站服务方式划分为：

公用型车站，由国家投资或所在地交通管理部门筹助资金兴建的车站。具有独立法人地位，自主经营，独立核算经营性质，是全方位为客运经营者和旅客提供站务服务的车站。

自用型车站，隶属运输企业，主要为自有客车和与本企业有运输协议的经营者提供站务服务的车站。

2）公路汽车客运站级别划分

在《汽车客运站级别划分和建设要求》（JT/T 200—2020）中，根据车站设施和设备配置情况、地理位置和设计年度平均日旅客发送量（以下简称日发量）等因素，将车站等级划分为5个级别以及简易车站、招呼站（共7个级别）。

各级别客运站设施配置要求如表 5.1 所示。

表 5.1　公路汽车客运站设施配置

设站名称			一级站	二级站	三级站	四级站	五级站
场站设施		站前广场	★	★	●	●	●
		停车场	★	★	★	★	★
		发车位	★	★	★	★	●
建筑设施	站房	站务用房	候车厅(室)	★	★	★	★	★
		重点旅客候车室(区)	★	★	●	—	—
		售票厅	★	★	●	●	●
		行包托运处	★	★	●	—	—
		综合服务处	★	★	●	●	●
		站务员室	★	★	★	★	★
		驾乘人员休息室	★	★	★	★	★
		调度室	★	★	★	●	—
		治安室	★	★	●	—	—
		广播室	★	★	●	●	●
		医疗救护室	●	●	●	●	●
		无障碍通道	★	★	★	★	★
		残疾人服务设施	★	★	★	★	★
		饮水室	★	●	●	●	●
		盥洗室和卫生间	★	★	★	★	★
		智能化系统用房	★	●	●	—	—
		办公用房	★	★	★	●	—
	辅助用房	生产辅助用房	汽车安全检验台	★	★	★	—	★
			汽车尾气测试室	●	●	—	—	—
			车辆清洁、清洗台	★	★	●	—	—
			汽车维修车间	●	●	—	—	—
			材料间	●	●	—	—	—
			配电室	★	★	●	●	●
			锅炉房	●	●	●	●	●
			门卫、传达室	●	●	●	●	●
		生活辅助用房	驾乘公寓	●	●	●	●	●
			餐厅	●	●	●	●	●
			商店	●	●	●	●	●

续表 5.1

设站名称		一级站	二级站	三级站	四级站	五级站
基本设施	旅客购票设备	★	★	●	●	●
	候车休息设备	★	★	★	★	★
	行包安全检查设备	★	●	●	—	—
	汽车尾气排放测试设备	●	●	—	—	—
	安全消防设备	★	★	★	★	★
	清洁清洗设备	★	★	●	—	—
	广播通信设备	★	★	●	—	—
	行包搬运与便民设备	★	★	●	—	—
	采暖或制冷设备	★	●	●	●	●
	宣传告示设备	★	★	★	●	●
智能系统设施	微机售票系统设备	★	★	●	●	●
	生产管理系统设备	★	●	●	—	—
	监控设备	★	●	●	—	—
	电子显示设备	★	★	●	—	—

注:"★"为必备,"●"为视情况而定,"—"为不设。

(1) 一级车站

设施和设备符合表 5.1 中一级车站所必备的各项,且具备下列条件之一:

① 日发送旅客在 10 000 人次以上的车站;

② 省、自治区、直辖市及其所辖市、自治州(盟)人民政府和地区行政公署所在地,若无 10 000 人次以上的车站可选取日发送量在 5 000 人次以上具有代表性的一个车站;

③ 位于国家级旅游区或一类边境口岸,日发送量在 3 000 人次以上的车站。

(2) 二级车站

设施和设备符合表 5.1 中二级车站所必备的各项,且具备下列条件之一:

① 日发送量在 5 000 人次以上,不足 10 000 人次的车站;

② 县以上或相当于县人民政府所在地,如无 5 000 人次以上的车站可选取日发送量在 3 000 人次以上具有代表性的一个车站;

③ 位于省级旅游区或二类边境口岸,日发送量在 2 000 人次以上的车站。

(3) 三级车站

设施和设备符合表 5.1 中三级车站所必备的各项,日发送量在 2 000 人次以上,不足 5 000 人次的车站。

(4) 四级车站

设施和设备符合表 5.1 中四级车站所必备的各项,日发送量在 3 000 人次以上,不足 2 000 人次的车站。

(5) 五级车站

设施和设备符合表 5.1 中五级车站所必备的各项,日发送量在 300 人次以下的车站。

(6) 简易车站

达不到五级车站要求或以停车场为依托,具有集散旅客、停发客运班车功能的车站。

(7) 招呼站

达不到五级车站要求,具有明显的等候标志和候车设施的车站。

5.2.3 城际公路客运计划编制

城际公路客运计划编制主要包括:制订运班作业计划,安排运班班次计划。

运班作业计划不但是公路客运站为旅客提供出行安排的依据,也是车站完成旅客运输任务和企业客运生产计划的基础性工作。班次安排合理,既可使旅客来去便捷、省时,又可使客车不至于超载和空驶,获得较高的运行效率。

(1) 运班:客车在特定时间由始发站按照客运线路经过经停站至终点站的运输过程。

(2) 运班要素:主要包括运行线路、始发时间、到达时间、起讫站点和途中经停站及经停时间等。

(3) 班次:指在单位时间内(通常以一天或一个星期为单位)运行的运班数(包括去程和回程)。

1) 城际客运班次编制方法

(1) 运班计划编制的原则

编制运班计划,首先要对经由该客运站上下车的客源需求情况进行调查。在掌握各线路、各区段客流量、流向、流时及其变化规律的基础上统筹安排,一般应遵循以下原则:

① 根据旅客流向及其变化规律,确定班次的起讫点和中途经停站,并兼顾始发站和中途站旅客的需要。运班的布局和班次、班期要保证合理的衔接,以满足旅客换乘的需要。

② 根据平均客流量的大小确定班次的频率。班次的频率必须考虑运输通道的能力及运力约束。节假日客流量增加较大时可增加加班班次或组织包车服务等。

③ 班期(即运班执行日期)的安排要适应客流季节、节假日波动的需要,尽量减少临时加开、取消班期,以保证旅客出行、运输组织的计划性。

④ 有开辟直达运班客流条件的应尽可能安排直达运班,最好不要中途截断分成几个区间运班,以减少旅客不必要的中转换乘。

⑤ 在确定运班时,首先安排直达运班,再考虑经停运班,并将两者的总供给与客流

的总需求协调起来,保证运输需求的全面满足。

⑥ 载运工具类型,必须根据旅客运输的需要、停靠站的条件、运距长短、经济效益等因素确定。

⑦ 在确定班次之间的间隔时,除了考虑需求方面的因素外,同时必须考虑车辆的周转与合理使用。

⑧ 运班计划的综合平衡:运班计划的编制必须平衡运输需求与运力,才能保证既满足客运需要,也能合理提供运力,特别是在运力不能充分满足运输需求的情况下,运班的安排更应从全局出发,合理布局。运班计划的综合平衡通常包括运力使用的平衡、运输通道运能使用的平衡,以及客运站工作量的平衡。

(2) 客运班次计划的编制方法

客运班次主要包括行车线路、发车时间、起讫站名、途经站及停靠站等。

安排客运班次,应在进行系统客流调查,掌握各线、各区段、区间旅客流量、流向、流时及其变化规律的基础上科学确定。在此介绍一种常用的编制方法,具体步骤如下:

① 对客运线路所有站点进行客源调查,并对调查资料进行全面整理和分析,旧线路可进行日常统计,新辟线路调查资料要进行核对、整理,确保全面正确。根据核实的调查资料,编制"沿线各站日均发送旅客人数表"。

② 根据"沿线各站日均发送旅客人数表"编制"旅客运量计划综合表",绘出"客流密度图"。

③ 编制"客运班次计划表"。

④ 进行运力运量平衡测算,编制"客班运行时刻简表"。

⑤ 编制"客车运行周期表"。

例 5.1 编制①→⑤站点间线路的客运班次计划(①→⑤线路各站点位置与站间距参见图 5.4)。

解:第一步,进行客源调查并进行核对、整理。

根据核对的调查资料,编制"①→⑤线各站日均发送旅客人数表"。假设经过调查和资料汇总计算,得知①→⑤线路日均发送旅客人数如表 5.2 所示,客流密度图如图 5.4 所示。

表 5.2　①→⑤线各站点日均发送乘客人数调查统计表

起讫站	站距/km	日均发送人数/人次		合计	
		下行人数	上行人数	运量/人次	周转量/(人·km)
①→②	65	163	166	329	21 385
①→③	130	77	84	161	20 930
①→④	219	58	50	108	23 652
①→⑤	339	62	56	118	40 002

续表 5.2

起讫站	站距/km	日均发送人数/人次		合计	
		下行人数	上行人数	运量/人次	周转量/(人·km)
②→③	65	43	40	83	5 395
②→④	154	15	12	27	4 158
②→⑤	274	17	20	37	10 138
③→④	89	11	10	21	1 869
③→⑤	209	15	12	27	5 643
④→⑤	120	32	29	61	7 320
合计	1 664	493	479	972	14 0492

第二步，根据表 5.2 编制客运量计划综合表并绘制客流密度图。

(1) 编制"①→⑤线客运量计划综合表"，如表 5.3 所示。

表 5.3 ①→⑤线客运量计划综合表

到站 下行 / 发站 上行	①	②	③	④	⑤	日均发送量/人次			区段客流量/人次	
						合计	下行	上行	下行	上行
①	╳ 360 / 356	163	77	58	62	360	360	0		
②	166	╳ 163 166 75 / 72	43	15	17	241	75	166	360	350
③	84	40	╳ 117 124 26 / 22	11	15	150	26	124	272	262
④	50	12	10	╳ 84 72 82 / 29	32	104	32	72	178	160
⑤	56	20	12	29	╳ 117 / 0 126	117	0	117	126	117

注：① 表中所列乘客数均为日平均数；
② 表中交叉斜线栏中，上侧填写下行到站下车人数、下侧填写上行到站下车人数，左右格填写由该站发送的上行、下行人数；
③ 区段流动人数＝车辆到站时的车上实际人数－下车人数＋上车人数，即由该站发车时车上总载客人数。

(2)绘制客流密度图,如图 5.4 所示。

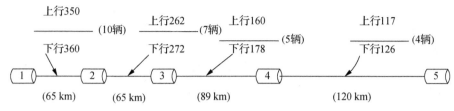

图 5.4 客流密度图

制图说明:
① 每一区段上面都标注一条横线;横线上面填写上行流动人次,横线下面填写下行流动人次。
② 本例题按照车辆额定 40 座位安排班次、根据区段上、下行流动人次,取其较多的流动人次折算成需要的车辆数,标注在各区段上。
③ 应尽量安排直达班次,提高服务质量,因此本例每日安排的对开班次是①→⑤为 4 班,①→④为 1 班,①→③为 2 班,①→②为 3 班,共对开 10 班。

第三步,编制①→⑤线路客运班次计划表,如表 5.4 所示。

表 5.4 ①→⑤线路客运班次计划表

线别	日均计划运量(人次)			计划周转量/(人·km)	班次计划					日总行程/km	每日需要运力/(座位·km)
	合计	下行	上行		起	止	距离/km	额定座位/座	每日对开班次		
①↓⑤线					①	⑤	339	40	4	2 712	108 480
					①	④	219	40	1	438	17 520
					①	③	130	40	2	520	20 800
					①	②	65	40	3	390	15 600
合计	972	493	479	140 492					10	4 060	162 400

根据"客流密度图"所安排的班次填入表相应栏内,并计算日总行程和每日需要运力,作为运力、运量平衡和确定开运班次的依据。

第四步,计算在这条线路上车辆最大保有量。

一般可用简化的方式测算,即只要分别计算各线使用同类型的班次所需要的正班车数及预测的专线客运、包车客运车辆数,与运输公司营运车辆的车型、车辆数相比较,得出差额,采取平衡措施,确定正班车保有数、机动运力保有数。

计算公式如下:

$$C = \frac{L}{\bar{L}_d \alpha_d} \tag{5.1}$$

式中:C——线路保有车辆数(辆);
L——日总行程(km);
$\bar{L}_d$——平均车日行程(km);

α_d——工作率(%)。

另外,也可以通过一段时间的试运行,获取上座率、出行高峰时间段、每站上下乘客的数量等指标,考虑未来增长率指标等综合因素确定线路车辆保有数。

例 5.2 某长途客运公司的 ①→⑤ 客流密度图如图 5.4 所示。根据客源统计调查资料已经编制出的客运班次计划,见表 5.2。客运公司计划部门提供第一季度生产效率指标:工作率 92%,平均车日行程 315 km,按表 5.2 确定①→⑤线路上正班车、机动车运力保有数是多少?

解:根据客运公司统计资料,客车 40 座,工作率 92%,平均车日行程 315 km,则需要保有的车辆数:

$$C = \frac{L}{L_d \alpha_d} = \frac{4\,060}{315 \times 92\%} = 14(辆)$$

考虑平均车日行程的限制,取"班期补充运力系数"为 10%,估计需要机动车 1.4 辆,另取"保修车辆系数"为 10%,估计需要机动车 1.4 辆,故本线路共需要投入的车辆数为 14+3=17 辆。

第五步,编制客运班线运行时刻表。

客运班线运行时刻表是客运班次计划的初始方案,主要拟定各班次的实发时间,沿途停靠点,并预计到达时间,凭此衔接班次。

实发时间是以各站提出的建议时间为基础,经分析判断符合旅客流时要求,并核查各站班次衔接间隔时间是否符合要求的必要资料,其计算依据如下:

(1) 分线、分区段测定的平均技术速度。
(2) 中途停靠站上下旅客和装卸行包需要的时间。
(3) 途中用作加油、休息时间,一般在 11:00—13:00 的时间内安排午餐休息 0.5~1 h。

预计到达时间可以按各停靠站分段计算,也可以全程一次计算。全程一次计算又有需在中途用餐和不需在中途用餐两种情况,其计算公式分别为

$$T_A = T_1 + \frac{L_2}{v_1} + T_2(P_1 - P_2) + T_3 \tag{5.2}$$

$$T_B = T_1 + \frac{L_2}{v_1} + T_2 P_1 \tag{5.3}$$

式中:T_A、T_B——分别表示需要、不需要中途用餐的到达时间;

T_1、T_2、T_3——分别表示始发时间、中途站停留时间、中途用餐时间;

L_2——始末站距离(km);

v_1——车辆技术速度(km/h);

P_1、P_2——沿途、中途停靠站数(个)。

例 5.3 接例 5.2,①→⑤线 101 次班车始发时间为 6:00,车辆行驶的技术速度为 60 km/h,沿途停靠站点为 3 个,每站停留 10 min,中途午餐休息 30 min。求①→⑤线路上 101 班次的到达时间。

解:101 班次的到达时间为

$$T_A = T_1 + \frac{L_2}{v_1} + T_2(P_1 - P_2) + T_3 = \left[6 + \frac{339}{60} + \frac{10}{60}(5-2) + 0.5\right] \approx 12\text{ h }40\text{ min}$$

即 101 班次的到达时间为 18:40。其余各班次均按以上公式计算,得出预计到达的时间,值得注意的是:后续几个班次由于里程短,12 点之前到线路终点的可以不考虑停车就餐时间(0.5 h),见表 5.5。

表 5.5 ①→⑤线客运班运行时刻简表

班车路线			每日对开班数	下行			上行			营运方式	沿途停靠站点
起	止	运距		班次编号	始发时间	到达时间	班次编号	始发时间	到达时间		
14:40 15:40	⑤	339	4	101	6:00	12:40	102	6:00	12:40	普客	②、③、④(用餐)
				103	7:00	13:40	104	7:00	13:40	普客	②、③、④(用餐)
				105	8:00	14:40	106	8:00	14:40	普客	②、③、④(用餐)
				107	9:00	15:40	108	9:00	15:40	普客	②、③、④(用餐)
①	④	219	1	111	7:00	11:00	112	12:00	16:00	普客	②、③
①	③	130	2	121	7:00	9:20	122	12:00	14:20	普客	②
				123	8:00	10:20	124	13:00	15:20	普客	②
①	②	65	3	131	7:30	8:35	132	9:30	10:05	普客	—
				133	8:00	9:05	134	10:00	11:05	普客	—
				135	9:30	10:35	136	11:30	12:35	普客	—
合计			10	10			10				—

第六步,编制客车运行周期表。

编制客车运行周期表是发挥车辆运行效率,做好班次之间衔接工作的重要步骤,需要掌握以下关键点:

(1)不同的营运方式(如普通班车、长途直达班车、城乡公共汽车、旅游班车等),使用不同车型的班次,应分别编制运行周期。

(2)同一天内两轮班次之间的衔接,一般要有 1 h 左右的间隔时间,短途班车不得少于 0.5 h,以便有秩序组织旅客上车、装卸行包和驾驶员进行车辆技术检查与适当休息。

(3)编制运营周期的重点是安排好日运行计划。编制日运行计划必须满足以下条件:

① 除一个工作车日不能到达终点站的长途直达班车外,其余班车必须在终点站停宿,使旅客当天能到达目的地。这既方便了旅客,又便于组织运行周期和调车维修或

换班。

② 综合平均车日行程应略高于计划指标，才可能完成和超额完成生产计划。

③ 各个日运行计划的工作时间要在 8 h 左右，不宜过长或过短。

(4) 各班次的始发时间基本上要与拟订的客班运行时间简表相一致（为便于安排日运行计划这一条可在最后调整）。

要满足以上条件，可采取如下方法：

① 工车日行程指标按日行程的班次多少分档确定。例如，长途直达班车（包括一天到达终点站的班次）的车日行程应高于计划指标 15% 以上；一天往返一趟或运行两个班次的车日行程应高于计划指标 10%～15%；一天运行 3～4 个班次的车日行程应高于计划指标 5%～15%；短途多趟运行的车日行程可接近或略低于计划指标。如受班次运程的限制，也可灵活掌握。这样用车日行程一项条件来控制调节，既能保证完成生产计划，又可使各个日运行计划的工作时间基本相近，容易安排。

② 暂不考虑两轮班次的衔接时间，车日行程达到分档指标，就可安排一个日运行时间计划。如车辆当天回到原始发站停宿，即是一个运行周期；如车辆在外地终点站停宿，次日即可逆向返回原始发站，两天组成一个周期；如外地某站是一个小区的中心，分支线汇集的班次较多，以小区中心点为主组成周期。虽然各地营运线路的分布情况不同，但这一基本方法是比较适用的。运行周期的组织灵活多样，最好能拟订几种备选方案，以供选择。

③ 考虑到班次有长有短，安排日运行计划时要采取先长后短、先易后难、循序渐进的方法。一般的安排顺序是先长途，次往复和环行，再次短套班，然后将剩余的短途班次组织多趟运行，并应使各个班次的车日行程大体相等，各单车均衡地完成生产任务。

按照以上方法，组成①→⑤线的客车运行周期表见表 5.6。

表 5.6　①→⑤线客车运行周期表

周期编号	日运行计划编号	班次	运行路线及开到时间	车日行程
一	1	101	6:00开 ①————⑤ 12:40到	339
	2	102	6:00开 ⑤————① 12:40到	339
	3	103	7:00开 ①————⑤ 13:40到	339
	4	104	7:00开 ⑤————① 13:40到	339
	5	105	8:00开 ①————⑤ 14:40到	339

续表 5.6

周期编号	日运行计划编号	班次	运行路线及开到时间	车日行程
一	6	106	8:00开 ⑤ —— 14:40到 ①	339
一	7	107	9:00开 ① —— 15:40到 ⑤	339
一	8	108	9:00开 ⑤ —— 15:40到 ①	339
二	9	111 112	7:00开 ① —— 11:00到/12:00开 ④ —— 16:00到 ①	438
三	10	121 122	7:00开 ① —— 9:20到/12:00开 ③ —— 14:20到 ①	260
三	11	123 124	8:00开 ① —— 10:20到/13:00开 ③ —— 15:20到 ①	260
四	12	131 132	7:30开 ① —— 8:35到/9:30开 ② —— 10:05到 ①	130
四	13	133 134	8:00开 ① —— 9:05到/10:00开 ② —— 11:05到 ①	130
四	14	135 136	9:30开 ① —— 10:35到/11:30开 ② —— 12:35到 ①	130

注：车日行程单位为km；运行计划编号，又称车辆运行路牌或循环序号，是指一辆客车在同一天内的具体任务，运行指定一个或几个班次。一般一个运行线路相同的运输任务编为同一个编号。编号按顺序排列，便于循环。有了日运行计划编号，才能进一步编制单车运行作业计划。

2）城际客运作业计划编制与调整

客运作业计划，是将客运生产任务具体落实到单车的日历计划。由于公路客运以班车为主要营运方式，其班期、班次固定，而且必须保证正点开行，所以客车运行作业计划一般按月度编制。客运班次安排的科学合理，可使旅客往返乘车方便，省时省钱，使客车运行不超载、不空驶，因此，科学合理安排客运班次具有重要意义。

安排客运班次时应考虑以下因素：安排班次的多少，取决于客流量大小。遇到节假日、大型活动客流量猛增时，要采取及时增加班车或组织专车、提供包车服务等措施。根据旅客流规律来安排班次时刻。为方便旅客，各线路班次安排要尽量考虑与其他交通工具到发时间相衔接。

客车运行作业计划表是单车运行作业计划的总表，编制客车运行作业计划表首先要确定客车运行方式。客车运行的方式主要有：大循环、小循环与定车定线三种形式。

(1) 大循环运行。这是指将全部计划编号统一编成一个周期,全部车辆按确定的顺序循环始终的运行方式。这种循环方式适用于各条线路道路条件相近、车辆基本相同的情况。其优点是每辆客车的任务安排基本相同,车日行程接近,驾驶员的工作量比较平均;缺点是循环周期长,驾、乘人员频繁更换运行线路,不利于掌握客流及道路变化等情况,且一旦某局部计划被打乱,会影响整个计划的进行。

(2) 小循环运行。这是指把全部计划编号分成几个循环周期,将车辆划分为几个小组分别循环,其优点是有利于驾、乘人员了解和掌握运行范围的线路和客流变化等情况,有利于安全运行和提高服务质量;缺点是有时客车运用效率不如大循环。

(3) 定车定线运行。这是指将某一车型固定于某条线路运行的方式,一般在营运区域内道路条件复杂或拥有较多车型时采用,或在多班次班线时采用。其优点是有利于驾乘人员较详细地了解、掌握运行线路客流变化等情况,有利于搞好优质服务;缺点是客车不能套班使用,对提高车辆运用效率有一定影响。

不论采用哪种运行方式,客车运行作业计划的编制都应考虑车辆维护,一般按照交通运输部规定的营运车辆二级维护每三个月必须维护一次为基准编制车辆运行计划。

客运作业计划编制是客运调度工作中最为核心的部分。客运调度的工作内容一般包括:做好运量与运力的平衡;监督客车运行作业计划的执行情况,合理调配车辆;根据客流量、流向、流时及其变化规律,及时调整运力,保证车辆运用效率得以充分发挥并能满足客运需要;建立健全客运调度值班制度,做好日常调度工作;做好资料统计工作。

5.2.4 城际公路客运站务组织

1) 站务作业

客运站站务作业的主要内容有售票工作、行包托运与交付、候车室服务工作、组织乘车及发车、接车等。

(1) 售票工作

车票是旅客乘车、支付客车运费的凭证。目前汽车售票形式有多种:网络售票、车站窗口售票、代售点、自动售票机售票等。

票价是根据运输种类(例如普通客票、城乡公共客票、小型车客票等),按照我国交通部颁发的《汽车运价规则》规定,以每人公里的运价率来计算和确定的,具体由各省、市、自治区自行制定。

(2) 行包托运与交付

行包托运是旅客运输的组成部分。关于行李、包裹的限量及计费标准,按各省、市、自治区制定的《运价规则实施细则》办理,一般随车装运,如小件随身行李乘客可带上乘坐层座位处,大件行李需要单独放置在下层行李层。

(3) 候车室服务工作

候车室服务工作是汽车客运站站务作业中的重要环节之一。旅客候车室应贴有旅客须知、客运班次表、票价表、中转换乘其他交通工具时刻表,应备有开水、椅子,另外,还应有报纸、意见簿、旅客留言牌、精确的计时装置等设施。客流较大的车站要设立问讯处和小件物品寄存处。

（4）组织乘车及发车

组织旅客有秩序的上车并使班车安全、正点发出，是客运站站务作业的一项重要内容。为组织旅客有序上车，应在候车室内按班次划定候车区域。

班车发出前，车站值班站长或值班人员应做最后检查，确认各项工作就绪，车辆前后左右上下情况正常，才能发出允许放行信号。驾驶员在得到允许放行信号后方可起动车辆运行。

（5）接车工作

班车到站时，值班人员应指挥车辆停放在适当位置，查看行车路单，通知有关人员进行各项站务作业，包括向车内旅客报告本站站名，照顾旅客下车，根据行车路单上的有关记录或驾驶员的反映，处理其他临时遇到的事项；如果是路过班车，同时还要组织本站旅客乘车；对终到班车，站务作业结束后，可将车辆调回车场或调放过夜地点。

2）乘务作业

目前，直达且中间没有上下车乘客业务的，客运公司为节约成本，只配备一位驾驶员并兼顾乘务员工作。对于距离长、路况复杂、中间有停靠站等情况的运营线路，需要配备乘务员，为旅客提供一系列营运作业和各种服务工作。

5.3 城际铁路客运组织

5.3.1 铁路客运概述

铁路客运是采用客运列车把旅客及其凭客票随身携带的行李从一个地方运送到另一个地方的过程。铁路具有运量大、速度高、安全好、费用低、能耗小、全天候等优点。铁路在中、长距离和大密度、高频率的城际和市郊客运中具有比较明显的优势。

1）铁路旅客运输系统结构

城际客运铁路运输系统主要承担了干线（区域）客运服务。其中干线（区域）运输包含了普通铁路、高速铁路的客运业务。

本章主要涉及的城际铁路客运组织属于铁路干线（区域）运输，其中包含了普通铁路和高速铁路干线运输。由于我国城际铁路旅客运输服务需求量较大，以及城际铁路基础设施不断完善，大幅度提升了速度、便捷性以及服务质量，使得城际铁路，尤其是高速铁路成为铁路客运系统中重要组成部分。

2）铁路客运特点

铁路旅客运输具有速度较快、运量大、安全性好、能全天候服务等优点，它担负的旅客周转量最大，在各种交通方式中，铁路占主导地位。铁路客运的特点主要有以下几个方面：

(1) 运行速度快。在我国普通列车的运行速度为 80~120 km/h,特快列车运营速度为 120~160 km/h,动车运营速度为 200~250 km/h,高铁运营速度为 250~380 km/h,随着我国高铁系统技术的不断进步,车速还有望进一步提高。

(2) 运输能力大。一般每列普通客车可载旅客 1 400 人左右,每列高铁可载旅客 600~1 000 人,相较于公路和航空运输,铁路的运输能力巨大。

(3) 安全性好。铁路客运有可靠的安全行车设施和运行规章制度,运行比较平稳,在各种运输方式中,其安全系数较高;随着先进技术的发展和应用,铁路运输的安全程度会越来越高。

(4) 铁路运输的准确性和连续性强。铁路运输具有较高的准确性,运行时刻表按分钟编制,几乎不受气候影响,能全天候服务,一年四季可以不分昼夜地进行定期的、有规律的、准确的运转。

(5) 铁路经济性较高。铁路运输成本较低,能耗低,铁路运输费用仅为汽车运输费用的几分之一到十几分之一,运输耗油约是汽车运输的 1/20。铁路客运费用较低,大部分票价低于航空与公路客运,具有较高的经济性。

5.3.2 城际铁路客流特征及车辆运行特点

1) 城际铁路客流特征

城际铁路客流有以下特征:从规模来看,城际铁路客运总需求量维持着不断增大的趋势;从旅行距离来看,与航空客运相比,主要为中短途客流;从列车运行区段分析,主要为相邻大中城市之间的客流;从客流层次方面来看,主要为时间价值较高的旅客;从速度要求方面来看,城际铁路对列车的运行速度有更高的要求,以高中速客流为主。

城际铁路客流还具有高密度、潮汐化的规律性特征。其中区域城际铁路主轴系统所承担的中短途客流为当天往返客流为主,具有明显的潮汐现象,早高峰出现的时间较早,晚高峰出现的时间较晚;而大城市城际铁路通勤系统所承担的短途客流以实现通勤为主,在具有潮汐现象的基础上,客流还具有明显的向心特征,早晚高峰更加明显,但早高峰出现的时间延后,晚高峰出现的时间提前。

2) 城际铁路运行特点

(1) 短站距、小编组、高密度的公交化运行。这是由客流成分和旅客平均运程决定的。短途客流主要追求乘车的便捷、快速,城际主要为商务、公务、上下班通勤、探亲访友、购物旅游等客流,平均运距介于城市交通与普通铁路之间,旅客能承受的候车时间比较短,适宜推出小编组、高密度公交化列车,尤其是高峰时段密集到发。

(2) 快速通达。一般城际铁路客运要保证列车能够快速通达,缩短沿线城市间的时空距离。

(3) 适应城际客流特征。城际轨道交通能适应城际客流分布特征,为旅客提供公交化运输服务,使高峰时段的旅客出行需求得到满足,具有强大的运输能力。

(4) 有利于乘客迅速到达主城中心。城际铁路运输应当与市内交通换乘方便,旅客能够在主城边沿的交通枢纽进行换乘,通过市内轨道交通直达目的地,提高出行效率和舒适度。

5.3.3 城际铁路客运站务组织主要内容

铁路车站是铁路客运基层生产单位,是铁路与旅客之间联系的纽带,是旅客运输的始发、中转和终到作业的地点,是铁路与旅客运输有关的行车、工务、电务等部门协调地进行生产活动的场所。铁路车站按作业性质和在线路上所处的位置可以分为越行站、中间站、始发站和枢纽站,按车站客运量分为大、中、小型客运站。

铁路车站的日常生产管理(以高铁站为例)主要包括以下组织内容:

(1) 售票。高速铁路车站有便捷的互联网售票机、取票机、人工窗口(购票、退票、补票、改签以及中转换乘等业务)。目前,"铁路12306"App 为乘客提供了方便购票、退票、改签等多种网络服务,极大地方便了乘客购票。

(2) 安检。火车站安检主要检查乘客是否携带危险物品上车,包括以下几大类:

① 国家禁止或限制运输的物品;

② 法律、法规、规章中规定的危险品、弹药和承运人不能判明性质的化工产品;

③ 动物及妨碍公共卫生(包括有恶臭等异味)的物品;

④ 能够损坏或污染车辆的物品;

⑤ 规格或重量超过规定的物品;

⑥ 传染病防疫检查,如自 2020 年初开始的新冠病毒检验检疫。

(3) 旅客服务工作

旅客服务工作包括旅客查询、候车厅管理、后勤管理、站内便利店设置、残疾人或孕妇的协助、突发事件的应急处理等工作。除此之外,还应当提供综合性的餐饮等服务,为旅客提供舒适、便利具有体验感的乘车环境,建立先进的引导标识系统和自助服务系统,旅客可以非常方便地在车站出入、乘降和换乘。实现旅客站内的高铁快速换乘,站外其他交通方式便捷换乘,打造现代化一体化的客运枢纽和旅客中转换乘中心。

(4) 安全管理工作

安全管理工作是旅客上下列车的安全。由于动车组的高速运行会引起周围空气气压急剧变化,很可能对站台上等候列车的旅客造成危险。因此车站需要设置醒目的警示标志,还要不断提醒上车旅客在规定的区域等候,保证旅客上下车的安全。

另外还有一些其他方面的安全工作。需要在运输组织中对涉及行车安全和旅客安全的各个环节建立一整套非常严密的科学管理制度,对有关运输设备与设施进行精心养护和维修,所有与行车有关的操作人员必须事先进行岗位培训,持证上岗。车站工作人员需要谨慎细致的检查,包括对旅客行李的检查,对可能引起火灾的地方重点关注,定期检查消防设施是否有效等,保证车站日常经营管理工作安全有序的进行。

5.4 城际民航客运方式组织

5.4.1 民航客运体系

民航客运是将旅客及行李从始发地运送到目的地而产生位移的过程。民航客运是民航空运体系的重要组成部分,民航空运体系由飞机、机场、空中交通管理系统和飞行航线四部分组成。

1)客机

客机是航空旅客的运载工具。

2)机场

机场是提供飞机起飞、着陆、停驻、维护、补充给养及组织飞行保障活动的场所,也是旅客的起点、终点或转折点。机场由供飞机使用的部分和供旅客使用的部分组成,其中飞机使用部分包括飞机用于起飞、降落的飞行区和用于地面服务的航站区。旅客使用部分包括办理手续和上下飞机的航站楼、机场的地面交通设施及各种附属设施。

3)空中交通管理系统

空中交通管理系统是为了保证飞行安全、提高空域和机场飞行区的利用效率而设置的各种助航设备和空中交通管制机构及规则。助航设备包括用于航路、进近、机场的管制飞行的仪表助航设备(通信、导航、监视等装置)和用于引导飞机起降、滑行的目视助航设备(灯光、信号、标志等)。空中交通管制机构通常按区域、进近、塔台设置。空中交通管制机构及规则包括飞行层的配备、垂直间隔和水平间隔的控制等。

4)飞行航线

飞行航线是航空运输的线路,是由空管部门设定飞机从一个机场至另一个机场的通道。其基本要素包括起点、经停点、终点、航路、宽度、高度、班次和班期时刻等。航线不仅确定有航行的具体方向、起点、终点与经停地点,还根据空中交通管理的需要,规定了航路的宽度和飞行的高度层,以维护空中交通秩序,保证飞行安全。

除了上述四个基本组成部分外,航空运输体系还包括日常运行、机务维护、油料供应、地面辅助及保障系统等。

5.4.2 航空客运组织主要内容

旅客运输是民航运输中最重要的部分。一般会有多个主体参与客运组织,如地面服务代理人(机场服务)、销售代理人(机票销售)、实际承运人(航空公司)。运输方式有国内空运、国际空运;运输对象除了旅客及随身携带的行李外,还会有托运行李。所以,航空客运涉及较多主体或部门,各部门各自其职、相互协调配合,是保证客运组织工作顺利完成的前提。本节作为常识性学习内容,仅介绍旅客及行李组织流程。

1) 旅客进、离港流程

航班落地进入机场,一般称为进港。国内进港组织流程与国际进港组织流程有所区别,乘坐国际航班需要办理"出境手续、海关手续",一般要求旅客提前 3 h 到达机场办理离港手续;乘坐国内航班办理手续相对少,一般要求旅客提前 1 h 到达机场办理离港手续;如图 5.5～图 5.8 所示。

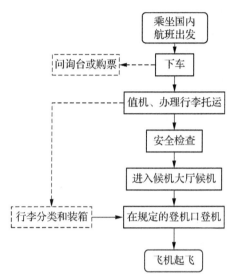

图 5.5　国内航班旅客进港登机流程

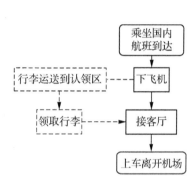

图 5.6　国内航班旅客转机、下机离港流程

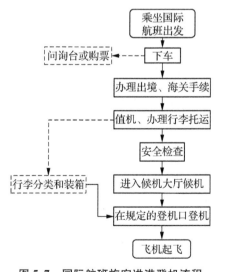

图 5.7　国际航班旅客进港登机流程

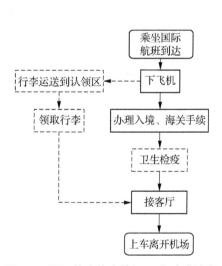

图 5.8　国际航班旅客转机、下机离港流程

2) 中转旅客流程

中转是指从始发地到目的地,经过一个或多个地点乘坐飞机完成旅行的过程。中

转旅客由于在到达目的地过程中要经过多个运输地,其运输流程与直达旅客不同,如图 5.9 所示。

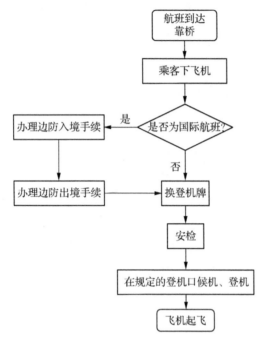

图 5.9　旅客机场转机流程图

3) 中转行李流程

由于一架到港的飞机上载有中转到多个航班上的旅客,同时又将载着来自多个航班的中转旅客出港。行李必须随着旅客一起飞行,人与行李不能分离。因此一个航班到达后,必须根据中转的下一个航班对行李进行有效分拣。对于到达的航班,将行李按照到达和中转分别进行分拣,再将中转行李运送到将要出发的航班上;对于将要出发的航班,应当归集来自各到达航班的行李。这个流程需要恰当设计,以防止行李的错送、漏送和破损。

目前,大多数机场已经采用了高效准确的行李自动分拣系统:行李卸机后用行李拖车运送至行李分拣厅,卸放在行李分拣系统的传送带上,自动分拣系统通过采集和分析行李上的 RFID 芯片/条纹码的信息,进行自动分拣,并将到达行李送达行李转盘上,中转行李分送至各出发航班行李拖车上。自动分拣系统能自动分析各出发航班行李是否已集结齐了,若已完成结集,拖车将中转行李运至出发航班停机坪,然后装机。

如未采用自动分拣系统,中转行李的流程如图 5.10 所示。

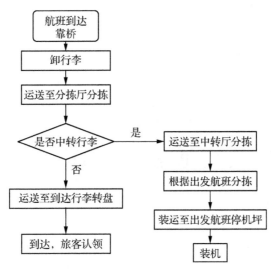

图 5.10　中转行李流程图

思考题

5.1　简述城际客流的特征与分类。
5.2　简述公路客运车辆调度的基本内容。
5.3　简述中长途公路客运站功能与类型。
5.4　根据调研资料能对某条中长途客运线路班次编制运行方案。
5.5　简述中长途客运站的站务工作内容。
5.6　简述城际铁路客流特征。
5.7　熟悉航空客运组织流程(国际及国内航班)。

6 城市公共交通客运组织

学习目标

> 了解城市公共交通系统的组成
> 掌握城市客流特征指标及客流调查方式
> 熟悉常规公交调度管理的内容与方法
> 掌握地铁站点及车辆组织要点
> 掌握公共交通系统的组织协调手段
> 熟悉城乡公交一体化规划组织要点

6.1 城市公共交通系统概述

城市公共交通(Urban Public Transit)是城市中供公众使用的经济型、方便型的各种客运方式的总称。公共交通系统由线路、车辆、场站设施、信息系统等物理要素组成。

城市公共交通是指在规定的线路上、按固定的时刻表、以公开的费率为城市公众提供短途客运服务的过程。城市公共交通系统,包括城市常规公交系统、城市轨道交通系统、城市快速公交系统、出租车系统等,如图6.1所示。

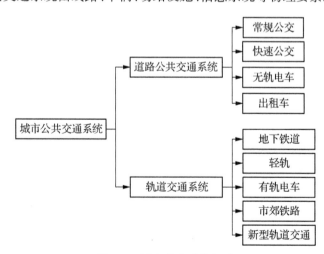

图 6.1 城市公交系统组成

公共交通载运工具与私人小汽车以及非机动车比较而言,具有载运量大、运送效率高、能源消耗低,相对污染小以及运送成本低等优点,在所有城市中,公共交通系统承担着一个城市的主要客运任务角色。

本章主要对构成城市公交客运系统的道路公共交通、轨道公共系统进行讨论。

6.1.1 城市公共交通系统组成及特点

1) 常规公交系统

城市常规公交系统一般由车辆、车道、场站三部分组成。

(1) 车辆

根据动力推进系统的不同,公共汽车可分为:柴油车、电力驱动的无轨电车、混合动力(汽电混合、油电混合)车三大类;根据车体构成不同,公共汽车可分为:小型公共汽车、标准公共汽车、连接公共汽车、双层公共汽车等几种类型。

(2) 车道

常规公共汽车系统的运行车道可安排在市区街道或快速道路上与一般车辆混用,无须特别的车道设施,但由于受交通拥挤的影响,常导致造营运效率较低。鉴于公共汽车在路线用地使用程度上与其服务水平有密切的关系,近年来开始应用"公交优先"的观念规划管理公共汽车系统的车道。优先处理车道可分为下列几种:路缘公共汽车专用车道、逆向公共汽车专用车道、路中央公共汽车专用车道、公共汽车专用街道、公共汽车专用道路等。

(3) 场站

公交车场是公交公司运营管理的基层单位。车场的主要技术业务是:组织车辆运行、混合动力车充电、车辆停放保管、车辆保养及故障修理等。

公交车站按功能可划分为首末站、中途停靠站和枢纽站。首末站是一种将车辆调头、停放、车辆充电、上下客和乘客候车等多种设施合在一起的起、终点站,也是行车调度人员组织车辆运行,司售人员休息的地方;中途停靠站供线路运营车辆中途停靠,为乘客上下车服务;枢纽站通常为多条公交线路的交汇处和集散点,是城市客运交通体系的重要组成部分,是连接城市对外和市内客运、私人交通和公共交通以及公共交通内部转换的重要环节,是若干种交通方式连接的固定基础设施。

常规公交的运营速度一般在 12~20 km/h,单向车道运输能力一般在 0.6~0.8 万人次/h,如果采用公交专用车道,运营速度可以提升到 20 km/h 以上,单向车道运输能力可以提升到 2.0 万人次/h,适宜出行时间在 30 min 之内。常规公交具有运营成本低、人均资源消耗少等特点。

2) 快速公交系统概述

快速公交系统是以大容量、高性能公共汽电车沿专用车道按班次运行,由智能调度系统和优先通行信号系统控制的中运量快速客运方式,简称(Bus Rapid Transit)BRT 公交系统,快速公交系统主要由专用道路、车站、公交车辆三部分组成。

(1) 专用道路

快速公交系统专用道路类型：中央公交专用车道，单侧双向公交专用车道，边侧公交专用车道，逆向公交专用车道，城市高架路下的公交专用车道。由于采用公交专用道路，使得快速公交系统的调度更准时，保证了系统高速、安全的运行特性，这也是系统得以广泛推广的重要原因之一。图 6.2 为专用车道的布置图。

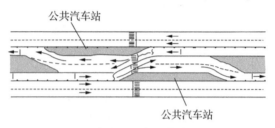

图 6.2　中央公交专用车道布置图

(2) 车站

快速公交系统车站一般采用两种设置方式：一种是设在道路或公交专用道及中央公交道的外侧，另一种是采用中央岛式站台以方便公交车辆的停靠。车站范围内有三到四条车道宽度，从而保证了正常运行车辆遇到停靠的站内车辆时能够安全、方便超车。图 6.3 是圣保罗市快速公交车站设置情况。

图 6.3　圣保罗市快速公交车站

图 6.4　快速公交车辆

(3) 公交车辆

快速公交系统一般配置大容量、高性能、低排放、舒适的公交车辆，一般地板较低，以方便乘客上下车。通常快速公交系统采用大型铰接车以提高系统的运输能力及降低平均运营成本。如图 6.4 所示。

快速公交其运营速度一般可达到 20 km/h 以上，单向运输能力在 2.5 万人次/h 左右。如果采用全封闭独立的公交专用道路(如专用高架道路)，则能够近似地铁(轻轨)一样，实现编组方式运行，运营速度可达到 40 km/h 左右，单向运输能力在 4.0 万人次/h 左右。

3）无轨电车系统

无轨电车是一种使用电力发动,在道路上不依赖固定轨道行驶的公共交通工具,亦即是"有线电动客车"。无轨电车由接触网供电、电动机驱动。无轨电车有绿色公交之称,最大的优点是噪音低、零排放,跟有轨电车或轻轨比较,其投资少,无需对道路进行大量改造,无轨电车的输送能力、运营速度和常规公交基本相同。

4）出租车系统

出租汽车是城市交通运输体系的组成部分,是城市公共交通的补充,为社会公众提供个性化运输服务。其服务形式、运输线路、停靠站点比较灵活,具有运量小、乘客可单独使用、即时性、快捷性等的优点,但与其他公共交通方式相比,具有载客能力低、道路空间利用效率低、单位运送成本高等缺点。优先发展城市公共交通,适度发展出租车交通是城市公交规划管理的指导思想。

5）轨道交通系统的组成及特性

轨道交通是指在城市区域内,以列车形式沿封闭或部分封闭的专用轨道,按班次运行的各种公共客运交通方式的统称,简称轨道交通。一般包括:有轨电车、单轨、市郊铁路、磁悬浮列车、地铁、轻轨。相对于道路公共交通方式,轨道交通具有运输效率高、运输成本低、准点率高、环境污染小、建设成本及运营成本高等特点。

有轨电车,单向高峰运量 5 000~8 000 人次/h,车长 10~20 m,1~2 组为一列;有轨电车是在城市道路中混行,与城市道路交叉时,均为平交道口,线路不封闭,一般最高时速 40~50 km/h,平均 20~30 km/h。近年来随着技术的发展,有轨电车已逐渐退出历史的舞台,取而代之的是地铁和轻轨。

单轨列车,是指车辆在一根轨道上行驶的轨道交通系统。按照走行模式,主要分为跨座式单轨车辆和悬挂式单轨车辆。高峰运量 1.0~3.0 万人次/h,车长 15 m,车宽 2.6~3.0 m,平均速度 20~30 km/h。单轨系统具有建设工期短,成本低,噪音小,爬坡能力强的优点,适合地形复杂的城市。但其运营成本偏高,能源消耗较大,载客量和速度都低于地铁。

市郊铁路是联系城市和远郊的一种运输手段,与城市间的长距离铁路相同。由于郊区的人口密度相对稀疏,因此站点间距设计得比较大,这使得列车运行速度可以大幅度提高。通常情况下,市郊铁路线路的最高速度可达 100 km/h,线路长度一般在 40~80 km。

目前,在我国大城市更为广泛修建的是地铁和轻轨,下面重点介绍其组成和特性。

(1) 地下铁道系统的组成及特性

地下铁道系统由车辆、线路、车站与区间、机电通信设备和控制中心组成。

① 线路。地铁的线路是指承受列车荷载,实现列车导向和换轨功能的交通设施的总称,包括路基、轨道、道岔三大部分。一般在城市中心区域宜采用地下敷设方式,在郊区以及遵循城市总体布局情况下,也可以采用高架线或地面线。

② 车站。车站是集散客流的节点,一般由站厅和站台组成,车站按照运营性质可

分为：中间站、折返站、换乘站、枢纽站、联运站和终点站。

③ 车辆与车辆段。地铁车辆一般由带驾驶室的拖车（A 型）、无驾驶室带受电弓的动车（B 型）和无驾驶室不带受电弓的动车（C 型）三种形式，当采用 6 节编组时，其排列一般为 A—B—C—C—B—A；车辆段是车辆运营管理、停放、维修保养的场所。一般情况下，一条线路设一个车辆段，如线路长度超过 20 km 时，也可以设一个车辆段和一个停车场。

④ 机电与通信设备。机电与通信设备系统是地铁正常运营的基本硬件设备之一，包括：供电系统、信号系统、通信系统、售票检票系统、空调通风系统、给排水及消防系统、电梯系统等。

⑤ 控制中心。控制中心是对一个城市所有线路或一条线路全线所有运行车辆、车站、区间进行总的监视、控制、指挥、协调、监视、调度和管理的中心，是为满足运营的各种功能要求的"总指挥"。根据其控制范围的不同，一般分为集中式、分散式和区域式三种类型。

地铁属于大运量轨道交通系统，其单向运送能力一般在 2.5～5 万人次/h 之间，运营速度在 30～40 km/h 之间，一般服务于人口在 100 万以上的大型城市。地铁具有容量大、速度快、安全可靠、污染小、不占用或少占用城市土地等优点，但由于在地下运行，也有着建设投资巨大、运营成本高等缺点，它不可独立承担城市客运任务，必须有城市常规公交方式为其集散乘客。

(2) 轻轨的组成及特性

轻轨的组成与地铁基本相同。

轻轨的特性。轻轨单向高峰每小时客运量 1.5～3 万人次，称为中运量城市客运系统，轻轨一般以地面和高架为主，为全封闭线路，或部分封闭，轻轨最大速度 70～80 km/h，平均速度 50～70 km/h。

6.1.2 城市公共交通组织要点

城市公共交通组织、使用和消耗的资源要合理化。影响运输合理化的因素有以下几个方面。

(1) 运输工具。各种运输方式都有其使用的优势领域，应该根据运输对象的实际需求，配备合适的载运工具，最大程度地发挥每一种方式的作用。

(2) 运送时间。运送时间的缩短对整个交通网络的运行效率起到决定性作用，而且能够实现旅客时间价值的增值。通过调整运输线路，完善运输网络，提高交通通行效率。

(3) 运输费用。运输费用是整个交通系统人力、物力资源的货币价值表现，决定着某种方式在整个系统中的竞争力和分担率。运输费用的合理制定，多种运输方式的合理化组合，是整个运输系统正常运转的必要条件之一。

(4) 服务质量。任何一种运输方式都需要不断提高服务质量。枢纽场站方便乘客无缝换乘,优化乘车环境,提高旅客出行的幸福感。

(5) 运送距离。运送距离影响着运送时间和运输费用。在编制运输计划时,要合理控制运送距离,避免过长或者过短的线路,提高线网覆盖密度。

6.2 城市公交客流特征及客流调查

6.2.1 城市公交客流特征

公交客流量是指在某时间段内,人们乘公交出行的总体数量。它是由城市居住人口、外地暂住人口、流动人口,因生产、生活等需要出行乘车而构成的客流,其中包含了时间、方向、地点、距离、数量等因素。流动的数量称"流量",流动的方向称为"流向",流动的时间称为"流时"。客流量的大小取决于城市性质与面积、人口密度、经济水平、就业人口、城市布局、出行距离以及公共交通线路网的布设、票价、服务质量等诸多因素。

客流的基本特征在于它沿时间及空间分布的不均匀性。这不仅影响到城市公共汽车客运的行车组织,而且还影响到长远客运规划,因而需要我们了解、掌握与研究客流的变化规律。

1) 客流分布在时间上的不均匀性

客流分布具有明显的年、月、日、昼夜律动性的特征。一般情况下,一天中早晚上下班时间的客流量最为集中,形成客运高峰,其中尤以早高峰客流量最大,约占全日客运总量的 7%～20% 左右。

高峰小时客流特别集中的情况,还会产生在旅游城市或城市中行政机关、大型企业或大型公共设施(运动场、展览馆、影剧院、公园等)分布较集中地区的某些营运线路上。

评价客流在一天营业时间内各小时分布的不均匀程度,采用时间不均匀系数作为评价指标。时间不均匀系数(K_t),指营运线路日营业时间内某一小时客运量与平均每小时客运量之比,即:

$$K_{ti}=\frac{Q_i}{\overline{Q}_h} \tag{6.1}$$

式中:K_{ti}——线路营业时间内第 i h 的时间不均匀系数,$i=1,2,\cdots,m$;

Q_i——线路营业时间内第 i h 的线路客运量(人次);

$\overline{Q}_h$——线路营业时间内平均每小时线路客运量(人次)。

一般情况下,当 $K_{ti} \geqslant K_t^o(1.8～2.2)$ 时,称客流高峰小时;当 $K_{ti} \leqslant K_t^o(1.8～2.2)$ 时,称客流平峰小时;当 $K_{ti} < 1.0$ 时,称客流低峰小时。客流高峰小时仅在线路的个别营业时间内发生,此时需相应增加运输车辆。

另外,也可采用线路营业时间内某小时高路段(断面)客流量(Q_s')与平均每小时高路段客流量($\overline{Q}_s''$)之比来近似计算高峰小时的时间不均匀系数,即

$$K_{ti}=\frac{Q_s'}{\overline{Q}_s''} \tag{6.2}$$

高路段指统计时间内沿线客运量较大运输方向的客流量最大的路段,又称高断面。

实践表明,生产性高峰小时公共客运组织有较大困难,这是客流量的客观规律,我们一般把时间不均匀系数(K_t)作为选择线路车辆调度形式的重要评价指标。

一昼夜内各个小时的客流动态是不相同的。根据客流量在一昼夜不同时间内的分布,其动态演变可以划分为双峰型、三峰型、四峰型和平峰型。

(1) 双峰型。在一昼夜有两个显著的高峰,一个高峰发生在上午(6～8时),称为早高峰;另一个高峰发生在下午(16～18时),称为晚高峰。如图6.5所示。

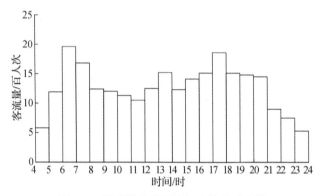

图6.5 双峰型线路昼夜性客流量动态图

(2) 三峰型。比双峰型多一个高峰,如果这个高峰出现在中午(12～14时)称为中午高峰,出现在晚上(20～22时),称为小夜高峰。一般来说,这个高峰的数值比早晚两个高峰小,如图6.6所示。

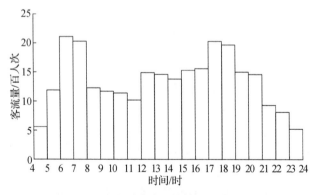

图6.6 三峰型线路昼夜性客流量动态图

(3) 四峰型。比双峰型多两个峰,这两个高峰出现在中午(12~14时)和晚上(20~22时),其数值比早晚高峰小,如图6.7所示。

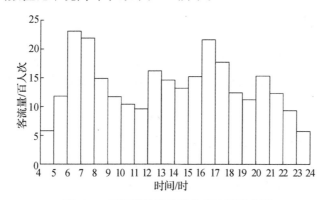

图 6.7 四峰型线路昼夜性客流量动态图

(4) 平峰型。客流动态在时间分布上没有明显的高峰,客流在一昼夜分组时间内虽有变化,但升降幅度不大,如图6.8所示。

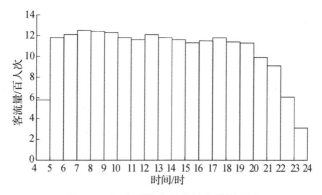

图 6.8 平峰型线路昼夜性客流量动态

2) 客流分布在空间上的不均匀性

客流分布在空间上的不均匀性,指客流按乘行方向、乘车距离、停车站点及乘行路段分布的不均匀性,主要评价指标有方向不均匀系数、路段不均匀系数、站点集散量不均匀系数等。

(1) 方向不均匀系数 K_a

为了评价客流沿营运线路流动方向分布的不均匀程度,可采用方向不均匀系数(K_a)作为评价指标,方向不均匀系数 K_a 指统计时间内某线路高单向客运量与平均单向客运量之比,即

$$K_a = \frac{Q_a}{Q_a'} \tag{6.3}$$

式中:Q_a——高单向客运量,即统计时间内线路最大单向客运量;

$\overline{Q}_a$——统计时间内线路平均单向客运量。

一般来说,$K_a < K_a^o$(1.2~1.4),否则应采取调整措施,比如错开沿线有关单位上下班时间或增加运输车次、开设快车等。

(2) 路段不均匀系数 K_{si}

对客流沿路段(断面)分布的不均匀程度,可采用路段不均匀系数(K_{si})。路段不均匀系数指统计时间内营运线路某路段客流量与平均路段客流量之比,即

$$K_{si} = \frac{Q_i''}{\overline{Q}''} \tag{6.4}$$

式中:K_{si}——统计时间内第 i 路段的不均匀系数,$i=1,2,\cdots,k$;

Q_i''——统计时间内第 i 路段客流量(人次);

$\overline{Q}''$——统计时间内平均路段客流量(人次),即

$$\overline{Q}'' = \frac{\sum_{i=1}^{k} Q_i''}{k} \tag{6.5}$$

通常将 $K_{si} > 1.0$ 的路段,称为客流高峰路段,从经验值看,当 $K_{si} > K_s^o$(1.2~1.5)时,应采取相应调度措施改善运输服务工作,如开辟区间车等。

(3) 站点集散量不均匀系数 K_{cj}

对于客流沿营运线路的上下车地点分布的不均匀程度,可采用站点集散量不均匀系数(又称站点不均匀系数)作为评价指标。站点集散量,指在统计时间内到达某停车站乘客的上车人数(集结量)与下车人数(疏散量)的总称。

站点集散量不均匀系数(K_{cj}),指统计时间内营运线路某停车站乘客集散量与各停车站平均集散量之比,即

$$K_{cj} = \frac{Q_{cj}}{\overline{Q}_c} \tag{6.6}$$

式中:j——营运线路停车站序号,$j=1,2,\cdots,n$;

Q_{cj}——统计时间内第 j 停车站乘客集散量(人次);

$\overline{Q}_c$——统计时间内沿线各停车站平均乘客集散量(人次)。

一般情况下,对于 $K_{cj} \geq K_c^o$(1.4~2.0)的停车站,可考虑开设快车,以缓和乘车拥挤,提高运输效率。

综合上述,选取 K_t^o、K_a^o、K_s^o 及 K_c^o 值,尚须考虑线路车辆平均满载程度。当平均满载程度较高时,其值可取较低限,反之可相应取较高值。

6.2.2 城市公交客流调查

客流调查,指对运输服务区域内客流动态特征(包括流量、流向及其分布规律等)进行的调查。

客流调查工作是一件具有经常性、周期性、烦琐细致的工作,需要综合性地同时调

查整个城市或地区借助于各种运输工具出行的客流,因此工作量很大,需要投入大量人力,同时采用现代数学方法和利用计算机处理采集信息才能获得准确的调查结果。

通过调查所得数据资料,为改进线网布局、合理分配各线车辆、改进行车调度工作、改善乘车拥挤与合理调整各停车站点配置提供最原始的基础信息。

因此,组织好客流调查工作,及时准确掌握客流动态,是搞好客运工作的关键。自20世纪50年代起,我国逐步开展这方面的研究工作,并建立了一套比较完整的调查方法和系统理论。

根据调查内容,可将客流调查分为出行起终点调查、乘行起终点调查及线路客流调查。

1) 出行起终点调查

出行起终点调查,即客运公司服务地区内居民(或乘客)出行起终点调查,包括采集样本、确定调查内容及数据处理等。

(1) 采集样本。大规模(全市区)居民出行调查,主要通过抽样的方法进行。一般抽取调查的居民人数约为全部居民的 0.1%～0.4% 左右。抽样方法,以服务地区居民户口为准进行分段随机抽样,即按一定概率比例分两次或几次抽出,平均每 3～5 年进行一次或结合当地人口普查一并进行。

(2) 调查内容。主要包括调查对象的自然情况,出行目的、时间、频率与出行方式,非机动车(自行车、电动自行车、共享单车等)利用情况,交通费用以及居民对客运工作的综合评价等。

(3) 数据处理。调查所得资料是以数据形式分类进行表达的,因此对数据的分类整理统计、计算与分析工作量很大,处理方法以计算机为主进行。

主要调查数据包括:各种类型人口构成及其利用各种公共客运车辆(及其他交通工具)的人数,从居住地(目的地)到最近停车站的步行时间、在站等车时间、乘行时间、一次出行时间,职工与学生每月个人实际负担的交通费用,非机动车拥有数及每日利用次数等。

2) 乘行起终点调查

乘客乘行起终点调查,是以城市已有客运线路网为基础进行的乘客乘行起终点和乘行方向调查,从而可发现乘客迂回乘车、不合理转乘及调度形式不合理等情况,为调整现有客运线路网点布局、改进行车调度和提高运输服务质量提供决策依据。

乘行起终点调查,通常与出行起终点调查一并进行。主要计算数据包括各相对起终点间客运量及最短可乘行路线,乘客换乘率,乘客由居住地及目的地到最近公共客运停车站的步行时间、在站等车时间、乘行时间及各站点乘客集散量等。

乘行起终点调查,根据企业具体情况和需要,可以同时对起终点进行调查,也可以只进行起点或终点调查。

3) 线路客流调查

线路客流调查是以客运线路为基础进行的,主要解决行车组织问题。通常每年夏、秋季各进行一次或每年进行一次全区域性线路客运普遍调查或抽样调查,每次 1～3 周,每天从营业时间开始至末班车停车止,每隔半小时一次(高峰客流统计时间间隔可适当缩短)。根据需要也可以结合进行局部营运线路、路段或某段营业时间(如高峰、低峰期间)的定期或不定期的客流调查。

通过这种调查可以掌握不同季节、一周内不同日期、不同时刻、不同线路站点及沿线不同方向的客流量,为编制客运计划与行车时刻表、合理确定车辆调度形式、选择运输车辆及配备行车人员提供基础资料。

按照调查方法,可以分为随车调查、驻站调查和票据法等。

(1) 随车客流调查

随车客流调查是派调查人员随车调查沿线各站乘客上下车人数、所费时间、留站人数、行车准点情况等。这种方法可以在全市范围内展开,也可以选择一部分线路进行。既可以组织全天营业时间开展,也可以在某段营业时间内进行。

(2) 驻站客流调查

这种调查方法是在中途重点站或客流量较大的高峰断面派调查人员进行调查。以目测的方法记录上下车乘客人数,车厢内人数,留站人数和通过车次的一种断面调查法。该方法能够及时了解断面客流在短时间内的变化以及配车是否合理,是调整运力的一个重要手段。

(3) IC卡客流调查(票据法)

根据乘客上车时的刷卡记录,或者分段计价线路的IC卡刷卡信息,反映乘客在线路上乘车的起终点和行程时间。利用数据挖掘和整理的技术,得到多种形态的客流数据。

(4) 视频客流调查

利用安装在场所内的摄像头,借助计算机强大的处理能力,采用视频处理、图像处理、模式识别以及人工智能等多种技术手段,对视频图像中静止或行走的不同形态人群进行侦测和追踪,实时获取指定时段和指定区域内的客流数据,其准确率可达95%以上,其系统组成如图6.9所示。视频客流调查能够实现广播联动功能,当客流超过阈值,触发广播预警系统,播报注意事项,同时,实现后端服务器自动生成报表,可按年、月、周、日等多种条件进行统计。

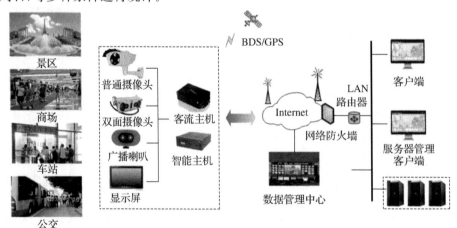

图6.9 视频客流调查系统拓扑图

4）基于手机信令客流调查

随着互联网与移动通信技术的迅速发展，利用移动通信网络中产生的手机信令数据进行客流调查，成为一种新的手段。根据手机信令数据记录格式和数据字段、定位技术原理可以实现数据转换。手机信令数据属于大数据范畴，具有实时性、完整性、出行时空全覆盖性等优势。但其中也包含很多冗余信息和个人隐私数据，因此在使用过程中对算法的设计和效率有更高的要求。基于手机信令的出行特征分析流程如下：

（1）手机数据获取。一般需要与运营商协调，可能存在一定的数据购买费用。应优先挑选手机用户量较大的运营商数据，建议数据时间跨度为连续的2~3个月。

（2）基础数据制作。利用实地路测等方式，确定基站小区与交通分析单元（交通分析区域、查核线断面或关键通道等）的相互映射关系。

（3）手机用户群体出行特征提取。将手机定位数据映射至交通分析单元，并经信息预处理、匹配分析、交通模型分析处理、数据去噪等一系列海量数据运算处理，最终获得基于手机用户群体的出行特征数据。

（4）扩样。将手机用户群体出行特征数据扩样成总人口出行特征数据。为保证调查结果的可靠性，可对手机用户进行一定比例的抽样（抽样率与数据质量及设定的筛选原则相关，一般为手机用户的30%~80%）。若仅关注调查结果的总体比例分布则无须扩样；若关注调查结果的总量，则需进行多层扩样（运营商手机用户扩样、全体手机用户扩样、总体群体扩样），部分扩样系数可通过入户问卷调查方式一并采集。

（5）调查结果使用。在仅能获取到单一数据源调查结果时，手机数据可作为另一种调查手段进行互相校核；利用手机数据采样率高、时间（空间）覆盖连续的特点，为现有调查结果、四阶段模型提供参数修正参考。

线路客流调查的计算数据包括：全日或高峰时间内的各线路（路段）客运（流）量、周转量、车容量、客位公里、营业公里、平均运距、乘客交替系数、满载率、客流分布不均匀系数、线路平均负荷、沿线各中途站平均停站时间、始末站停站时间、车辆沿线路及各路段行车时间、平均技术速度、运送速度、营运速度以及平均行车间隔、行车故障时间和车班工时利用率指标或参数等。

6.3 城市地面公交运营组织

6.3.1 常规公交客运组织

1）城市公共汽车运行作业计划编制

（1）选择车辆调度形式

① 车辆调度形式类型

Ⅰ. 按车辆工作时间的长短与类型分为正班车、加班车与夜班车。

a. 正班车：指车辆在日间营业时间内连续工作相当于两个工作班的一种基本调度

形式。

b. 加班车:指车辆仅在某种情况下,在某段营业时间内上线工作,并且一日内累计工作时间相当于一个工作班的一种辅助调度形式。

c. 夜班车:指车辆在夜间上线工作的一种调度形式,只在夜间客运量较大的营运线路运行。主要行驶夜班车的车辆连续工作时间不足一个工作班,因此常与日间加班车相兼组织。

Ⅱ. 按车辆运行与停站方式,可分为全程车、区间车、快车、定班车、跨线车等。

a. 全程车:指车辆从线路起点发车直到终点站止,必须在沿线各固定停车站依次停靠,按规定时间到达有关站点并驶满全程的一种基本调度形式。

b. 区间车:指车辆仅行驶线路上某一客流量的高路段或高区段的一种辅助调度形式。

c. 快车:是为满足沿线长乘距乘客乘车需要,采取的一种越站快速运行的调度形式,包括大站(指车辆仅在沿线乘客集散量较大的停车站停靠和在其间直接运行的调度形式)车与直达(指快车的一种特殊行驶,车辆仅在线路起、终点站停靠和直接运行)车。

d. 定班车:是为接送有关单位职工上下班或学生上下学而组织的一种专线调度形式。车辆可按定时间、定路线、定班次和定站点的原则进行运输。

e. 跨线车:是为平衡相邻线路之间客流负荷,减少乘客转乘而组织的一种车辆跨线路运行的调度形式。

实践证明,上述调度形式,对平衡车辆及线路负荷,改善拥挤,提高运输生产率和运输服务质量以及促进客运发展方面都发挥了积极作用。

② 车辆调度形式选择的方法

凡公共汽车营运线路均须以全程车、正班车为基本调度形式,并根据线路客流的分布特征辅以其他调度形式。车辆调度形式选择的计算方法与步骤如下:

Ⅰ. 区间车调度形式的确定。

可通过计算路段(断面)客流量差或路段不均匀系数的方法确定区间车调度形式。关于路段不均匀系数(K_s)的计算及差别准则可按式(6.4)、式(6.5)进行。

路段客流量差($\Delta Q_i''$),指统计时间内某高路段客流量与沿线中各路段平均客流量之差,即

$$\Delta Q_i'' = Q_i'' - \overline{Q}'' \tag{6.7}$$

式中:i——沿线路段序列号,$i=1,2,\cdots,k$;

Q_i''——第 i 路段客流量(人次);

$\overline{Q}''$——沿线各路段平均客流量(人次)。

凡采用区间车调度形式,需满足下述条件:

$$\Delta Q_i'' \geqslant (2\sim 4)q^o \tag{6.8}$$

式中:q^o——计划车容量,即车辆的计划载客量,可按式(6.8)确定。

Ⅱ. 快车调度形式的确定。

a. 根据客流调查结果,当某段时间内沿线若干站点乘客集散量(Q_{cj})超过各站点平均集散量($\overline{Q}_c$)并且长乘距乘客较多时,可沿线同方向集散量较大的站点行驶快车,以缓和拥挤和消除留站现象。具体方法可按式(6.6)通过计算站点集散量不均匀系数(K_{cj})的方法确定。

b. 通过计算方向不均匀系数(K_d)的方法大致确定,K_d 的计算及判别准则可按式(6.3)确定。

Ⅲ. 高峰加班车调度形式的确定。可按式(6.2)通过计算时间不均匀系数(K_t)的方法确定。

选择调度形式,除根据客流量情况进行上述有关运算外,尚须结合考虑道路及交通条件,企业自身的组织与技术条件,以及有关运输服务质量要求等项因素综合确定。

③ 车辆调度形式选择计算举例

例 6.1 已知南京 31 路车有关数据如表 6.1,试确定在 7:00—10:00 间是否需要开出区间调度车?

表 6.1　31 路车高峰小时路段客流量统计表(7:00—10:00)

	中山码头	中山桥	大桥南路	萨家湾	三牌楼	南京饭店	山西路	大方巷	鼓楼
站号	1	2	3	4	5	6	7	8	9
上行→(人次)	693	1 189	1 285	1 846	2 047	2 045	2 325	2 315	2 440
路段客流量差	—	—	—	159	360	358	638	628	753
下行→(人次)	667	1 096	1 333	1 797	1 932	2 107	2 391	2 494	2 467
路段客流量差	—	—	—	27	162	337	621	724	697
	北极会堂	鸡鸣寺	四牌楼	大行宫北	大行宫南	杨公井	白下路	建康路	
站号	10	11	12	13	14	15	16	17	
上行→(人次)	2 238	1 846	1 728	1 659	1 616	1 497	1 136	779	
路段客流量差	551	159	41						
下行→(人次)	2 315	2 134	2 068	1 944	1 775	1 543	1 153	880	
路段客流量差	545	364	298	17	5				

车厢定员人数 $q^p=116$ 人,高峰车辆周转时间 110 min,计划满载率 $r_s^p=1.1$

解:可有两种确定方法

a. 根据式(6.7)及式(6.8),采取计算路段客流量差($\Delta Q''$)的方法进行确定。因其客运高峰期间计划满载率较高($r_s^p=1.1$),所以按式(6.8),其判定条件可略低于上限值,即为:

$$\Delta Q''_i \geqslant 3q^o; 3q^o = 3 \times 116 = 348(人次)$$

计算平均路段客流量:

$$上行方向: \bar{Q}''_上 = \frac{\sum_{i=1}^{17} Q_i}{17} = 1\,687(人次)$$

$$下行方向: \bar{Q}''_下 = \frac{\sum_{i=1}^{17} Q_i}{17} = 1\,770(人次)$$

上行方向>348 的路段在 $i=5、6、7、8、9、10$ 段;

下行方向>348 的路段在 $i=7、8、9、10、11$ 段。

因而在高峰时,有必要在 $i=5\sim11$ 段,即三牌楼—鸡鸣寺间开设加班车。

b. 根据式(6.8),采取计算路段不均匀系数(K_{si})的方法进行确定。因其客运高峰期间计划满载率较高,所以其判别条件可取下限值,即 $K_s^o=1.2$。其平均路段客流量为:

$$上行方向: \bar{Q}''_上 = \frac{\sum_{i=1}^{17} Q_i}{17} = 1\,687(人次)$$

$$下行方向: \bar{Q}''_下 = \frac{\sum_{i=1}^{17} Q_i}{17} = 1\,770(人次)$$

各路段的路段不均匀系数(K_{si})及路段客流量差($\Delta Q''$)的计算结果见表6.1。

由表6.1可知,按上述两种方法计算结果,上行方向>348 的路段在 $i=5、6、7、8、9、10$ 段;下行方向>348 的路段在 $i=7、8、9、10、11$ 段;高峰时,有必要在 $i=5\sim11$ 段,即三牌楼—鸡鸣寺间开设加班车。

(2) 确定车辆运行定额及运行参数

① 车辆运行定额

车辆运行定额主要包括:单程时间、周转时间、始末站停站时间及计划车容量等。

Ⅰ. 单程时间(t_n)

单程时间,即车辆完成一个单程的运输工作所耗费的时间。它包括单程行驶时间(t_{nT})和在各中间站的停站时间(t_{ns}),即

$$t_n = t_{nT} + t_{ns} (min) \tag{6.9}$$

通常采取观测统计方法确定单程行驶时间,原则上应分路段与时间段,即首先按不同季节或时期确定行驶时间按路段与时间段的分布规律,然后相对不同路段与时间段取其均值作为标定行驶时间定额的依据,再根据沿线交通情况按各时间段分别确定行驶时间定额。在交通情况比较稳定时,可只按客流峰别(如高、平、低峰)确定。

Ⅱ. 始末站停站时间(t_t)

线路始末站停站时间,包括车辆调车、办理行车文件手续、车辆清洁、行车人员休息

与交接班、乘客上下车以及停站调节等必需的停歇时间。

在客流高峰期间,为加速车辆周转,车辆在始末站的停站时间,原则上不应大于车间隔的 2～3 倍。在平峰期间始末站停站时间的确定,需考虑车辆清洁、行车人员休息、调整行车间隔以及车辆例行保养等因素,适当确定。

通常可以单程时间为准,按式(6.10)适当确定平峰期间始末站平均停站时间($\bar{t}_t$):

$$\bar{t}_t = \begin{cases} 4+0.11t_n & (10 \leqslant t_n \leqslant 40), \\ 0.21t_n & (40 \leqslant t_n \leqslant 100) \end{cases} \quad (\min) \quad (6.10)$$

在平峰期间还另外规定每一正班车的上下行班车,各有一次就餐时间,每次 15～20 min。

Ⅲ. 周转时间(t_o)

周转时间等于单程时间与平均始末站停站时间之和的 2 倍,即

$$t_o = 2(t_n + \bar{t}_t) \quad (\min) \quad (6.11)$$

由于在一日内,沿线客流及道路交通量的变化均具有按时间分布的不均匀性,因此车辆的沿线周转时间须按不同的客流峰期分别确定。而在早晚客运低峰及各峰期之间的过渡时间段,为了在满足服务水平的同时尽量减少运力浪费,路线车辆数或车次数将有明显的增减变化。

Ⅳ. 计划车容量(q^o)

计划车容量,指行车作业计划限定的车辆载客量,又称(计划)载客量的定额。这是根据计划时间内线路客流的实际需要、行车经济性要求和运输服务质量标准确定的计划完成的车辆载客量。可按下式确定:

$$q^o = q_o r^o \quad (6.12)$$

式中:q^o——计划车容量(人次);

q_o——车辆额定载客量(人次);

r^o——车厢满载率定额(%)。

一般高峰期间车厢满载率定额 $r_s^o \leqslant 1.1$;平峰期间车厢满载率定额平均为 $r_t^o \geqslant (0.5～0.6)$。

车辆额定载客量(q^o),首先取决于车辆载质(重)量的大小。对于有确定载重量和车型有效载客面积的车辆,q^o 则主要取决于座位数与站位数之比。

由于市内乘客乘车时间比较短,平均 15～20 min 左右,所以站位比例可较高些。目前我国市区公共汽车座位与站位之比约为 1∶3～1∶2 左右,郊区路段乘客由于乘车时间较长,公共汽车的座站位之比约为 1∶0.5～1∶0.7,而城间长途公共汽车原则上不应设站位。

② 主要运行参数的计算

一般,编制行车作业计划所需的主要参数包括路线车辆数,正、加班车数及行车间隔等。

Ⅰ. 路线车辆数

路线车辆数包括组织线路营运所需的车辆总数(A)与营业时间内各时间段所需的车辆数(A_i)。确定 A，一般以高峰小时客流所需车辆数为准；确定 A_i，应根据该段时间(t_i'')内最高路段客流量及计划车容量。

当有多种调度形式时，线路车辆数(A)为各种调度形式所有车辆数的总和。

若已知在正点行车情况下某时间段(通常按小时计)内通过线路上同一停车站的车辆数(f_i)和每辆车在同一时间段内沿线行驶的周转数(η_{oi})，那么，在该时间段内所需车辆数为：

$$A_i = \frac{f_i}{\eta_{oi}} \text{（辆）} \tag{6.13}$$

式中的 f_i 与 η_{oi}，分别成为在线路营业时间内第 i 时间段(t_i'')的行车频率与周转系数，可按下述方法分别确定：

$$f_i = \frac{Q_i''}{q_{oi} r_i^o} \text{（辆/时）} \tag{6.14}$$

$$\eta_{oi} = \frac{1}{t_{oi}} \quad \text{或} \quad \eta_{oi} = \frac{t_i}{t_{oi}} \tag{6.15}$$

式中：t_i——第 i 时间段延续时间(h 或 min)；

Q_i''——第 i 时间段内营运线路高峰路段客流量(p)；

q_{oi}——t_i'' 时间内车辆额定载客量(p)；

r_i^o——t_i'' 时间内最高路段的满载率定额，当 t_i 为高峰时间段时，$r_i^o = r_s^o$；

t_i——为平峰时间段时，$r_i^o = r_t^o$；

1——1 h 或 60 min；

t_{oi}——t_i'' 时间内的车辆周转时间(h 或 min)。

线路车辆总数(A)，通常依据客流高峰时间段最高路段客流量(Q_s'')来计算，即

$$A = \frac{Q_s''}{q_{os} \eta_{os} r_s^o} \text{（辆）} \tag{6.16}$$

式中：η_{os}——高峰时间段($i=s$)的周转系数；

q_{os}——高峰时间段车辆额定载客量(p)；

r_s^o——高峰时间段满载率定额(%)。

Ⅱ. 正、加班车数

正班车数 A_n 与加班车数 A_w 通常可根据线路车辆数 A、客流的时间不均匀系数 K_t 及客流高峰与平峰车辆满载率定额 r_s^o 及 r_t^o 等按下式确定：

$$A_n = \omega \frac{A r_s^o}{K_t r_t^o} \text{（辆）} \tag{6.17}$$

式中：ω——车辆系数。

根据线路车辆类型及平均满载程度的不同情况，车辆系数约为：$\omega = 1.0 \sim 1.20$。当线路客流高、平峰期间车辆额定载客量相差不大以及车辆平均满载程度不高的情况

下可取高值,反之应取低值。然后,确定加班车数 A_w:
$$A_w = A - A_n (辆) \tag{6.18}$$

Ⅲ. 行车间隔

a. 行车间隔的计算

行车间隔 I,指正点行车时,前后两辆车到达同一停车站的时间间隔,又称车距。可由下式确定:
$$I = \frac{t_o}{A} \quad 或 \quad I = \frac{t_i''}{A_i} \text{(min)} \tag{6.19}$$

式中:t_o——为高峰期间的周转时间(min);

t_i''——i 时间段的延续时间(min);

A——t_o 时间内运行的车辆数(辆);

A_i——i 时间段内运行的车辆(次)数(辆(次))。

行车间隔确定是否合理,直接影响营运线路的运送能力和运输服务质量。

一般,行车间隔的最大值取决于客运服务质量的要求,而行车间隔的最低值(I_{min}),则应满足下列条件:
$$I_{min} \geq \bar{t}_{cs} + t_f + t_y \text{(min)} \tag{6.20}$$

式中:$\bar{t}_{cs}$——线路中途站的平均停站时间(min);

t_f——车辆尾随进出站时间(min);

t_y——必要时等待交通信号时间(min)。

在乘车秩序正常的情况下,对大中城市客运高峰线路,I_{min} 以不低于 1~3 min 为宜。

b. 行车间隔的分配

行车间隔的分配,即行车间隔计算值的分配,指对呈现小数的行车间隔值进行取整数处理,使之确定为适当数值以便掌握过程。

当行车间隔的计算值为整数时,在周转时间内,行车间隔的排列为等间隔排列。而当行车间隔的计算值为小数时,为便于掌握,可对之进行取整数处理。

例如:$t_o = 46$ min,$A = 11$ 辆,则 $I = 46/11 = 4.18$ min;由于 4.18 min 不易掌握,可将其分解为 4 min 与 5 min 两种大小不同的行车间隔。此时行车间隔的排列为不等间隔排列。

当将行车间隔计算值 I 分解后,按每种行车间隔运行的车辆数可参照下述方法进行分配:

假设某段时间(t_o)内行车间隔的计算值为小数,即 $I = E.a$(E 为 I 值的整数部分;a 为小数值部分)。

若将 I 值的小数部分(0.a)去掉使之化为整数 E,则记为:$[E.a] = E$。

今欲将 I 值分解为:
$$I = \begin{cases} I_b = [I + X_b] \\ I_c = [I - X_c] \end{cases} \tag{6.21}$$

式中的 X_b 与 X_c 为分解 I 值所采用的非负数，即 $X_b, X_c \geq 0$，显然，$I_c < I < I_b$，又设 $\Delta I = I_b - I_c$，则，按较大行车间隔（I_b）的运行的车辆数 A_b 为：

$$A_b = \frac{t_o - A I_c}{\Delta I} \text{（辆）} \quad (6.22)$$

按较小行车间隔（I_c）运行的车辆数 A_c 为：

$$A_c = A - A_b \text{（辆）} \quad (6.23)$$

上述两式中：A——t_o 时间内的发车总数（辆）。

由于 X_b 与 X_c 的取值不同，ΔI 值的大小也各不相同，一般在 $\Delta I = 1$ 的情况下，A_b 与 A_c 值均为整数，但当 $\Delta I > 1$ 时，A_b 值可能为小数。此时除将 A_b 取为整数，即令 $A_b = [A_b]$ 外，尚须在行车间隔 I_b 与 I_c 之间增加一种行车间隔 I_y，即 $I_c < I_y < I_b$，之后可按下式计算其车辆数：

$$A_y = \frac{t' - A'}{\Delta I'} \text{（辆）} \quad (6.24)$$

式中：t'——剩余时间；

A'——剩余车辆数；

$$\Delta I' = I_y - I_c (\min)$$

则

$$A_c = A - A_b - A_y \text{（辆）} \quad (6.25)$$

故

$$\sum IA = I_b A_b + I_y A_y + I_c A_c \quad (6.26)$$

一般将其综合记为：$t_o = \sum IA = \sum$ 车距 × 车数。因此，为便于掌握和计算简便，除个别情况外，通常选取 $\Delta I = 1$。

例 6.2 已知 $t_o = 46 \text{ min}, A = 11$ 辆，试计算其行车间隔（要求为整数）。

解：根据式（6.19）

$$I = \frac{t_o}{A} = \frac{46}{11} = 4.18 (\min)$$

因 I 为小数，须进行取整数处理。

根据式（6.21），令 X_b 与 X_c 分别为 1 与 0，可将 I 分解为：

$$I = \begin{cases} I_b = [I + X_b] = [4.18 + 1] = 5, \\ I_c = [I - X_c] = [4.18 - 0] = 4 \end{cases}$$

根据式（6.22）与式（6.23）：

$$A_b = \frac{t_o - A I_c}{I_b - I_c} = \frac{46 - 11 \times 4}{5 - 4} = \frac{2}{1} = 2 \text{（辆）}$$

$$A_c = A - A_b = 11 - 2 = 9 \text{（辆）}$$

则行车间隔为 5 min 的有 2 辆车，行车间隔为 4 min 的有 9 辆车，共计：$A = 2 + 9 = 11$ 辆；

$\sum IA = t_o = 46 \text{ min}$。

如果在上例中,令 $X_b=X_c=1$,则 I 被分解为:
$$I=\begin{cases} I_b=[I+X_b]=[4.18+1]=5, \\ I_c=[I-X_c]=[4.18-1]=3 \end{cases}$$
此时,根据式(6.22):
$$A_b=\frac{t_o-AI_c}{I_b-I_c}=\frac{46-11\times 3}{5-3}=\frac{13}{2}=6.5(辆)$$

由于 A_b 为小数,说明需要在 I_c 与 I_b 间增加一行车间隔 I_y。因此,令 $A_b=[A_b]=[6.5]=6$,再根据式(6.24),先取 $I_y=4$,则

$$A_y=\frac{t'-A'I_c}{I_y-I_c}=\frac{(t_o-I_bA_b)-(A-A_b)I_c}{I_y-I_c}$$
$$=\frac{(46-5\times 6)-(11-6)\times 3}{4-3}=\frac{16-15}{1}=1(辆)$$
$$A_c=A-A_b-A_y=11-6-1=4(辆)$$

故 $\sum IA=I_bA_b+I_yA_y+I_oA_c=5\times 6+4\times 1+3\times 4$

或 $\sum IA=I_oA_c+I_yA_y+I_bA_b=3\times 4+4\times 1+5\times 6$

对于 $\Delta I>1$,通常在客运低峰时间段采用。

c. 行车间隔的排列

行车间隔的排列,指计算值为不同大小的行车间隔在同一时间段(或周转时间内)的排列次序与方法,通常包括下列三种形式:

(a) 由小到大顺序排列。主要用于早高峰后至平峰的过渡时间段及晚低峰期间;

(b) 由大到小顺序排列。主要用于早低峰期间以及平峰与高峰间的过渡时间段;

(c) 大小相间排列。主要用于高峰或平峰期间,此时,在同一时间段(或周转时间内),应尽可能使各行车间隔镶嵌均匀。

综合上述,确定某时间段(t''_i)内行车间隔的分配与排列方案($\sum IA$)的基本思路,如图 6.10 所示。图中:$\in$——"属于"标记。

表格形式(如表 6.2 所示),以便审查和编制公共汽车行车作业计划,即排列行车时刻表。

2) 调度管理

调度是公交公司从事运营管理的组织方式和手段。公交公司的车辆、劳动力通过调度,为乘客提供安全、方便、迅速、准点、舒适的乘车服务,最大限度地节省人们的出行时间,同时为完成企业的营运计划和各项经济技术指标而开展生产。

(1) 调度管理的组织形式

公交调度管理的组织形式视企业规模大小和行政管理层次而定。大部分公交企业采取二级或三级调度的组织形式。

企业规模大,运营线路、车辆、人员较多,可设三级调度制。由公司总调度室、分公

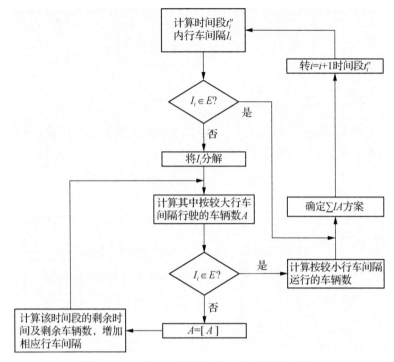

图 6.10 确定行车间隔分配与排列步骤流程图

司(场)调度室和线(车队)调度组三级组成。即在公司总调度室下按区域位置设分公司(场)调度室。在分公司(场)调度室领导下,设线路(车队)一级调度。线路和车辆较少的公交企业,一般按二级调度制。即在公司直接领导下,设线路(车队)一级调度组织。

(2) 行车时刻表的编制与调整

行车时刻表也叫行车计划,是根据主要运行参数排列各分段时间内、各车次(周转)的行车时刻序列。行车时刻表是组织和指导公交公司运营生产全过程的生产作业性计划,是公交运营调度的基础。行车时刻表的编制质量和执行中的准确程度,直接反映调度工作水平和企业管理水平。

① 行车时刻表类型

城市公共汽车行车时刻表的基本类型,通常有车辆行车时刻表和车站行车时刻表两种形式。

Ⅰ. 车辆行车时刻表:指按行车班次制定的车辆沿线路运行的时刻表。表内规定了该班次车辆的出场(库)时间、每周转(单程)中到达沿线各站时间与开出时间、在一个车班内(或一日的营业时间内)需完成的周转数以及回场时间等。

公共汽车的行车时刻表,按各行车班次(路牌)制定,即同一营运线路每天出车序号相同的车辆按同一时刻表运行,如表6.3所示。

表 6.2 编制行车作业计划计算资料汇总表

序号 i	时间段 起止时刻	t_1/min	最高路段客流量 Q'_i/人次	满载率/% 定额 r^d_i	满载率/% 计算值 r_i	行车频率 f_i/(辆/t_1)	周转时间 t_a/min	线路车辆数 $A_i(A_c)$/辆 计算值 A'_i	线路车辆数 $A_i(A_c)$/辆 调正值 $A_w, n_i A_c$	行车时间间隔/min 计算值 I_i	行车时间间隔/min 分配与排列 $\sum($车距,车数$) \sum IS$
1	5:01—6:00	60	520	35	40	10	40~50	7.6~9.5	7	6	6×7+6×3
2	6:01—6:30	30	650	55	56	9	40~60	9.2	9	3.3	4×3+3×6
3	6:31—7:30	60	3060	96	95	25	40	16.5	17 {12, 5}	2.4	2×11+3×6+ 2×4+3×4
4	7:31—8:00	30	575	55	56	8	50	8.1	8	3.8	3×2+4×6
5	8:01—9:00	60	1 130	55	58	15	48	12.7	12	4	4×12+4×12+ 4×12+4×12
6	9:01—10:00	60	1 240	55	64	15	48	14	12	4	4×12+4×12+ 4×12+4×12
7	10:01—11:00	60	1 103	55	57	15	48	12.4	2	4	
8	11:01—12:00	60	1 165	55	60	15	48	13.1	1	4	
9	12:01—13:00	60	1 180	55	61	15	48	13.3	12	4	4×12+4×12+ 4×12+4×12
10	13:01—14:00	60	1 230	55	64	15	48	13.8	12	4	
11	14:01—15:00	60	1 080	55	56	15	48	12.2	12	4	
12	15:01—16:00	60	1 125	55	58	15	48	12.7	12	4	
13	16:01—17:00	60	2 565	75	80	25	40	17.7	17	2.4	2×11+3×6+2×11+ 3×6+2×11+3×6
14	17:01—18:00	60	2 420	75	75	25	40	16.7	17	2.4	
15	18:01—19:00	60	1 070	55	59	14	40~50	10.1~12.5	10	4.3	4×10+5×2+5×2
16	19:01—20:00	60	580	40	45	10	40~50	7.5~9.3	7	6	5×1+5×5+ 6×1+7×2
17	20:01—20:30	30	160	35	41	3	40~50	3.5	3	10	10×3

表 6.3 ××路公共汽车行车时刻表

始末站:A 站—F 站　　　　　　　　　　　　　　　　　　　　出场时间:5:00
行车班次:4　　　　　　　　　　　　　　　　　　　　　　　　回场时间:20:30

停靠站			A	B	C	D	E	F
站距/km				1	0.6	0.9	0.8	1.2
1	上行→	到	5:00	5:08	5:12	5:16	5:20	5:24
1	上行→	开	5:05	5:09	5:12.5	5:16.5	5:20.5	5:29
1	下行←	到	5:48	5:45	5:41	5:37	5:33	5:24
1	下行←	开	5:52	5:46	5:41.5	5:37.5	5:33.5	5:29
2	上行→	到						
2	上行→	开						

Ⅱ. 车站行车时刻表:指线路始末站及重点中途站车辆行车时刻表。表内规定了在该线路行驶的各班次公共汽车每周转中到达和开出该站的时间、行车间隔以及换班或就餐时间等,如表 6.4 所示。

表 6.4 ××路××站公共汽车行车时刻表

班次	1		2		…	16		17	
	开	到	开	到	…	开	到	开	到
1	5:00	5:56			…				
2	5:10	6:05			…				
3					…				

② 行车时刻表编制的原则及依据

行车时刻表编制应遵循提高车辆的周转效率、经济使用车辆、与邻近线路协调配合等原则;行车时刻表编制主要以客流的活动规律、公交企业的运输能力等为依据。

③ 行车时刻表编制应注意的问题

行车时刻表编制应注意的问题:

Ⅰ. 确定各车辆行车班次序列(路牌)时,应注意与车辆在车场(库)的停车方式及行车人员的工作制度相适应。

Ⅱ. 根据客流时间分布的不均匀规律,进行增减车辆排列时间间隔,保持行车间隔均匀有序,以避免产生车时浪费或周转不及。

Ⅲ. 行车人员工作时间安排,既要服从客流的变化需要,又应注意各行车班次车辆工作时间的平衡;安排行车人员就餐时,应综合考虑运输服务质量、车时利用、行车人员休息等因素。

Ⅳ. 行车时刻表的制定应同城市其他客运形式运输工具的行车时刻相协调。

总之,虽然行车时刻表是依据客流规律编制的,但是,往往计划与实际状况会有一些偏差。行车时刻表的执行中,客观条件也有可能会出现一些变化,所以进行一些调整、修改是正常的。如果客流规律和运行环境发生了较大变化,运力配置不当,运行状况不好,需要重新编制或大幅度地调整行车时刻表,此时要向上级(公司、场)提出修改依据和修改建议,经批准后由车队贯彻执行。

(3) 行车现场调度方法

行车现场调度方法就是按照行车作业计划控制车辆运行,合理分布车辆行车间距,尽快恢复营运秩序,保证车辆均衡载客营运的方法。现场调度可分为常规调度和异常调度两大类。

① 常规调度

当全线行车情况基本上符合行车作业计划方案,车辆处于正常运行时的调度工作称为常规调度。公交企业对于运营调度的监控是相当薄弱的一环,目前只能做到在线路"一头一尾"的首末站进行控制管理,对于车辆在各中途站点的情况则无法监控。公交企业常规调度的基本内容如图 6.11 所示。

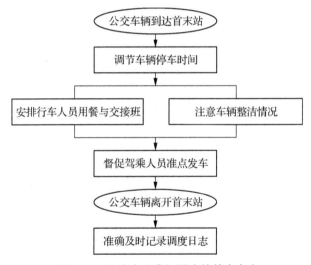

图 6.11 公交企业常规调度的基本内容

② 异常调度

当线路因各种原因造成行车秩序紊乱,车辆运行偏离行车作业计划时的调度工作称为异常调度。消除行车秩序紊乱的基本调度方法有以下几种。

Ⅰ. 调距法:是在一定时间内使用压缩或放宽车间距或两者同时采取的调度方法。

例 6.3 某线路单向运送乘客的时间为 25 min,终点站停站时间为 5 min,因客流变化,乙站在 7:50—8:05 时客流量较大,要求在不增加车辆的情况下,增加 2 个车次的运能。

首先是确定增加 2 个车次的范围,从表 6.5 中可见,7:50—8:05 之间是 6～9 号路牌 4 个车次,我们分别将 5、10 路牌定为 7:50—8:05 的范围内。通过车间距的计算为 5 个 3 min,见表 6.5 中"调整后的发车时刻"的字。由于 7:50 的上面向中间压缩了 4 min,8:05 的下面向中间压缩了 1 min,所以有 5 个车距扩大为 5 min,分别为上面 4 个,下面 1 个。

表 6.5　车辆计划发车时刻及车辆调整后的发车时刻

路牌	计划发车时刻				调整后的发车时刻			
	乙	甲	乙	甲	乙	甲	乙	甲
1		7:00	7:30	8:00		7:00	7:31	8:00
2		7:04	7:34	8:04		7:04	7:36	8:04
3		7:08	7:38	8:08		7:08	7:41	8:08
4		7:12	7:42	8:12		7:12	7:46	8:12
5		7:16	7:46	8:16		7:16	**7:50**	8:16
6		7:20	7:50	8:20		7:20	**7:53**	8:20
7		7:24	7:54	8:24		7:24	**7:56**	8:24
8		7:28	7:58	8:28		7:28	**7:59**	8:28
9		7:32	8:02	8:32		7:32	**8:02**	8:32
10		7:36	8:06	8:36		7:36	**8:05**	8:36
11		7:40	8:10	8:40		7:40	8:09	8:40
12		7:44	8:14	8:44		7:44	8:14	8:44
13		7:48	8:18	8:48		7:48	8:18	8:48
14		7:52	8:22	8:52		7:52	8:22	8:52
15	7:26	7:56	8:26	8:56	7:26	7:56	8:26	8:56

上述安排要注意的是,上或下只能借 1 辆车的时间。如果 2 辆车集中在上(或下)面,会使部分路牌的车辆,不是在左就是在右出现行驶时间不足 25 min 的情况,说明车辆调整的时间不能大于终点站的停站时间。如果一定要再增加车辆数,调整的时间大于终点站停车时间,就需双向同时调整时间。这种方法比较复杂,一般较少采用。

调距法说明在总体周转时间不变,车辆不增加的情况下,通过车间距的调整,可以增加发车密度,提高服务质量和劳动生产率。由于可供调度员调剂的时间只有终点站的停站时间,所以使用时还需多加注意。

Ⅱ. 放站法:指营运车辆在线路上越站停靠的调度方法。

需要采用放站法的情况有:在营运现场,车辆到达始末站误点时间超过停站休息时间;在一定时间内,线路上有约 1/3 站点的集散量,达到线路客流量的 60% 左右;线路较长且客流呈单向性。

车辆放站的方法：客流重点在起点站时，一般应载客越站停靠。如客流重点不在起点站时，可留适量车辆在本站载客，其他车辆空放出站，以平衡乘客候车时间。如客流重点在高单向处，低单向处的部分车辆可越站停靠或空放，以加快车辆周转。灵活掌握空放间距，达到加快运送乘客的目的。由于车辆放站会影响乘客的候车时间，所以放站时，要采用交叉停靠站点的方法。一般最多不得连续3辆车放过同一站点。

Ⅲ．掉头法：指车辆缩短原行驶路线的行程，用以减少周转时间的调度方法。

需要采用调头法的情况有：在营运现场，车辆到达始末站误点时间超过全程周转时间1/3左右时；增加某一区段的运能，提高营运效率；线路出现较大的行车间隔，需要车辆调头填补空档。

采取调头法，能够尽快恢复线路的正常秩序，但对需要到达超过调头区域的乘客而言，会增加候车时间，所以一般应尽可能不要两辆车连续调头。车辆填补空档时，要充分考虑道路通行能力，正确估算好车辆到达空档处的行驶时间。如果车辆需大量调头，以解决线路区段上的客流，应另外编制区间车的行车时刻表，方便现场调度员调控。

Ⅳ．加车法：在原有行驶车辆中增加车辆的调度方法。加车法主要用于线路的客流突然增高，线路因故需放宽周转时间，但又要保持原有的车距的情况下。为使加入车辆后的车距均匀分布，首先应确定加车的数量、加入时间和所需影响的范围，然后对原有的车距进行计算调整。

Ⅴ．缩时法：即缩短周转时间的调度方法。采用缩时法的情况有：在营运现场，道路交通条件有明显的改善，道路通行能力提高，车速加快；实际客流比计划下降较多，造成车辆中途上下客时间减少，车辆普遍提前到站；交通中断，临时缩短线路行驶等。

Ⅵ．抽车法：在原有行驶车辆中减少车辆的调度方法成为抽车法。主要用于线路客流突然下降；线路发生车辆故障、肇事、纠纷；因客流需要支援其他线路时等。为使抽出车辆后的车距均匀分布，首先应确定抽出车辆的数量、抽出时间和所需影响的范围，然后对原有的车距进行计算调整。

Ⅶ．延时法：即延长车辆周转时间的调度方法。采用延时法的情况有：在营运现场，车辆运行过程中遇严重的交通堵塞和行车事故；客流增加，乘客上下车时间增多，营运主高峰时，出现乘客滞站现象；遇冰、雷、雾、暴雨等恶劣天气，车辆通行缓慢。延长车辆周转时间的限度，以该线驾驶水平较低的驾驶员为准。

Ⅷ．跨线法：利用本线或他线车辆线路营运的调度方法。跨线法用于相邻线路高峰时段的客流有较大的时间差异，或本线全程与区间、大站之间的运能需要互补时。跨线法能对运能、工时起到充分利用的作用，既解决客流需求，又降低营运成本。使用时要注意跨入的时间要与客流相吻合，车辆的路别标识要与行驶的路线相一致。

Ⅸ．调档法：将车辆的车序号临时重新组织调整的一种调度方法。调档法主要用于线路车辆故障抛锚、肇事、纠纷、换班、行车人员用餐时。车辆在出场或首末站发生故障，如能很快修复行驶的，可与后车倒换次序营运。高峰时，因营运需要将车辆的车序号临时调整的,一般先控制车距,在高峰之后再恢复行车次序。利用车辆调档完成行车人员用餐的方法,是有效的利用时间,提高工作效率的较好措施。

(4) 智能化调度管理

智能化公交调度管理是指运用系统工程理论,将信息通信控制、卫星定位、计算机网络等技术科学集成,应用于整个公共交通系统,并根据实时的交通数据,为出行者提供动态信息服务,实现公交车辆智能化调度,提高公共交通服务水平。

目前我国公共交通智能化调度管理在一些大城市已有应用。例如,上海莘庄地铁公交枢纽站试验成功并投入使用的公共枢纽站计算机调度系统,整个调度过程以计算机为中心进行集中调度,从车辆进站识别到车辆出站实行闭环控制,提高了调度效率和可靠性。由于具备了调度过程的自动记录、数据检索等功能,为实现公交车辆无纸化调度打下了基础。

3) 定制公交

在互联网技术高速发展的背景下,我国一些大城市开始推行需求响应型定制公交模式,此公交模式通过收集乘客在手机端发送的出行需求,为起始点、出行时间等需求相似的乘客提供专门的公交服务。定制公交的出行费用普遍要高于常规公交和轨道交通,但是低于出租车出行费用。定制公交是为了降低私家车通勤方式,可以提供一人一座,一站直达的便捷交通服务,保证乘客舒适度的同时,缩短乘客通勤时间,是传统公交的重要补充,是一种绿色的出行方式。

定制公交的开通需要相关部门进行大量的前期调研和数据调查。定制公交的组织需要具备以下10大服务要素。

(1) 乘客:作为定制公交的服务对象,需要在典型办公集中区域、大学城和大型社区等进行实地抽样调查,了解乘客的基本属性、乘坐定制公交的倾向以及对线路和票价的初步意见;

(2) 服务定制体系:在初步调查结果的基础上,建立信息化平台,综合大面积乘客对定制公交线路、时间、乘车点的基本需求;

(3) 线路和停靠站:结合实地调研,确定停靠站点的位置以及线路的走向;

(4) 时刻表:根据乘客上下班时间,结合道路拥堵状况,得到平均行驶时间,从而制定车辆运行时刻表;

(5) 票价:定制公交作为多层次公共交通服务体系的一部分,应该实行弹性票价,票价可以进行浮动;

(6) 车辆:考虑到定制公交的服务水平,要求车辆具有更高的舒适性与服务水平;

(7) 路权:定制公交可以使用公交专用道,特别是在部分快速路具有优先通行的权力;

(8) 营运管理:营运管理主体以当地公交集团为主,其他企业为辅;

(9) 市场监督:其服务和营运要接受当地交通管理部门的监管和考核;

(10) 客服体系:建立完善的客服体系,能够焕发定制公交的生命力。完善的服务保障体系,确保了定制公交的可持续发展。

6.3.2 BRT 公交客运组织

快速公交系统(Bus Rapid Transit,BRT)是一种具有专有或部分专有路权、高效率收费系统,能提供舒适、安全、便捷服务的中型公交系统。

1) BRT 营运调度

(1) 车辆调度形式的确定

车辆调度形式是指营运调度措施计划中所采取的运输组织形式。车辆调度基本可以分为两类,一类按车辆工作时间的长短与类型,可分为正班车、加班车与夜班车;另一类按照车辆运行与停驶方式,可分为全程车、区间车、快车、定班车、跨线车等。

车辆调度形式选择的原则为凡属有相对固定线路走向的公共交通方式均须以全程车、正班车为基本调度形式,并根据线路客流分布特征辅以其他调度形式。

通过计算时间不均匀系数、方向不均匀系数、路段不均匀系数、站点不均匀系数等指标来确定选择哪种车辆调度形式。如区间车调度可以通过计算路段(断面)客流量或路段不均匀系数的方法确定。快车调度形式可通过计算方向不均匀系数或通过客流调查计算站点不均匀系数的方法确定。高峰加班调度形式可通过计算时间不均匀系数的方法确定。

(2) BRT 营运发车间隔的确定

全程车一般提供每站皆停的服务,可以全天候营运,而区间车、快车一般在高峰时段营运。在一个通道内每站皆停的 BRT 线路单程营运时间一般应控制在 2 h 以内为宜,对于较长的 BRT 线路可以考虑区间车、快车营运。

BRT 的发车间隔要根据情况科学设定,如果要频繁而又可靠的交通服务,那高峰时刻每隔 5 min 左右,非高峰间隔 10 min 左右发一班车,就可以最大限度地减少乘客在每站皆停式服务路线上的时耗。如果在同条 BRT 通道上提供两种服务(如 BRT 和常规公交服务;BRT 区间车、快线和每站皆停式服务)营运,两种服务之间的发车时间间隔可缩短到 3 min(高峰时段)和 5 min(非高峰时段),从而减少乘客的出行时间。

(3) 营运调度方法分析

按照调度技术特点,车辆调度可分为静态调度和动态调度两种形式。

静态调度,是基于人工经验的一种调度方法,是指合理地编制车辆的运行作业计划,以"按流开车"和"先到先开"的原则安排全程车、大站车、区间车的组合调度时刻表。影响静态调度的因素主要有最小车辆数、同时运行的最大车辆数、最少车次数的下界、发车时间间隔以及每日各种峰值时段。

动态调度,是借助先进的计算机技术、通信技术和车辆定位技术,通过对车辆以及客流和道路信息的采集、传输和处理,实现对营运车辆的实时监控和调度,再利用调度人员的经验进行分析和判断,确定线路上车辆的实际运行情况与静态调度(行车计划)的偏差,动态调整行车时间间隔或行车类型,建立起有效的交互调度。这种调度方法有利于调整车辆的营运状况,提高营运车辆的效率,使公交部门实现资源的最佳使用和分配,达到营运的高效化。

2) BRT 与常规公交的调整整合

普通公交线路与 BRT 线路的相互关系形式包括平行、重合、相交、相切四种情况。

(1) 平行

BRT 线路将会沿线路形成一条宽度为 R(BRT 吸引直径)的带域。当普通公交线路在该范围内时,将会产生"重合情况"的影响,对这些普通公交线路应适当进行削减。

(2) 重合

当 BRT 线路与普通公交线路重合时(布设在同一干道上),在公交系统内形成了竞争,致使两者均得不到充分利用,营运效益降低,也给道路资源造成浪费,增大道路交通压力。对于此种情况的处理,应适当取消重合的普通公交线路,但必须保证 BRT 线路的运输能力能够满足沿线的公交出行需求。该处理方法要考虑 BRT 线路和普通公交线路票价制定的合理性,若 BRT 线路票价过高且取消普通公交线路不但不能取得良好的效果,反而会抑制原有的公交需求。

(3) 相交

普通公交线路与 BRT 线路相交,不会造成客流冲突,并有利于两者的优势互补。该种线路可不必做改动,并应结合 BRT 站点设置适当增加相交线路的开设。

(4) 相切

普通公交线路与 BRT 线路相切的情况比较复杂,既有重复部分,又有相交部分,如图 6.12 所示。

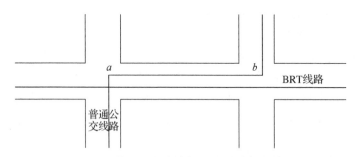

图 6.12 普通公交线路与 BRT 线路相切情况

a、b 是两条线路相交的端点,当 a、b 的距离较短时,人们通常不会乘坐 BRT。当 a、b 距离逐渐增大时,采用快速公交的概率将增大,就有可能在两条线路之间形成客流竞争,造成不必要的资源浪费,因此,应当根据客流分布情况采取相应调整方法。

当 a、b 间的公交 OD 量较小时,说明普通公交线路与 BRT 线路基本无客流竞争,可不做调整;当 a、b 间的公交 OD 量较大时,说明普通公交线路与 BRT 线路将会存在明显的客流竞争,应当适当调整普通公交线路,既可以缩减与 BRT 线路的重复距离,也可将重复的线路部分向周边平行道路上迁移,以最大限度地减少对原来客流的出行影响。

6.3.3 出租车和网约车客运组织

1）出租车客运组织

（1）出租汽车基本营运方式及出行特征

传统的出租车营运方式有招手供车、预约供车、站点供车、合同供车和定线、定点旅游租车的方式。

出租车的营运特征如下：

① 持续性。出租车营运时间比较长，在保证经营者必要的休息的情况下，单台出租车持续工作时间往往大大超过单台定线公共汽车的工作时间。

② 分散性与独立性。旅客出行时间、方向、距离的多样性，决定了出租车经营在时间上和空间上的分散性。分散性又决定了每辆出租车的服务都是相对独立的，驾驶、核收费用以及其他相关服务都由驾驶员一个人独立完成。

③ 竞争性。出租车具有多家经营多种成分并存的特点，使得行业存在激烈的竞争。

④ 服务性。出租车具有公用事业的行业属性，是对公共交通的有益补充。

⑤ 劳动密集型。出租车行业是对驾驶员依赖性很强的劳动密集型产业。

（2）出租车的经营模式

出租车的经营模式主要有承包经营、挂靠经营、个体经营和公车公营四种。各种方式的特点与适用情况见表 6.6。

表 6.6 出租车经营模式比较表

经营模式	定义	特点	适应性
承包经营	出租车经营权属出租车公司，承租人通过承包租赁方式开展经营，并向出租车公司上缴承包费、经营使用费等费用	出租车经营公司的存在，增加了出租车的经营成本与压力。在出租车司机与出租车公司的博弈中，出租车司机处于劣势	不适合我国城市出租车行业的发展状况，种种事实表明这种模式已经落伍
挂靠经营	车辆产权、经营权均归车主个人持有，但挂靠在出租车公司名下展开营运，公司有管理权	挂靠人负担较重，出租客运企业的自主经营和管理能力减弱，而且谈不上规模经营。司机疲劳驾驶，劳动权益得不到保护，更谈不上服务质量的提高	"挂靠"形式的产权问题会成为很大的不稳定因素，使得出租车司机往往凌驾于公司和主管部门的管理权之上
个体经营	"所有者、经营者、司机三者一体"，自主经营，自负盈亏	取消出租车公司这一中间层，可以直接降低出租车的经营成本，但安全、应急管理方面问题较多	适合于任何一个城市、发展初期阶段的出租车行业

续表 6.6

经营模式	定义	特点	适应性
公车公营	出租车由公司统一经营,司机只是出租车公司的生产工人,享有相应的权利和义务	这种模式所带来的是出租车现代企业制度的建立和市场的规范化。出租车驾驶员的负担得以降低,品牌出租车可以推出,管理更合理	这种模式的社会形象较好,大多城市在逐渐推行这种经营模式

在实际中要优化经营模式,逐步淘汰挂靠经营模式、承包经营模式和个体经营模式,推行公车公营。公车公营有助于促进现代企业制度在出租车企业中的建立,有利于整个市场的健康发展,应该作为主体服务形式予以逐步建立。《国务院办公厅关于深化改革推进出租汽车行业健康发展的指导意见》提出要改革经营权管理制度。新增出租汽车经营权一律实行期限制,不得再实行无期限制,具体期限由城市人民政府根据本地实际情况确定。建立完善以服务质量信誉为导向的经营权配置和管理制度,对经营权期限届满或经营过程中出现重大服务质量问题、重大安全生产责任事故、严重违法经营行为、服务质量信誉考核不合格等情形的,按有关规定收回经营权。

2)网约车客运组织

网约车是指基于移动互联网、以手机 App 为主要服务平台、为具有出行需求的顾客和具有出行服务资格与能力的驾驶员提供信息沟通和有保障连接服务的新型商业运行模式。网络预约专车类服务包括专车、快车和顺风车等,是传统"招手"打车市场的补充。该模式除了提供预约租车服务之外,还通过创新性地利用信息技术、大数据分析技术和管理优化技术来开发整合一系列综合服务,包括驾驶员服务质量与信用评价、导航、拼车等,甚至还发展到城市交通自动化调度、交通拥堵治理等。

(1)网约车系统构成

2016 年 11 月 1 日起,《网络预约出租汽车经营服务管理暂行办法》(以下简称《办法》)开始施行,从国家法规层面上明确了网约车的合法地位,将网约车纳入出租车体系,同时对驾驶员、车辆设定了较为严格的准入条件,在乘客个人信息保护上对网约车平台提出更高要求,保障网约车安全营运。

① 网约车经营的车辆

车辆类型为 7 座及以下乘用车,其技术性能符合营运安全相关标准要求,需要安装具有行驶记录功能的车辆卫星定位装置、应急报警装置;服务所在地出租汽车行政主管部门依车辆所有人或者网约车平台公司申请,对符合条件并登记为预约出租客运的车辆,发放《网络预约出租汽车运输证》。

② 网约车服务的驾驶员

驾驶员需取得相应准驾车型机动车驾驶证并具有 3 年以上驾驶经历;服务所在地设区的市级出租汽车行政主管部门依驾驶员或者网约车平台公司申请,为符合条件且考核合格的驾驶员,发放《网络预约出租汽车驾驶员证》。

③ 网约车平台

网约车平台公司应当保证提供服务车辆具备合法营运资质,技术状况良好,安全性能可靠,具有营运车辆相关保险,保证线上提供服务的车辆与线下实际提供服务的车辆一致,并将车辆相关信息向服务所在地出租汽车行政主管部门报备。

网约车平台是该运输方式下最重要的一个部分,它提供了一个信息共享的平台,更加高效地连接司机和乘客,即时进行供需平衡调节。在网约车系统中,调度算法是最能体现系统功能是否强大的指标,只有保证资源分配快速合理,才能使司机与乘客都能得到很好的需求满足。调度算法需要包含以下内容:

Ⅰ. 全局最优调度:基于全局最优调度,识别订单与司机的全局最佳匹配,最大限度地保证司机资源的最大化利用;

Ⅱ. 到达预估时间(Estimated Time of Arrival,ETA):根据车头朝向、车辆位置,合理规划车辆行程与到达预估时间,实现接驾车;

Ⅲ. 司乘个性化匹配:结合司机,乘客等级、评价、取消等因素,进行个性化匹配,提升司乘体验,减少司乘纠纷;

Ⅳ. 供需预测:基于大数据供需预测服务,有效调度司机,减少司机空车损耗,保障乘客叫车。

④ 政府监管平台

出租汽车行政主管部门应当建设和完善政府监管平台,实现与网约车平台信息共享。共享信息应当包括车辆和驾驶员基本信息、服务质量以及乘客评价信息等。加强对网约车市场监管,加强对网约车平台公司、车辆和驾驶员的资质审查与证件核发管理。定期组织开展网约车服务质量测评,并及时向社会公布本地区网约车平台公司基本信息、服务质量测评结果、乘客投诉处理情况等信息。

公安机关、网信部门应当按照各自职责监督检查网络安全管理制度和安全保护技术措施的落实情况,防范、查处有关违法犯罪活动。

(2) 网约车平台的调配方法

网约车出行需求随着城市居民的出行而呈现出一定的规律性,而网约车司机服务的供给却具有一定的随机性。如图6.13所示,各大网约车平台对于网约车的调配方法基本为:① 对网约车营运区域内网约车的状态进行分析;② 对营运区域范围内的乘客需求进行分析,并为司机提供乘客出行热力图;③ 为空闲或有空余运力的网约车进行任务指导,并进行派单。在网约车营运期间,由于城市居民的出行规律,对于网约车的需求以及每日网约车的出行热力图变化基本是稳定不变的,故在网约车营运期间,约80%的司机会根据自己的经验选择目标区域作为载客点,也有部分司机选择使用网约车平台提供的网约车需求热力图进行营运。

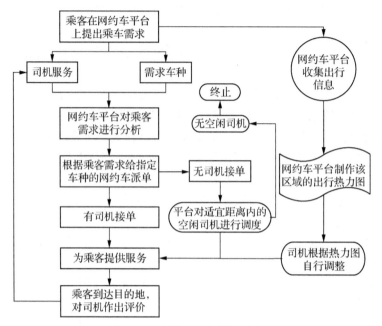

图 6.13 网约车平台的派单流程

(3) 网约车预约方式

目前,网约车平台有多家,如滴滴、T3 出行、曹操出行、首汽约车、神州专车、美团打车等平台,网约车具有打车、顺风车、拼车等多种功能,乘客通过手机发布打车信息,并立即和抢单司机直接沟通,从而使供需双方在最短时间内进行信息交换,提高打车效率。以滴滴出行网约车为例,简约介绍。

乘客启动滴滴出行软件客户端,点击"我要打车",按住说话,发送一段语音说明现在所在具体的位置和要去的地方,或者手动输入出发地和目的地,叫车信息会以该乘客为原点,在 90 s 内自动推送给直径约 3 km 以内的网约车司机,司机可以在司机端一键抢应,并和乘客保持联系。乘客到达目的地后需要支付车费,通过绑定银行卡,或者使用滴滴合作伙伴——微信、支付宝等移动支付软件进行线上支付。其预约车的流程如图 6.14 所示。

(4) 网约车特点及优势

① 出租车与网约车对比

网约车和出租车都是城市公共交通系统的重要组成部分,而且都提供较高层次的客运服务水平,但这两者也有明显的差异,如表 6.7 所示。

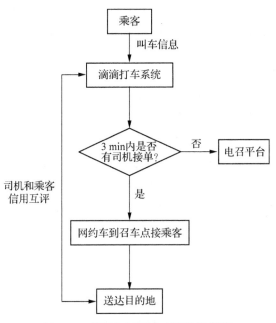

图6.14 "滴滴出行"方式预约流程图

表6.7 传统出租车与网约车对比

	传统出租车	网约车
商业模式	传统出租车属于P2C的商业模式,没有网络平台的支撑。在政府的严格管控下,传统出租车的准入数量、服务价格以及司机驾驶能力方面受到了限制	网约车的商业模式主要有P2P和B2C两种模式。P2P即私家车加盟模式,秉承共享经济的原则,运营成本较低;B2C模式即网约车服务商购置或租赁汽车,并聘请网约车司机,其营运成本较高,但能有效保证其服务质量,用户黏性较高
运价	传统出租车受政府的严格管制,相对网约车价格较高	专车特有的个性化服务,其经营质量高;快车以约租服务为主,成本较低;网约车在价格方面比传统出租车更实惠,但可能会因为天气、特殊时段等原因出现价格浮动的现象
运行效率	传统出租车的空驶率在45%左右	网约车的空驶率为20%～30%。相比传统出租车,网约车降低了空驶率、空驶距离和乘客平均等待时间,提高了传统出租车有限的运输能力,方便乘客出行
车辆类型	具有统一的外观,便于识别	车型多样,选择多样化,舒适度提高,但不具有识别度
安全	传统出租车属于政府管控下的正规化经营,合法合规是底线,能给乘客带来更大的安全感	网约车门槛低,驾驶员驾驶水平参差不齐
管理	具有完善的管理制度,包括培训、考核、奖励体系	规定了市场准入门槛,但相关管理体系仍需完善

在很大程度上，网约车抢占了传统出租车的部分市场，但很多网约车平台同样邀请出租车入驻，一方面解决了传统出租车行业营运的问题，另一方面也为乘客提供更丰富的选择。

② 网约车的发展优势

Ⅰ. 市场准入门槛低。传统的出租车市场准入必须具有三证：车辆运营证、驾驶员服务资格证、城市出租汽车经营许可证，并且需要定期缴纳"份子钱"。另外，一个城市的出租车总量也是严格控制的。而从《办法》可知，网约车准入门槛相对简单，国家鼓励私家车从事网约车服务，可以预见，未来越来越多的私家车将步入网约车行业。

Ⅱ. 满足乘客个性化、差异化的用车需求。网约车无论是在车型、舒适度等方面都更胜一筹，可以自由选择车型、车辆档次，更好满足乘客出行需要。

Ⅲ. 网约车服务质量好，透明度高。网约车服务主要依赖手机软件，在提前预约服务的同时用车价格就会自动显示，而且在手机软件中也会显示路线地图，防止出现传统出租车的绕路宰客现象。另外，打车软件的司机服务评价系统和实时定位追踪系统以及司机身份信息、车辆信息的部分公开也对司机提供良好服务起到了督促作用，这些技术优势也可以让网约车服务平台随时掌握司机和车辆运行的状况，对于安全问题的预防起到了重要的作用。

Ⅳ. 整合社会闲散资源，促进资源共享。截至2019年底，小型载客汽车保有量达2.2亿辆，全国出租车总量约为110万辆，那些希望通过利用私人闲置资源创业的人也无法进入出租车市场，网约车的出现满足了私家车主参与市场的需求，缓解了就业压力。

6.3.4 公共自行车和共享单车运营管理

1）公共自行车

公共自行车，是"公共自行车出行系统"的简称，其发展经历了三个标志性阶段。20世纪60年代，荷兰阿姆斯特丹实施的"白色自行车计划"是第一代公共自行车系统。该计划将没有上锁的自行车放置在公共区域供人们长期使用，不收取任何费用。20世纪90年代中期，丹麦的哥本哈根诞生了第二代公共自行车系统，其特点是：公共自行车匿名使用，租还车地点固定，自行车采用特殊设计以防丢失。20世纪90年代后期，第三代公共自行车系统在欧洲相继出现，其根本的改变体现在运用现代先进的电子、信息集成、无线通信和互联网等技术进行全程监控和智能化管理，如图6.15所示。

公共自行车系统是一种免费或低收费的自行车租赁形式，公共自行车管理单位向居民发放借车卡；用户凭借认证的卡或证件，可以在城市任何一个出租网点借车和还车；可根据使用时长和一定的计费标准收取一定的使用费。但是，公共自行车系统发展仍然存在一些不足：

图 6.15 第三代公共自行车

(1) 运营模式。公共自行车系统车辆收益远远低于系统的运营管理成本，需要通过政府补助、停车棚与车体广告等途径获得运作资金。运营不当使公共自行车系统在一些城市的推广以失败告终。

(2) 布局选址规划。在进行服务点选址时，应该结合周边公交和地铁的发达程度，合理规划服务点的等级。避免出现一些服务点车辆闲置，一些服务点供不应求的情况。

(3) 运营调度。车辆供给与用户需求不匹配，是一个亟待解决的问题。要利用先进的监控系统和公共自行车信息系统，及时用卡车或拖车进行自行车调度，满足早晚高峰潮汐式单向需求，以及偶发性的调度需求，实现良性循环系统。

2) 共享单车

共享单车指在城市、校园等场所提供的自行车共享服务，目前国内首创的智能共享单车模式指通过 App 寻找车辆，利用扫码等智能方式一键解锁自行车，通过后台远程实时监控车辆健康和运营状态的单车智能出行新形式。共享单车是城市慢行交通系统的组成部分，是交通接驳的重要方式。共享单车的出现极大地方便了公众的短距离出行，优化了交通结构。

(1) 共享单车停车管理

共享单车的出现推动了公共自行车的发展和完善。比如，大多数公共自行车已经进行的改造升级，可以实现手机扫码租车还车，而且实现 24 h 运营。

① 电子围栏

在路侧虚拟出一个"电子围栏"，如图 6.16 所示，可实时掌握停车区域内单车的数量、状态、位置及各区间的流量情况等信息，为车辆投放、调度和运维提供智能指引。通过安装信标装置，在停放区域内部署蓝牙嗅探式公共电子围栏，实现蓝牙嗅探式技术和点对点通信技术手段，对未停放至指定停车区的共享单车发出禁停指令。

② "负面清单"式禁停区

通过定位技术配合，凡是骑入禁停区便不能落锁并持续计费，或者收取调度费，引导用户到外围停放，达到治理乱停放的目的。

图 6.16　停放共享单车的电子围栏

无论何种形式,或者结合两种形式,共享单车企业都需要在手机 App 中标注可停放区和禁停区,有义务引导承租人将自行车还至可停放区。

(2) 共享单车组织调度

共享单车的需求量受到很多因素的影响。天气因素:在恶劣天气条件下(下雨、刮风等),出行者对共享单车的需求量会减少;用地类型:大型商务区、住宅区等地区的共享单车借还量随着时间的流动,存在较大波动,具有明显的早晚高峰交通时间,同时也会反映在地铁、车站等交通换乘区域。面对时空不均匀性,需要制定合适的组织调度方案。

以两阶段的城市共享单车的动态调度框架进行简单介绍,如图 6.17 所示。

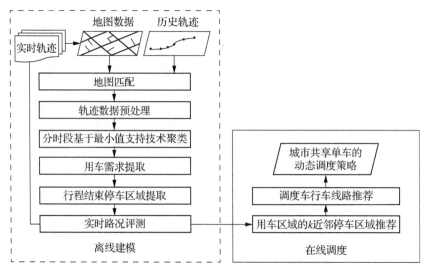

图 6.17　车辆调度总体框架

该车辆调度总体框架分为离线建模阶段和在线调度阶段。在离线建模阶段，首先对历史轨迹使用地图匹配技术结合路网数据将有序路段的结点序列映射到真实路段上；然后对轨迹数据进行预处理，将用车点和停车点的数据分别提取出来，分别对用车点数据和停车点数据进行分时段基于最小阈值支持的聚类，实现各时段用车需求和行程结束停车区域的提取；在线调度阶段，首先获取当前用车区域的位置信息和所属时段，搜索距离用车区域最近的前一时段的近邻停车区域，根据用车比例和停车比例在初始提取的邻近停车区域中选取最终调度的停车区域，同时结合当前时段出租车轨迹流完成对各路段的交通拥塞情况的评测；然后根据各线路拥堵比例对每个最终调度的停车区域到用车区域之间的线路进行评测排序，获取道路畅通的线路，实现对调度车的行车线路推荐。

智能调度模式本质上是解决资源的利用效率问题，在城市共享单车应用中，避免了在用户使用频率高的地区找不到车的尴尬；同时也避免在用户较少地区单车停放过多的资源浪费问题。当系统预判到未来 1 h 后将出现车辆堆积时，会自动发出调出指令给运维人员提前减少热门站点的车辆堆积。比如，每日早高峰来临前 1 h，智能调度系统就已经开始连续发送工作指令。工作指令会根据当日天气判断站点停放高峰期时间，再据此对调度司机发出指令。调度司机收到调度指令后，则可根据要求在指定站点和合理的时间范围内，将所需调度的车辆安排妥当，实现了运维人员和调度司机之间的"完美配合"。

（3）共享单车使用方法

共享单车出行者打开具有共享单车服务的相关手机软件，定位自己的当前位置，寻找周围的共享单车。找到共享单车后，在手机软件上点击扫码用车，将手机摄像头对准共享单车上的二维码，扫开之后在 App 上点击解锁就可以完成开锁并使用。在骑行结束后，共享单车需要停放到指定区域，通常软件上有指定停车区域的标识，并提示到达此处的距离和时间。到达停车区域后一定要记得锁车。锁车后手机端软件会进入支付界面。骑行者可以根据实际情况选择不同的支付方式，详细的使用流程如图 6.18 所示。

除了计次收费，对于经常使用共享单车出行的人群，可以办理共享单车畅骑套餐，即在有效期内不限骑行次数，单次骑行前 2 h 免费，超出时长将按照相应规则进行计费。

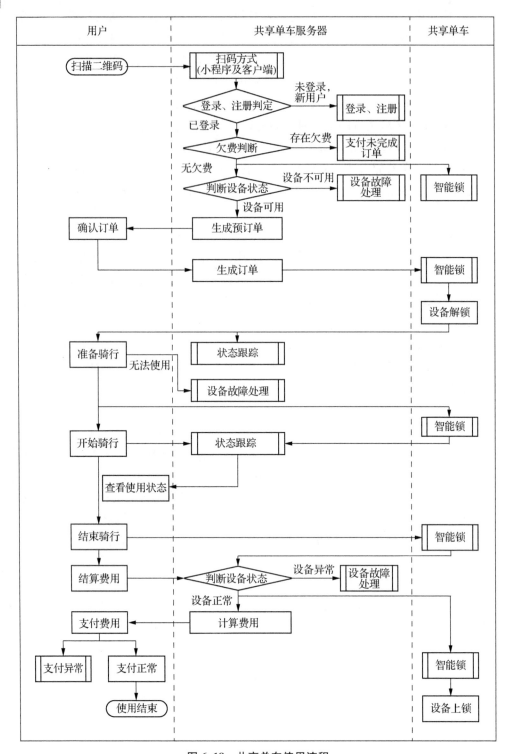

图 6.18 共享单车使用流程

6.4 城市轨道交通客运组织

6.4.1 轨道交通客运组织概述

1) 城市轨道交通购票方式

(1) 在到地铁站窗口或者自助机器按照自己乘坐的区间购买,这种情况适用于不经常坐地铁或者短暂出行至当地的。人少的时候,窗口买票等候时间较短。

(2) 办理地铁卡。乘车享有折扣,换乘交通方式也能享有不同程度的优惠。使用时需要提前充值。

(3) 通过手机 NFC 功能,绑定地铁卡或者办理电子公交卡,使手机具有和地铁卡同样的功能。乘坐地铁时,打开 NFC 开关,刷手机进站。

(4) 刷银行 IC 卡乘车。部分地区和银行支持刷卡乘车,费用直接从银行账户扣除,同时可享受中国银行提供的优惠折扣活动。

(5) 刷手机乘车码乘车。在部分手机 App 上进入乘车码组件,同意相关协议后,就可以领取地铁电子卡。进出站时,只需在扫码机上,用乘车码对准红光实现扫码付款。

2) 运输计划

运输计划是轨道交通系统运营组织的基础工作,它包括客流计划、列车运行组织方式、行车计划、车辆配备计划、列车交路计划以及人员配备计划等。轨道交通系统的运输组织必须以客流计划作为基础,根据客流的特点,合理编制运输计划,合理调度指挥列车运行,实现计划运输。

(1) 客流计划

客流计划是对运输计划期间轨道交通线路客流的规划,是运输计划的重要组成部分。客流计划的主要内容包括:站间到发客流量,各站双向上下车人数,全日高峰小时和低谷小时的断面客流量,全日分时最大断面客流量等。在线路投入运营的初期,客流计划根据客流预测资料进行编制。在既有线路上,客流计划一般根据客流统计资料和客流调查资料进行编制。

(2) 列车运行组织方式

列车运行组织方式应根据各条线路的不同特点、不同的实施阶段,选择合适的运营组织方式。运营组织方式一般分为全线独立运营方式和分段延伸运营方式。

① 全线独立运营方式:轨道交通各线原则上应采用独立的运营方式,根据线路长短和客流分布情况采用分区运行。

② 分段延伸运营方式:是一种临时性、过渡性的运营方式。根据路网实施规划采用分期施工、分期运营时,可采用建成一段、运营一段,逐渐延伸的方法。

(3) 行车计划

行车计划是指营业时间各个小时开行的列车对数计划,它是编制列车运行图、计算运营工作和确定车辆配备数量的基础,行车计划是根据营业时间内各个小时的最大断面客流量、列车定员人数和车辆满载率以及希望达到的服务水平加以编制的。

（4）车辆配备计划

车辆配备计划的目的是为了推算完成全日行车计划而制订的车辆保有数安排计划,包括运用车辆数、在修车辆数和备用车辆数。

（5）列车交路计划

在轨道交通线路的各个区段客流量不均匀的情况下,采用合理列车交路安排是运输计划的一个重要组成部分。列车交路计划规定了列车的运行区段,折返车站和按不同列车交路运行的列车对数。合理的列车交路既能提高列车的运用效率,降低运营成本,又能为乘客提供方便。因此采用不同列车交路相结合的列车运行方式,能使行车组织做到经济合理。

（6）列车折返方式

列车折返方式根据折返线的布置分为站前折返和站后折返两种方式。

站前折返方式是列车经由站前渡线折返。站前折返的优点是列车空车走行少,折返时间短,乘客能同时上、下车,缩短停站时间;缺点是出发、到达列车存在着进路交叉,影响行车安全和站台秩序。

站后折返方式分为站后环形线折返、站后尽端折返线折返和站后渡线折返。站后折返的优点是列车出站速度高,有利于提高运行速度。

（7）人员配备计划

轨道交通公司主要包括运营部门、设备部门以及辅助部门,其中运营部门人员主要是乘备员和站务工作人员;设备部门人员配备对象主要是车辆设备检修工作人员、变电站、触网、轨道等维护人员;辅助部门人员配备对象主要是从事信息、数据及研究工作的人员。

3）安全管理

城市轨道交通的安全管理涉及城市轨道交通建设与运营的各个环节及众多部门,是一个复杂的系统工程,为了抓好城市轨道交通的安全生产管理,政府主管部门、企业要从强化安全意识、建立城市轨道交通安全工作的长效机制等方面入手,从体制、机制上确保安全生产。轨道交通范畴的安全管理主要是指运行安全和系统防灾,它有别于一般生产单位中的劳动生产安全。

（1）运行安全

运行安全是指轨道交通在运送乘客的过程中,涉及行车、乘客安全的各项生产活动安全。运行安全可分为行车安全和客运安全两类。

① 行车安全

和行车安全相对应的是行车事故。列车在运营时间内、运营线路上行驶过程中,由于有关作业人员工作差错、机件设备故障或外部因素影响造成人身伤亡、设备损坏或严重影响列车运行都列为行车事故。

发生行车事故后,行车调度员应采取下列措施:接到值乘驾驶员或车站行车值班员的事故报告后,立即报告控制中心。报告事故包括发生时间、发生地点、列车车次、车组号、关系人员职务、姓名、事故概况及原因、人员伤亡情况、车辆以及设备损坏情况、是否需要救援。

接到救援请求后,应及时向车辆段运转值班室值班员发布救援列车出动命令。立即关闭后方站的出站信号,阻止续行列车进入区间。通知电力调度员,切断牵引电流。根据需要,向列车驾驶员发布疏导乘客命令,命令应指明疏导方向及注意事项。同时,发生各类事故及险情时,应按行车事故报告程序及内容进行报告,并填写事故报表。凡遇到需要救援,由调度所向车辆段发布救援命令,开行救援列车。

② 客运安全

凡在车站的站厅(付费区内)、站台上、电动列车车厢内发生的危及乘客人身安全的事件,属客运安全。列车的车门、屏蔽门、站台边缘与列车停车后的缝隙、自动扶梯、电动列车进出站等都容易造成客伤。

③ 运行安全对策

主要从以下几个方面着手加强城市轨道交通的安全生产:健全安全法制;健全安全管理制度,提高科学管理水平;提高关键设备(特别是行车指挥系统)的可靠性和先进性,为行车安全提供保障;加强安全运行的组织管理,提高工作人员的素质和责任心。

(2) 系统防灾

由于城市轨道交通系统的基础设施,如高架桥梁、浅埋地下隧道、地面轨道以及其他设施不可避免要受到自然环境的影响,譬如地震、洪水、台风等会对这些基础设施构成严重威胁。因此,城市轨道交通系统的防灾工作也是十分重要的。

可能对轨道交通系统造成危害的自然灾害包括地震、火灾、洪水、飓风等。

① 防灾原则

根据经济有效原则和不同强度自然灾害出现的频率,轨道交通系统的防灾原则为能够抵御一般的自然灾害,不破坏运输组织;当遭受中等自然灾害时,应不经修理或稍加维修即能运行;当遭遇概率较小的重大自然灾害时应能迅速排除险情并在较短时间内恢复运行。

根据轨道交通系统对不同灾害的敏感程度,防灾工作可分为考虑多种自然灾害影响的综合防灾和考虑主要自然灾害影响的重点防灾两种。一般来讲,高架桥主要考虑防震、防风;隧道主要考虑防洪、防火、防震;路面、地基主要考虑地震和防洪;站台主要考虑防震、防火;车辆主要考虑防火、防风等。

② 防灾对策

Ⅰ. 在设计和施工中,充分考虑当地的自然条件和可能发生的重大自然灾害,采取相应的技术处理措施,提高设计等级或选用适宜的结构体系等。

Ⅱ. 在容易遭受灾害的地方,设置先进的自动报警装置,包括监督装置、报警装置,并应配备专职人员监控,实现预防、监督、报警、善后处理系统化及自动化。

Ⅲ. 对工作人员加强应急培训，在紧急情况下不致发生混乱，并采取适当的方法使损失减小到最低程度。

6.4.2 地铁站点客运组织

地铁交通系统的建设目的是为乘客提供满意的出行服务，而良好的运营组织是这种供给的前提和保证。

影响客流组织的因素较多，不同类型的车站其客流组织的工作有着较大的区别。中小车站的客流组织相对简单，而大车站换乘站因客流较大、客流方向比较复杂，客流组织也比较复杂。

车站客流组织的主要内容包括：车站售、检票位置的设置，车站导向的设置，车站自动扶梯的设置，隔离栏杆等设施的设置及车站广播的导向，售、检票设备数量的配置，工作人员的配备及应急措施等。其中，最主要的环节是售、检票过程，它是系统的窗口和形象的象征，也是影响车站定员和运营效率的关键因素。

地铁站的选址和规模在轨道交通建设时已经确定，一般不能再改变。出入口及通道宽度，站厅及站台的规模在建设时需根据预测客流量确定。在运营管理中，如何正确设置售、检票位置，合理布置付费区对客流进行合理的导向，对客流组织起着很重要的作用。在布置时，一般要以最大客流量时保持客流的畅通为原则，因此一般按以下要求进行布置。

① 售、检票位置与出入口、楼梯应保持一定距离。售、检票位置一般不设置在出入口和通道内，从而保证出入口和楼梯的畅通。

② 保持售、检票位置前通道宽敞。售、检票位置一般选择站厅内的宽敞位置设置，以便于售、检票位置前客流的疏导，售、检票位置应适当保持一定距离，避免排队时拥堵。

③ 售、检票位置根据出入口数量相对集中布置。因此地铁站一般有多个出入口，为了减少乘客进入车站后的走行距离，一般设置多处售、检票位置。

④ 应尽量避免客流的对流。车站一般对进出客流进行分流，进出车站检票位置分开设置，保持乘客经过出入口和售、检票位置的线路不至于发生对流。

（1）正常情况下的客流组织

车站日常客流组织主要由进站组织、出站组织、换乘组织三部分组成。

进站组织是指乘客经出入口、楼梯、自动扶梯（或垂直电梯）、连接通道等进入车站站厅层非付费区，通过楼梯、自动扶梯（或垂直电梯）进入站台层候车。站台工作人员要组织乘客按先下后上的顺序乘车，防止乘客抢上抢下。

出站组织是指乘客下车后到达车站站台，经楼梯、自动扶梯（或垂直电梯）进入站厅层付费区通过出站闸机，进入站厅层非付费区后，通过导向标识找到相应的出入口出站。

(2) 大客流组织

大客流分为节假日大客流、大型活动大客流和突发性大客流。实施客流控制前需确保：车站各岗位员工对本站客流组织方案、关键点/风险点及控制措施学习到位；客流控制阵型布阵到位；关键部位及控制点人员安排到位；实施客流控制时的告示/广播宣传、客流疏导到位；各岗位联动机制执行到位。一般而言，采取"由下至上、由内至外"的原则进行三级客流控制。在站厅与站台的楼梯（电扶梯）、进站闸机、车站出入口处进行客流控制。

客运备品布置：车站按要求设置铁马阵型，正确使用客控易拉宝告示或摆放客控告示；客流控制结束后，车站取消客流控制后及时归整客运备品；车站在非客流控制期间，利用铁马设置分流线时，每隔5~8 m能留出1~1.5 m的缺口。

人性化服务：车站在实施不同级别的客流控制时，需同时兼顾人性化服务，密切留意乘客动态。对孕妇、抱婴者、行动不便人士、身体不适人士或持当日就近时段有效机票、火车票的乘客优先放行。

6.4.3 地铁车辆运营组织

1）列车运行图

(1) 列车运行图基本概念

列车运行图是列车运行的时间与空间关系的图解，它是表示列车在各区间运行及在各车站停车或通过状态的二维线条图。列车运行图规定了各次列车占用区间的次序，各次列车在区间的运行时分，在车站的到达、出发或通过的时刻，在车站的停站时间和在折返站的折返作业时间，以及列车交路和列车出入车辆段时刻等，能直观地显示出各次列车在时间上和空间上的相互位置和对应关系。

列车运行图是用坐标原理来表示列车运行的一种图解形式。列车运行图上用横坐标表示时间，纵坐标表示距离，水平线代表各车站中心线位置，斜线称为列车的运行线，其中上斜线代表上行列车，下斜线代表下行列车。列车运行线与水平线的交点，就是列车在每个车站到、发或通过的时刻。图6.19是列车运行图的一个示例。

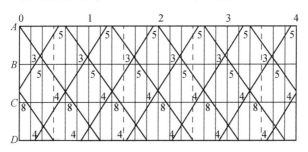

图 6.19 列车运行图

(2) 列车运行图的作用

列车运行图是轨道交通行车组织工作的综合性计划,是地铁和轻轨等行车组织工作的基础。列车运行图不仅把沿线各车站、线路、供电、车辆、通信信号等技术设备的运用联合成一个统一的整体,而且把所有与行车有关的部门和单位都组织起来,严格地按照一定程序有条不紊地进行工作,从而保证列车安全、正点运行。

2) 运输能力

运输能力是通过能力和输送能力的总称。它是指在采用一定的车辆类型、信号设备和行车组织方法的条件下,轨道交通系统线路的各项固定设备在单位时间内(通常是高峰小时)所能通过的列车数。输送能力是指在一定的车辆类型、信号设备、固定设备和行车组织方法的条件下,按照现有活动设备和乘务人员的数量,轨道交通系统在单位时间内(通常是高峰小时、一昼夜、一年)所能运送的乘客人数。

3) 行车调度管理

(1) 行车调度概述

城市轨道交通行车调度工作由调度中心实施,实行高度集中统一指挥,行车调度的基本任务有:

① 组织指挥各部门、各工种严格按照列车运行正常秩序;

② 监控列车到达、出发及途中运行情况,确保列车运行正常秩序;

③ 当运行秩序不正常时,及时采取有效措施,尽快恢复正常行车秩序;

④ 及时、正确地处理行车异常情况,防止行车事故的发生;

⑤ 随时掌握客流情况,及时调整列车运行方案;

⑥ 检查监督各行车部门执行运行图情况,发布调度命令;

⑦ 当发生行车事故时,按规定程序及时向上级主管部门汇报,并采取措施防止事故扩大,积极参与组织救援工作。

(2) 调度机构及其组成

城市轨道交通是一个复杂的、技术密集型的城市公共交通系统。在日常运输组织工作中,为统一指挥、有序组织运输生产活动,以确保各个环节紧密配合,协调动作,轨道交通系统设立控制中心。控制中心组成如图 6.20 所示。

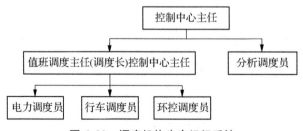

图 6.20 调度机构生产组织系统

值班调度主任(调度长)是调度班组工作的组织者和领导者,其主要工作职责是传达、贯彻和执行上级有关文件、命令及指示,负责完成本班组各项运输指标,主持接班会,布置有关注意事项,检查安全生产情况,掌握列车运行图执行情况,负责施工和救援工作的把关,主持事故分析会等。

行车调度员是列车运行的统一指挥,负责监控或操纵列车运行控制设备,掌握列车运行、到发情况,发布调度命令,检查各站、段执行和完成行车计划情况,在列车晚点或运行秩序混乱时采取有效措施尽快恢复按图行车,负责施工要点登记,发生行车事故要迅速采取救援措施,并向上级和有关部门报告,填写各种报表。

通常在实行行车指挥自动化或调度集中控制时,行车有关工作由行车调度员直接指挥;转为车站控制时,车站行车工作由车站行车值班员直接指挥。行车调度员是日常运输工作的具体组织者、指挥者,对实现列车运行图和完成运输工作的指标负有重大责任。

(3) 列车运行调整

在列车运行晚点时,行车调度员根据列车运行情况,按规定的列车等级顺序进行调整。列车运行调整的主要方法如下:① 始发提前或推迟发出列车;② 组织列车加速运行、恢复正点;③ 组织车站快速作业,压缩停站时间;④ 组织列车通过某些车站;⑤ 变更列车运行交路,组织列车在具备条件的中间站折返;⑥ 组织列车反方向运行;⑦ 调整列车运行时间间隔;⑧ 停运列车。

行车调度员对列车运行调整方法的选择,取决于列车运行的具体情况,实际工作中往往可选择几种运行调整方法结合使用。调度员在组织、指挥日常运输工作中,有权发布与运输组织有关的调度命令,站段以及与行车有关人员必须坚决执行。

(4) 正常情况下列车的运行调度

① 行车指挥自动化

在行车调度员监控下,由行车自动监控系统(ATS)完成列车运行的控制任务。这时,基本闭塞方法为自动闭塞法,通常还采用列车自动保护(ATP)和列车自动运行(ATO)子系统。三个子系统构成列车自动控制系统(ATC),ATC系统具有列车运行自动化和行车指挥自动化功能。在ATS子系统因故不能使用时,改为调度集中控制。

② 集中调度

行车调度员通过调度集中控制设备控制所管辖线路上的信号和道岔,办理列车进路,组织和指挥列车运行。在调度集中控制因故不能实现时,改为车站控制。车站值班员在列车调度员的指挥下,办理列车进路,接发列车。

调度集中的主要功能有:Ⅰ. 控制管辖范围内各车站的信号机、道岔以及排列列车进路;Ⅱ. 显示各车站信号机开闭、进路占用和列车车次、列车运行状态等;Ⅲ. 自动绘制实际列车运行图。

(5) 特殊情况的列车运行调度

① 列车自动控制系统发生故障时,行车指挥方法和列车运行控制方式改变如下:

Ⅰ. ATS子系统发生故障,改为调度集中控制,由行车调度员人工控制全线的信号与道岔、办理列车进路,调整运行秩序。

Ⅱ．ATP地面设备发生故障。如果是小范围的设备故障,可由行车调度员确认故障区间空闲后,向驾驶员发布命令,列车在故障区间限速运行;如果是大范围的设备故障,必须停止使用自动闭塞法,改为车站控制,实行电话闭塞法行车。

Ⅲ．ATP车载设备发生故障,因故障列车无法接收限速命令,该列车驾驶员应按调度命令,人工驾驶限速运行。

Ⅳ．ATP子系统和车站通信设备同时发生故障,采用时间间隔法行车。

Ⅴ．ATP子系统发生故障,列车改为人工驾驶,在ATP车载设备的监护下,按车内速度信号显示运行。

② 改为车站控制时

发生下列任何一种情形时,根据行车调度员的命令,由调度集中控制改为车站控制。

Ⅰ．对所管辖的道岔或信号失去控制作用;Ⅱ．表示盘上失去复示作用或不能正确复示;Ⅲ．停止使用自动闭塞法;Ⅳ．按半自动闭塞法行车;Ⅴ．清扫道岔;Ⅵ．列车运行或调车有关工作必须由车站办理。

当调度集中控制改为车站控制时,在行车调度员的指挥下,由车站行车值班员办理闭塞、准备进路、开闭信号和接发列车。

③ 改用电话闭塞法时

以下一些情形须停止使用自动闭塞法,改用电话闭塞法:Ⅰ．因故不能使用基本闭塞设备;Ⅱ．因故发出由区间折回的列车;Ⅲ．双线区间列车反方向运行;Ⅳ．半自动闭塞区间出站信号机故障或灯光熄灭。

电话闭塞法是在没有机械、电气设备控制的条件下,仅凭电话联系来保证列车空间间隔的行车闭塞法。其安全程度较低,只是一种临时代用的闭塞法。

④ 改用时间间隔法时

由于自然灾害或其他原因使车站一切电话中断,车站行车值班员无法与控制中心、邻站取得联系,为了不间断行车,双线区间可改用时间间隔法行车。此时,行车作业办法与要求如下:

Ⅰ．车站行车值班员指定改用时间间隔法的第一趟列车驾驶员,将实行该行车法的情况通知有关车站。

Ⅱ．除线路两端折返站外,中间站道岔一律置于正线列车运行位置,如车站行车值班员无法在控制台上确认道岔位置或转换道岔,必须随车就地确认或办理。

Ⅲ．出站信号机置于停车信号显示,列车进入区间的行车凭证为红色许可证,手信号发车。

⑤ 夜间施工

夜间施工是轨道交通系统生产活动的重要组成部分。运输调度部门既要按照批准的施工计划,保证设备维修更换、线路扩建工程等夜间施工任务顺利完成,又要保证次日运输生产能正常进行。为此,夜间施工时的行车应按有关作业办法与要求组织。

城市轨道交通行车调度管理的主要内容如图 6.21 所示。

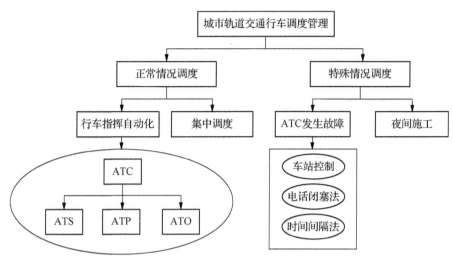

图 6.21　城市轨道交通行车调度管理

6.5　城市公共交通系统的衔接与协调

6.5.1　城市公共交通系统的衔接协调

各种交通方式各自具有不同的特点,综合交通系统的高效运作依赖于各种交通方式的协调,因此很有必要做好城市公共交通系统各种交通方式之间的衔接。

1）城市间(境外)公共交通的衔接分析

城市的公共交通不仅仅为市内交通服务,同时还承担着接驳市间客运的任务。将城市公共交通系统与城市系统封装起来,并从地域的角度来分析公共交通的衔接问题,得到城市间交通衔接如图 6.22 所示。

由图 6.22 可看出,城市通过公共交通系统接驳乘轨道、水运、空运、公路等交通方式的市间旅客,从而实现城市与外界的联系。轨道、水道、公路及空中航线是运输的长通道。而火车站、港口码头、长途汽车客运站、航空港则是这些通道的衔接点。

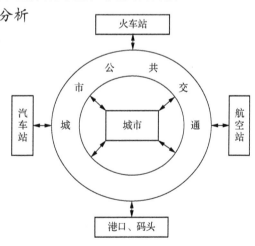

图 6.22　城市公共交通系统衔接关系分析图

2）城市内公共交通衔接分析

城市客运交通系统包括了公共交通方式和非公共交通方式。从可持续发展的角度来说，除了做好城市客运交通系统与城市大系统的协调，同时还应当做好城市交通系统内部各子系统之间的协调。其中最主要的就是公共交通方式和非公共交通方式间的衔接协调。

（1）公共交通与自行车/共享单车交通的衔接

自行车是一种经济、绿色的短距离出行方式，并且在今后很长一段时间内，短距离出行中自行车仍具有一定比例，规划中必须考虑为自行车与公共交通换乘提供方便。

共享单车与自行车类似，但共享单车成本更低，使用更方便，已成为居民出行的一大主要交通方式。如何合理投放和规划共享单车，做到使其与公共交通换乘顺畅，也需要仔细考虑。

（2）公共交通与小汽车的衔接

小汽车作为一种舒适的交通工具，是人们生活水平提高后的一种自然追求。在今后一段时期，我国的小汽车拥有量将逐年提高。为缓解交通量增长与道路资源有限的矛盾，国家采取的策略是"不限制小汽车的拥有，但限制其使用"。这里所说的限制主要是针对交通供需矛盾突出的老城区或城市中心区而言。因此应当为小汽车出行者提供进入城区可选择的交通方式。

3）公共交通系统内部衔接分析

（1）轨道交通与常规公交的衔接

随着轨道交通的快速发展，地铁与公交换乘难的矛盾日益突出。过去，由于各种原因造成两者之间的"脱节"，有的地铁站要走几百米才能换乘上公交车，给市民的出行带来了极大的不便，也使城市立体交通网络的功能得不到充分发挥。因此在常规公交站点及轨道交通站点布局时应当综合考虑。做好两者的衔接工作，这有利于扩大轨道交通的乘客服务范围，并最终形成以轨道交通为客运走廊、地面公共交通为支线的城市公共交通系统。

（2）轨道交通与出租汽车的衔接

出租汽车（包括网约车）是在公共交通系统中起辅助作用的交通方式。出租汽车具有运行线路灵活、乘坐舒适的特点。轨道交通具有准时、快速远距离运输的特点。许多乘客会选择出租汽车换乘轨道交通完成出行。这就要求做好两者之间的衔接。

（3）常规公交与出租汽车的衔接

仅就市内交通而言，常规公交与出租汽车（包括网约车）的衔接问题不是太明显。可能存在衔接问题的地方就是针对出租汽车限行区域，此时必须在限制区域外围做好常规公交与出租小汽车的衔接工作。这项工作的落实，主要就是为出租汽车的停靠提供停车位。

6.5.2　城市公共交通间的换乘衔接协调组织

现代社会经济的发展客观上要求实现各种交通方式的有效衔接,建立高效、安全、便捷的交通运输体系,实现交通的一体化发展。

1) 枢纽分级组织

以轨道交通站点在城市客运交通网络体系中的地位及站点换乘客流的性质、站点客流服务范围等多种因素对其进行分级,可划分为综合枢纽、换乘枢纽和一般站点三个等级。

(1) 综合枢纽

综合枢纽是轨道交通站点层级体系中的最高等级,它集中了城市对外交通和市内多种交通方式,是融合城市对内、对外交通的关节,具有高度的综合性;在此类枢纽中,对外客运方式居于主导地位,而轨道交通处于从属地位,仅作为与对外客运接驳的主要交通方式。具有代表性的布局有:

① 平面一体式布局

如图 6.23 所示,将长途客运站、轨道交通车站、公共汽车站、出租车停车场以及私家车停车场均布置在同一区域的同一平面内。各交通方式的车场之间布局紧凑,便于乘客换乘,可以有效减少换乘人流间的冲突。

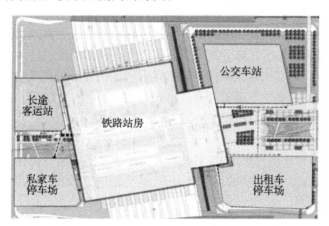

图 6.23　平面一体式布局

② 平面分离式布局

将轨道交通车场与铁路车场布置在同一平面内,但由于枢纽周边设施情况复杂,轨道交通与铁路站之间呈现分离式布局。客流升降采用"上进下出"与"下进下出"两种方式。"上进下出"指进站旅客从铁路站房进入高架候车室候车,出站旅客从地下通道出站。"下进下出"指从地铁出站口行至地下换乘大厅,再经地下进站大厅乘电梯进入城际、高速铁路站台乘车,实现"零换乘",出站旅客从地下通道出站。

③ 立体式布局

如图6.24所示,将铁路车场与轨道交通车场、出租汽车站以及私家车停车场布置在不同平面内,乘客通过扶梯进行换乘,可以有效减少选择不同交通方式的换乘人流间的冲突。同时,地铁的结构体系与铁路站房主体结构结合设置,布局紧凑,便于乘客换乘。

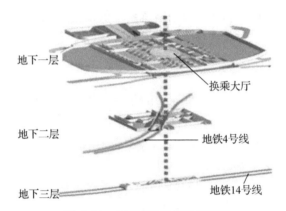

图6.24 北京南站交通设施布局

④ 综合式布局

如南京南站综合客运枢纽采用了平面布局与立体布局相结合的综合式布局模式,长途客运站位于枢纽地面一层出站大厅西南角,站房出站大厅西侧,与换乘大厅紧密相连,方便换乘铁路的公路客运旅客进行快速疏散。高铁站与地铁站、社会车辆和出租汽车乘客呈立体布局形式,从地铁站换乘长途客运汽车的旅客不需要进入综合客运枢纽的地面换乘大厅,可以在地下通道直接进出长途客运站,公共汽车乘客和火车站到站旅客也可以从与地面大厅相通的通道直接进入公路客运站。

(2) 换乘枢纽

换乘枢纽是多种市内客运方式的集合体,是市内客运交通一体化的关键;它是轨道交通引领和服务城市功能布局的主要着力点,具有辐射整个市域或市域内某个方向上不同功能组团的能力。

在此类枢纽中,轨道交通居于主导地位,而其他交通方式处于从属地位。

① 轨道交通内部的换乘

根据地铁线路的走向、地铁间的相交方式和地铁站位方式,当前主要换乘方式包括节点换乘、站厅换乘、通道换乘、平行换乘、同台换乘、出站换乘等。

② 轨道交通与常规公交的换乘

公共汽车与轨道交通之间的换乘,要有清晰的线路信息,使换乘客流流向明确、通道畅通、换乘便捷无误。由轨道交通车站换乘地面公共汽车的客流,应通过人行天桥或地道直接进入街道外的公共汽车站台,使人流与车流分别在不同的层面上流动,互不干扰。

轨道交通与常规公交的换乘模式主要分为路边停靠换乘模式、合用站台换乘模式、不同平面换乘模式、多站换乘模式等。

Ⅰ.路边停靠模式

常规公交在道路边直接停靠,利用地下通道或人行天桥与轨道交通站点联系,从而实现公交与轨道交通的换乘。此模式适用于换乘量小、站点受用地限制的车站,如图6.25。

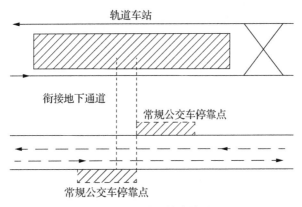

图 6.25　路边停靠换乘

Ⅱ.合用站台换乘模式

当轨道交通站点与常规公交站点位于同一平面时,可将站台合用,利用地下通道相连。使乘客在换乘的过程中缩短了换乘时间,这种方式适用于某一方向换乘客流量大且有较大的用地来布置的车站,如图6.26。

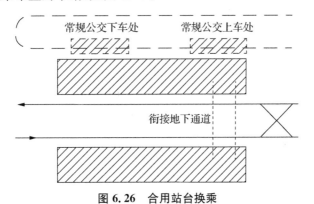

图 6.26　合用站台换乘

Ⅲ.不同平面的换乘模式

轨道交通与常规公交处于不同平面,通过某一路径,使轨道交通的出发站与常规公交的到达站处于同一侧站台,轨道交通的到达站与常规公交的出发站同处另一侧站台。这种换乘模式保证了两股换乘客流互不干扰。但该换乘模式下常规公交绕行距离以及停车时间较长,而且容易与其他道路情况相互干扰,该模式适用于换乘量较大以及用地较为宽裕的车站,如图 6.27。

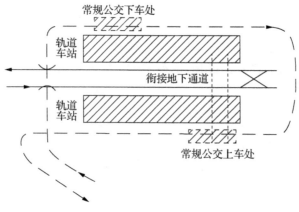

图 6.27 不同平面换乘

Ⅳ. 多站台换乘模式

在繁忙的轨道交通车站,入站的常规公交很多,采用沿线停靠法会因停靠站空间不足而造成拥挤,因此可采用路外多个站台换乘枢纽的形式。这种方式适用于换乘量较大、轨道交通的地下站厅窄的车站,如图 6.28。

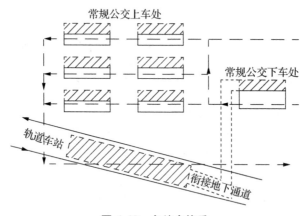

图 6.28 多站台换乘

③ 轨道交通与自行车的换乘

在处理自行车(包括公共自行车、共享单车)与轨道交通枢纽接驳时,应注意以下几点:

Ⅰ. 发挥自行车近距离出行的优势,在其优势范围内组织好自行车交通,开辟自行车专用道,将它从主、次干道上分离出来,构成非机动车专用道系统。

Ⅱ. 在轨道交通车站设置自行车停车场,自行车停车场应靠近枢纽出入口,以便乘客换乘,但应避免与之过分接近,以免扰乱交通。

④ 轨道交通与私人交通的换乘

私人交通与轨道交通之间的换乘在小汽车拥有率较高的国家非常普遍，即由居住点开车前往大容量轨道交通车站，再利用轨道交通前往目的地，也称为"P+R"换乘模式。

(3) 一般站点

站点是轨道交通站点层级体系的基础，也是轨道交通发挥交通运载功能的基础。从交通的角度看，它的交通方式相对简单，客流以步行集散为主，包含简单的换乘，如自行车、公交停靠站等；从服务功能的角度看，它的辐射范围相对较小，主要为组团内功能单元服务。

2) 信息智能化组织

换乘信息服务系统应使乘客在出行中了解何种交通工具可乘和如何选择最佳的交通工具组合方式，以便为乘客提供合理的行车时间与路线，方便乘客换乘。

(1) 信息服务类设施

信息服务类设施可以及时为旅客提供交通工具及交通运输线路目前的具体信息，减少旅客不必要甚至错误的换乘方式，有引导客流、车流的作用，有利于节省旅客换乘时间，提高枢纽换乘效率，一般包括：智能公交站牌，公交、地铁内部查询系统。

(2) 手机服务平台

① 导航 App

高德地图、百度地图等 App，可以准确地根据乘客当前所在位置提供不同的换乘方案。乘客只需在 App 内输入目的地，便可以得到合适的换乘途径，同时伴有语音提醒换乘的服务。

② "掌上公交"等 App

"掌上公交"App 是一款实时公交查询手机软件，支持公交路线、站点实时查询、定制公交以及扫码乘车等功能。

掌上公交的一键查车功能可以自动查看离乘客最近的车站和实时到达车辆，公交大约到哪儿了，大约还有多久到站，可预设距离几站响铃提醒。同时具有换乘方案推荐的功能，结合车辆动态、发车排班及路径距离等多维度的信息，给乘客精准推荐换乘方案，提高乘客换乘效率。具体操作界面如图 6.29 所示。

③ 基于 MaaS 理念的出行服务体系

MaaS(Mobility as a Service)——出行即服务，是指基于现状已有的交通方式，利用技术在综合匹配乘客出行的时间成本、金钱成本和对环境影响的基础上，采用一种或多种交通方式服务乘客空间位置移动的一站式出行服务方式。

图 6.29 "掌上公交"操作界面

6.5.3 城乡公交一体化运营组织

1)城乡公交一体化的内涵与要素分析

(1)城乡公交一体化内涵

城乡公交一体化,是通过城乡公路和城市道路客运诸元素的合理配置,将管理经营机制、网络布局、站场建设、车辆运行等有机结合成为一体。使城市公交、城间客运、出租客运、城市与农村之间以及城市周边农村的各种客运整体协调发展,通过对各种运力的合理调控,实现统一、高效、协调发展的公共客运系统模式。

城乡公交一体化是在城乡道路十分畅通的条件下,线路网络布局一体化,即城乡客运网络统一构建,方便人们在各线路间换乘;运营管理一体化,即农村公交、城镇公交和城市公交由统一部门调度管理,满足城乡居民出行需求;政策一体化,即在优惠政策上通盘考虑,避免农村公交、城镇公交与城市公交优惠政策的二元化;基础设施建设的统一化,即统一规划、统一布局,避免各自为政;服务上的网络化和标准化,构建统一的服务网络。城乡公交一体化的架构如图6.30所示。

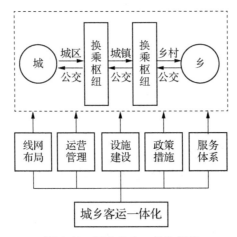

图 6.30 城乡公交一体化框架

(2)城乡公交一体化系统构成

① 线路。城乡公交一体化中,路网结构不断优化,合理组织交通流,对线路加以合理利用,可以更好地提高道路的利用水平。

② 场站。公交场站在新的城乡公交客运系统中更是培育和发展道路运输市场的载体。应考虑场站具有的公共性、衔接性、公益性特征,其服务对象主要考虑城乡公交线路沿线特别是城市郊区范围内的居民的出行需求。如何合理科学、有效地布设城乡公交场站是发挥城乡公交功能、改善公交企业运营效益、提高公交吸引力的重要条件。

③ 车辆。在设计线路和停靠站点后,应根据线路客流情况及道路状况合理安排车辆,在客流较多的线路可以采用与城区公交同类型的大巴公交进行营运,在客流较少的

线路或客流有明显朝夕变化的路段所在的线路应选用中小型公交客运车辆进行营运。

④ 管理。管理是城乡公交一体化系统中不可被忽视的因素。人、车、路、站如何各得其所,在很大程度上取决于管理这一系统要素。

2) 线路布设

(1) 城乡公交线网分级

城乡公交线网分级首先从各线路所承担的功能上区分,然后针对不同的线路功能、居民出行要求对线路采取不同的运营标准。

① 一级城乡公交客运线路。连接城市郊区、远城区至城市中心城区的道路客运线路。主要承担大型集散点之间特别是中心城区和郊区中心之间的居民出行,其主要是替代原有的城市郊区至中心城区的长距离客运。

② 二级城乡公交客运线路。连接郊区各区之间及大型中心镇至各区的道路客运线路。主要承担城市外围郊区各区之间或大型中心镇至各区的中短距离居民出行的需求。

③ 三级城乡公交客运线路。连接各乡镇至行政村的若干条道路客运线路,主要解决非公交干线及沿线附近的居民的出行需求和解决村、镇至城区的出行中的换乘需要。

(2) 城乡线网布局结构

线网结构的确定是线网布设的核心内容之一,它决定了线网的总体发展方向。虽然一体化的公交线网可划分为三个层次,但基于各城市所辖行政区域大小有别,各城市与周边地区地市经济往来的密切程度各异,公交线网布局结构可以选择如下的四种类型。如图6.31所示。

① "树状"结构。中心城区至县(市)城区、县(市)城区至各乡镇、各乡镇间、镇到村。"树状"结构适合于中心城市辐射范围的纵深度较大,对市域城镇的吸引力较强。

② "星状"结构。中心城区到周边城区、市主城区到各县(市)、各县(市)到各乡镇。"星状"结构突出反映该市对外联系的紧密程度较高。

③ "轮轴"结构。城区公交(中心城区内部公交)、城乡公交(中心城区至各乡镇及乡镇间)、乡镇到村。"轮轴"结构适合于三个层次公交线网中,市内公交体系较发达。

④ "通道"结构。跨区(组团)公交线网、区间公交线网、区(组团)内公交线网。"通道"结构适应于特大城市及大城市的中心城区与郊区间,强调组团间的紧密程度。

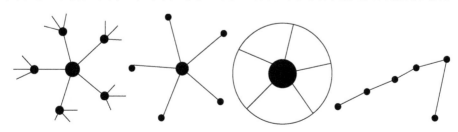

图 6.31 线网布局结构简图

3) 场站体系

客运场站是城乡公交一体化的重要基础设施,它集运输服务、运输组织、辅助服务于一体,在城乡运输中起着集散乘客、停放车辆、运行调度等作用。城乡公交场站体系应包括城乡公交枢纽站、乡镇等级客运站、停靠站、沿途简易招呼站、终点站回车场、停车保养场等,具体如图6.32所示。

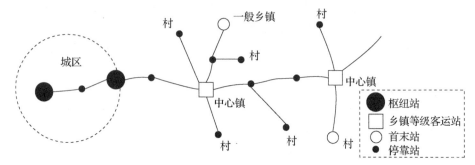

图6.32 城乡公交场站体系

城乡公交枢纽站位于城市内部或城乡接合部,一般为客运的起点站,大多布设在客流密集、功能地位突出的重点区域,用于集散客流,连接城市公交线路、城市与城乡公交线路,方便乘客在不同交通方式、城市与乡村之间的中转换乘。

在一些区域重点镇建设乡镇等级客运站,主要用作区域内客流集散,市县与乡镇、乡镇与乡镇(村)乘客的中转换乘及候车,也可用作城乡公共客运车辆停靠、车辆维修、夜间停车等。

停靠站是城乡公交线路上最普遍的场站类型,主要位于城市居民小区、商业区、交叉口、厂矿区、乡镇村等人流聚集的地方,为城乡公交提供沿途安全停靠点,方便乘客候车。

在城乡公交线路沿途一般会设置简易招呼站,主要为城乡公交车穿越村镇时提供临时停靠点,集散零散乘客,引导和方便乘客候车。

终点站回车场主要设置在城乡公交线路的终点站,用作车辆掉头、终点停车、乘客候车等。

城乡公共客运停车保养场可与城市公交停车保养场统一考虑,也可分散在乡镇客运场站内。

4) 运营管理模式

① 公交化改造,集约化经营。按照"公平、公正、公开"的原则,采取线路置换、公司收购、参股经营、淘汰、转移、服务质量招投标等做法对城乡之间的农村客运进行公交化改造。

② 经营主体。城乡客运一体化具体经营企业应由具备较高经营资质、管理规范、经营实力与抗风险能力较强的客运企业具体负责实施。

③ 片区经营。根据行政区域和线路走向,把经营区域划分为若干片区,每个片区

由有限的客运企业经营,经营线路以中心城区为集散点向外辐射,线路长短不等,有机结合,按远郊区、中心镇(乡)、村等级辐射。

④ 发车班次。根据乡村客流的不均衡性,确定班次频率,保证一定的客运班车规模,提高线路营运的经济效率。在客流量比较大的线路采取"三个结合,一个衔接"的方式,即固定班次和滚动班次相结合,计划班次和计划外加班相结合,高峰期配足运力和平峰期均衡安排相结合,镇、村班次和城区长途班次衔接。对于偏远地区客流量少的线路,利用小型客车穿梭于村落内部,采取不定线路、不定班次、不定站点、不定票价、一票到达等灵活的运营方式。

思考题

6.1 简述城市公交系统的构成。
6.2 简述城市公交客流的特征,一般用哪些指标进行衡量?
6.3 简述城市公交客流调查的内容和方法。
6.4 城市地面公交车辆调度形式有哪几种?调度方法有哪几种?
6.5 简述定制公交的特点和适用范围,以及定制公交组织需要具备的基本要素。
6.6 BRT 公交客运的特点是什么?
6.7 城市出租客运特征及经营模式是什么?网约车具有什么特点?网约车存在什么问题?
6.8 共享单车管理的难点和重点是什么?
6.9 地铁与轻轨的区别主要体现在哪些指标上?
6.10 简述地铁客运站客流组织的要点。
6.11 在规划与运营管理阶段,城市公共交通系统内部衔接与协调分别重点聚焦哪些方面?
6.12 城乡公交一体化的内涵是什么?在规划与运营管理阶段,分别重点聚焦哪些方面?

7 货物运输组织基本知识

学习目标

- 掌握货物的种类及其运输特性
- 掌握实现合理化运输的措施
- 能够合理选择运输线路和运输车辆
- 熟悉道路特殊货物运输组织管理的主要内容
- 能够编制货运生产计划

7.1 货物运输概述

货物运输组织就是从运输生产过程管理入手,按照运输企业的生产经营目标和计划,充分利用各种现有资源,对运输生产的各要素、环节进行合理安排,从运输产品的时间、质量、数量和成本等要求出发,对为社会提供符合需要和用户满意的运输服务全过程进行计划、组织、协调。本章在从运输角度对货物进行分类的基础上,以道路运输为重点,学习如何合理装载、制订运输计划、进行运输线路选择、车辆选择,实现合理化运输。

7.1.1 货物的分类

货物种类繁多,其形状、物理特性、包装多种多样,在保管、装卸搬运、存储、积载及运输过程中,应根据货物不同的要求分别对待。作为运输组织者,必须熟悉货物的特性、合理的包装方式,以便运输组织者或货主根据需要选择货运车辆、装车方式以及堆存方式等。

1) 按货物含水量划分

(1) 干货。这是指基本上不含水分或少含水分的货物。如电器设备、电子设备、部分医药产品。一般有包装的件杂货物大都属于此类货物。

(2) 湿货。这是指散装液体货,如石油及其制品、液化天然气、硫酸等化学品。金属桶或塑料桶装运的流质货物以及半流质货物,如装修用的乳胶油漆类产品。

2) 按货物的性质划分

(1) 普通货物。这是指在运输途中不需要特殊保护、使用特种运载工具,对运输无特殊要求的货物,在运输中占比较大。

(2) 特种货物。一般指在运输途中需要特殊保护、使用特种运载工具的货物,通常指危险品货物、冷藏冷冻货物、大件货物。

3) 按货物的积载系数划分

$$积载系数 = \frac{立方英尺}{长吨(短吨)} \text{ 或 } \frac{立方米}{吨} \tag{7.1}$$

注:1 长吨=1.016 吨=2 240 磅(英制),1 短吨=0.907 2 吨=2 000 磅(美制)

1 英尺=0.304 8 米,1 磅=0.45 千克

(1) 重量货物。简称重货,按照国际惯例,凡是货物积载系数小于 1.132 8 立方米/吨 (40 立方英尺/吨)的货物,视为重货。

(2) 轻泡货物。简称轻货,按照国际惯例,凡是货物积载系数大于 1.132 8 立方米/吨 (40 立方英尺/吨)的货物,视为轻货。

中国航运和公路运输习惯是:凡是 1 吨的货物其体积大于 1 立方米则为轻货,按货物体积计收运费;凡是 1 吨的货物其体积小于 1 立方米则为重货,按货物重量计收运费。

4) 按货物的价值划分

(1) 低值货物。这是指价值较低的货物,大宗货物多属于此类货物,如矿石、煤炭、粮食、化肥等。

(2) 高值货物。这是指高价、贵重货物,如贵金属、古董、字画、精密仪器等货物。

高值货物与低值货物的划分一般以运费费率决定,如班轮运输中,以 8 级货为划分标准:1~8 级为低值货物,9~20 级为高值货物。

5) 按货物的单体几何尺寸和单体重量划分

超限货物是道路运输中的特定概念,是指使用非常规的超重型汽车列车载运外形尺寸、重量超过常规车辆装载规定的大型货物。

(1) 超长(宽、高)货物。这是指单体货物长度超过 14 米或宽度超过 3.4 米或高度在 3 米以上的货物。

(2) 单体超重货物。这是指单体货物重量超过 20 吨以上或不可解体成组货物。

(3) 双超货物。这是指单体货物的几何尺寸(长、宽、高之一)和单体重量都超过了规定要求的货物。

超长(宽、高)、超重货物由于装卸、存储和运输成本都会增加,因此,需要加收附加运费,且运费费率分级递增。

6) 按货物的包装形式划分

(1) 包装货物。如纸箱、木箱等包装的件杂货物等。

（2）裸装货物。不需要或难以包装的货物，如钢板、大型机械设备等。

（3）散装货物。如粮食、矿石、煤炭、木材等。

7）按货物是否能分件划分

（1）件杂货物。这是指有包装的、可分件的、数量较小的货物。

（2）大宗货物。一般指数量较大、规格较统一和价值较低的初级产品，在运输时，大多数采用散装，故又称散装货。

货物分类如图7.1所示。

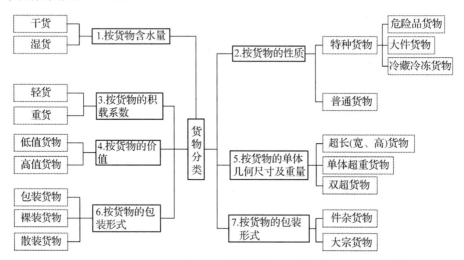

图 7.1 货物分类图

7.1.2 货物的特性

货物的种类繁多，各有特性，对装卸搬运、运输、存储的要求也就各有不同。掌握各种货物的性能，便于在托运前，以及在装卸搬运、运输、存储过程中，采取合理的措施，确保货物在每个环节安全。

（1）耐温性。货物不因外界温度变化而损坏变质或显著降低使用价值的能力称为货物的耐温性，有些货物耐温性较差，如皮革受热抗张力降低、粮食受热会霉烂、水果高温会腐烂等。储运耐温性差的货物时，应采取防热措施，防止变质。

（2）耐湿性。货物抵抗水分或潮湿侵袭的能力称为耐湿性。有些货物吸水或受潮后，会使其成分和性质发生变化。例如，化肥、水泥受潮后会结块，水分渗入过多会形成糊状溶液，甚至变质；组织纤维受潮后，其强度、柔软性会减弱或变色。储运耐湿性差的货物时，要有防雨设备，防止雨水的侵袭，以免货物受损。

（3）脆弱性。货物受外力冲击及重荷时易变形或破碎的性能称为脆弱性，如玻璃、陶瓷制品等货物。装卸易碎品时要规范装卸，在运输过程中应注意选择路况，并避免紧急制动等。

（4）互抵性。两种货物各自具有的性质相互抵触、相互产生有害的作用称为互抵性。例如,耐火砖遇到纯碱要缩短寿命、金属遇到酸类会被腐蚀等。互抵性物质严禁混装、混储。

（5）易腐性。某些货物在一般温度和一般条件下,由于本身的物理化学变化而迅速腐坏的属性称为易腐性。例如,鲜鱼、鲜肉、水果、蔬菜等货物。这些货物不宜在常温下储存,应及时运送或采用冷链运输。

（6）危险性。某些货品具有爆炸、易燃、毒害、腐蚀、放射性等性质的统称为危险性。要掌握各类危险货物的性能及注意事项,确保运输安全。

7.1.3 货运车辆种类

下面以道路货运车辆——汽车介绍车辆种类及其特性。

道路货运车辆是指专门用于运送货物的非轨道式车辆,又称货车。载货汽车按其载重量的不同可分为微型(最大载重量0.75 t)、轻型(最大载重量0.75~3 t)、中型(最大载重量3~8 t)、重型(载重量8 t以上)四种。

微型和轻型车载重量较小,一般服务于规模不大、批量小的货物运输,城市集疏运一般采用这种车型;中型载货汽车适用范围比较广泛,既可以在城市承担短途运输,也可以承担中、长途运输;重型载货汽车多用于经常性的大批量货物运输中。

载货汽车的种类、分类方式很多,以下是常用的、按照货运车辆的载运功能进行的几种分类方式。

1) 敞篷式汽车(普通货车)

敞篷式汽车根据车型的不同,其车厢长在2.0~5.0 m,宽1.6 m左右,箱体宽高度在0.5~1.5 m左右,车厢不封闭,便于装卸货物和堆高货物,由于没有封闭的设施,对车上货物的安全保护措施不够。如图7.2所示。

图7.2 敞篷式货车

2) 箱式货车

箱式货车,其装载货物的车厢是一个基本封闭的"盒子",对箱体里面的货物具有保护作用,同时便于货物的装卸、存储,运输效率较高,是干线运输的重要车型,如图7.3所示。

(a) 箱式货车

(b) 集装箱货车

图 7.3　箱式汽车

3) 牵引车和挂车

牵引车也称拖车,是专门用于拖挂或牵引挂车的汽车,一般分为全挂车、半挂车。半挂式牵引车与半挂车一起使用,半挂车的部分重量是由牵引车的底盘承载的。全挂式牵引车则与全挂车一起使用,其车架较短。如图 7.4 所示。

(a) 牵引车

(b) 挂车

图 7.4　牵引车和挂车

4) 特种运输车

特种运输车通常是在普通汽车底盘上安装专用的设备或车身的汽车,常见的有冷藏车、危险品运输车、大件运输车、牲畜运输车等,如图 7.5 所示。

(a) 冷藏车

(b) 危险品运输车

(c) 大件运输车　　　　　　　　　　　(d) 牲畜运输车

图 7.5　特种运输车辆

7.1.4　货物运输组织的原则和要求

1）货物运输组织的原则

货物运输具有运输对象广泛、运输时间和运输方向上的不均衡以及销售的集中性等特点,货物运输组织应遵循负责运输、计划运输、均衡运输、合理运输、直达运输的基本原则。

目前,直达运输越来越受到欢迎,直达运输可以减少商品的周转环节、节约在途时间,除了降低运输成本外,还能降低库存成本和商品的持有成本。例如,中欧班列的货运周期是海运的 1/3 到 1/4,渝新欧国际班列直达运输全程仅需 14 天左右,而原来重庆货物采用铁路中转编组运输需要 39 天,节约了 25 天左右,这对于高附加值产品,不仅是送达时间短,而且货物资金占有成本也大大降低。

直达运输的水平是一个国家和地区运输组织水平的重要标志。

2）货物运输组织的要求

货物运输组织应符合安全、迅速、准时、方便、经济等基本要求。运输组织需要采用科学合理的运输组织方法,确保按照基本要求开展运输组织工作。

7.2　货物合理化运输

合理化运输指根据货物运输需求情况,选择合理的运输方式、运输线路和载运工具,以最短的路径、最少的环节、最快的速度和最少的劳动消耗,组织好货物的运输与配送,从而获取最大的经济效益和最好服务水平的过程。

7.2.1　合理化运输的影响因素

在众多合理化影响因素中,起决定性作用的有五个方面,也被称作合理化运输的"五要素"。

1) 运输距离

在运输过程中,运输时间、运输费用等若干技术经济指标都与运距有一定关系,运距长短是采取运输方式是否合理的一个最基本因素。

2) 运输环节

每增加一个运输环节,就会增加运输的附属活动,如装卸、包装、存储等,自然会增加总运费,减少运输环节,尤其同类运输工具的环节,对实现合理化运输有好处。

3) 载运工具

各种载运工具都有其使用的优势范围,对运输工具进行优化选择,按载运工具的特点进行装卸运输作业,最大限度地发挥其优势,是实现合理化运输的重要环节。

4) 运输时间

运输是物流过程中花费较多时间的环节,尤其是远程运输,因此,运输时间的缩短对整个流通时间的缩短有决定性的作用。此外,运输时间短,还能加速载运工具的周转、充分发挥运力的效能,提高运输线路的通过能力,改善不合理运输现象。

5) 运输费用

运费在全部物流费中占很大比例,运费高低在很大程度上决定整个物流系统的竞争能力。运费的降低,无论对于货主企业还是对物流企业,都是合理化运输的一个重要标志,运费的高低也是判断各种合理化措施是否有效的依据。

7.2.2 不合理运输的表现形式

不合理运输是指在现有条件下可以达到的运输水平而未达到,从而造成运力浪费、运输时间增加、运费过高等问题的运输形式。不合理运输形式主要有以下几种:

1) 空车行驶率高

空车行驶是最典型的不合理运输表现形式。在实际运输组织中,有时候必须调运空车,从管理上不能将其看成不合理运输。但因调运不当、货源计划不周、不采用社会化运输而形成的空驶,是不合理运输的表现。造成空驶率高的不合理运输的几种原因:

(1) 能利用社会化的运输体系而不利用,却依靠自备车送货提货,这往往出现单程重车、单程空驶的不合理运输。

(2) 由于工作失误或计划不周,造成货源不实,车辆空去空回,形成双程空驶或实载率低。

(3) 由于车辆过分专用,无法搭运回程货,只能单程重车,单程空车。

2) 对流运输

对流运输也称相向运输、交错运输,是指同一种货物或彼此之间可以相互替代而又不影响管理、技术及效益的货物,在同一条运输线路或平行运输线路上做相对方向的不合理运输。有明显的对流运输,即在同一运输线路上的对流;也有不同运输方式在平行线路或不同时间进行相反方向的运输,也称隐含对流运输。

3）迂回运输

迂回运输是指货物绕道而行的运输现象。迂回运输有一定复杂性，只有当计划不周、地理不熟、组织不当而发生的迂回，才属于不合理运输；如果最短距离有交通阻塞、道路情况不好或有对货车限时限行等特殊限制而不能使用时发生的迂回，不能称为不合理运输。

4）倒流运输

倒流运输是指货物从销地或中转地向产地或起运地回流的一种不合理运输现象。

5）重复运输

重复运输是指货物本来可以直达目的地，但是却在目的地之外的其他场所将货卸下，再重复装运送达目的地，这是重复运输的一种形式。另一种形式是，同品种货物在同一地点一边运进，同时又向外运出。

6）过远运输

过远运输是指舍近求远的货物运输现象。近处有资源不调运而从远处调运，这将拉长货物运距，致使运输时间过长，运输成本增加，物资占压资金时间长，而且易出现货损，增加了费用支出。

7）无效运输

无效运输是指被运输的货物杂质过多，如原木的边角余料、煤炭中的煤矸石等使运力浪费于不必要物资的运输，采摘的蔬菜没进行加工处理成净菜就往超市运送的现象等。

8）运力选择不当

运力选择不当是指不正确地利用运输工具造成的不合理现象，常见的有以下几种形式：

（1）弃水走陆。在同时可以利用水运及陆运时，不利用成本较低的水运或水陆联运，而选择成本较高的铁路运输或汽车运输。

（2）大型运输工具的过近运输。即不是大型运输工具的经济运行里程，却利用这些运输方式进行运输的不合理做法。主要不合理之处在于大型运输工具，其起运及到达目的地的装卸时间长，且机动灵活性不足，在过近距离中利用，发挥不了运速快的优势。

（3）运输工具承载能力选择不当。即不根据承运货物数量及重量选择，而盲目确定载运工具，造成过分超载损坏车辆及货物不满载浪费运力的现象，尤其是"大马拉小车"现象发生较多。

（4）托运方式选择不当。即对于货主而言，可以选择最合理的托运方式而未选择，造成运力浪费及费用支出加大的一种不合理运输。例如应选择整车托运，却选择了零担托运；应当选择直达运输而选择了中转运输，应当中转运输而选择直达运输等，都属于这一类型的不合理运输。

以上对不合理运输的描述，主要就形式本身而言，是从微观观察得出的结论。在实践中，需要将选择的运输方式放在物流系统中做综合判断，只有从系统角度综合进行判断才能有效避免"效益背反"现象，实现合理化运输。

7.2.3 合理化运输组织措施

人们在生产实践中从规划到运营管理阶段，都在不断寻找合理化运输的途径和方法，以下主要介绍在运营管理阶段，一些常用的合理化运输组织措施。

1) 提高载运工具实载率

充分利用载运工具的额定装载量，减少车船空驶或不满载行驶里程和时间，但装载量大部分是有货主的需求来决定的，因此，需要合理制订运输计划，既满足货主的需求，又能提高实载率，才能提高运输企业效率和效益。

目前，随着人们网购习惯的形成，与之匹配发展的快递业"配送业务"也在快速发展和成熟，其业务优势之一就是将多家需要的货和一家需要的多种货实行配装，以达到容积和载重的充分合理运用，比起以往自家提货或一家送货车辆大部分空驶的状况，是运输合理化的一个进步。在铁路运输中采用整车运输、合装整车、整车分卸及整车零卸等具体措施，都是提高实载率的有效措施。

2) 发展社会化的运输体系

运输社会化的本质是专业化运输体系代替一家一户自成运输体系的运作模式，发挥规模化生产的优势，产生规模化效益，有能力减少车辆空驶、运力选择不当，提高车辆实载率、装卸搬运设备、存储设施的使用效率。实行运输社会化，可以统一安排载运工具，避免对流、倒流、空驶、运力不当等多种不合理形式，不但可以追求组织效益，而且可以追求规模效益。

3) 尽量开展直达运输

直达运输对合理化的追求要点是通过减少中转过载、换载，从而提高运输速度，省去装卸费用，降低中转货损。直达的优势，尤其是在一次运输批量和用户一次需求量达到了一整车时表现最为突出。此外，在生产资料、生活资料运输中，通过直达，建立稳定的产销关系和运输系统，也有利于提高运输的计划水平，考虑用最有效的技术来实现这种稳定运输，从而大大提高运输效率，这要根据用户的要求，从物流总体出发做综合判断。如果从用户需要量看，批量大到一定程度，直达是合理的，批量较小时中转是合理的。

4) "四就"直拨运输

"四就"直拨是减少中转运输环节，力求以最少的中转次数完成运输任务的一种形式。一般批量到站或到港的货物，首先要进分配部门或批发部门的仓库，然后再按程序分拨或销售用户。这样一来，往往出现不合理运输。"四就"直拨，首先是由管理机构预先筹划，就厂、就站(码头)、就库、就车(船)将货物分送给用户，而无须再入库。

5) 发展特殊运输技术和运输工具

科技进步是运输合理化的重要途径。例如,专用散装及罐车,解决了粉状、液状物的运输损耗大、安全性差等问题;袋鼠式车皮、大型半挂车解决了大型设备整体运输问题;滚装运输解决了车载货的运输问题,集装箱船比一般船能容纳更多的箱体,集装箱高速直达车船加快运输速度等,都是科学技术实现合理化运输。

6) 通过流通加工,使运输合理化

有不少产品,由于产品本身形态及特性问题,很难实现运输的合理化,如果进行适当加工就能够有效解决合理运输问题。例如,将造纸材料在产地预先加工成干纸浆,然后压缩体积运输,就能解决造纸材料运输不满载的问题。轻泡产品预先捆紧包装成规定尺寸,装车就容易提高装载量;水产品及肉类预先冷冻,就可提高车辆装载率并降低运输损耗,蔬菜类首先摘净,成为"净菜"再进行运输等。

7) 正确选择运输路线

一般应尽量安排直达、快速运输,尽可能缩短运输时间;对于多条线路可供选择的运输问题上,可运用数学方法建立数学模型,寻找最短路径;在我们为解决问题而设定目标时,提高车辆的容积率、里程利用率、缩短行驶时间、路径最短都可以是目标函数。

7.3 道路货运车辆运行组织形式、运输线路和车辆选择

在不增加或很少增加车辆数量的前提下,充分挖掘运能潜力,以既有的车辆设备能力完成更多的运输量,是提高运输生产效率和管理水平的重要途径。提高车辆生产率,属于组织技术性问题,包括采用先进的货运组织形式、选择最优行驶路线及合理选用载运车辆等。

7.3.1 货运车辆运行组织方式

1) 单班运输(人车同休)

根据货运任务的要求不同,货运组织一般分为单班运输和多班运输两大类。单班运输(人车同时休息),指在一天 24 h 之内,一辆车出车工作时间为一个班次,就称为单班运输。在货运任务比较平稳,运量变化幅度不大的情况下,常采用的一种方式。

2) 多班运输(人休车不休)

多班运输,指在一天 24 h 之内,如果一辆车出车工作两个或三个班次,就称为双班或多班运输。其出发点是"人休车不休",增加了车辆工作时间,提高了车辆设备利用率和生产率。

组织多班运输的基本方法是每辆汽车配备 2 名以上的驾驶员,分日夜两班或三班轮流行驶,这种组织方法比较简单易行,在货源、驾驶人员、保修装卸等条件都具备,不增添车辆设备就可以完成工作量的条件下,可以采用多班运输,并能取得较好效果。

根据货源情况以及驾驶员工作组织方式的不同,多班运输主要有以下几种组织形式:

(1) 一车2人,日夜双班

每车配备驾驶员2人,分为日夜两班,每隔一段时间(每周或旬),日夜班驾驶员相互调换一次,配备一名替班驾驶员,替班轮休。

这种组织形式能做到定人、定车,保证车辆的保修时间,驾驶员的工作、学习、休息时间比较有规律,行车时间组织安排简单,伸缩性大,容易与货主及有关部门配合。缺点是车辆时间利用还不够充分,驾驶员不能当面交接车辆。组织形式及交接班方法如图7.6所示。

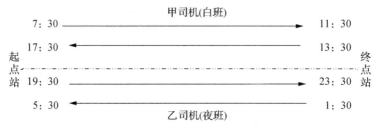

图7.6 一车2人,日夜双班运输组织形式示意图

(2) 一车3人,两工一休

每车配备3名驾驶员,每位驾驶员工作2天、休息1天,夜班轮流,按规定地点、定时交接班。它适用于一个车班内完成一趟或多趟往返的短途运输任务,一般在车站、码头、机场、物流中心等结点处的货物集疏运输采用较多。采用这种组织形式,能做到定车、定人,车辆出车时间较长,运输效率高。缺点是每车班驾驶员一次工作时间较长,容易疲劳;另外,安排车辆和保修时间较紧张,需要配备驾驶员数量也较多。组织形式及交接班方法如表7.1所示。

表7.1 一车3人,两工一休多班运输组织形式

	周一	周二	周三	周四	周五	周六	周日
甲	日	日	休	夜	夜	休	日
乙	夜	休	日	日	休	夜	夜
丙	休	夜	夜	休	日	日	休

(3) 一车2人,日夜双班,分段交接

每车配备2名驾驶员,分段驾驶,定点(中间站)交接,每隔一段时间,驾驶员对换行驶路线,确保驾驶员劳逸均匀。这种组织形式一般适宜于运距比较长,车辆在一昼夜可以到达送货点或能往返的运输线路上,其特点基本与第一种组织形式相近,但能保证驾驶员当面交接。其组织形式及交接班方法如图7.7所示。

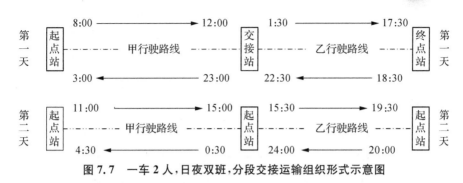

图 7.7 一车 2 人,日夜双班,分段交接运输组织形式示意图

(4) 一车 3 人,日夜双班,分段交接

每车配备 3 名驾驶员,分日夜两班行驶,驾驶员在中途定点、定时进行交换,中途交接站可设在离终点站较近(全程 1/3 左右处),并在一个车班时间内能往返一次的地点,在起点配备 2 名驾驶员,采用日班制,每隔一段时间轮流交换。

这种组织形式运输效率高,能做到定车、定人运行,驾驶员的工作、休息时间均衡,但车辆几乎全日运行,适用于保养能力强,驾驶员充足,或为完成短期突击性运输任务时采用。其组织形式及交接班方法如图 7.8 所示。

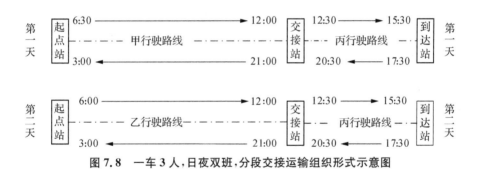

图 7.8 一车 3 人,日夜双班,分段交接运输组织形式示意图

(5) 两车 3 人,日夜双班,分段交接

每两车配备 3 名驾驶员,分段驾驶。其中 2 名驾驶员各负责一辆车,固定在起点站与交接站之间,另一人每天交换两辆车,驾驶员在固定站定站、定时交接。中途交接站可设在离终点站较近(全程 1/3 左右处)。

这种组织形式能做到定车、定人运行,可减少驾驶员配备,车辆时间利用较好;车辆保养时间充分,但驾驶员工作时间较长,不能正常休息,它适用于运力较紧张时,如图 7.9 所示。

(6) 一车 2 人,轮流驾驶,日夜双班

一辆车上同时配备 2 名驾驶员,在车辆全部运行时间内,由两人轮流驾驶,交替休息。这种组织形式适用于长途运输、货流不固定的运输线路上。其组织特点是能定人、定车,最大可能地提高车辆运行时间;缺点是驾驶员在车上得不到正常休息,随着高速

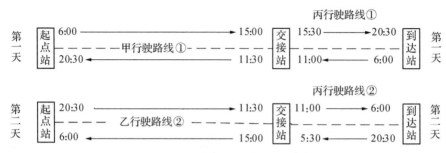

图 7.9 两车 3 人,日夜双班,分段交接运输组织形式示意图

公路网的形成,车辆性能的不断提高,这种组织形式已越来越多地被采用。其组织形式如表 7.2 所示。

表 7.2 一车 2 人,轮流驾驶,日夜双班运输组织形式

时间/h	14:30—17:00	17:00—21:00	21:00—1:00	1:00—5:00	5:00—12:00	12:00—19:00	19:00—21:30
作业项目	准备与装车	运行	运行	睡眠	运行	运行	卸车与加油
驾驶员 A	√	√	⊙	⊙	√	⊙	√
驾驶员 B	√	⊙	√	⊙	⊙	√	√

注:√——工作;⊙——休息。

7.3.2 货运车辆行驶路线及其选择

车辆行驶路线指车辆在完成运输工作中的运行线路,包括空驶和有载行程。在组织运输生产活动时,选择时间短、费用省、效益好的最经济的运行线路,是组织货运车辆经济有效运行的一项十分重要的工作。

所谓最经济的运行线路指在保证运输安全的前提下,运输时间和运输费用最小的路径。一般情况下,行程最短的路线也是最经济的运行线路。

1)行驶线路的种类

车辆在货运生产中,按预订计划在道路上运行的路线即为车辆行驶线路,如图 7.10 所示。包括三个或三个以上运输区段:A→B、D→A 属于空驶区段;B→C、C→D 属于有载区段。货运车辆的行驶线路一般有往复式、环形式和汇集式三种类型。

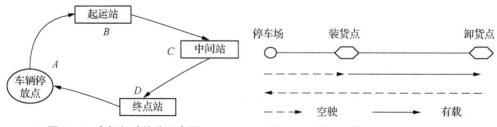

图 7.10 车辆行驶线路示意图   图 7.11 单程有载往复式行驶线路示意图

(1) 往复式行驶线路

往复式行驶线路是指车辆在两个装卸作业点之间的线路上，做一次或多次重负运行的行驶线路。根据汽车往复运输时的载运情况，这种行驶线路可分为单程有载往复式、回程部分有载往复式和双程有载往复式三种。

① 单程有载往复行驶线路

单程有载往复式运输行驶线路（如图 7.11 所示）在运输生产中属于常见方式，但车辆里程利用率较低，生产效率在三种行驶方式中效率最低。

② 回程部分有载往复式行驶线路

车辆在回程部分有载往复式行驶线路在运输生产中也常用到，尤其是已经具有网络化运输经营能力的大型运输企业。在回程途中，有一段路程有载，或全程有载但实载率低的运输方式，（如图 7.12 所示），目前许多企业通过回程"配载"的方式，尽量减少回程空驶路段或空载现象。

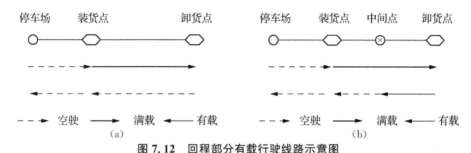

图 7.12　回程部分有载行驶线路示意图

③ 双程有载往复式行驶线路

车辆回程全程有载往复式行驶线路在三种运输生产中运输效率最高，而回程时满载属于最高运输效率，如图 7.13 所示。

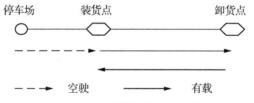

图 7.13　双程有载行驶线路示意图

由此可见，回程载货式的运输方式里程利用率最高，是工作生产率最高的行驶路线；其次是回程载货不全的运输方式；回程不载货的运输效率最差。

(2) 环形行驶线路

当不同运输任务的装卸点依次连接成一条封闭线路时称为环形行驶线路。由于不同货运任务装卸点位置分布不同，环形线路可能有不同形状，如图 7.14 所示。

完成同样货运任务时通过环形线路的选择使得里程利用率最高，即空车行程最短原则。

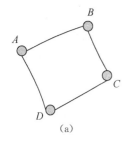 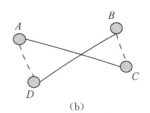 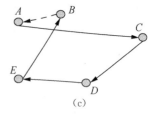

图 7.14　环形线路示意图

（3）汇集式行驶线路

汇集式路线是指按单程进行货运生产组织的车辆行驶线路。车辆由起点发车，在货运任务规定的各货运点依次进行装（卸）货，并且每运次装（卸）货都小于一整车，车辆完成各货运点运输任务以后，最终返回原出发点。汇集式运输时，车辆可能沿一条环形线路运行，也可能在一条直线型线路上往返运行，一般汇集式运输可分为三种形式：

① 分送式（仅送货，先送多者）：车辆沿运行线路上各货运点依次进行卸货。

② 收集式（仅收货，先收少者）：车辆沿运行线路上各货运点依次进行装货。

③ 分送—收集者（先送货后收货）：车辆沿运行线路上各货运点分别或同时进行配送及收集货物。

在以上三种运送方式中，按总行程最短组织车辆进行运输最为经济，因此，选择汇集式线路以总行程最短为最佳运输方案。

2）最优线路选择的主要方法

运输路线的选择是影响运输成本、服务水平的重要因素。在运输过程中往往会面临许多具体的问题，例如，有时从单一的出发地到单一的目的地，有时却需要从一个起点出发到达多个点；有时每一地点既有货物要运送，又有货物要收取；因车辆容量的限制或者其他因素，要求先送货再取货；所以，运输问题很难有一个普遍适用的最佳解决方案。下面介绍几种常见的最优线路选择方法：表上作业法、启发式算法、节约里程法，这些方法皆是在一定的简单假设约束条件下的数学选择方法，旨在提供一种考虑问题的思路。

（1）表上作业法

表上作业法属于线性规划问题，利用"运输问题"模型寻求最优解。其原理是：假设，空车发点（包括卸货点、车场）数为 m；空车收点（包括装货点、车场）数为 n；由 i 点发往第 j 点的空车数为 Q_{ij}；第 j 点所需空车数为 q_j；第 i 点发出的空车数为 Q_i；自第 i 点到第 j 点的距离为 L_{ij}。则其空车行驶线路的选择问题数学模型如下：

$$\min L_v = \sum_{i=1}^{m}\sum_{j=1}^{n} Q_{ij} L_{ij} \qquad (7.2)$$

约束条件:
$$\begin{cases} \sum_{j=1}^{n} Q_{ij} = Q_i & (i=1,2,\cdots,m) \\ \sum_{i=1}^{m} Q_{ij} = q_j & (j=1,2\cdots,n) \\ \sum_{i=1}^{m} Q_i = \sum_{j=1}^{n} q_j \\ Q_{ij} \geqslant 0 \end{cases}$$

上述数学模型的求解方法较多,以表上作业法为例,求解上述问题的程序框图如图 7.15 所示。

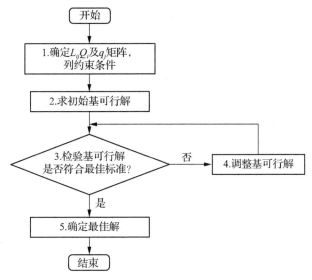

图 7.15　应用表上作业法选择空车线路程序框图

例 7.1　产品需要从 A_1、A_2、A_3 3 个产地运往 B_1、B_2、B_3、B_4 4 个销售地。假设 A_1、A_2、A_3 3 个产地的产量分别是 7 t,4 t,9 t,B_1、B_2、B_3、B_4 4 个销售地的销售量分别为 3 t,6 t,5 t,6 t,如表 7.3 所示。如何安排多个产地向各销售地的运量,才能使运输成本最低?

表 7.3　表上作业法　　　　　　　　　　　　　单位:元/t

	B_1	B_2	B_3	B_4	产量/t
A_1	300	1 100	300	1 000	7
A_2	100	900	200	800	4
A_3	700	400	1 000	500	9
销量/t	3	6	5	6	20

第一步,给定初始方案——最小元素法。

根据运价最小优先的原则,得出初始方案运量表,如表 7.4 表示。

表 7.4 闭回路

	B_1	B_2	B_3	B_4	产量/t
A_1			4	3	7
A_2	3		1		4
A_3		6		3	9
销量/t	3	6	5	6	20

初始基本可以解为总运费,总运费=4×300+3×1000+3×100+1×200+6×400+3×500=8 600(元)。

第二步,最优解的判别——优势法。

① 做初始方案运价表,如表 7.5 所示。

表 7.5 初始方案运价表

	B_1	B_2	B_3	B_4	行位势 U_i
A_1	(200)	(900)	300	1000	$U_1=0$
A_2	100	(800)	200	(900)	$U_2=-100$
A_3	(−300)	400	(−200)	500	$U_3=-500$
列位势 V_i	$V_1=200$	$V_2=900$	$V_3=300$	$V_4=1\ 000$	

② 做位势法,U_i+V_j=单位运价。

第三列:$U_1+V_3=300$,$0+V_3=300$,则 $V_3=300$。

第四列:$U_1+V_4=1\ 000$,$0+V_4=10\ 00$,则 $V_4=1\ 000$。

第二行:$V_3+U_2=200$,$300+U_2=200$,则 $U_2=-100$。

第三行:$V_4+U_3=500$,$1\ 000+U_3=500$,则 $U_3=-500$。

第一列:$U_2+V_1=100$,$-100+V_1=100$,则 $V_1=200$。

第二列:$U_3+V_2=400$,$-500+V_2=400$,则 $V_2=900$。

③ 行位势+列位势=单位运价,将运价填入空格(带括号的数字)。

④ 计算得出检验数表,如表 7.6 所示。

检验数=单位运价—表 7.5 中相对应表格中的数字。如检验数≥0,则为最优方案;如检验数<0,则需改进方案。

表 7.6　检验数表(一)

	B_1	B_2	B_3	B_4
A_1	100	200	0	0
A_2	0	100	0	−100
A_3	1 000	0	1 200	0

从表 7.6 中可知,检验数第二行第四列小于 0,则此方案不是最优方案。

第三步,初始运量方案的改进——闭回路法。

① 从负数格出发,做一闭回路,边线为垂直线和水平线且顶点是有数字格,如表 7.7 所示。

表 7.7　初始方案运量表

	B_1	B_2	B_3	B_4	产量/t
A_1			4	3	7
A_2	3				4
A_3		6		3	9
销量/t	3	6	5	6	20

② 以起始点为 0,顺序给各角点编号 0、1、2、3。从奇数角点选一最小"运输量"作为"调整量"(第 3 角点的"1"),所有奇数角点均减去该"调整量",所有偶数角点均加上该"调整量"。

③ 调整后的运量表如表 7.8 所示。

表 7.8　调整后运量表

	B_1	B_2	B_3	B_4	产量/t
A_1			4+1=5	3−1=2	7
A_2	3		1−1=0	0+1=1	4
A_3		6		3	9
销量/t	3	6	5	6	20

第四步,对表 7.8 再求位势表和检验数表,如表 7.9、表 7.10 所示。

表 7.9　位势表

	B_1	B_2	B_3	B_4	行位势 U_i
A_1	(300)	(900)	300	1000	$U_1=0$
A_2	100	(700)	(100)	800	$U_2=-200$

续表 7.9

	B_1	B_2	B_3	B_4	行位势 U_i
A_3	(−200)	400	(−200)	500	$U_3=-500$
列位势 V_i	$V_1=300$	$V_2=900$	$V_3=300$	$V_4=1\,000$	

表 7.10 检验数表(二)

	B_1	B_2	B_3	B_4
A_1	0	200	0	0
A_2	0	200	100	0
A_3	900	0	1 200	0

表 7.10 中各数均为非负,说明调整后的运量表为最优解。

(2) 启发式算法(最优路线法)

在许多情况下,很可能会遇到在许多可能的路线中找到一条最短运输路线的问题。下面对最短路径设计法做一简要介绍。

在前面我们介绍了货运行驶路线的种类,其中的汇集式行驶线路,其最佳线路的选择就是选择车辆在各货运点间绕行顺序,以每单程行程最短为最佳标准。实际上可以归纳为运筹学中的货郎担问题,可以采用启发式算法确定汇集式行驶路线方案。下面以分送式线路为例,计算步骤如图 7.16 所示。

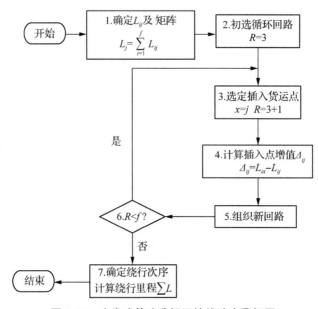

图 7.16 启发式算法选择运输线路步骤框图

计算步骤:
① 确定里程矩阵,求出货运点里程系数 L_j;
② 确定初选循环回路(仅选择 3 个点组成最小环形回路),其中,起始装货点一定列为第一个循环回路中,不论其与其他点间的距离长还是短;
③ 确定插入点(选运距较大者);
④ 计算因插入该点而带来的里程增量 Δ_{ij};
⑤ 直到将所有点都插入循环线路中,最后所得到的线路,则是最优运输线路,即最短线路。

图中:L_j——货运点 j 的里程系数;
　　R——组成循环回路的货运点数;
　　f——货运点总数;
　　i,j——货运点序号。

下面以配送运输为例,计算最优运输线路。

例 7.2　南京苏果超市日用品仓库 A 备有一辆中型配货车(载重量为 4 t),将各种日用品分送给遍及南京市 B_1、B_2、B_3、B_4、B_5 5 个超市网点,有关数据如图 7.17 所示。试确定分送式最佳行驶线路。

有关数据如下:
$L_{01}=7$ km,　$L_{02}=13$ km,　$L_{03}=9$ km,　$L_{04}=14$ km,　$L_{05}=8$ km;
$L_{12}=8$ km,　$L_{13}=7$ km,　$L_{14}=14$ km,　$L_{15}=14$ km;
$L_{23}=9$ km,　$L_{24}=9$ km,　$L_{25}=16$ km;
$L_{34}=6$ km,　$L_{35}=9$ km;
$L_{45}=11$ km。

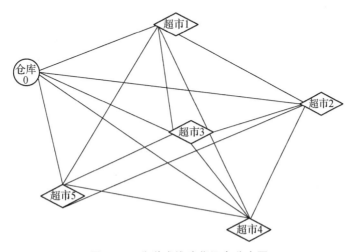

图 7.17　分送式线路货运点分布图

解:① 确定里程矩阵,求货运点里程系数。建立矩阵里程表如表 7.11 所示:

表 7.11　里程矩阵

	0	1	2	3	4	5
0	0	7	13	9	14	8
1	7	0	8	7	14	14
2	13	8	0	9	9	16
3	9	7	9	0	6	9
4	14	14	9	6	0	11
5	8	14	16	9	11	0
L_j	51	50	55	40	54	58

各货运点的里程系数：$L_0=51, L_1=50, L_2=55, L_3=40, L_4=54, L_5=58$。

② 由于是配送运输，始发地一定是仓库，因此确定初选循环回路为：

仓库 0—超市 5—超市 2—仓库 0

③ 因为 $L_4=54$，取超市 4 为新的插入点：

插入超市 4 点：$\triangle 0,5 = L_{5,4} + L_{0,4} - L_{0,5} = 11+14-8 = 17$

$\triangle 5,2 = L_{5,4} + L_{2,4} - L_{5,2} = 11+9-16 = 4$

$\triangle 2,0 = L_{0,4} + L_{4,2} - L_{2,0} = 14+9-13 = 10$

$\triangle 5,2 = 4$ 最小

所以，在超市 5—超市 2 间插入超市 4 点，新回路为：

仓库 0—超市 5—超市 4—超市 2—仓库 0

④ 因为 $L_1=50$，取超市 1 为新的插入点：

插入超市 1 点：$\triangle 0,5 = L_{5,1} + L_{0,1} - L_{0,5} = 14+7-8 = 13$

$\triangle 5,4 = L_{5,1} + L_{1,4} - L_{5,4} = 14+14-11 = 17$，

$\triangle 4,2 = L_{4,1} + L_{2,1} - L_{4,2} = 14+8-9 = 13$

$\triangle 2,0 = L_{2,1} + L_{0,1} - L_{2,0} = 8+7-13 = 2$，

$\triangle 2,0 = 2$ 最小

所以，在超市 2—超市 0 间插入超市 1 点，新回路为：

仓库 0—超市 5—超市 4—超市 2—超市 1—仓库 0

⑤ 因为 $L_3=40$，取超市 3 为新的插入点：

插入超市 3 点：$\triangle 0,5 = L_{5,3} + L_{0,3} - L_{0,5} = 9+9-8 = 10$

$\triangle 5,4 = L_{5,3} + L_{3,4} - L_{5,4} = 9+6-11 = 4$，

$\triangle 4,2 = L_{4,3} + L_{2,3} - L_{4,2} = 6+9-9 = 6$

$\triangle 2,1 = L_{2,3} + L_{3,1} - L_{2,1} = 9+7-8 = 8$，

$\triangle 5,4 = 4$ 最小

所以，在超市 5—超市 4 间插入超市 3 点，新回路为：

仓库0—超市5—超市3—超市4—超市2—超市1—仓库0

⑥ 最佳运输线路是：

仓库0—超市5—超市3—超市4—超市2—超市1—仓库0

最短运输线路的里程为：

$$L_{总}=L_{0,5}+L_{5,3}+L_{3,4}+L_{4,2}+L_{2,1}+L_{1,0}=8+9+6+9+8+7=47 \text{ km}$$

（3）节约里程的线路设计法

节约法（Savings Method）是由Clarke和Wright在1964年提出的，该方法能灵活处理许多现实的约束条件，当节点数不太多时，可以快速出结果，且结果与最优解很接近。当节点数较多时，用编程解决，且结果与最优解很接近。该方法能同时确定分派的车辆数及车辆经过各点的顺序，是一种非常有效的启发式路线设计方法。节约法的目标是使所有车辆行驶的总里程最短，使提供服务的车辆总数最少。

节约里程的线路设计是一种计算节省路程的数学方法。算法的基本思想是：如果将运输问题中的两个回路合并成一个回路，就可缩短线路总里程（即节约了距离），并减少了一辆载货汽车，可以用图7.18简要说明。

将两个回路合并成一个回路后，节约的距离为：$\Delta AB=L_{AO}+L_{BO}-L_{AB}$。

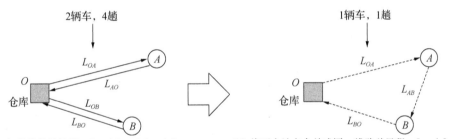

(a) 初始路线总里程$=L_{OA}+L_{AO}+L_{OB}+L_{BO}$　　(b) 将两个站点合并成同一线路总里程$=L_{OA}+L_{AB}+L_{BO}$

图7.18　节约里程的线路设计法

根据上述思想，不断地对可行运输方案中的回路进行合并，或将某个站点加入现有的回路中，并计算出相应的节约距离，节约距离最多的站点（且满足约束条件）就应该纳入现有路线中。重复这一过程，直到完成所有站点的线路设计。

节约里程算法可方便地编制成程序。当节点规模不大时，也可通过手工方式完成计算，这时通常利用节约矩阵或表格的形式进行。下面通过一个具体的例子来说明其步骤。

例7.3　某配送中心为13个客户提供配送服务，配送中心的位置、客户订单规模见表7.12，客户与配送中心间运输距离见表7.13，配送中心共有4辆车，每辆车的载重量为200件。由于送货成本与车辆行驶总里程有关，公司经理希望获得总行驶距离最短的方案。

表7.12 客户订单规模表

站点	订单规模/件	站点	订单规模/件
配送中心	—	客户7	56
客户1	48	客户8	30
客户2	36	客户9	57
客户3	43	客户10	47
客户4	92	客户11	91
客户5	57	客户12	55
客户6	16	客户13	38

表7.13 客户与配送中心之间的距离　　　　　　　　　　　　　　单位:km

站点	配送中心	客户1	客户2	客户3	客户4	客户5	客户6	客户7	客户8	客户9	客户10	客户11	客户12	客户13
客户1	12	0												
客户2	8	9	0											
客户3	17	8	10	0										
客户4	15	9	8	4	0									
客户5	15	17	9	14	11	0								
客户6	20	23	15	20	16	6	0							
客户7	17	22	13	20	16	5	4	0						
客户8	8	17	9	19	16	11	14	10	0					
客户9	6	18	12	22	20	17	20	16	6	0				
客户10	16	23	14	22	19	9	8	4	8	14	0			
客户11	21	28	18	26	22	11	7	6	13	19	5	0		
客户12	11	22	14	24	21	14	16	12	5	7	9	13	0	
客户13	15	27	20	30	28	22	23	20	12	9	16	20	8	0

问题:(1)如何分配客户?

(2)如何确定车辆行驶路径?试用节约里程的线路设计法解决此问题。

解:假设每个站点都由一辆汽车提供服务(各站点的货运需求量不能超过车辆载质量),然后再返回仓库。这时的总里程数最长、使用的车辆数也最多,可作为初始可行方案。

然后,运用节约法对该方案中的回路逐次进行合并,使总里程数不断地减少,直到获得最佳方案。利用矩阵求解车辆路径问题,主要有四个步骤:

第一步,确定距离方阵;

第二步,确定节约方阵;

第三步,将客户划归由不同的载货汽车提供服务;

第四步,确定为每辆载货汽车确定运输线路和为客户送货的顺序。

其中,前三步是为了划分服务的客户群,指派货车;第四步为每辆载货汽车设定最佳行驶线路。

(1) 确定距离方阵。确定配送中 13 个客户中任意两点之间的距离。这里的"距离"是广义距离,可以是空间距离,也可以是运输成本,我们用的是空间距离。

(2) 计算节约矩阵。节约矩阵是指将任意两客户货物合并放在一辆汽车上运输时节约的里程累积。根据表中的距离方阵,将线路"配送中心→客户 A→配送中心"与线路"配送中心→客户 B→配送中心"合并为一条线路"配送中心→客户 A→客户 B→配送中心",节约的距离 $\triangle(A,B)$(0 代表配送中心)的计算公式为:

$$\triangle(A,B)=\triangle AB=L_{AO}+L_{BO}-L_{AB}$$

例如,$A(1,2)=12+8-9=11$;$\triangle(2,9)=8+6-12=2$

(3) 客户划归。将划归到不同的运输路线的客户,由不同的载货汽车提供送货服务,同一路线上的客户由同一辆载货汽车送货。客户合并的宗旨是使节约的距离最大化。这是一个重复进行的过程。

这里要遵循两个原则:一是保证两条线路的合并是可行的。如果两条运输线路的运输总量不超过汽车的最大载重量,两者的合并是可行的;二是试图使节约最大的两条线路合并成一条新的可行线路。这一过程一直持续到不能再有新的合并方案产生才算结束,如表 7.14 所示。

表 7.14 第二次改进后的节约矩阵 单位:km

站点	线路	客户1	客户2	客户3	客户4	客户5	客户6	客户7	客户8	客户9	客户10	客户11	客户12	客户13
客户1	1	0												
客户2	2	11	0											
客户3	3	21	15	0										
客户4	3	18	15	28	0									
客户5	5	10	14	18	19	0								
客户6	6	9	13	17	19	29	0							
客户7	6	7	12	14	16	27	33	0						
客户8	8	3	7	6	7	12	14	15	0					
客户9	9	0	2	1	1	4	6	7	8	0				
客户10	10	5	10	11	12	22	28	29	16	8	0			
客户11	6	5	11	12	14	25	34	32	16	8	32	0		
客户12	12	1	5	4	5	12	15	16	14	10	18	19	0	
客户13	13	0	3	2	2	8	12	12	11	12	15	16	18	0

首先,最大的节约 34 件来自客户 6 与客户 11 的合并,且这种合并是可行的。因为总运量为 16+91=107(件),小于汽车的载重量 200 件,因此这两个客户被划归为一条线路,如表 7.12 中第二列所示。节约的 34 件在下一步中不必再考虑。

下一个最大的节约是将客户 7 和客户 6 合并为一条线路后可节约距离 33。检查合并后的运量:107+56=163(件),小于 200 件,所以这一合并也是可行的。因此,客户 7 也被添加到线路中。

虽然合并客户 7 与客户 11 可节约 32 件,但是,两者都已经安排在线路 6 中了,故不必再考虑。这样,接下来最大的节约是客户 10 与客户 11(即线路 6)合并得到的节约 32 件。检查这一合并的可行性,客户 10 的订货是 47 件,总运量:163+47=210(件),超出了车辆载重量 200 件,所以,这个合并不可行。再考虑将客户 5 添加到线路 6 中,节约量是 29 件,但加入客户 5 的运量 57 件后,也超过了车辆载质量,同样不可行。

接下来,最大节约是合并线路 3 和 4 得到的节约 28 件,合并后的运量:43+92=135(件),这是可行的。这两条线路合并后的节约矩阵见表 7.15。

表 7.15 第三次改进后的节约矩阵　　　　　　　　　　　　　　　　单位:km

站点	线路	客户1	客户2	客户3	客户4	客户5	客户6	客户7	客户8	客户9	客户10	客户11	客户12	客户13
客户1	1	0												
客户2	2	11	0											
客户3	3	21	15	0										
客户4	3	18	15	28	0									
客户5	5	10	14	18	19	0								
客户6	6	9	13	17	19	29	0							
客户7	6	7	12	14	16	27	33	0						
客户8	8	3	7	6	7	12	14	15	0					
客户9	9	0	2	1	1	4	6	7	8	0				
客户10	10	5	10	11	12	22	28	29	16	8	0			
客户11	6	5	11	12	14	25	34	32	16	8	32	0		
客户12	12	1	3	4	5	12	15	16	14	10	18	19	0	
客户13	13	0	3	2	2	8	12	12	11	12	15	16	18	0

反复进行上述过程,已经合并了的线路不再考虑,将剩余的没有被合并的线路依次进行合并:

① 线路 5 与线路 10 合并,得到的节约值 22,合并后的运量:57+47=104(件),可行。

② 线路 1 与线路 3 合并,得到的节约值 21,合并后的运量:48+135=183(件),可行。

③ 线路 12 与线路 6 合并,得到的节约值 19,但合并后的运量:55+163=218(件),不可行。

④ 线路 12 与线路 10 合并,得到的节约值 18,合并后的运量:55+104=159(件),可行。

⑤ 线路 13 与线路 12(10)合并,得到节约值 18,合并后的运量:38+159=197(件),可行。

⑥ 线路 8 与线路 6 合并,得到的节约值 15,合并后的运量:30+163=193(件),可行。

⑦ 线路 2 与线路 1 合并,得到的节约值 11,但合并后的运量:36+173=209(件),不可行。

⑧ 线路 2 与线路 9 合并,得到的节约值 2,合并后的运量:36+57=93(件),可行。

最后,线路合并的结果是客户被划归为四条线路,分别是:{1,3,4}、{2,9}、{6,7,8,11}、{5,10,12,13},即由 4 辆汽车为这些客户送货。

(4) 确定每辆车的送货顺序。确定每辆车的行驶路径,使车辆的总行驶距离最短。

客户群{1,3,4}的最佳行车路径是:配送中心→客户 1→客户 3→客户 4→配送中心,行驶距离为 39。

客户群{2,9}的最佳行车路径是:配送中心→客户 2→客户 9→配送中心,行驶距离为 32。

客户群{6,7,8,11}的最佳行车路径是:配送中心→客户 8→客户 11→客户 6→客户 7→配送中心,行驶距离为 49。

客户群{5,10,12,13}的最佳行车路径是:配送中心客户 5→客户 10→客户 12→客户 13→配送中心,行驶距离为 56。

因此,总的行驶里程为:39+32+49+56=176,客户分布及送货路线规划的结果如图 7.19。

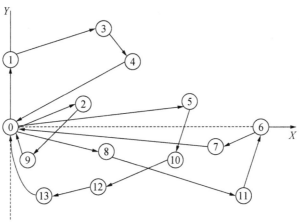

图 7.19　配送中心送货线路规划方案

7.3.3 货运车辆的选择

运输车辆的选择,主要指根据货运量的多少、货物的种类,选择车型和确定车辆数,选择标准是实载率的大小。

合理选择车辆,不仅可以保证货物完好,而且可以提高车辆载重量的利用率、装卸工作效率,缩短运达期限并减少运输费用。

在通常情况下,车辆的选择应保证运输费用最少这一基本要求。其影响因素主要包括:货物的类型、特性与批量、装卸工作方法、道路与气候条件、货物运送速度以及运输工作的劳动、动力及材料消耗量等。

1) 车辆类型的选择

车辆类型的选择,主要指对通用车辆和专用车辆的选择。针对不同类型货物的运输需要采用相应的专用车辆,可以保证货物的完好、减少劳动消耗量、改善劳动条件、提高行车安全及运输经济效果。

专用车辆就是考虑到专门或特种物资的运输需要而对汽车本身的设备装置进行改造,使之更适应专门的或特种物资运输的车辆。专用车辆主要用于运输特殊货物,或在有利于提高运输工作效果的情况下装置随车装卸机械而用于运输一般货物。专用车辆运输可以提高劳动生产率,降低运输成本,保证运输的安全性,从而取得较高的经济效益。

货运汽车专用化的最大特点就是减少或不进行运输包装采用散装运输,从而节约大量包装材料,减少运输成本。如某化工企业原先采用普通车辆运输硫酸,因容器重量及容器回收,每吨硫酸要支付运费 8.76 元,采用硫酸专用车辆而进行散装运输后,即可装足重量,又无须回收容器,每吨硫酸实际支付运费 4.56 元,可节约运费 47.96%。

货运车辆专用化还能避免环境污染和货物污染(如食品运输),减少货损货差,避免运输事故。如某汽运公司采用粉末槽车将火力发电厂的粉煤灰运到水泥厂,再用原车装运散装水泥到水泥成品加工厂,使这家火力发电厂生产每千度电成本降低 3.62 元,水泥厂采粉煤灰作水泥原材料,使每吨水泥节约成本 0.2 元。

随着产业结构的不断调整,运输货物的品种越来越多,因其物理、化学品性不一,如化学危险品、大型机械设备、饮料、鲜活、冷冻、易腐物品,工矿企业的污水、灰渣,生活垃圾等。这些物品对特殊运输要求日益显露,这就需要有专用车辆进行运输。

2) 车辆载重量的选择

确定车辆最佳载重量选择的首要因素是货物批量。当进行大批量货物运输时,在道路法规允许的范围内采用最高载重量车辆是合理的。而当货物批量有限时,车辆的载重量须与货物批量相适应,否则如果车辆载重量过大,必将增加材料与动力消耗量,增加运输成本。在特殊情况下,对于在往复式路线上运输小批量货物,采用汇集式运输时,可选择载重量较大的车辆。

7.4 货运生产计划与编制

在货运生产过程中,企业需要定制相应的生产计划以便更好地实现对运输生产过程的控制;当运输生产过程中出现偏离计划的情况时,需要采取科学手段使运输生产恢复到正常状态,这个过程称为调度。在运输生产过程中,各运输环节(港站、运输企业)都需要成立调度部门执行制订计划、完成日常调度、统计分析的工作任务。下面以道路运输企业为例介绍运输企业生产计划与调度的主要内容。

7.4.1 运输生产计划的构成

运输生产计划是指计划期内运输企业计划完成的运输量、车辆构成和车辆运用程度的各项计量指标和评价指标,也是运输企业计划期内完成的运输工作量的工作计划。

运输生产计划的主要任务是根据货物运输市场需求变化以及企业运输能力,确定企业计划年度、季度、月度的货物运输工作量及其构成状况(即运输量计划);根据企业运输工作量计划的具体要求,确定配备运输车辆的数量、车型及其装载能力等(即车辆计划);确定企业计划期内车辆运用的效率水平,包括车辆工作率、里程利用率、载重量利用率、实载率等有关指标(即车辆运用计划);根据计划及企业生产组织系统状况,分解运输生产任务,把任务具体分配到车队、车站、运行班组和单车等基层工作岗位(即确定车辆运行作业计划)。

运输生产计划由运输量计划、车辆计划、车辆运用计划和车辆运行作业计划组成。其中,运输量计划和车辆计划是货运生产计划的基础部分,车辆运用计划是车辆计划的补充计划,运输量计划表明运输市场对货运服务的需求,车辆计划和车辆运用计划则表明运输企业能够提供的运输生产能力。编制货运生产计划的目的就是要在货运需求与供给之间建立起一种动态的平衡,如图 7.20 所示。

图 7.20 运输生产计划构成图

7.4.2 运输量计划及编制

1) 运输量计划的内容

运输量计划以货运量、货物周转量为基础数据,主要包括:货运量与货物周转量上一周期(年、季、月等)实绩、本周期(年、季、月等)的计划值以及本周期计划与上周期实际业务值比较等内容,常见的运输计划如表 7.16 所示。

表 7.16　某物流公司 2020 年度货物运输量计划表

指标	单位	上年度实绩	本年度计划					本年度计划值与上年度实际值比较/%
			全年	一季	二季	三季	四季	
① 货物运输量	t	1 200	1 800	300	400	500	600	150
其中:整车货物	t	300	450	75	100	130	145	
零担货物	t	700	1060	175	255	325	305	
散装货物	t	200	290	50	45	45	150	
特种货物	t	0	0	0	0	0	0	
② 货物周转量	万 t·km	12.5	20.0	4.0	5.0	5.0	6.0	160
其中:整车货物	万 t·km	3.6	5.8	1.01	1.35	1.76	1.68	
零担货物	万 t·km	7.0	11.2	1.86	2.75	3.51	3.08	
散装货物	万 t·km	1.9	3.0	0.55	0.5	0.6	1.35	
特种货物	万 t·km	0	0	0	0	0	0	

道路货物运输企业在生产力的三要素中,仅掌握劳动者(企业员工)、劳动工具(车辆、装卸搬运机械、存储设备、信息系统等),不掌握劳动对象(货源)。因此,要求道路货运企业应进行深入而详尽的市场调研,以准确研判货源在哪里、货主的需求意向、货源吸引能力等。

通常可根据下列资料确定未来某个周期内货物运输量:
(1) 货运企业以往拥有的客户资源以及其对运输量的需求情况。
(2) 货运企业市场营销能力和营销手段。
(3) 企业运输服务新项目新吸引的运输量。
(4) 企业对运输市场的调查和预测数据。
(5) 在对国家级区域经济发展特点、运输政策分析基础上,对货运量的科学研判。

2)运输量计划的编制

运输量的确定,一般有两种方法:

(1) 当运力小于运量时,以车定产。运输产业活动中经常存在着运力与运量的矛盾。当运力不能满足运输需要时,只能通过对运输市场的调查,掌握道路货物运输的流量、流向、运距,确定实载率和车日行程后,本着确保重点、照顾一般的原则,采用以车定产办法确定道路货物运输量的计划值。道路货运企业能够完成的货物周转量可用式(7.3)进行初步测算。

$$P = \frac{A D \alpha_d \overline{L}_d \beta \overline{q}_0 \gamma}{1-\theta} \tag{7.3}$$

式中:P——计划货物周转量(t·km);
　　　A——平均营运车数(辆);

D——计划期天数(d);
α_d——车辆工作率(%);
$\bar{L}_d$——平均车日行程(km);
β——里程利用率(%);
$\bar{q}_0$——营运车辆平均额定载重量(t);
γ——车辆实载率(%);
θ——拖运率(%)。

计划期能够完成的货运量为:

$$Q=\frac{P}{\bar{L}_1} \tag{7.4}$$

式中:Q——货运量(t);
$\bar{L}_1$——计划期货物平均运距(km)。

(2) 当运力大于运量时,依需定产。即根据运输需求量,决定货运供给运力投入的多少。一般情况下,货运服务供给应在保持合理车辆运用效率指标水平的基础上,预测投入的车辆数,并将剩余运力另作安排。测算方法:

$$A'=\frac{P}{D\alpha_d \bar{L}_d \beta \bar{q}_0 \gamma}(1-\theta) \tag{7.5}$$

式中:A'——运输量计划需投入(占用)的车辆数(辆);
P——已知的周转量计划值(t·km)。

此时的剩余运力为:

$$\Delta A = A - A'(辆) \tag{7.6}$$

式中:ΔA——剩余运力(辆);
A——货运企业拥有的车辆数(辆)。

需要注意的是,运距的长短,里程利用率与吨位利用率的高低以及装卸停歇时间的长短等都影响车日行程,并间接影响周转量。因此,里程利用率、吨位利用率、车日行程必须根据不同情况分别测算后综合确定。运输量计划值还必须通过与车辆运用计划平衡后确定。

7.4.3 车辆计划及编制

1) 车辆计划的内容

车辆计划指运输企业计划期内运输能力计划,需要列明运输企业在计划期内运营车辆类型、保有车辆数以及增减计划及其平均运力等指标。它是衡量运输企业生产能力大小的重要指标。

车辆计划的主要内容包括:车辆类型、区分年初、年末及全年平均车辆数、各季度车辆增减数量、标记吨位等,如表7.17所示。

表 7.17　某物流公司 2020 年度车辆计划表

车辆类别		额定吨位/t	年初		增（+）或减（-）			年末		全年平均	
			车数/辆	吨位数/t	季度	车数/辆	吨位数/t	车数/辆	吨位数/t	车数/辆	吨位数/t
普通货车	大型货车										
	中型货车										
	小型货车										
集装箱车	20TEU										
	40TEU										
	…										
挂车	全挂车										
	半挂车										
特种车	危险品运输车										
	冷藏车										
	活体动物运输车										

2）车辆计划的编制

（1）确定车辆数

表 7.17 中的车辆数是指平均车辆数，指道路货运企业在计划期内所平均拥有的车辆数。计算公式为：

$$\overline{A} = \frac{U}{D} \tag{7.7}$$

式中：$\overline{A}$——平均保有车辆数（辆）；

U——计划期总车日数（车日）；

D——计划期日历日数（d）。

表 7.17 中的吨位是指平均吨位，可分为平均总吨位数与平均吨位。它是反映货运企业在计划期内可以投入运营的运力规模的大小。这两个值只是体现了企业的生产能力，并不代表实际的产量，区别在于车辆是否投入营运。

其中，总车吨位指在计划期内运营车辆的额定吨位累计数。它是运营车日与额定吨位的乘积，表明车辆总的载重能力，计算公式为：

$$Q = \sum (A_i D_i q_i) \tag{7.8}$$

平均总吨位是指道路货运企业在计划期内平均每辆车的吨位数。其计算公式为：

$$\overline{q} = \frac{\sum (A_i D_i q_i)}{\sum (A_i D_i)} \tag{7.9}$$

式中：$\bar{q}$——计划期内营运车辆平均吨位（吨）；

A_i——计划期内 i 组营运车辆数（辆）；

q_i——计划期内 i 组车辆平均吨位（吨）；

D_i——计划期内 i 组车辆的保有日数（日）；

i——为计划期内按相同保有日数及标记吨位划分的车辆组别序号（$i=1,2,\cdots,m$）。

编制车辆计划时，年初车辆数及吨位数根据统计期年末实有数据列入。车辆增加和减少数量，根据实际增加和减少情况计算。标记吨位，一般以行车执照上的数据为准。年末车辆数及吨位数，按计划期车辆增、减变化后的实际数据统计。

(2) 确定车辆增减时间

增减车辆的时间通常采用"季中值"法确定，即不论车辆是季初还是季末投入或退出营运，车日增减时间均以每季中间的那天算起。这是因为在编制计划时很难预知车辆增减的具体月份和日期。为简化计算工作，可采用表 7.18 所列近似值作为计算各季度车辆增加后或减少前在企业内的保有日数。

表 7.18 增减车辆季中计算日数

季度	第一季度	第二季度	第三季度	第四季度
增加后计算日/d	320	230	140	45
减少前计算日/d	45	140	230	320

例 7.4 某物流企业年初有额定吨位为 5 吨位的货车 30 辆，4 吨位的货车 50 辆；二季度增加 5 吨位的货车 40 辆，四季度减少 4 吨位的货车 30 辆，计算该车队年初车辆保有数、年末车辆保有数、总车日、平均车辆保有数、全年总车吨位。

解：年初车辆保有数 $=30+50=80$（辆）

年末车数 $=30+50+40-30=90$（辆）

总车日 $=30\times 365+(50-30)\times 365+40\times 230+30\times 320=37\ 050$（车日）

平均车辆保有数 $=37\ 050/365=101.5$（辆/天）

全年总车吨位日 $=30\times 365\times 5+20\times 365\times 4+40\times 230\times 5+30\times 320\times 4=168\ 350$（车吨位日）

全年平均总吨位 $=168\ 350/365=461.23$（吨位/日）

7.4.4 车辆运用计划及编制

1) 车辆运用计划的内容

车辆运用计划是计划期内全部营运车辆生产能力利用程度的计划，它由车辆的各项运用效率指标组成，是平衡运力与运量计划的主要依据之一。同等数量、同类型的车辆，运用情况不同，效率发挥有高有低，完成的运输工作量会有差异。因此，编制车辆计划必需紧密结合车辆运用效率计划编制。

车辆运用计划由一套完整的车辆运用效率指标体系所组成。通过计算这些指标，可以求出车辆的计划运输生产效率，车辆运用计划见表7.19。

表7.19 车辆运用计划

指标		上年度实绩	本年度					与上年度比较
			全年	第一季度	第二季度	第三季度	第四季度	
主车	平均营运车数/辆	20	30	20	25	32	40	150%
	总吨位/t	960						
	平均吨位/t	8						
	车辆完好率/%	96						
	工作日车数/车日	340						
	营运速度/(km/h)	40						
	平均每日出车时间/h	10						
	平均车日行程/km	400						
	总行程/km	136 800						
	行程利用率/%	67						
	载重行程载质量/t	237 800						
	吨位利用率/%	110						
	货物周转量/(t·km)	6 540						
挂车	拖车率/%							
	货物周转量/(t·km)							
综合	货物周转量/(t·km)							
	平均运距/km							
	货运量/t							
	单车期产量/(t·km)							
	车吨期产量/(t·km)							

2）车辆运用计划的编制

车辆运用计划编制的最关键任务是确定各项车辆运用效率指标值。各指标的确定应以科学、合理、可行而又留有余地为原则，应能使车辆在时间、速度、行程、载重量和动力等方面得到充分合理的利用。科学合理的指标为组织道路货运生产提供了可靠的保证。否则，不切实际的指标将会影响运输计划的顺利贯彻执行。

编制车辆运用计划有两种方法,即顺编法和逆编法。

(1) 顺编法

顺编法是以"可能"为出发点,即先确定各项车辆运用效率指标值,在此水平上确定计划可完成的运输工作量。

计算过程:首先根据计算汽车运输生产率的顺序,逐项确定各项效率指标的计划数值,如工作车日数、总行程、载重行程、载重量等;再计算保持相同水平时,可能完成的运输工作量;最后与运输量计划相对照,如果符合要求,表明可以完成任务,就可根据报告期的统计资料和计划期的货源落实情况,编制车辆运用计划。如果计算的结果与运输量计划有较大差异,特别是低于运输量计划时,则应调整各项车辆运用效率指标直至两者基本相等时,才能以此结果编制车辆运用计划。

例 7.5 某物流企业 2020 年第一季度平均营运车数为 100 辆,其额定平均载重量为 5 吨位。经分析测算,全年平均车辆完好率可达 93%,工作率为 9%,营运速度为 50 km/h,工作车时利用率为 80%,平均每日出车时间为 10 h,里程利用率为 70%,重车载重量利用率为 100%;运输量计划中列示的平均运输距离为 80 km,货物周转量为 1 020 万 t·km。根据这些资料,确定各项车辆运用效率指标的计划值,并据此编制车辆运用计划初稿。

解:编制车辆运用计划过程见表 7.20。

表 7.20　车辆运用计划

序号	指标	计算过程	计划值
1	营运车日/车日	100×90	9 000
2	平均营运车辆数/辆		100
3	平均总吨位/(吨位/日)	100×5	500
4	平均吨位/(吨位/日)		5
5	完好率/%		93
6	工作率/%		90
7	工作车日/车日	9 000×90%	8 100
8	工作车时利用率/%		80
9	平均车日行程/km	50×10	500
10	总行程/(万 km)	500×8 100	405
11	里程利用率/%		70
12	重车行程/(万 km)	405×70%	283.5
13	重车行程载重量/(万 t·km)	283.5×5	1 417.5
14	重车载质量利用率/%		100

续表 7.20

序号	指标	计算过程	计划值
15	可完成货物周转量/(万 t·km)	1 417.5×100%	1 417.5
16	平均运距/km		80
17	可完成货运量/t	1 417.5/80	17.718 75
18	车吨位季产量/(万 t·km)	1 417.5/500	2.835
19	单车季产量/(万 t·km)	1 417.5/100	14.175
20	车公里季产量/(万 t·km)	1 417.5/405	3.5

根据各项车辆运用效率指标计划值的计算,该货运企业可完成的货物周转量为 1 417.5 万 t·km,与已定运输量计划指标 1 020 万 t·km 相对照,略有超额,符合要求;可据此编制车辆运用计划。

(2) 逆编法

逆编法是以"需要"为出发点,通过既定的运输工作量来确定各项车辆运用效率指标必须达到的水平。各指标值的确定必须经过反复测算,保证其有完成运输任务的可能;同时也要注意不应完全受运输量计划的约束,若把各项车辆运用效率指标的计划值压得过多,则会抑制运输生产能力的合理发挥。

例 7.6 某物流公司 2020 年第一季度运输量计划中确定的计划货物周转量为 729 万 t·km,货运量为 91 125 t,车辆计划中确定的营运车辆数为 100 辆,额定载重量为 5 吨位,车辆完好率为 95%,工作率为 85%~95%,平均车日行程为 178~200 km,里程利用率为 65%~75%,重车载重量利用率为 90%~100%,托运率为 30%。试用逆编法编制车辆运用计划。

解: 主车产量=729×(1-0.3)=510.3(万 t·km)

$$车吨位日产量 = \frac{计划期主车完成的周转量}{同期总车吨位日} = \frac{510.3}{4.5} = 113.4(t·km)$$

即第一季度每一个车吨位日必须完成 113.4 t·km 的周转量才能完成运输量计划。

车吨位日产量还可以由下式计算:

$$车吨位日产量 = \alpha_d \bar{L}_d \beta \gamma \tag{7.10}$$

现在分析车辆工作率、平均车日行程、里程利用率和重车载重量利用率这四项指标分别达到什么水平才能使车吨位日产量达到 113.4 t·km。

拟定了四个组合方案,见表 7.21。

表 7.21 四个组合方案

组合方案	α_d/%	$\bar{L}_d$/km	β/%	γ/%	车吨位日产量/(t·km)
1	90	185	70	97.4	113.4

续表 7.21

组合方案	$\alpha_d/\%$	$\bar{L}_d/\text{km}$	$\beta/\%$	$\gamma/\%$	车吨位日产量/(t·km)
2	87	190	75	98	121.5
3	85	190	70	107	113.7
4	88	185	68	102.4	113.4

这四个方案是综合考虑前期统计资料、本期预测资料及其他相关因素后确定的。经分析比较,第一个方案是一个可行性、可靠性最好的方案。按此方案确定这四项指标的值,则可完成的运输工作量为:

$P = 90 \times 100 \times 5 \times 0.9 \times 185 \times 0.7 \times 0.974 \times 1/(1-0.3) = 729.7695$ 万 t·km

大于运输量计划确定的周转量 729 万 t·km,以确保完成第一季度的运输任务。据此编制的该季度的车辆运用计划见表 7.22。

表 7.22 某物流公司第一季度车辆运用计划

	指标	计算过程	计划值
主车	营运总车日/车日	100×90	9 000
	平均营运车辆数/辆		100
	平均总吨位/(吨位/日)	100×5	500
	平均吨位/(吨位/日)		5
	完好率/%		95
	工作率/%		90
	工作车日/车日	9 000×0.9	8 100
	平均车日行程/km		185
	总行程/km	8 100×185	1 498 500
	里程利用率/%		70
	重车行程/km	1 498 500×0.7	1 048 950
	重车行程载质量/(t·km)	1 048 950×5	5 244 750
	重车载质量利用率/%		97.4
	货物周转量/(t·km)	5 244 750×0.974	5 108 387
挂车	拖运率/%		30
	货物周转量/(t·km)	5 108 387/(1-0.3)×0.3	2 189 309

续表 7.22

指标		计算过程	计划值
综合	货物周转量/(t·km)	5 108 387＋2 189 309	7 297 696
	平均运距/km	7 290 000/91 125	80
	货运量/t	7 297 696/80	91 221.2
	车吨位季产量/(t·km)	7 297 696/100·5	14 595.4
	单车季产量/(t·km)	7 297 696/100	72 977
	车公里产量/(t·km)	7 297 696/1 498 500	4.87

车辆运用计划编制的关键在于各项效率指标的确定。指标的确定应科学、合理且可行。此外,由于各项效率指标是相互联系、相互作用的,因此,必须注重各项指标之间的相互协调。如车辆完好率与车辆工作率之间,存在着一定的制约关系,即车辆完好率应大于等于车辆工作率,也就是车辆工作率的计划值以车辆完好率的计划值为极限。如果货源充足但车辆完好率不高,许多车辆经常处于非技术完好状态,提高车辆工作率便失去保障。车辆完好率低而强行提高车辆工作率,会产生许多问题:燃料消耗增加,机件故障频出,行车安全无保障等。因此车辆完好率虽然不是车辆运用效率指标,但在编制车辆运用计划时,必须首先确定车辆完好率的计划值。

此外,在编制车辆运用计划时,运输工作量计划值一般应略大于运输量计划中的计划运输量,不能无根据地任意提高各项运用效率指标的计划值。否则,将直接影响运输量计划的贯彻执行。

车辆运用计划的主要内容包括:区分主车、挂车及主挂车综合统计的各项指标,即平均车辆数(辆)、总吨位(t)、平均吨位(t)、车辆完好率 $α_a$(%)及工作率 $α_d$(%)、工作车日数(车日)、营运速度(km/h)、平均每日出车时间(h)、平均车日行程(km)、总行程(km)、里程利用率(%)、载重行程(km)、载重行程周转量(t·km)、吨位利用率(%)、托运率(%)、平均运距(km)、货运量(t),货物周转量(t·km)及单车产量(t·km)与车吨产量(t·km),还有各项指标的上年度实绩、本年度及各季度计划值,本年度计划与上年度实绩比较等。各项效率指标的相互关系如图 7.21 所示。

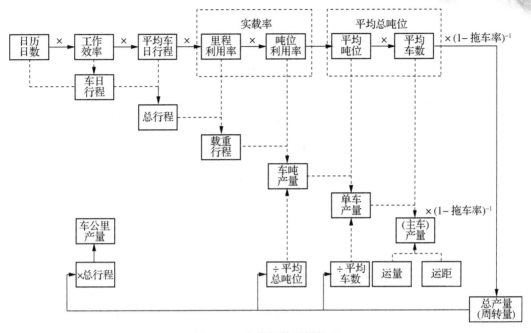

图 7.21　各指标的逻辑关系

7.4.5　车辆运行作业计划及编制

1）车辆运行作业计划的类型

运输生产计划虽然按年、季、月安排生产任务，但它只是纲领性的生产目标，不可能对运输生产的细节做出作业性的安排。为此，有必要制订车辆运行作业计划，以便明确地实现具体的运输过程。

车辆运行作业计划，一般以月、旬、日以至运次，对运输生产活动做出具体的安排，一般以五日运行作业计划比较常见。公路运输生产计划的构成及其相互关系如图 7.22 所示。

车辆运行作业计划有不同的形式，通常根据其执行时间的长短，分为以下几种：

（1）长期运行作业计划。适用于经常性的运输任务，通常其运输线路、起讫地点运输量及货物种类都比较固定。

（2）短期运行作业计划。其形式适应性较广，对于货物运输起讫地点较多、流向复杂货物种类也比较繁多的货运任务，编制周期可设定为三日、五日、十日等作业计划。

（3）日运行作业计划。主要在货源多变、货源情况难以早期确定和临时性任务较多的情况下采用。

（4）运次作业计划。通常适用于临时性或季节性、起讫地点固定的短途大宗货物运输任务。如粮食入库、工地运输、港站短途集散运输等。

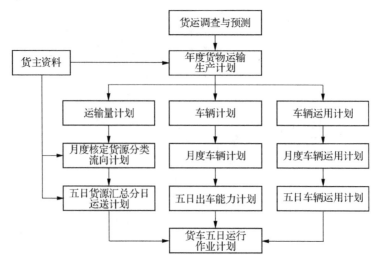

图 7.22 公路货运计划的构成及其相互关系

2) 车辆运行作业计划的编制

编制车辆运行作业计划是一项复杂细致的工作。在货源比较充足时,要编制好车辆运行作业计划,以保持良好的运输生产秩序,确保完成运输任务;在货源比较紧张时,也要通过编制合理的车辆运行作业计划,尽可能提高车辆运用效率。

编制步骤依次为:

(1) 根据相关资料确定货源汇总和分日运送计划,见表 7.23。

表 7.23 货源汇总和分日运送计划表

年　　月　　日至　　日

线别	托运单号	发货单位	起运点	收货单位	品名	包装	运距/km	托运量/t	分日运送计划								剩余物资	
									日		日		日		日		运量/t	处理意见
									运量/t	车号	运量/t	车号	运量/t	车号	运量/t	车号		
合计																		

(2) 认真核对出车能力及出车顺序,妥善安排车辆进行保修日期,见表 7.24。

表 7.24 出车能力计划表

年　　月　　日至　　日

班组	车号	额定载质量/吨位	保修日期		上次保修至日已行驶里程/km	完好车日/车日
			保修类别	起止日期		

216

(3) 逐车编制运行作业计划,合理确定行驶路线,妥善安排运行周期选配适合车辆。

(4) 检查各车运行作业计划执行情况,及时发现计划执行出现的问题并予以解决,并为编制下期运行作业计划做好准备。

(5) 编制下期运行作业计划。

思考题

7.1 简述道路货物运输组织的基本原则和要求。

7.2 货运车辆运行组织方式有哪几类?各自具有什么特点?

7.3 车辆行驶线路的种类有哪些?

7.4 如何理解合理化运输?不合理运输有哪几种表现形式?实现合理化运输组织的措施有哪几种?

7.5 按照货物的不同分类方式,简述货物的种类。

7.6 某汽车运输公司 2019 年第一季度运输量计划中确定的计划周转量为 657 万 t·km,货运量为 8.21 万 t,车辆计划中确定的运营车辆为 90 辆,额定载重量为 5 t,车辆完好率为 92%,工作率为 85%~90%,平均车日行程为 150~180 km,里程利用率为 65%~75%,重车载重量利用率为 90%~95%,托运率为 30%。试运用逆编法编制车辆运用计划。

7.7 已知配送中心 P 向 $A-J$ 共 10 个目的地配送货物,括号内的数字为需要运送的货物吨数,线路上的数字为路线长度,单位为 km。另外,假设现在额定载重量分别为 2 t 和 4 t 的货车,每车每次运行距离不超过 30 km。试利用节约里程法制定最优配送方案(图 7.23)。

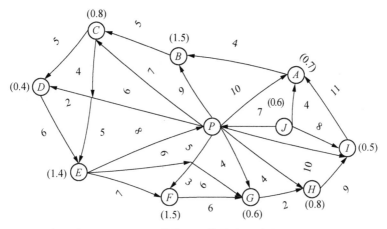

图 7.23 节约里程的线路设计法

7.8 某配送中心 O 有一辆负责为南京市 6 个超市配送商品的中型送货车(载重量为 4 t),每天将各种日用品分送给遍及南京市 B_1、B_2、B_3、B_4、B_5、B_6 等 6 个超市网点,有关数据如下。试运用启发式算法确定最佳行驶线路,并计算最短运输距离。

有关数据如下:$L_{01}=25$ km,$L_{02}=49$ km,$L_{03}=27$ km,$L_{04}=39$ km,$L_{05}=32$ km;
$L_{06}=51$ km;$L_{12}=39$ km,$L_{13}=29$ km,$L_{14}=57$ km,$L_{15}=55$ km;
$L_{16}=49$ km;$L_{23}=22$ km,$L_{24}=49$ km,$L_{25}=60$ km,$L_{26}=38$ km;
$L_{34}=66$ km,$L_{35}=48$ km,$L_{36}=56$ km;$L_{45}=20$ km,$L_{46}=60$ km;
$L_{56}=43$ km。

7.9 用表上作业法表解表 7.25、表 7.26 给出的运输问题,求出最优运输方案。

表 7.25 产销数量

	B_1	B_2	B_3	B_4	B_5	产量/t
A_1	13	7	6	2	12	30
A_2	5	1	10	5	11	20
A_3	10	5	3	7	14	40
A_4	6	3	2	11	10	60
销量/t	30	20	25	35	40	

注:B_1、B_2、B_3、B_4、B_5 为销地;A_1、A_2、A_3、A_4 为产地。

表 7.26 产销数量

	B_1	B_2	B_3	B_4	B_5	产量/t
A_1	3	7	8	4	6	13
A_2	9	5	7	10	3	12
A_3	11	10	8	5	7	18
销量/t	3	8	5	10	5	

注:B_1、B_2、B_3、B_4、B_5 为销地;A_1、A_2、A_3 为产地。

7.10 某汽车货运公司 2019 年第一季度运输量计划中确定的计划货物周转量为 729 万 t·km,货运量为 9.125 万 t,车辆计划中确定的营运车辆数为 100 辆,额定载质量为 5 吨位,完好率为 95%,工作率为 85%~95%,平均车日行程为 178~200 km,里程利用率为 65%~75%,重车载重量利用率为 90%~100%,托运率为 30%。试用逆编法编制车辆运用计划。

8 货物运输组织方式

学习目标

- 掌握各种运输组织方式的特点和适用范围
- 熟悉各种运输组织方式管理的主要内容
- 能够根据货物特性及货主要求合理选择运输组织方式
- 能够运用理论知识和技术手段为客户制定合理运输组织方案

8.1 集装箱运输组织

8.1.1 集装箱运输概述

1）集装箱定义

国际标准化组织(ISO)对集装箱定义如下：

集装箱是一种运输设备，应具备以下条件：① 耐久、具有足够强度，能够反复使用；② 专门设计，以一种或多种运输方式运输时无须中途换装；③ 具有便于装卸和搬运的装置，特别是便于从一种运输方式转移到另一种运输方式；④ 便于货物装满或卸空；⑤ 箱体容积不小于 1 m^3。

集装箱不包括车辆和一般包装。我国在国家标准 GB1992—2006《集装箱名称术语》中引用了上述定义。

2）集装箱标准

为了使集装箱运输能够在不同运输方式之间高效进行运输作业，需要制定集装箱的国际通用标准。集装箱标准化，不仅能提高集装箱作为共同运输单元在海、陆、空（专用且认证的集装箱）运输中的通用性和互换性（海陆可以互换，但不可以与空运互换），而且能够提高集装箱运输的安全性和经济性。集装箱标准按使用范围，一般分为国际标准、地区标准、国家标准和公司标准等四种。

(1) 国际标准集装箱

目前,国际标准化组织(ISO)设定了13种"标准集装箱":

宽度一致,$B=2\,438$ mm;

长度4种,$L_1=12\,192$ mm、$L_2=9\,125$ mm、$L_3=6\,058$ mm、$L_4=2\,991$ mm;

高度4种,$H_1=2\,896$ mm、$H_2=2\,591$ mm、$H_3=2\,438$ mm、$H_4<2\,438$ mm。

A型、B型、C型、D型,见表8.1、图8.1。

表8.1 国际集装箱现行箱型系列

箱型		长度 L/mm	宽度 B/mm	高度 H/mm	额定重量/kg
A型 (40 ft)	ⅠAAA	12 192	2 438 (考虑到道路车道宽度的限制)	2 896	30 480 (67 200 lb)
	ⅠAA			2 591	
	ⅠA			2 438	
	ⅠAX			<2 438	
B型 (30 ft)	ⅠBBB	9 125		2 896	25 400 (56 000 lb)
	ⅠBB			2 591	
	ⅠB			2 438	
	ⅠBX			<2 438	
C型 (20 ft)	ⅠCC	6 058		2 591	24 000 (52 900 lb)
	ⅠC			2 438	
	ⅠCX			<2 438	
D型 (10 ft)	ⅠD	2 991		2 438	10 160 (22 400 lb)
	ⅠDX			<2 438	

注:1 ft=0.305 m。

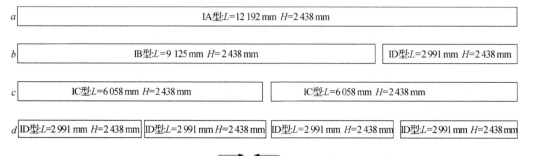

图8.1 国际集装箱长度关系图

其中，ⅠAA 型是业务中常见的 40 ft 集装箱（FEU），最多可载货体积 66~67 m³，最大载重量 26 t 左右；ⅠCC 型是业务中常见的 20 ft 集装箱（TEU），TEU 是集装箱运量统计单位，以长 20 ft 的集装箱为标准，一个 20 ft 集装箱表示一个 TEU，最多可积载货物 33 m³，最大可载重 21 t；从统计的角度，将一个 C 类集装箱（长度 20 ft），称为 1 个标准箱（TEU），一个 40 ft 的集装箱计为 2 个标准集装箱，一个 30 ft 的集装箱计为 1.5 个标准集装箱，一个 10 ft 的集装箱计为 0.5 个标准集装箱；ⅠAAA 和ⅠBBB 是两种超高箱型，从载货容积与重量数可知，40 ft 箱型适用于轻泡货，20 ft 箱型适用于重货。

（2）地区标准集装箱

地区标准集装箱，是由地区组织根据该地区的特殊情况制定的，此类集装箱一般仅适用于该地区，在该地区流通；如根据欧洲国际铁路联盟（UIC）所制定的集装箱标准而设计的集装箱只适用于欧盟地区。

（3）国家标准集装箱

国家集装箱标准一般是各国政府参照国际标准并结合本国情况制定的本国集装箱标准。中国国家标准集装箱从 1978 年 10 月国家标准总局发布集装箱标准（GB1413—1978）到 2008 年 10 月开始执行的国家标准（GB/T1413—2008），中间经过几次调整，现在执行的标准见表 8.2。

宽度一致，$B=2\ 438$ mm；

长度有 5 种，$L_1=13\ 716$ mm、$L_2=12\ 192$ mm、$L_3=9\ 125$ mm、$L_4=6\ 058$ mm、$L_5=2\ 991$ mm；

高度有 4 种，$H_1=2\ 896$ mm、$H_2=2\ 438$ mm、$H_3<2\ 438$ mm、$H_4=2\ 591$ mm。

表 8.2　我国现行集装箱标准

箱型		长度 L/mm	宽度 B/mm	高度 H/mm	额定重量/kg
E 型 (45 ft)	ⅠEEE	13 716		2 896	
	ⅠEE			2 591	
A 型 (40 ft)	ⅠAAA	12 192	2 438 (考虑到道路车道宽度的限制)	2 896	30 480 (67 200 lb)
	ⅠAA			2 591	
	ⅠA			2 438	
	ⅠAX			<2 438	
B 型 (30 ft)	ⅠBBB	9 125		2 896	25 400 (56 000 lb)
	ⅠBB			2 591	
	ⅠB			2 438	
	ⅠBX			<2 438	

续表 8.2

箱型		长度 L/mm	宽度 B/mm	高度 H/mm	额定重量/kg
C 型 (20 ft)	ⅠCC	6 058	2 438 (考虑到道路车道宽度的限制)	2 591	24 000 (52 900 lb)
	ⅠC			2 438	
	ⅠCX			<2 438	
D 型 (10 ft)	ⅠD	2 991		2 438	10 160 (22 400 lb)
	ⅠDX			<2 438	

注：1 ft＝0.305 m。

(4) 公司标准集装箱

此类集装箱标准是由某些大型集装箱船公司，根据本公司的具体情况和条件而制定的集装箱船公司标准，这类箱主要在该公司运输范围内使用。如美国海陆公司的 35 ft 集装箱。

3) 集装箱分类

根据运输条件、货物性质的不同要求，出现了不同种类的集装箱，这些集装箱不仅外观不同，且结构、强度、尺寸等也不同，从材料上分类，一般有钢制、铝制、不锈钢制、玻璃钢制等材料。下面主要按照用途介绍集装箱的分类。

(1) 干货集装箱

干货集装箱，也称杂货集装箱，是一种通用集装箱，用于装载除液体货物、需要调节温度货物及特种货物以外的一般件杂货。这种集装箱使用范围极广，目前在国内外运营中的集装箱，大部分属于杂货集装箱。常用的有 20 ft 和 40 ft 两种，其结构一般为封闭式，在一端或侧面设有箱门，可 270°开启。有的杂货集装箱，其侧壁可以全部打开，属于敞侧式集装箱，主要是便于在铁路运输中进行拆装箱作业，见图 8.2(a)。

(2) 开顶集装箱

开顶集装箱，除有整块钢板或可折式顶梁支撑的凡布、塑料布制成的顶篷外，其他构件与干货集装箱类似。开顶集装箱适于装载较高的大型货物和需吊装的重货，如钢材、木材、玻璃等。货物从箱顶吊入箱内，这样不易损坏货物，可减轻装箱的劳动强度，又便于在箱内把货物固定，见图 8.2(b)。

(a) 干货集装箱

(b) 开顶集装箱

图 8.2 干货和开顶集装箱

（3）台架式集装箱

台架式集装箱是没有箱顶和侧壁，甚至连端壁也去掉，只有底板和四个角柱的集装箱，可以用吊车从顶上装货，也可以用叉车从箱侧装货。台架式集装箱有很多类型。它们的主要特点是：为了保持其纵向强度，箱底较厚。箱底的强度比普通集装箱大，而其内部高度则比一般集装箱低。在下侧梁和角柱上设有系环，可把装载的货物系紧。台架式集装箱没有水密性，怕水湿的货物不能装运，适合装载形状不一的货物，见图 8.3(a)。

 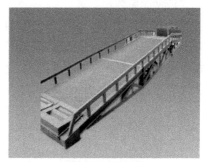

(a) 台架式集装箱　　　　　　　(b) 平台式集装箱

图 8.3　台架式和平台式集装箱

（4）平台式集装箱

平台式集装箱是仅有底板而无上部结构的一种集装箱。该集装箱装载作业方便，适于装载长、重大件。平台集装箱在欧洲使用较多，见图 8.3(b)。

（5）通风集装箱

通风集装箱一般在侧壁或端壁上设有 4~6 个通风孔，适于装载不需要冷冻而需通风、防止汗湿的货物，如水果、蔬菜等。当船舶驶经温差较大的地域时，通风集装箱可防止由于箱内温度变化造成"结露"和"汗湿"而使货物变质。如将通风孔关闭，可作为杂货集装箱使用，见图 8.4(a)。

(a) 通风集装箱　　　　(b) 冷藏集装箱

图 8.4　通风和冷藏集装箱

（6）冷藏集装箱

冷藏集装箱，是专为运输要求保持一定温度的冷冻货或低温货，如鱼、肉、新鲜水果、蔬菜等食品而设计的集装箱，具有制冷或保温功能。它分为带有冷冻机的内藏式机械冷藏集装箱和没有冷冻机的外置式机械冷藏集装箱。

前者称为"机械式冷藏集装箱",这种集装箱内装有冷冻机,只要外界供电,就能制冷。这类集装箱冷冻装置装在箱体内,不会妨碍集装箱专用机械的搬运和装卸。后者称为"离合式集装箱",箱体具有良好隔热层,在陆上运输时,一般与冷冻机相连;在海上运输时,则与冷冻机分开。箱内冷却靠船上的冷冻机舱制冷,通过冷风管道系统与冷藏箱连接。冷藏集装箱造价较高,营运费用较高,且货运事故较多,使用中应注意冷冻装置的技术状态及箱内货物所需的温度,见图8.4(b)。

(7) 散货集装箱

散货集装箱除了有箱门外,在箱顶部还设有2~3个装货口,适用于装载粉状或粒状货物。在箱门的下方还设有两个长方形的卸货口。箱顶的装货口与端门的卸货口有很好的水密性,可以防止雨水浸入。使用时要注意保持箱内清洁干净,两侧保持光滑,便于货物卸货。散货集装箱也可用于装运普通的件杂货,见图8.5(a)。

(a) 散货集装箱　　　　　　　　　(b) 动物集装箱

图 8.5　散货和动物集装箱

(8) 动物集装箱

动物集装箱(Pen Container)是一种专供装运牲畜的集装箱。为了实现良好的通风,箱顶采用胶合板覆盖,箱壁用金属丝网制造,侧壁下方设有清扫口和排水口,并设有喂食装置。

动物集装箱在船上必须装在甲板上,而且不允许多层堆装,所以其强度可低于国际标准集装箱的要求,其总重也较轻,见图8.5(b)。

(9) 罐式集装箱

罐式集装箱是一种专供装运液体货而设置的集装箱,如酒类、油类及液状化工品等货物。它由罐体和箱体框架两部分组成,装货时货物由罐顶部装货孔进入,卸货时,则由排货孔流出或从顶部装货孔吸出。有些液体货物随外界温度的降低会增加黏度,装卸时需要加温,所以在某些罐状集装箱的下部设有加热器。

需要注意的是:罐体的强度在设计时是以满载为条件的,所以,在运输途中货物如呈半罐状态,可能对罐体有巨大的冲击力,造成危险。因此装货时,应确保货物为满罐,见图8.6(a)。

8 货物运输组织方式

(a) 罐式集装箱

(b) 汽车集装箱

图 8.6　罐式和汽车集装箱

(10) 汽车集装箱

汽车集装箱是专为装运小型轿车而设计制造的集装箱。其结构特点是无侧壁,仅设有框架和箱底,箱底应采用防滑钢板。可装载一层或两层小轿车。由于一般小轿车的高度为 1.35～1.45 m,如装在 8 ft(2 438 mm)高的标准集装箱内,只利用了其箱容的 3/5,所以轿车是一种不经济的装箱货。为提高箱容利用率,有一种装双层的汽车集装箱,其高度有两种,一种为 10.5 ft(3 200 m),另一种为 12.75 ft(8.5 ft 的 1.5 倍)。所以,汽车集装箱一般不是国际标准集装箱,见图 8.6(b)。

(11) 服装集装箱

服装集装箱是杂货集装箱的一种变形,是在集装箱内侧梁上装有许多横杆,每根横杆垂下若干绳扣。成衣利用衣架上的钩,直接挂在绳扣上。这种服装装载法无须包装,节约了大量的包装材料和费用,也省去了包装劳动。这种集装箱和普通杂货集装箱的区别仅在于内侧上梁的强度需略加强。将横杆上的绳扣收起,这类集装箱就能作为普通杂货集装箱使用,见图 8.7。

图 8.7　服装集装箱

8.1.2　集装箱货物分类

集装箱货物分类方法有:按适箱程度、货物特性、按一批货物是否能装满一个集装箱分类等。

1) 按适箱程度分类

(1) 最适合集装箱化的货物。它是指商品属性可以有效进行集装箱运输的货物，一般是价值高、运费高的货物。这类货物包括：针织品、酒、医药品、光学仪器、电视机、小五金等。

(2) 适合集装箱化的货物。它是指货价和运费比较适合集装箱运输的货物，这类货物如：纸浆、电线、电缆、面粉、生皮、皮革、金属制品、家装材料等。

(3) 边缘集装箱货物。这类货物又称临界装箱货，可以用集装箱来装载，但货价较低，用集装箱来运输经济上不合算，而且该类货物的形状、重量和包装难以集装箱化，属于这一类商品有钢锭、生铁、原木、砖瓦等。

(4) 不适合集装箱化的货物。它是指那些从技术上来看不能用集装箱装载运输的货物。如原油、矿砂、砂糖等，有专门的油船、砂糖船其散货船装运。再如桥梁和铁路建造组件、大型发电机组等，由于尺寸大大超过国际标准集装箱最大尺寸，装箱困难，但可以装在组合式平台箱上运载。

2) 按货物特性分类

按照货物自身运输特性，可以分为普通货物和特种货物。

(1) 普通货物

普通货物又称件杂货，是指在货物性质上不需要特殊方法进行装卸和保管，适合于采用干货集装箱装载运输，特点是批量不大，货物价值高，具有较强的运费负担能力。按包装形式和货物性质不同又分为：① 清洁货。指清洁干燥，在积载和保管时货物本身无特殊要求，和其他货物混载不会损坏和污染其他货物的货物；② 污货。指容易发潮、发热、风化、发臭、可能渗出液体、飞扬粉尘产生害虫，从而使其他货物遭受损失的货物。

(2) 特殊货物

特殊货物指在性质、质量、价值或形态上具有特殊性，需要用特殊集装箱装载的货物。

① 冷藏货物。需要用冷藏集装箱或保温集装箱运输的货物，如水果、蔬菜、鱼、肉、奶等。

② 活体的动植物。如活的家禽、畜类、树苗等。

③ 危险品货物。危险品规则上列明的产品，在运输过程中对安全性要求很高，采用集装箱运输，需在集装箱外壁上标有危险品标志、防护等装置，危险品包括易燃易爆、有毒、有腐蚀性、放射性等危险货物，如农药、黄磷、漂白粉、炸药等。

3) 按照货物的批量能否装满集装箱分类

(1) 整箱货(Full Container Load，FCL)。

当货物的体积(轻货)达到一个集装箱容积的85%，或重量达到集装箱最大载重量的95%。即发货人或托运人的货量足以装满一个集装箱时，该箱货物成为整箱货物。

以集装箱为一个单位的大批量货物,大多数由发货人负责装箱、计数、积载并加铅封的货运。到目的港后交收货人,整箱货的拆箱一般由收货人自行办理,整箱货的发货人通常是一个人,收货人也通常是一个人。承运人对整箱货以箱为交接单,只要集装箱外表与收箱时相似和铅封完整,承运人就完成了承运责任。整箱货运单上,要加上"委托人装箱、计数并加铅封"的条款。

(2) 拼箱货(Less Container Load,LCL)。

当货物不足以装满一个集装箱时,托运人或货主须将货物运到承运人指定的集装箱货运点,承运人或其代理人将该批货与其他货主的同类货物合并装于一个集装箱,该箱货物成为拼箱货物,拼箱货是由承运人或其代理在集装箱货运站集中装箱,因而又称CFS货,拼箱货一般涉及多个发货人或多个收货人,在目的地货运站或内陆站承运人对拼箱货的装箱、拆箱负责。

8.1.3 集装箱运输组织

1) 集装箱运输的特点

集装箱运输是一种高效运输组织方式,具有以下运输特点:

(1) 高效率

传统的运输方式具有装卸环节多、装卸效率低、周转时间长等缺点,而集装箱运输完全改变了这种状况,无论何种运输方式,装卸效率都大大提高,与此同时,也减少了货损货差,保证了运输质量;集装箱运输,无论经由多少种运输方式,都能实现"门到门"的装箱和拆箱运输。

(2) 高效益

① 简化包装,节约包装费用。集装箱具有坚固、密封的特点,其本身就是一种极好的包装,使用集装箱可以简化包装,有的甚至无须包装,实现件杂货无包装运输,可大大节约包装费用。

② 减少货损、货差,提高货运质量。集装箱是一个坚固、密封的箱体,其本身就是一个坚固的包装,货物装箱并铅封后,途中无须拆箱倒载,一票到底,即使经过长途运输或多次换装,仍不易损坏箱内货物,集装箱运输可减少被盗、潮湿、污损等引起的货损和货差。

③ 降低运输成本。由于集装箱的装卸基本上不受恶劣气候的影响,使得船舶(火车、卡车、飞机)非生产性停泊时间缩短。又由于装卸效率高,装卸时间缩短,对运输公司而言,可提高航行率,降低船(火车、卡车、航空)公司运输成本;对港口(车站、机场)而言,可以提高泊位通过能力,从而提高吞吐量,增加站点收入。

(3) 高投资

集装箱运输行业是一种资本高度密集的行业,也属于一个国家或地区基础设施建设范畴(港口、火车站、货运站、机场、公路、铁路线),集装箱运输行业的发展水平也从一个角度反映出国家和地区经济发展水平和基础设施建设能力。

以船公司为例,须对船舶和集装箱进行巨额投资。根据有关资料,每立方英尺(1立方英尺＝0.028 3立方米)集装箱船的造价为普通货船的3.7~4倍,集装箱的投资也较大。开展集装箱运输所需的高额投资使得船公司的总成本中固定成本占有相当大的比例,一般高达2/3以上。

其次,专用集装箱泊位的码头设施包括码头岸线和前沿、集装箱堆场、货运站、维修车间、控制塔、门房,以及集装箱装卸机械设备等,耗资巨大。另外,集装箱信息管理系统是提高运输效率的重要手段。

可见,没有足够的资金开展集装箱运输,实现集装箱化是很困难的,必须根据实际情况量力而行。

(4) 高协作性

集装箱运输涉及面广、环节多,属于复杂的运输系统工程。集装箱运输系统包括海运、陆运、空运、港口、货运站以及与集装箱运输有关的海关、商检、船舶代理公司、货理公司等单位和部门。如果互相配合不当,就会影响整个运输系统功能的发挥,某一环节失误,会导致整个系统出现问题,甚至导致运输生产停顿和中断。因此,整个运输系统各环节、各部门之间需要进行密切的协作。

(5) 适用于组织多式联运

由于集装箱运输在不同运输方式之间换装时无须搬运箱内货物而只需换装集装箱,这提高了换装作业效率,适于不同运输方式之间的联合运输,在换装转运时,海关及有关监管单位只需加封或验封转关放行,从而提高了运输效率。

国际集装箱运输与多式联运是资金、技术密集及管理要求很高的行业,是一个复杂的运输系统工程,要求管理人员、技术人员、业务人员等具有较高的素质,以充分发挥国际集装箱运输的优越性。

2) 集装箱运输的优越性

集装箱运输的优越性主要体现在以下几个方面:

(1) 提高装卸作业效率,快速车船周转,提升港口(车站)的吞吐能力。集装箱的装卸作业适于机械化,其装卸作业效率得到了大幅度的提高,如一个20尺标箱(1尺＝0.333 m),每一个循环的装卸时间仅需3 min,按小时可装卸货物400 t左右,而传统装卸方式每小时在35 t左右,集装箱装卸方式将装卸效率提高了10倍,一艘万吨级远洋船舶,按传统方式装卸,需要在港口停靠10天左右进行装卸,而采用集装箱运输,在港时间缩短到不超过24 h,装卸时间缩短90%以上。与此同时,船舶在港(站)停靠时间大大缩短,码头和站台使用效率提高,扩大了港口(车站)的吞吐能力。

(2) 减少运营费用,降低运输成本。集装箱运输提高了装卸效率,加速了车船周转,减少了运营费用。另外,由于集装箱可以实现"门到门"运输,可以减少内地仓库建设。集装箱的标准化,可以使车船的积载能力得到充分发挥,提高装载率等。以上因素都可以使运输成本降低。另外,使用集装箱运输,可以简化或不用运输包装,节省包装材料和费用,降低商品的成本。

(3) 提高货运质量,减少货损、货差。集装箱结构坚固,对货物具有很好的保护作用,即使经过长途运输或多次换装,也不易损坏、丢失箱内货物。如中国出口到欧洲的玻璃工艺品记忆瓷器,按传统运输方式,碰损率最高达 50%,采用集装箱运输后,货损率降为 0.5% 左右。

(4) 便于自动化管理。集装箱是一种规格化的货物运输单元,这就为自动化管理创造了便利条件。

(5) 有利于组织多式联运,实现"门到门"运输。采用集装箱运输可使各种运输方式有机结合,组成海陆空多式联运,充分发挥各种运输方式的优势,形成直达连贯运输,可以将货物从发货人内地工厂或仓库直至收货人内地工厂或仓库,实现"门到门"运输,为货主提供便捷的运输服务。

正是由于集装箱运输的优越性,集装箱运输已在各国广泛采用,如在我国"一路一带"国家发展战略指导下,"中欧班列""中亚班列"运输实现了高速增长,为我国的国际贸易提供了强劲动力和支撑。

3) 集装箱运输涉及的关系方

集装箱运输涉及面广、环节多,是一个复杂的运输工程。集装箱运输系统包括海运、陆运、空运、港口、货运站以及与集装箱运输有关的海关(进出口)、检验检疫(进出口)、船舶代理、货运代理等单位和部门,各关系方相互配合,在整个运输过程中承担着各自不同的运输任务。

(1) 无船公共承运人

无船公共承运人即集装箱运输经营人,在集装箱运输中,经营集装箱货物的揽货、装箱、拆箱、内陆运输及中转站或内陆站业务,但不掌握载运工具的专业机构,称为无船公共承运人。其特点是不一定具有船舶、飞机、卡车、火车等载运工具,但作为一个中间承运商,该机构在实际承运人与托运人之间起到中间桥梁作用,对于真正的货主来说他是承运人,而对于实际承运人来说,他又是托运人,具有企业行为特征。

(2) 集装箱货物运输的实际承运人

这种承运人是指拥有大量的运输工具和一定数量的集装箱,直接为货主提供运输服务的机构,如船公司、铁路、公路、航空集装箱运输公司等。它们是集装箱货物运输的实际承运人,是运输合同的当事人之一,也是集装箱运输中最重要的运输承担者。

(3) 集装箱租赁公司

开展集装箱运输,船(铁路、卡车、航空)公司既要付出巨额投资购置集装箱载运工具,还要购置船舶载箱量约 3 倍的集装箱,所有这些巨额投资,必须在开展集装箱运输之前全部投入。这对资金有限的实际承运人而言是极大的成本支出。如何有效地使用集装箱,解决集装箱在运输中的回空堆放、保管、维修、更新等问题,需要投入大量的人力、物力和财力。集装箱租赁业,则是随着集装箱运输发展而兴起的一种新行业,专门经营集装箱的出租业务,该业务可以有效消除货运流向、流量的不平衡而产生的空箱运输。

(4) 集装箱货运站

集装箱货运站是处理拼箱货物的场所。主要办理拼箱货的交接、配箱积载、集装箱的装卸及转运、空箱的发放和回收、拆装箱及集装箱维修、办理报关及报检、交货给收货人等业务。货运站实际起到了货物集中、疏散的作用。一般货运站会设在港口、车站、机场内或附近，便于长途运输。

(5) 集装箱码头(堆)经营人

集装箱码头经营人是拥有码头和集装箱堆场(CY)经营权(或所有权)，从事集装箱交接、装卸、保管等业务的运输服务机构。其具体业务范围包括：整箱货的交接、存储和保管；与集装箱货运站办理拼箱货的交接；办理集装箱货运的装卸、配载以及有关单据的制作和签发；办理集装箱的维修、清理、熏蒸等，并根据所提供的服务项目，收取一定的费用。

(6) 货主

货主是经济贸易中的买卖双方当事人，也是集装箱运输的服务对象。在集装箱运输中，货主可以是运输的发货人(托运人)或收货人。

4) 集装箱交接地点和交接方式

集装箱运输中，根据整箱货(FCL)、拼箱货(LCL)的不同，其交接地点可以是装运地发货人、收货人的发(收)货工厂、仓库(Door)、集装箱堆场(CY)、集装箱货运站(CFS)、装运港(站)的船边等。

上述集装箱货物交接方式可归纳为以下四种不同组织方式：

(1) 整箱货接收/整箱货交付(CY/CY；FCL/FCL)

这种交接方式是货物由货主或托运人在其工厂、仓库等自行装箱(整装)，在集装箱堆场(CY，港口、内地干港、车站)由承运人接收整箱货(FCL)；承运人将整箱货运至卸货(港口、内地干港、车站)，在集装箱堆场(CY)将整箱货交付给收货人；收货人在自己的工厂、仓库等拆箱卸货(整拆)的一种集装箱化运输方式。

在这种交接方式下，箱内货物在起运地通常属于同一货主的整箱货物(CY Cargo)，而在目的地也属于同一收货人的整拆货物(CY Cargo)。同时，当承运人将铅封完好的整箱交付给收货人之后，即解除其责任，至于箱内货物如何，承运人不承担责任。

(2) 整箱货接收/拼箱货交付(CY/CFS；FCL/LCL)

这种交接方式是货物由货主或托运人在其工厂、仓库等自行装箱(整装)，在集装箱堆场(CY，港口、内地干港、车站)由承运人接收整箱货(FCL)；承运人将整箱货运至卸货(港口、内地干港、车站)，在集装箱货运站(CFS)将整箱货拆箱卸货(拆拼)，再交付给各个收货人的一种集装箱化运输方式。

在这种交接方式下，箱内货物在起运地属于同一货主的整箱货物(CY Cargo)，在目的地则属于多个收货人的拆拼货物(CFS Cargo)。同时，在目的地卸载时，若承运人能证明卸载时货箱的铅封完好无损，则承运人对箱内货物不承担损害赔偿责任，除非收货人证明货物的损害是在拆箱卸货之后由承运人造成的。

（3）拼箱货接收/拼箱货交付(CFS/CFS,LCL/LCL)

这种交接方式是各个货主或托运人将不足一个整箱的货物(LCL)在起运地或装货(港口、干港、货运站)交给承运人或其代理,由其拼装入箱(拼装),并运送至卸货地的集装箱货运站(CFS)拆箱卸货(拼拆或分拆),再将其交付给各个收货人的一种集装箱化运输方式。

在这种交接方式下,箱内货物在起运地即属于不同货主的拼箱货物(CFS Cargo),在目的地也属于不同收货人的拼拆货物(CFS Cargo)。同时,在卸货港或目的地卸载时,承运人须对箱内货物承担责任。

（4）拼箱货接收/整箱货交付(CFS/CY,LCL/F)

这种交接方式是承运人或其代理在起运地集装箱货运站(CFS)将各个货主或托运人不足一个整箱的货物(LCL)拼装入箱(拼装),并运送至卸货(港口、干港、货运站),将整箱(FCL)交付给收货人,由其运回工厂、仓库等拆箱卸货(整拆)的一种集装箱化运输方式。

在这种交接方式下,箱内货物在起运地通常属于不同货主或托运人的拼装货物(CFS Cargo),而在目的地则属于同一收货人的整拆货物(CY Cargo)。同时,在目的地卸载时承运人应对箱内货物承担责任。

8.2 多式联运组织

多式联运组织是一种以实现货物整体运输最大化效益为目标的运输组织形式,是对运输资源高效配置的组织方式。

8.2.1 多式联运组织的概念及条件

多式联运组织是指多式联运经营人根据多式联运合同,使用两种或两种以上的不同运输方式,负责将货物从指定地点运至交付地点的运输组织过程。

国际多式联运是指多式联运经营人根据多式联运合同,以至少两种不同的运输方式,负责将货物从一国境内指定地点运至另一国境内指定地点交付的货物运输过程。

通常,构成多式联运组织方式需要具备以下几个主要条件：

（1）必须具有一份多式联运合同。

（2）必须使用一份全程的多式联运单据(如多式联运提单、多式联运运单)。

（3）全程运输过程中必须是两种或两种以上不同运输方式的连续运输。

（4）必须使用全程单一费率。

（5）必须有一个多式联运经营人对货物的运输全程负责。

（6）如果是国际多式联运,多式联运经营人接收货物的地点与交付货物的地点必须属于两个国家。

8.2.2 多式联运组织构成要素

1）多式联运经营人

多式联运经营人指其本人或通过其代表订立多式联运合同的任何人。他是事主，而不是发货人的代理人或代表或参加多式联运的承运人的代理人或代表，并且负有履行合同的责任。

2）发货人

发货人是指以本人或以其名义或其代表，与多式联运经营人订立多式联运合同，并按多式联运合同将货物交给多式联运经营人的任何人。

3）契约承运人与实际承运人

根据目前国际运输公约的规定：契约承运人是指与货主订立运输合同的人，在多式联运中是指与发货人订立多式联运合同的人（多式联运经营人）。实际承运人是指与发货人订立运输合同的人，或者实际完成运输的人。

4）收货人

收货人是指有权提取货物的人，在国内多式联运中一般是指多式联运合同票据中记名的收货人。在国际多式联运中一般是指多式联运提单持有人。

5）多式联运合同

多式联运合同是指货物托运人与多式联运经营人就运输货物全程联运达成的协议。

6）多式联运单据（票据）

国内多式联运中使用的票据种类较多，如表8.3所示。

表8.3 国内多式联运中使用的票据

序号	票据名称	票据作用
1	全国联运行业货运统一发票	它是个联运企业间业务结算的票据
2	全国联运行业货运统一货运委托书	它是委托单位与管理单位签署的货物联运的合同
3	运输交接单	它是办理货物交接和结算各项运输费用的依据
4	中转交接单	它是货物在港站换装交接和结算中转费用的依据
5	货物储运单	它是货物在库场保管交接及结算仓储费用的依据
6	联运运单	它是多式联运合同以及办理货物运输与货物交付的依据，但不是物权凭证，不能流通转让

在国际多式联运中，多式联运单据是指"证明多式联运合同，以及证明多式联运经营人接收货物并按合同条款交付货物的单证"，一般称为多式联运提单。

7）货物

根据货物的运输方式不同，货物的定义范畴也有所不同，见表8.4。

表 8.4　不同货物运输方式下的货物定义

序号	运输方式	货物定义
1	国际多式联运	货物主要是指以集装箱为基本运输单元,有时也包括大件货物(大多是项目工程的成套设备等)
2	国内多式联运	货物类别可以分别按整车、零担或集装箱方式组织运输。在可能使用的不同运输方式中,对整车或零担货各有不同的要求
3	铁路运输	一批货物的重量、体积和形状需要以一辆 30 t 以上货车运输的,按整车货运考虑,不够该条件的按零担货物托运。每批零担货物不得超过 3 件,每件体积不得小于 0.02 m^3
4	公路运输	一次托运 3 t 以上为整车运输,不足 3 t 为零担或拼装运输。零担每件重量以小于 40 kg 为宜,以不超过 250 kg 为限,超过 250 kg 为大件货物
5	水上运输	一票托运 5 t 以上为整批运输,不足 5 t 为零担运输。凡货物每件重量超过 1 t 或长度超过 7 m 为超重或超长货物
6	航空运输	每张货运单的货物 1 kg 起运(不足 1 kg 按 1 kg 计费),非宽体飞机载运的货物,每件货物重量一般不超过 80 kg,体积一般不超过 40 cm×60 cm×100 cm。宽体飞机载运的货物,每件货物重量一般不超过 250 kg,体积一般不超过 100 cm×100 cm×140 cm

8.2.3　多式联运的主要组织形式

合理的多式联运组织方案应根据货主不同的需求而制定,如在保证货物安全的前提下,货运时间最短、货运费用最少、兼顾时间与运费等运输组织形式。目前有代表性的多式联运组织形式有以下几种:

1) 海陆联运

海陆联运是多式联运主要组织形式,这种组织形式以航运公司为主体签发联运提单,与航线线两端的内陆运输部门开展联运业务。

2) 陆桥联运

所谓陆桥运输,是指采用集装箱专用列车或卡车,把横贯大陆的铁路或公路作为中间"桥梁",使大陆两端的集装箱海运航线与专用列车或卡车连接起来的一种连贯运输方式。在国际多式联运中,陆桥运输起着非常重要的作用,我国内陆地区与沿海地区货物运输业采用多式联运的组织方式。

3) 海空联运

海空联运与陆桥联运的区别在于货物通常要在航空港换入航空集装箱,而陆桥运输整个过程中使用的是同一个集装箱。海空联运方式的运输时间比全程海运少,费用比全程空运便宜。

8.2.4 多式联运的运输组织模式

多式联运的过程就其工作性质可分为实际运输业务过程和全程运输组织业务过程两部分,实际运输过程业务由参加多式联运的各种运输方式的实际承运人完成,其运输过程及其组织已经在前面讨论过,这里主要讨论全程运输组织业务过程。

1) 协作式多式联运组织业务

协作式多式联运的组织者是由参加多式联运的各种方式的运输企业、中转港站共同组成的联运管理中心。货物全程运输计划方案由该中心制定,这种联运组织下的货物运输过程如图 8.8 所示。

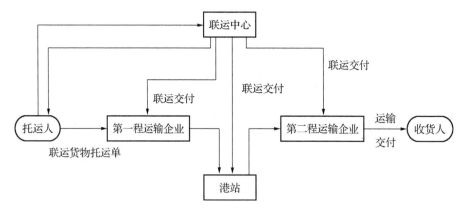

图 8.8 协作式多式联运过程示意图

在这种运输组织模式中,需要使用多式联运形式运输,整批货物的发货人需要根据运输货物的要求,向联运中心提出托运申请并按周期(月、周)申报整批货物订车、订船计划,联运中心根据多式联运线路及各运输企业的运力情况制订该托运货物的运输计划,并把该计划批复给托运人,同时转发给各运输企业和中转港站。随后,发货人根据计划安排向多式联运第一程的运输企业提出托运申请并填写联运货物托运委托书(附运输计划),第一程运输企业接收货物后,经双方签字,联运合同即告成立。第一程运输企业组织并完成自己承担区段的货物运输至与后一区段衔接地,将货物交给中转港站,经换装,由后一程运输企业继续运输,直到最终目的地由最后一程运输企业向收货人直接交付。

在前后程运输企业和港站交接货物时,需填写货物运输交接单和中转交接单(交接与费用结算的依据)。联运中心(或第一程运输企业)负责按全程费率向托运人收取运费,然后按各企业之间商定的比例向各运输企业及港站分配。

在这种组织模式中,全程运输组织是建立在统一计划、统一技术作业标准、统一运行图的基础上的,而且在接受货物运输、中转换装、货物交付等业务中使用的技术标准、衔接条件等也需要在统一协调下同步建设或协议解决,并配套运行,以保证全程运输的协同性。

这种多式联运组织模式,是国内(特别是大宗、稳定重要物资运输)主要采用的组织模式。

2) 衔接式多式联运组织业务

衔接式多式联运的全程运输组织业务是由多式联运经营人完成的,这种联运组织下的货物运输过程,如图 8.9 所示。

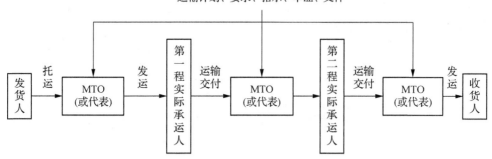

图 8.9　衔接式多式联运过程示意图

在这种组织模式中,需要使用多式联运形式运输成批或零星货物的发货人,首先向多式联运经营人(MTO)提出托运申请,多式联运经营人根据自己的条件考虑是否接受,如接受,双方订立货物全程运输的多式联运合同,并在合同指定的地点(可以是发货人的工厂或仓库,也可以是指定的货运中转站、堆场)办理货物的交接,联运经营人签发多式联运单据。接受托运后,多式联运经营人首先要制定合理的运输方案,选择货物的运输路线,划分运输区段(确定中转、换装地点),确定各区段的实际承运人、零星货物集运方案,制订货物全程运输计划,并把计划转发给各中转衔接地点的分支机构或委托的代理人,然后根据计划与第一程、第二程……的实际承运人分别订立各区段的货物合同,通过这些实际承运人来完成货物全程位移。全程各区段之间的衔接,由多式联运经营人(或其代表、代理人)采用从前程实际承运人手中接收货物再向后程承运人发运的方式完成,在最终目的地,从最后一程实际承运人手中接收货物后再向收货人交付货物。

在与发货人订立运输合同后,多式联运经营人根据双方的协议(协议内容除货物全程运输及衔接外,还常包括其他与货物运输有关的服务业务),按全程单一费率向发货人收取全程运费和各类服务费、保险费(需经营人代办的)等费用。多式联运经营人在与各区段实际承运人订立各分运合同时,需向各实际承运人支付运费及其他必要费用;在各衔接地点委托代理人完成衔接服务时,也需向代理人支付委托代理费用。

这种联运组织模式,在国际多式联运业务中是主要采用的模式,目前国内多式联运中采用这种模式的业务也越来越多。

8.3 甩挂运输组织

8.3.1 甩挂运输概述

1) 甩挂运输的概念

甩挂运输就是用牵引车拖带挂车至目的地,将挂车甩下后,换上新的挂车运往另一个目的地的运输方式,如图 8.10 所示。

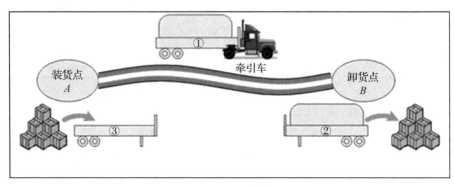

图 8.10 车辆甩挂运输组织原理图

在传统道路运输组织方式中,货车的车头与车厢无法分离,在装卸货物时,货车必须停留在原地等待,而甩挂运输自身的最大特点,就是牵引车与挂车可以分离,货物的装卸与货物的运输可以同步进行,这在很大程度上缩短了牵引车的无效等待时间。与此同时,相比于挂车,牵引车的价格更加昂贵,依靠甩挂运输的特性,可以在保证运输效率与货运量的情况下,购置更少的牵引车,从而降低运输成本。

甩挂运输主要与多式联运有关,它实质上是一种运力资源配置方法。道路运输的甩挂运输,牵引车在指定的站场甩掉挂车,再挂上待运的挂车继续进行货运任务;道路与铁路、水路等方式联合起来运输时,牵引车经道路运输抵达铁路场站或港口场站后,将挂车转移给铁路或者码头,经过这两种方式运输,再由目的地的牵引车接手,由道路甩挂运输的方式实现门到门货运。

2) 甩挂运输的特点

(1) 挂车、半挂车本身没有动力,需要由具有动力的牵引车进行拖带行驶;

(2) 一车多挂。一台牵引车可以配置两台以上的半挂车,并且两者之间不固定搭配;

(3) 对运输组织化程度要求较高。甩挂运输要能够"甩"起来,通常要求较高的信息化、网络化、标准化水平,是先进的运输生产力的集中体现。

3) 甩挂运输的优势

(1) 降低物流成本。采用道路甩挂运输这一运输组织模式,可以减少牵引车的数量,同时降低驾驶员的配置,从而使得购置牵引车的费用、人工成本、日常维修与管理等成本得以减少。

(2) 提升货物运输效率。在牵引车与挂车分离后,挂车可以自行卸货,减少了装卸搬运等待时间,提升牵引车的周转速度。

(3) 有利于节能减排。甩挂运输组织模式可以减少车辆无效行驶,从一定程度上降低能耗和减少二氧化碳的排放,符合国家的低碳经济发展战略。

(4) 甩挂运输能够促进道路货物运输的组织化、规模化、网络化、信息化和标准化发展,并推进道路货运与水上船舶滚装运输、铁路驼背运输等运输方式组合形成多式联运,促进综合运输体系的大力发展。

8.3.2 甩挂运输体系及适用条件

1) 甩挂运输体系构成

甩挂运输组织是涉及多种基础设施、设备、组织方式的复杂运输活动。其体系构成的要素由以下三个子系统构成。

(1) 运输基础设施系统

① 运输网络(基础设施)包括陆路运输路线、水运航道和甩挂运输站场。

② 场站内配套的装卸搬运设备及仓储设施。

(2) 信息管理系统

甩挂运输信息系统主要由政企数据交换平台、企业信息管理平台、物流公共信息平台组成。

(3) 运营组织管理系统

① 甩挂运输线路计划:分析甩挂运输作业流程,制定合理的组织调度及线路运输方案。

② 甩挂运输站场计划:分析现有货运站场布局现状及吞吐能力,制定高效的装车、卸车、挂车作业计划,做到车来即甩、即挂、即离场的作业流程,装箱、掏箱作业与甩箱、挂箱的无缝衔接。

③ 甩挂运输运营组织:运输企业能够针对每一种甩挂运输业务,都能快速选择合理的运输组织模式,为货主提供优质运输服务。

④ 车辆配置及调度管理:车辆配置指运输装备,包括甩挂运输车辆(牵引车、挂车)、滚装船舶。根据甩挂运输线路安排及运营模式的选择,合理制定车辆配置等情况。

甩挂运输体系构成如图 8.11 所示。

在整个甩挂运输体系中,运输基础设施子系统起到基础作用,运营组织管理子系统作为整个体系的核心成为支撑体系运行的强大动力,信息管理子系统为整个运输体系提供了保障。

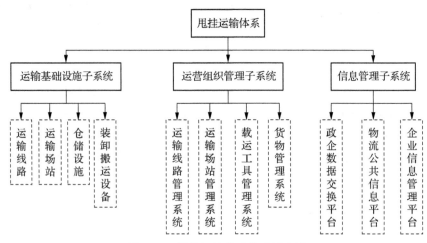

图 8.11 甩挂运输体系构成示意图

2) 甩挂运输适用条件

开展甩挂运输的目标是为了提高牵引车在整个运输过程中的使用效率,减少装卸搬运环节的停留时间,提高运输生产率。货运企业在进行甩挂运输决策和运营组织模式选择时,根据运输任务的特点合理安排运输方式,而不是盲目地开展运输作业。

(1) 适宜的货源条件

① 货源稳定,货运需求量大。

开展甩挂运输增加了需要周转的挂车使用数量,目的是提高牵引车的周转速度,相当于增大了运力的投入。因而只有在货源条件充足、运输需求量大的情况下,保证车辆有足够的运输工作量,才能充分发挥牵引车的工作效率,才有必要增加运力,进行甩挂运输。

② 运输服务对象稳定,货物收发货点比较固定。

运输服务客户相对稳定性,一方面能够确保拥有稳定的货源,可以有针对性、合理地配置周转挂车,高效地进行车辆调度管理;另外,固定的收发货地点便于周转挂车的维修和调度,方便挂车在两地间反复使用。

③ 货物种类性质差异不大。

不同性质的货物运输,对甩挂运输车辆类型、装卸搬运设备的选取不同,采用甩挂运输的货物应在性质、形状、用途上差别不大,以便于配置合适的牵引车、周转挂车和装卸设备。

(2) 适宜的车辆行驶道路条件

车辆行驶线路的优良性是保证甩挂运输车辆行驶安全性的决定性条件。在牵引车拖挂后,汽车列车的通过性、行驶稳定性、机动灵活性等性能与单体汽车比较相差甚远,因此,为了确保挂车安全稳固行驶,能够顺畅通过,应该充分考虑车辆行驶道路的技术条件和道路通行条件,如弯道半径、道路等级、桥梁净空高度等。

（3）适宜的运输距离与装卸作业条件

对于"一线两点，两端甩挂"的甩挂运输组织形式而言，装、卸货点两者之间的运输距离及装卸作业条件决定了甩挂运输是否经济、高效。一般条件下，当两点之间的运输距离较短，车辆装卸作业停歇时间相对较长时，车辆到达装卸点后，需要停歇较长时间进行等待，而等待期间不能开展其他运输活动，此情况下才有必要开展甩挂运输。

8.3.3 甩挂运输的主要组织形式

根据牵引车与挂车配备数量、线路网特点、装卸点装卸能力等，甩挂运输可以分为不同的形式，如图 8.12 所示。

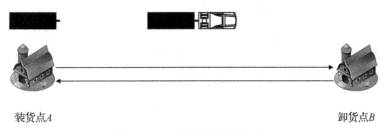

图 8.12 一线两点，两端甩挂

1）一线两点甩挂运输

这是在短途往复式运输线路上常常采用的一种运输形式。

牵引车往复运行于两装卸作业点之间，在整个运输系统中，通过配备一定数量的挂车，牵引车在线路两端将根据具体条件进行甩挂作业，根据货流的情况或装卸的能力，可以采用"一线两点，一端甩挂"（即装甩卸不甩或卸甩装不甩）和"一线两点，两端甩挂"。适用于装卸点固定，运量较大的地区，只要组织得当，其效果比较显著。

2）一线多点，沿途甩挂

这种运输方式线路上具有三个及以上场站，并且牵引车需要在这些场站之间进行甩挂任务。这种运输组织方式比较适合线路上有多个场站参与的甩挂运输，并且线路上货源充足且稳定，且装货地点较为集中的情形。此方式具有较好的社会效益，但对沿途各场站的装卸能力具有一定要求，并且需要各场站的装卸时间协同良好。示意图如图 8.13 所示。

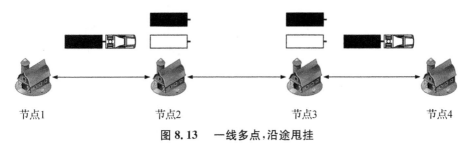

图 8.13 一线多点，沿途甩挂

3）多线一点，轮流甩挂

这种组织方式的条件下，各条甩挂运输线路一般只进行单向运输，并最终汇集到一个中心甩挂场站，中心场站负责卸货或者装货。适合于装货点或卸货点集中在一个甩挂场站的情形，更多应用在跨境甩挂运输中。此运输方式一车多挂的情况也较好调度，但单向运输车辆利用效率较低，车辆空载率提高。示意图如图8.14所示。

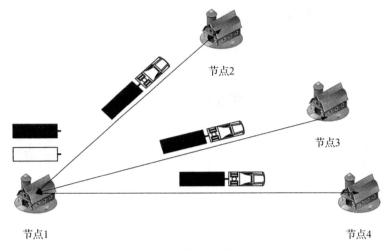

图 8.14　多线一点，轮流甩挂

4）循环甩挂

甩挂运输线路及沿线场站构成一个闭合的回路，牵引车在该回路上进行单向的循环运输任务。此运输组织方式调度较为简单，车辆使用效率也能保持较高水平，但要求整个循环线路有充足的货源，每个甩挂场站具备较好的装卸能力。缺点是牵引车完成整个循环耗时较长且固定，货物组织相对不灵活。示意图如图8.15所示。

(1) 网络甩挂。甩挂运输场站于线路呈网格状，牵引车根据运输需要在网格中进行调度。适合于场站设施均较为完善，道路网络较为成熟的情形，货物组织十分灵活，但同时也对各场站基建、道路条件、信息化网络平台有较高的要求，车辆调度的实施也较为复杂。

(2) 循环甩挂运输。这是在循环行驶线路上进行甩挂作业的一种形式。在闭合循环回路的各装卸点上，配备一定数量的周转集装箱或挂车，牵引车每到达一个装卸点后，甩下所带的集装箱或挂车，装卸工人集中力量先完成主车的装(或卸)作业，然后，装(挂)上预先准备好的集装箱(挂车)继续行驶。采用这种形式需要满足以下条件：

① 满足循环调度的基本要求；

② 货物运量大且稳定，有适宜于组织甩挂运输的货物条件。

采用循环甩挂运输提高了载运能力、行程利用率，压缩了装卸作业时间，是甩挂运输中一种较为经济、运输效率较高的组织形式。但其组织工作较为复杂，对作业条件要求比较高。

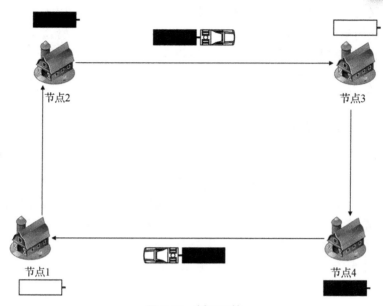

图 8.15　循环甩挂

（3）驼背运输或载驳运输。在多式联运中,各种运输工具的连接点,挂车或载有集装箱的底盘车由牵引车拖带后直接开上铁路平板车上或者船舶上停妥,然后摘挂后离去,挂车或集装箱底盘车由铁路车辆或船舶载运到前方的换装点,再由换装点的牵引车开上铁路车辆或船舶,挂上挂车或集装箱底盘车,直接运往目的地。驼背运输这一组织方式节约了装卸及换载作业时间,提高了作业效率。

（4）整批货物甩挂运输。通常情况下,对于运距较短但运量大且货源稳定、装卸货地点固定的"两点一线"间整批货物运输,适合在装卸货地点两端同时开展甩挂作业,即同时在装货点和卸货点配备一定数量的周转挂车,采取"两点一线、两端甩挂"的运输组织方式。若是挂车通过半挂牵引车动力的拖带在两点间往复运行,则可选择"一牵一挂"这一列车组合方式。

集装箱港口甩挂运输、内陆铁路货运站甩挂运输是常见的多点一线甩挂运输形式。依托沿海经济的高速发展,在港口与港口腹地产业群之间、港口与铁路货运站之间开展甩挂运输;内陆地区铁路货运站与干港之间、货运站与大型产业群之间开展甩挂运输。这种甩挂运输形式在我国已经较多地被开展应用,如江苏苏、锡、常与上海洋山港,浙江、山东、福建等沿海港口城市与内陆河南、郑州等城市。

8.4　集疏运组织

随着现代物流业的发展,"集聚效应""物流集群""资源整合"等发展理念不断普及和深化,综合交通运输体系建设持续增强。集疏运系统是连接多种运输方式的平台,互相分工协作又融会贯通的运输综合体,是进行一体化运输组织的关键。

通俗意义的集疏运系统是指通过水运、铁路运输、公路运输、管道运输等各种运输方式与港口、铁路枢纽、机场等交通运输枢纽相互衔接,为货物的运输全过程提供必要的基础设施和中转联运场所。一般来说集疏运运输管理主要包括以下几方面内容:组织、计划、实施和协调。

8.4.1 集疏运组织流程

1)集运组织

集运组织是指将各节点货物通过高速公路、城市道路、铁路、内河航道、海洋航道、航空线路、管道等多种运输通道集中于交通枢纽或枢纽地区,再集中运出的运输网络系统,集运系统能够为货物运输全过程提供必要的基础设施和中转联运场所。即通过资源整合,将具有长距离运输需求的货源从若干分散节点集聚至交通枢纽,利用干线铁路、水运等沿主要方向开展点对点干线运输,如图 8.16 所示。

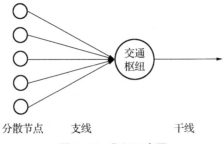

图 8.16 集运示意图

2)疏运组织

疏运组织是指将集中运至交通枢纽或枢纽地区货物通过高速公路、铁路、内河航道、海洋航道、航空线路、管道等各种方式疏散至目的地的网络系统。高效运转的疏运系统能够将到达交通枢纽的货物及时疏散,缓解交通枢纽的拥堵现象和仓储压力,维持整个运输流程的顺畅。即利用公路和铁路支线、专用线等开展枢纽货物的快速疏散,如图 8.17 所示。

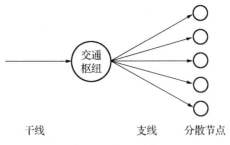

图 8.17 疏运示意图

3）集疏运组织

这里以大型海港口集疏运网络为例,其是由多层级枢纽节点、多维度通道等物流基础设施构成的多模式联运网络。整个多式联运是从"供应地—支线集货联运区段—干线联运区段—支线疏货联运区段—需求地"的整个物流过程,如图 8.18 所示。

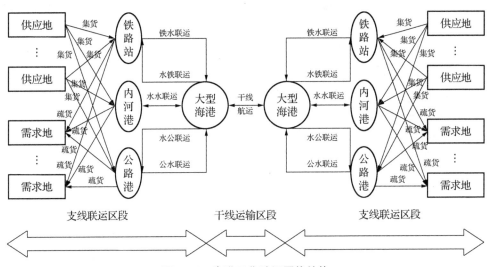

图 8.18　海港口集疏运网络结构

运输物品从供应地出发,通过集货到达内河港、铁路站、公路港等上游分流集疏运场所,通过铁水联运、水水联运、公水联运等联运方式,通过网络集疏运通道运输至干线大型集疏运节点,再通过干线海洋运输通道抵达目的地转运枢纽,并通过水铁联运、河海联运、水公联运等联运方式运输至铁路站、沿海港、公路港等下游分流集疏运场所,最后通过疏货方式送至需求地。

8.4.2　集疏运系统的组成

集疏运系统包含集疏运场所、集疏运通道、集疏运设施设备与运作流程、集疏运运营和管理等组成要素。

1）集疏运场所与通道

交通枢纽是集疏运组织的重要场所,为存储、中转或监管的货物提供集中和疏散场所,在运输网络系统中发挥重要作用。在运输组织上,枢纽承担着各种运输方式的货物到发,同种运输方式的货物中转及不同运输方式的货物联运等运输作业。同时为满足大型集疏运系统与国际接轨以及向大型化、专业化发展的要求,集疏运场所还配备海关、商品检疫、卫生检疫、动植物检疫,以及国际银行业务、保险业务、货运代理、理货等一系列口岸监管服务机构,并为客户就地办理进出口业务手续提供方便快捷的服务。

集疏运通道指交通枢纽与其腹地衔接的高速公路、城市道路、铁路、运河、航空线路、管道等运输通道。集疏运通道是整个集疏运网络的动脉,是实现货物在集疏运网络中流转的关键要素。

2）集疏运设施设备与运作流程

集疏运设施设备是保证集疏运系统高效运作的硬基础，由基础设施、运输工具和运输节点组成，为在枢纽内存储、中转或监管的货物提供集中和疏散服务。通常集疏运设施指码头、仓库、堆场、运输线路、停车场等建筑设施，装卸桥、底盘车、龙门起重机、皮带机等大型装卸机械设备，船舶、集卡、铁路车辆、飞机等运载工具。

（1）集装箱集疏运流程

集运：集卡—底盘车—堆场—底盘车—桥吊

疏运：桥吊—底盘车—堆场—底盘车—集卡

集运：集卡—跨运车—堆场—跨运车—桥吊

疏运：桥吊—跨运车—堆场—跨运车—集卡

（2）煤炭集疏运流程

集运：翻车机—皮带机—堆场—船舶

疏运：船舶—堆场—皮带机—翻车机

（3）散粮集疏运设备

集运：翻车机卸粮—皮带机—粮食筒仓—皮带机—自流管装船

疏运：夹皮带机/吸粮机—皮带机—粮食筒仓—自流装车

3）集疏运运营和管理

交通枢纽集疏运网络的流通效率不仅取决于集疏运通道和现代化的设施设备，还需要科学高效的集疏运运营和管理。集疏运运营和管理是为了使各种集疏运方式有效衔接，对其进行组织、运营、管理，从而实现系统内各要素的优化配置。

信息技术与大数据飞速发展的现今，交通枢纽在运营过程中通过信息和通信技术手段感测、分析、整合集疏运系统的各项关键运输信息，利用计算机应用、网络设备以及其他办公软件，收集并整理货物交接站点以及货物运输通道等信息，实现智慧式管理和运行，提高运行效率。完善的集疏运信息系统是集疏运网络实现准确、高效运作的关键，也是集疏运网络扩大网络规模、升华网络内涵、提升网络价值的必要支撑条件。

集疏运系统运营过程中，不仅要考虑"物"的因素，还要考虑"人"的因素。集疏运管理体系指在整个集疏运系统的运营中，对系统全局的战略规划、组织结构、人力资源、营销策略等各方面的宏观把控。

8.4.3 集疏运系统分类

从集疏运通道的类型出发，可以将集疏运系统分为以陆海联运为主、以陆空联运为主、以公铁联运为主及以内河联运为主的四种不同模式：

1）以陆海联运为主的集疏运系统

此类型集疏运系统中，公路线网和铁路线网占主导地位，承接来自海洋运输的集疏运需求，适用于大型海港集疏运场所，如荷兰鹿特丹港口、德国汉堡港口等。该集疏系统中一般设有通入港区专用的铁路线路,铁路直达码头并与腹地铁路干线网络相联通;周边区域的高速公路、干线公路等公路运输网络发达,覆盖能力强。

"集"指根据发货人的要求通过公路运输、铁路运输把需要运送的货物从初始地运往附近堆场或码头,等待后续装船作业;"疏"指到港的货物堆卸在港口附近堆场、仓库或直接装车以后,把到达货物从港口通过公路运输、铁路运输运送至要求送达的指定地点。其网络集疏运模式如图 8.19 所示。

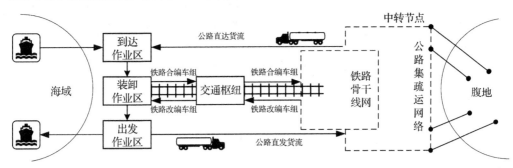

图 8.19　以陆海转运为主的集疏运网络

2) 以陆空联运为主的集疏运系统

此类型集疏运系统中,公路集疏运占主导地位,承接来自航空运输的集疏运需求,适用于大型机场枢纽集疏运场所,如长沙空港物流园区、南京国际空港物流园区等。该集疏运系统中一般设专用的机场航空货运集散中心,用于集散货物,实现发送货物、到达、中转以及仓储业务。

机场航空货运集散中心的建设是一个逐步完善的过程,目前国内大部分机场枢纽集疏运场所都是通过公路运输完成"疏"的过程。通过未来集疏运网络构建的完善,构建空铁联运的集疏运通道,可以大幅提高货物集散效率。

3) 以公铁联运为主的集疏运系统

此类型集疏运系统,一般是由大型铁路货运站作为集疏运场所发展而来,根据运营货种不同,其功能设置和集疏运网络也有所差异。经营大宗物资为主的铁路枢纽,一般以铁路专用线为支撑,与干线铁路运输网络相接;经营集装箱为主的铁路枢纽,以进出口功能为主,开通国际货运班列,配合公路集疏运网络进行集散;经营散杂货为主的铁路枢纽,服务对象品种较多,主要为城市提供消费品、农产品、散货等,一般依托城市干线公路网进行公路集疏运,其网络集疏运模式如图 8.20 所示。

4) 以内河运输为主的集疏运系统

此类型集疏运系统,以内河运输为主要集疏运方式,联合公路集疏运、铁路集疏运等其他方式,实现沿海港口与内陆地区之间的集疏运需求,适用于依托自然条件优越、河道资源丰富的海港或河口港物流园区,其网络集疏运模式如图 8.21 所示。

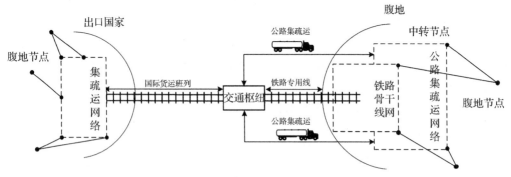

图 8.20 以公铁联运为主的集疏运网络

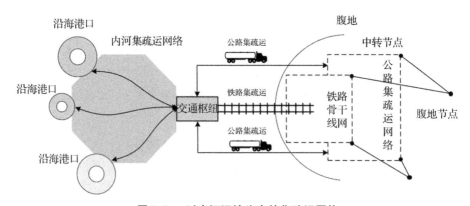

图 8.21 以内河运输为主的集疏运网络

8.4.4 国内外典型集疏运系统介绍

1) 鹿特丹港集疏运系统

鹿特丹港是欧洲规模最大的港口,位于莱茵河与玛斯河交汇入海的三角区域,是欧洲最重要的货物集散中心。鹿特丹港依托其得天独厚的地理区位、良好的深水条件、完善的基础设施和科学的管理模式,形成了集海运、内河、公路、铁路、航空、管道的多模式立体集疏运系统,其经济腹地涵盖整个欧洲内陆。

水路运输是鹿特丹港主要的集疏运方式,通过莱茵河与其他内河航道将货物送往欧洲各个国家,此外还开通了连接欧洲上百个港口的近海航班和支线定期航班。鹿特丹港后方有完善的铁路集疏运网络,与码头直接相连。港区内设 2 个中转站,到达欧洲各主要城市不超过 48 h,海铁联运比例达 10% 以上,远超世界其他主要港口。鹿特丹港还建有地下管道网络,将石油及其他液态工业产品运往欧洲各个地区。鹿特丹港在码头和联运设施附近先后建立了 3 个物流园区,每个园区与码头均由专用运输通道连接,可为客户提供个性化增值服务。

2）上海港集疏运系统

上海港位于长江入海口，是长江东西通道和海上南北通道的交汇点，其货源主要来自长江流域、长三角地区及中西部地区。2019年12月1日，国务院印发的《长江三角洲区域一体化发展规划纲要》提出，上海港的发展定位是做大做强上海国际航运中心集装箱枢纽港，建立集疏运体系同时成为重中之重。

外高桥港区和洋山港区是上海港的两个主要集装箱港区。外高桥港区通过外环线和郊环线，将货物向长三角地区各省市集散，其周边的公路通道主要有东西走向的港华路和港城路，南北走向的浦兴路、浦东北路、杨高北路以及杨高北一路等。洋山港区主要东海大桥与环沪高速干线网连接进行陆路集疏运。目前上海港的集疏运主要依靠公路运输，水路位居其次，铁路运输承担比例最小。

对于上海港多式联运的总体发展来说，芦潮港集装箱中心站和上海南港疏港铁路等成为明显短板。2020年3月10日，上海市规划和自然资源局公布的《上海市浦东新区国土空间总体规划（2017—2035）》提出，上海市浦东新区将构建"三条干线、一条支线、三条专用线"的铁路系统布局，分别为"南通方向"的沪通铁路、"杭州方向"的沪乍杭铁路、"湖州方向"的沪苏湖铁路，并研究预留经大洋山至宁波、舟山方向的铁路通道。考虑对港区的服务，规划建设外高桥港区、芦潮港集装箱中心站和南港码头3条专用线。

上海自贸试验区临港新片区将推进高速公路、铁路、海运、内河航运联网的货运交通集疏运体系形成，发挥大芦线和内河航运潜力，拓展南港码头综合性水水中转、江海联运功能，推进芦潮港铁路集装箱中心站与内外港区的联运模式。

3）香港机场集疏运系统

在民航界内，香港机场被公认为是航空货运集散中心建设最为成功的机场之一，是典型的腹地型航空货运集散中心。2010年来航空货邮吞吐量连续7年位居世界首位，2018年航空货邮吞吐量达510万t。香港机场航空货运集疏运系统，现有5个主货站和2个物流中心，年货运处理能力约800万t，主要位于机场南部，毗邻机场码头，通过北大屿山公路和赤鱲角南路、珠港澳大桥可快速高效地将货物运至香港市区及大陆地区。

在航线网络上，2018年香港机场共有航空公司120多家进出，运营航线约1 100多条，通达全球220多个城市；在海运交通上，香港机场南部海天码头通达至珠三角、澳门的9个口岸仅需1 h，通过海运搭建快速集疏网络；在陆路交通上，政府鼓励在香港和深圳路段开展多式联运业务，以海陆空联运为主的集疏运系统不仅拓宽了内地与香港的运输网络，也扩大了香港与世界的配送范围。

8.4.5 集疏运发展趋势

1）优化集疏运体系结构，打造交通一体化发展格局

针对目前集疏运体系中存在运输方式单一，对公路运输过度依赖，且公路运输存在

着不同程度上的车辆非法改装、超限超载以及费用较高等问题,2018年9月17日,国务院办公厅正式印发《推进运输结构调整三年行动计划(2018—2020年)》指明,可通过推进"公转铁、公转水",不断完善综合运输网络,提高运输组织水平。

根据有关统计,全国港口集装箱集疏运量中,公路约占85%,水路约占14%,而铁路仅占1%左右。铁路集疏运能力虽然较高,但与港区的连接率不高。公路集疏运能力虽然不及铁路,但由于与港区实现了全联通,对港区的集疏运能力的贡献比例较高。在未来的发展中集疏运组织将逐步提高铁路运输和水路运输比例,以缓解公路集疏运压力,降低对公路运输的依赖。例如,港口场景可加强铁路和码头堆场的衔接,优化铁路港前站布局,鼓励集疏港铁路向堆场、码头前沿延伸,加快港区铁路装卸场站及配套设施建设,打通铁路进港"最后一公里",实现铁路与港口的高效衔接,充分发挥铁路和水运两种大能力运输方式的组合效率。

实际运输中根据货物的不同种类及运输要求选择不同集疏运方式,确保不同集疏运方式均衡发展的同时提高集疏运的效率及服务水平,达到降本增效的目的。调整集疏运结构体系过程中,积极推动货物运输的"无缝衔接"和"一单制"。同时鼓励骨干龙头企业在运输装备研发、多式联运单证统一、数据信息交互共享等方面先行先试,充分发挥引领示范作用。

2) 构建集约高效绿色集疏运体系

构建资源节约型、环境友好型的绿色集疏运发展体系,走能源消耗少、环境污染小、增长方式优、规模效应强的可持续发展之路。真正实现降低社会物流成本,减少大气污染的目标,从而为加快构建现代综合交通运输系统,支撑经济高质量、绿色发展,实现交通强国做出积极贡献。

高效绿色集疏运体系的构建一方面可通过降低高能耗的公路运输在现有集疏运结构中的比例,适当提高低排放量的内河运输和铁路运输比例来实现;另一方面可通过使用"新能源、高效率、智能化"的交通运输工具来促进节能减排,将整体集疏运组织合理化、程序化以及系统化,保证货物可以更加通畅、迅速地进行运转,向污染少、能耗低、效率高的集疏运体系发展。

3) 运用信息化手段,打造集疏运信息平台

目前集疏运体系仍存在信息资源共享不足、标准规范和运输服务规则不衔接的问题。在未来的发展中可依托 GIS、5G、大数据、云计算等技术,利用"互联网+"构建集疏运公共信息平台,实现不同运输方式和运输节点间的数据共享。

货运集疏运枢纽通过集疏运信息平台,为体系中各环节的业务方提供货物在途状态查询、运输价格查询等综合信息服务,提高服务智能化、透明化水平。在金融结算方面,集疏运体系上下游用户也可通过信息平台实现一票制结算,实现货运枢纽智慧式管理和运行,提高货运枢纽运行效率。

8.5 电商货运组织

8.5.1 电子商务概述

电子商务是指买卖活动的当事人在互联网、内部网和增值网上以电子交易方式进行交易和相关服务活动，使传统的商业活动与服务达到信息化、电子化、网络化。"十三五"以来我国电商发展势头强劲、成果显著，根据国家统计局电子商务交易平台调查显示，2019 年全国电子商务交易额为 34.81 万亿元，中国电子商务交易额情况如图 8.22 所示。

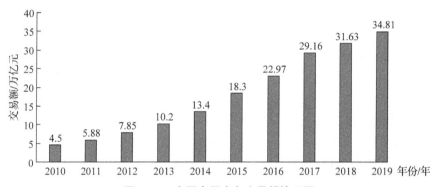

图 8.22　中国电子商务交易额情况图

电商的基本要素包含商流、资金流、信息流和物流等。商流为货物买卖流程中货物社会属性的变化，也就是商品所有权发生的变化。资金流主要是指资金的转移，比如支付宝解决了电商资金流的问题。信息流包括商品交易前、中、后所产生的所有相关信息。物流是指商品实体从资源供应商至顾客转移的过程，如图 8.23 所示。某些程度上，电商只有通过物流才能与消费者实现面对面，因而物流是决定电商成败的关键因素。

图 8.23　电子商务流程图

8.5.2 电商物流组织分类

电商物流是以满足买方需求为目标,通过电子交易系统把制造、运输和销售等环节统一考虑,涵盖运输、搬运、储存、保管、包装、装卸和物流信息处理等基本功能,由供应地流向接收地以满足社会需求的经济活动。

1) 电商快递

作为第三方电子商务平台的业务服务之一,物流具有重要的作用。专业化的物流服务不仅能够加速线上交易完成的速率,同时能够提升销售商与消费者对平台的认可度,提高其在行业中的口碑。同时,作为平台运行的必要环节,完善的物流体系既保证了网络销售的顺利进行,还降低了企业运营的成本,侧面为平台带来价值和利润。目前中国较完善的物流模式主要有四种:自营物流模式、第三方物流模式、物流联盟模式、"线上+线下"实体店模式。

(1) 自营物流模式

具有一定规模且拥有雄厚资金实力的第三方电子商务平台企业会自建物流公司或配送中心,线上交易的订单信息直接送达配送中心,由企业自身对商品集货发货。其交易过程中权责清晰,既有效控制了交易时间,又提高了在行业内的市场竞争力。

京东商城主打自营物流模式,自 2007 年开始自建物流体系,截至 2020 年 9 月 30 日,京东物流在全国运营超过 800 个仓库,包含云仓面积在内,覆盖全国各大城市。当前,京东自营商品已经全部实现了自营物流配送。但自营物流模式对企业资本的要求较高,构建存储与分拣的仓库,配备专业化的技术人才都需要大量的投入,其优势与劣势都很突出。所以大型第三方电商平台在进行选择时都经过了严格的风险评估与专业化的设计与搭建。

(2) 第三方物流模式

平台自身因资金或战略不同,没有自身的物流体系,而是将线上交易后的物流服务交于第三方物流公司(3PL)进行完成。第三方是指非卖家,也非买家的第三种专门服务于电子商务物品流通的企业,这是目前电商企业选择较多的物流配送模式。第三方物流公司一般都保持较先进的物流水平,其信息化程度一般较高,商家和消费者可以很方便地跟踪商品最新动态。物流公司也可以利用信息化设备跟踪管理物流车辆、调整配送中心人员分配、规划合理的配送路线,可以更好应对紧急情况,提升物流服务水平。

目前大部分 C2C(Consumer to Consumer,个人间电子商务)商户都选择第三方物流配送模式,依托于多家物流公司向顾客送货。不同商家会根据不同商品特点选择不同档次的快递公司:如出售普通的服装鞋帽等生活用品时,多数卖家都会选择中通、申通、圆通等价格较低廉的快递公司;而出售一些电子产品的卖家则会选择顺丰、宅急送等快递。

这种物流模式不仅可以使企业自身更专注于销售、运营等其他核心业务,且对于公司成本的控制,人力物力的节约都有显著作用。作为第三方物流企业,其只提供运输、仓储、配送等专业化物流服务，并不参与到供应商与消费者的交易当中。

(3) 物流联盟模式

物流联盟是在第三方物流基础上，创新发展延伸出的物流模式，其是介于独立物流方与市场交易之间的组织形态。物流联盟组建的基础是物流合作，企业间以协议、合同等方式实现优势互补、利益互惠、共同承担物流业务风险，以联盟的形式来达到自身的物流战略目标，实现物流业务的规模效应。

中国常见的物流联盟为阿里巴巴的菜鸟物流，是由阿里巴巴集团、银泰集团联合复星集团、富春集团、顺丰集团、三通一达（申通、圆通、中通、韵达），以及相关金融机构共同组建的"中国智能物流骨干网"（简称 CSN），其目标是打造一个开放的社会化物流大平台。在全国任意一个地区都可以做到 24 h 送达的目标，为 B2B、B2C、C2C 公司提供分享式服务载体，提高现有物流公司的仓储吞吐量与执行效用，为电商发展提供便利。

(4) "线上＋线下"实体店模式

"线上＋线下"实体店模式主要运用于苏宁云商、国美商城这种有大量实体商城同时又有自己线上电商平台的企业。比如苏宁云商建设了包括配送中心及运输队伍在内的物流体系，同时苏宁凭借自身在全国范围内庞大的实体连锁店，将线上平台销售与线下实体连锁店结合，消费者可以利用 B2C 平台线上购买商品到附近连锁店取货，也可以由连锁店送货上门。苏宁已经将实体店纳入物流节点当中，实体门店可以充当门店仓库、配送点和服务站等功能，极大地补充了物流网络中庞大末端节点的需求。

2) 跨境电商物流

跨境电商物流是通过跨境电商卖家将货物从本国利用海运、陆运、空运或是联运的方式送往另外一个国家或者地区（关境不同）。

跨境电商物流的目标在于通过选取最佳物流模式来实现低成本、低风险且快速地将跨境商品从出口方运输到消费者手中，在整个跨境物流过程中包括仓储、运输、通关、信息共享等步骤。

跨境电商物流与境内电商物流存在着较大区别。第一，跨境电商物流涉及通关、税收、商检等问题，更为复杂；第二，跨境物流涉及多个国家，每个国家的商业环境、交通状况、政策条件存在着千差万别，因此跨境物流必须考虑当地的实际情况，实现物流本土化发展；第三，根据跨境电商的特点，跨境电商对物流的需求也呈现出小批量、多频次、周转快的特点。目前跨境电商物流模式日益多元化，从最初的邮政小包、国际快递发展到物流专线、海外仓，常见的有以下四种模式。

(1) 国际邮政小包

国际邮政小包与国内快递服务相似，客户通过电子商务平台向商家下单，商家通过邮政系统将商品寄送至客户手中。这是目前跨境电子商务主要的物流方式，邮政小包覆盖全球超过 230 个国家和地区，业务范围广泛，寄送价格低。但是由于国际邮政小包物流时效太慢，从国内到欧美国家的邮政周期是 10～20 天左右，越来越无法满足跨境电商的发展，且存在丢包率高、寄送货物受限于体积、重量等问题。

(2) 国际快递

国际快递主要指 DHL、UPS、FedEx、TNT 四大商业快递公司,其拥有先进的信息通信技术,完善的业务管理系统及丰富的空运资源。国际快递时效非常快,通常情况下,全球大部分国家及地区可以做到 2～6 天派送到门的服务,并且货物信息全程跟踪,安全性得以保障。但由于价格高昂,通常在客户要求高时效性的情况下使用。

(3) 海外仓

海外仓是一种为跨境电商提供的以仓储为核心的物流模式。经营出口贸易的电商卖家在境外目的国建立仓库,将货物集中清关并运至境外目的国仓库,然后利用当地相对低廉的人工和加工成本,根据订单情况进行货物的仓储、分拣及包装等业务。

当接到境外目的国客户的订单后,将客户所需商品直接由目的国仓库配送至客户。这种模式可降低物流成本、提高物流效率,并且退换货时免去报关退税清关,十分便利。虽然解决了快递成本高昂或邮政配送周期漫长的问题,但也存在货物积压和缺货的风险,海外市场仓储运作成本高等问题,所以卖家通常只会选择热销商品进行海外仓备货。并且海外仓的建设也需要大量的前期投入,需要一定的资金实力。

(4) 国际专线物流

国际专线物流模式是指通过空运方式将货物大批量集中运到境外目的国,再通过专业的第三方物流公司完成清关及后端派送。利用集中包裹的规模效应,能够有效地降低成本,同时又多是以空运的形式,因此其物流时效以及运输成本会高于邮政小包低于国际快递。劣势在于经营范围和可托运产品相对有限,且在国内的揽收范围相对有限,覆盖地区有待扩大。业内使用最普遍的物流专线包括美国专线、欧洲专线、澳洲专线、俄罗斯专线等。

采取该模式的企业一般有两种情况,一种是拥有雄厚的资金且货物量大,仅依靠自身资源就可以形成规模化运输,提高配送效率且降低物流成本;另一种是大多数中小企业,没有充足的业务量和资金,那么就可以通过联盟的形式,多家企业共同形成规模化运输,适当地减少每家企业所分摊到的物流成本。

3) 众包电商物流

众包运输是指利用众包模式,将原来由物流企业配送员提供的末端配送服务,按照有偿自愿的原则,交由企业外部普通群众来完成。在"互联网+"和共享经济的驱动下,众包物流打破了传统物流企业的组织,形成了一种全新的组织结构。随着我国电商的不断发展,众包运输在电商运输领域,特别是即时配送领域发挥了不可或缺的作用。

从事电商众包运输的主体主要有订单发起人(电商)、众包承运人、众包平台、货物接收人(消费者)等(图 8.24)。其中,众包承运人可以是社会兼职人员,众包平台性质类似于物流中介,将运力需求方与运力供给方匹配。众包运输作为一种新的运作模式,共包括以下五个环节:

(1) 提交订单:订单发起人提交物流需求订单,订单通常需要包括商品种类、重量、配送注意点、顾客地址、配送时间要求等信息。

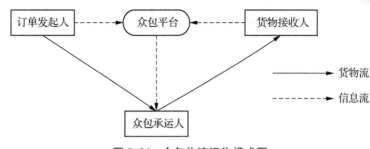

图 8.24　众包物流运作模式图

（2）抢单：众包平台根据众包承运人所处位置、到取货点、收货点距离等因素分配承运人。

（3）取货：众包承运人在规定的时限前赶至指定配送点，凭借有效证件领取订单对应货物，并在确认货物及其包装完好以后签收。

（4）送货：众包承运人将货物送至指定地点，核对货物接收人信息后完成货物的投递。

（5）结算并评价：订单发起人在众包平台中根据委托配送物品的重量、体积、路程、时间等因素完成结算货款，向众包承运人支付一定的酬劳；货物接收人对运输服务进行评价。

阿里、京东、亚马逊等电商企业分别推出了"阿里众包""京东众包""On My Way"等众包物流产品。电商企业选择众包运输模式不仅能优化社会闲置资源、降低物流配送成本，更能够在"双十一"等电商运量高峰期有效缓解突增性配送压力，提升消费者物流体验的同时减少企业的固定成本投入，提高物流的弹性，避免物流资源短缺或浪费的情况发生。

目前众包物流仍处于发展阶段，运营模式、管理策略、诚信体系、法律法规等仍需不断完善，物流标准化建设也需要政府机构积极引导，各相关主体积极参与。随着科技的不断发展和相关制度的不断完善，物流众包模式必将展现其整合社会资源，提高社会物流效率的优势，促进电商行业的不断发展。

4）末端配送

配送是物流系统目标最终得以实现的重要末端方式，也是物流系统与客户系统进行商流、资金流交换的重要载体。改善"末端配送服务"已连续两年被国家邮政局列为贴近民生七件实事之一。从产业链角度看，末端是快递物流连接其他各产业的核心枢纽和关键环节，也是快递行业运行与城市管理中矛盾最为突出的环节。

在末端配送环节，企业能直接了解客户的需求，积累消费数据，是建立综合服务的入口，也是行业竞争的核心。随着快递业的快速发展，末端配送环节也越来越受到快递企业的重视，末端的配送形式出现了几种主要模式，分别是法人企业或分支机构直接配送、第三方智能快件箱配送、快递公共服务站配送、设立末端网点配送、委托邮政企业投递，各模式间的优劣势比较见表 8.5。

表 8.5　各模式间的优劣势比较

模式	优势	劣势
法人企业或分支机构直接配送	企业管理较方便；能对投递质量进行管控；安全制度落实情况相对较好	高档小区、高校等特殊区域无法进去投递；无法满足 24 h 投递的需求；由于经济成本过高，偏远区域无法投递
第三方智能快件箱配送	投递效率高；能够满足消费者 24 h 取件要求，满足学校等特殊区域的取件需求	投资及使用成本较高，需找到盈利的新途径；无法满足较大件的投递需求；投递量大，快递箱不够
快递公共服务站配送	能有效整合特定区域内快递公共资源，降低成本；能满足特殊环境如封闭式管理学校、楼宇等区域的投递需求	涉嫌无证经营，存在资质认证及快递业务经营许可问题
设立末端网点配送	灵活，设立成本较低，能够迅速扩大服务范围，有效配套解决投递难问题	涉嫌无效加盟，服务质量较差，投诉率较高；落实安全法规相对不严
委托邮政企业投递	能够有效解决偏远农村快递投递问题	存在利益分配等问题；地区有限，只能在偏远乡镇、农村推广

8.5.3　电商信息平台

在电子商务发展的过程中，电子商务平台作为其业务开展的载体，是一个为企业、个人以及政府提供线上交易服务的平台。电子商务信息平台是建立在互联网上进行商务活动的虚拟网络空间和保障商务顺利运营的管理环境，是协调、整合信息流、物质流、资金流有序和高效流动的重要场所。

随着电子商务规模的不断扩张，信息服务乃至个性化信息服务对电子商务的作用日益凸显。企业可充分利用电子商务信息平台提供的网络基础设施、支付平台、安全平台、管理平台等共享资源，有效地、低成本地开展自己的商业活动。常见的电子商务信息平台有以下几种形式：

1) C2C(Consumer to Consumer)电子商务信息平台

C2C 是个人对个人的电子商务模式，C2C 电子商务信息平台为买卖双方提供了网上信息交流的平台，以及一系列交易的配套服务。C2C 电子商务模式的特点主要表现为用户数量多、商品种类多、交易次数多。淘宝网是 C2C 模式的代表，其运作模式具有很大的复制性，这种运作模式也是国内 C2C 电子商务信息平台的常用模式，如图 8.25 所示。

C2C 电子商务信息平台为消费者在互联网进行的产品购买与商家销售活动提供一个在线交易平台，使卖方可以主动提供商品上网拍卖，而买方可以自行选择商品进行直接购买或竞价。

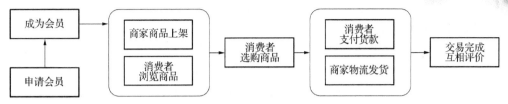

图 8.25　国内 C2C 型电子商务运作模式

2) B2B(Business to Business)电子商务信息平台

B2B 是企业对企业的电子商务信息平台,典型的 B2B 平台有阿里巴巴。B2B 电商信息平台将企业与企业紧密结合起来,通过网络的快速反应,为客户提供更好的服务,从而促进企业的业务发展。

这种模式在电子商务中占有绝对的优势,目前世界上 80% 的电子商务交易额是在企业之间完成的,是电子商务的主流。由于 B2B 模式存在的历史最长,有长期的实践经验,其理论和实践都更加成熟,因此对未来电子商务的运作具有极大的指导作用。

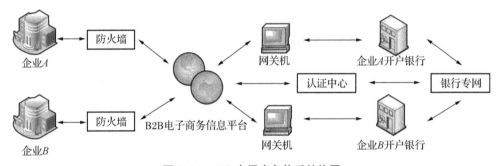

图 8.26　B2B 电子商务体系结构图

由图 8.26 所示,企业 A 提出商务业务请求,将请求信息和银行账户信息通过互联网发送到 B2B 电子商务信息平台提供的电子商务应用服务;在互联网上智能搜索寻找合适的交易主体企业 B,并将 A 的请求信息通过互联网发送给企业 B;企业 B 得到企业 A 的请求信息后,经过分析处理,响应交易请求,并将响应信息和自身银行账号信息发送给电子商务应用服务;收到企业 B 的交易请求后,电子商务信息平台通过认证中心对交易双方进行身份认证,将认证合格的银行账户信息通过支付网关发送给交易双方的开户银行,以银行专网为基础完成银行转账;转账后的信息再通过电子商务信息平台发送到企业 A 和企业 B,并联合工商、税务、海关、法律和运输等协同作业单位完成配送。从而完成了企业 A 和企业 B 之间的交易过程。

3) B2C(Business to Consumer)电子商务信息平台

B2C 是企业对个人的电子商务信息平台,企业直接面向消费者销售产品和服务,主要应用于商品的零售业,包括面向普通消费者的网上商品销售(网上购物)和网上电子银行业务(存款业务、取款业务和货币兑换业务等)。B2C 目前发展非常迅速,天猫商城(平台型 B2C)、京东商城(自营型 B2C)等都是当前知名的 B2C 型电子商务网站。

4) O2O(Online to Offline)电子商务信息平台

O2O 是线上到线下的电子商务信息平台,消费者可以在线上购买或预定,然后到线下实体店进行消费。O2O 型电子商务平台将线下商务的机会与互联网结合在一起,让互联网成为线下交易的前台,实现了线上购买商品,线下享受服务。O2O 主要针对线下那些无法搬到网上的实际服务和体验性项目,如理发、美容、美食、电影、旅游等。如图 8.27 所示为 O2O 型电子商务的模型图。

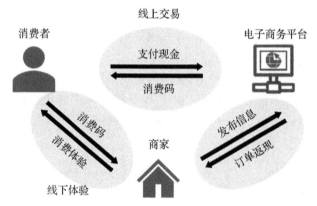

图 8.27　O2O 型电子商务的模型图

5) C2M(Customer to Manufacturer)电子商务信息平台

C2M 是指用户直连制造商,即消费者直达工厂,强调的是制造业与消费者的衔接。消费者直接通过平台下单,平台将消费者的定制需求订单下发给供应工厂以后,供应工厂根据消费者的需求,进行设计、采购、生产、发货等各环节。主要包括纯柔性生产,小批量多批次的快速供应链反应。C2M 模式让用户以超低价格购买到超高品质的产品,同时让中国高端制造业直接面对用户需求。

8.6　特殊货物运输组织

在运输过程中对装卸、运送和仓储等作业环节有特殊要求的货物统称为特殊货物。这类货物的运输组织,除应当符合普通货物运输的规定外,还应当遵守特殊货物运输组织管理规定,本节主要介绍道路特殊货物运输组织的主要内容。

8.6.1　危险品运输的组织与管理

1) 危险品概述

(1) 危险货物的定义

危险货物是指具有爆炸、易燃、毒害、腐蚀、放射性等性质,在运输、装卸和存储过程中,容易造成人身伤亡和财产损毁而需要特别防护的货物。

(2) 危险货物的分类

危险货物是各类危害性物品的总称。我国2012年12月1日颁布实施的国家标准GB6944—2012《危险货物分类和品名编号》,将危险货物按其主要特性和运输要求分成9类20项,见表8.6。

表8.6 危险货物分类和品名编号

类别	名称	项别	名称
第1类	爆炸品	1.1项	有整体爆炸危险的物质和物品
		1.2项	有迸射危险,但无整体爆炸危险的物质和物品
		1.3项	有燃烧危险并有局部爆炸危险或局部迸射危险或这两种危险都有,但无整体爆炸危险的物质和物品
		1.4项	不呈现重大危险的物质和物品
		1.5项	有整体爆炸危险的非常不敏感物质
		1.6项	无整体爆炸危险的极端不敏感物品
第2类	气体	2.1项	易燃气体
		2.2项	非易燃无毒气体
		2.3项	毒性气体
第3类	易燃液体		包括:a) 易燃液体;b) 液态退敏爆炸品
第4类	易燃固体、易自燃或遇湿易燃物品	4.1项	易燃固体,容易燃烧或摩擦可能引燃或助燃的固体等
		4.2项	a) 易于自燃的物质,发火物质;b) 自热物质
		4.3项	遇水放出易燃气体的物质
第5类	氧化性物质和有机过氧化物	5.1项	氧化性物质,本身不一定可燃,但通常因放出氧或起氧化反应可能引起或促使其他物质燃烧的物质
		5.2项	有机过氧化物,分子组成中含有过氧基的有机物质,该物质为热不稳定物质,可能发生放热的自加速分解
第6类	毒性物质和感染性物质	6.1项	毒性物质,经吞食、吸入或皮肤接触后可能造成死亡或严重受伤或健康损害的物质
		6.2项	感染性物质,含有病原体的物质,包括生物制品、诊断样品、基因突变的微生物、生物体和其他媒介,如病毒蛋白等
第7类	放射性物质		含有放射性核素且其放射性活度浓度和总活度都分别超过 GB 11806 规定的限值的物质
第8类	腐蚀性物质		通过化学作用使生物组织接触时会造成严重损伤,或在渗漏时会严重损害甚至毁坏其他货物或运载工具的物质
第9类	杂项危险物质和物品		具有其他类别未包括的危险的物质和物品,如:a) 危害环境物质;b) 高温物质;c) 经过基因修改的微生物或组织

2) 各类危险货物对运输装卸工作的要求

（1）爆炸品

爆炸品是指在外界作用下（如受热、撞击等），能发生剧烈化学反应，瞬时产生大量的气体和热量，使周围压力急骤上升，发生爆炸，对周围环境造成破坏的物品。

爆炸品货物对汽车运输工作的安全要求：

① 慎重选择运输工具。公路运输爆炸品货物禁止使用以柴油或煤气燃料的机动车，自卸车、三轮车、自行车以及畜力车同样不能运输爆炸物品。这是因为柴油车容易飞出火星，煤气车容易漏气发生火灾；三轮车和自行车容易翻倒，畜力车有时牲口受惊不易控制，这些对于安全运输爆炸品具有潜在危险性。

② 装车前应将货厢清扫干净，装载量不得超过额定负荷。押运人应负责监装、监卸，数量点收、点交清楚，所装货物高度超出部分不得超过货箱高的 1/3；封闭式车厢货物总高度不得超过 1.5 m；没有外包装的金属桶（如硝化棉或发射药）只能单层摆放，以免压力过大或撞击摩擦引起爆炸；在任何情况下雷管和炸药都不得同车装运，或者两车在同时同一场所进行装卸。

③ 汽车长途运输爆炸品时，其运输路线应事先报请当地公安部门批准，按公安部门指定的路线行驶，不得擅自改变行驶路线，以确保安全管理，万一发生事故也可及时采取措施处置。危险品运输必须有随车押运人员，车辆严禁捎带无关人员和危及安全的其他物资。

④ 驾驶员必须集中精力，严格遵守交通法令和操作规程。行驶中注意观察，保持行车平稳。多辆车列队运输时，车与车之间至少保持 50 m 以上的安全距离。一般情况下不得超车、强行会车，非特殊情况下不准紧急刹车。

⑤ 运输及装卸人员，都必须严格遵守保密规定，对有关弹药储运情况不准向无关人员泄露，同时必须严格遵守有关库、场的规章制度，听从现场指挥人员或随车押运人员的指导。装卸时必须轻拿轻放，严防跌落、摔碰、撞击、拖拉、翻滚、投掷、倒置等，以免发生着火、爆炸。

（2）压缩、液化、加压溶解气体货物

将常温常压条件下的气体物质，经压缩或降温加压后，储存于耐压容器或特制的高强度耐压容器或装有特殊溶剂的耐压容器中，均属于压缩、液化、加压溶解气体货物。常见的气体货物如氧气、氢气、氯气、氨气、乙炔、石油气等。

压缩、液化、加压溶解气体货物的危险性主要表现在：容器破裂或爆炸的危险；气体物质化学性质引起的危险，如引起火灾、爆炸、中毒、灼伤、冻伤等危险事故。

压缩、液化、加压溶解气体货物对汽车运输工作的要求：

① 夏季运输除另有限运规定外，车上还必须置备遮阳设施，防止暴晒。液化石油气槽车应配备橡胶导静电拖地带。

② 运输可燃、有毒气体车辆，车上应备有相应的灭火和防毒器具。

③ 运输大型气瓶，行车途中应尽量避免紧急制动，以防止气瓶的巨大惯性力冲出

车厢平台而造成事故。运输一般气瓶在途中转弯时,车辆应减速,以防止急转弯或车速过快时,所装气瓶会因离心力作用而被抛出车厢外。

④ 易燃气体不得与其他危险货物配载;不燃气体除爆炸品、酸性腐蚀品外,可以与其他危险货物配载。助燃气体(如空气、氧气及具有氧化性的有毒气体)不得与易燃、易爆物品及酸性腐蚀品配载;有毒气体不得与易燃、易爆物品氧化剂和有机过氧化物、酸性腐蚀物品配载,同时有毒气体的液氯、液氨亦不得配载。

(3) 易燃液体货物

易燃液体货物是指易燃的液体、液体混合物或含有固体物质(如粉末沉积或悬浮物等)的液体(但不包括因其危险性已列入其他类别危险货物的液体),如乙醇(酒精)、苯、乙醚、二硫化碳(CS_2)、油漆类以及石油制品和含有机溶剂制品等。其主要危险是燃烧和爆炸。

易燃液体货物的物理性质表现为:高度挥发性、高度流动扩散型、受热膨胀性、静电电荷积聚性;其化学性质表现为:高度易燃性、蒸气易爆性、能与强酸和氧化剂剧烈反应、有毒性等。

易燃液体货物对汽车运输工作的安全要求:

① 运输易燃液体货物,随车人员不准吸烟,车辆不得接近明火及高温场所。装运易燃液体的罐(槽)车行驶时,导除静电装置应接地良好。

② 装运易燃液体的车辆,严禁搭乘无关人员,途中应经常检查车上货物的装载情况,如捆扎是否松动、包装件有否渗漏。发现异常时应及时采取有效措施。

③ 夏天高温季节,当天天气预报气温在 30 ℃ 以上时,应根据当地公安消防部门的限运规定按指定时间段进行运输,如公安部门无具体品名限制的,对一级易燃液体(即闪点低于 23 ℃)应安排在早、晚进行运输。如必须运输时,车上应具有有效的遮阳措施,封闭式车厢应保持通风良好。

④ 不溶于水的易燃液体货物原则上不能通过越江隧道,或按当地有关管理部门的规定进行运输。

⑤ 装卸作业必须严格遵守操作规程,轻装、轻卸,防止货物撞击,尤其是内容器为易碎容器(玻璃瓶)时,严禁摔损、重压、倒置,货物堆放时应使桶口、箱盖朝上,堆垛整齐、平稳。

(4) 易燃固体、易自燃物品和遇湿易燃物品货物

易燃固体指燃点低,对热、撞击、摩擦敏感,易被外部火源点燃,燃烧迅速,并可能散出有毒烟雾或有毒气体的固体货物,如赤磷及磷的硫化物、硫黄、萘、硝化纤维塑料等。

自燃物品指自燃点低,在空气中易于发生氧化反应,放出热量而自行燃烧的物品,如黄磷和油浸的麻、棉、纸及其制品等。

遇湿易燃物品指遇水或受潮时,发生剧烈化学反应,放出大量易燃气体和热量的物品,有些不需明火即能燃烧或爆炸,如钠、钾等碱金属,电石(主要成分是碳化钙)等。

本类危险货物对汽车运输工作的安全要求:

① 行车时，要注意防止外来明火飞到货物中，要避开明火高温区域场所。
② 定时停车检查货物的堆码、捆扎和包装情况，尤其是要注意防止包装渗漏。
③ 装卸时要轻装轻卸。尤其是含有稳定剂的包装件或内包装是易碎容器的，应防止撞击、摩擦、摔落，致使包装损坏而造成事故。
④ 严禁与氧化剂、强酸、强碱、爆炸性货物同车混装运输。
⑤ 堆码要整齐、靠紧、平稳，不得倒置，以防稳定剂的流失或易燃货物的渗漏。

（5）氧化剂和有机过氧化物货物

氧化剂系指处于高氧化态，具有强氧化性，易分解并放出氧和热量的物质。这些物质本身不一定可燃，但能导致可燃物燃烧，与松软的粉末状可燃物能组成爆炸性混合物，对热、震动、摩擦较敏感，如硝酸钾、氯酸钾、过氧化钠、过氧化氢（双氧水）等。

氧化剂和有机过氧化物的主要危险有：氧化性或助燃性、爆炸性、毒害性和腐蚀性。当然，其危险主要取决于物质本身（内因），但其危险的产生还要有一定的外界条件（外因）才能实现。因此，需了解并掌握它们的变化条件，针对这些条件采取相应措施，保证运输装卸安全。

有机过氧化物系指分子组成中含有过氧基的有机物，其本身易爆易燃、极易分解，对热、震动与摩擦极为敏感，如过氧化二苯甲酰及过氧化乙基甲基酮等。

本类危险货物对汽车运输工作的安全要求：
① 根据所装货物的特性和道路情况，严格控制车速，防止货物剧烈震动、摩擦。
② 控温货物在运输途中应定时检查制冷设备的运转情况，发现故障应及时排除。
③ 中途停车时，也应远离热源、火种场所，临时停靠或途中住宿过夜，车辆应有专人看管，并注意周围环境是否安全。
④ 重载时发生车辆故障，维修时应严格控制明火作业，人不准离车，同样要注意周围环境是否安全，发现问题应及时采取措施。
⑤ 氧化剂对其他货物的敏感性强，因此与绝大多数有机过氧化物、有机物、可燃物、酸类货物等严禁同车装运。

（6）毒害品和感染性物品

毒害品按其化学性质又可分为有机毒害品和无机毒害品两大部分。而有机毒害品具有可燃性，遇明火、高温或与氧化剂接触会引起燃烧爆炸。毒害品燃烧时，一般都会放出有毒气体，又加剧了毒害品的危险性。如四乙基铅、氢氰酸及其盐、苯胺、硫酸二甲酯、砷及其化合物以及生漆等。感染性物品指含有致病的微生物，能引起病态甚至死亡的物质。

本类危险货物对汽车运输工作的安全要求：
① 防止货物丢失，这是行车中要注意的最重要事项。如果丢失不能找回，毒品落到没有毒品知识的群众或犯罪分子手里，就可能酿成重大事故。万一丢失而又无法找回，必须向当地公安部门紧急报案。
② 要平稳驾车，定时停车检查包装件的捆扎情况，谨防捆扎松动、货物丢失。

③ 行车要避开高温、明火场所；防止袋装、箱装毒害品淋雨受潮。

④ 用过的苫布或被毒害品污染的工具及运输车辆，在未清洗消毒前不能继续使用，特别是装运过毒害品的车辆未清洗前严禁装运食品或活动物。

⑤ 无机毒害品除不得与酸性腐蚀品配载外，还不得与易感染性物品配装。有机毒害品不得与爆炸品、助燃气体、氧化剂、有机过氧化物等酸性腐蚀物品配载。

(7) 放射性物品货物运输

根据国家标准规定，放射性物品系指放射性比活度大于 7.4×10^4 贝克/千克（Bq/kg）的物品。一些元素和它们的化合物或制品，能够自原子核内部自行放出穿透力很强而人的感觉器官不能察觉的粒子流（射线），具有这种放射性的物质称为放射性物品。

放射性物质有如块状固体、粉末、晶粒、液态和气态等各种物理形态，如铀、钍矿石及其浓缩物，未经辐照的固体天然铀、贫化铀和天然钍以及表面污染物体（SCO）等。

本类危险货物对汽车运输工作的安全要求：

① 除特殊安排装运的货包外，不同种类的放射性货包（包括可裂变物质货包）可以混合装运、储存，但必须遵守总指数和间隔距离的规定。

② 放射性物品不能与其他各种危险品配载或混合储存，以防危险货物发生事故，造成对放射性物品包装的破坏，也避免辐射诱发其他危险品发生事故。

③ 不受放射线影响的非危险货物可以与放射性物品混合配载。放射性货物应与未感光的胶片隔离。

④ 放射性货物运输装卸过程中的辐射防护。放射性照射又称辐射，辐射防护的目的是保障辐射工作人员（包括运输人员）和广大居民的健康，以及保护环境不受污染，以使伴有射线和放射性物质的生产科研活动得以顺利进行。

(8) 腐蚀物品货物运输

凡从包装内渗漏出来后，接触人体或其他货物，在短时间内即会在被接触表面发生化学反应或电化学反应，造成明显破坏现象的物品，称为腐蚀品。如硝酸、硫酸、氯磺酸、盐酸、甲酸、冰醋酸、氢氧化钠、甲醛等。

本类危险货物对汽车运输工作的安全要求：

① 驾驶员要平稳驾驶车辆，特别在载有易碎容器包装的腐蚀品的情况下，路面条件差、颠簸震动大而不能确保易碎品完好时，不得冒险去通过。

② 每隔一定时间要停车检查车上货物情况，发现包装破漏要及时处理，防止漏出物损坏其他包装酿成重大事故。

③ 装卸安全要求如下：

酸性腐蚀品和碱性腐蚀品不能配载；无机酸性腐蚀品和有机酸性腐蚀品不能配载；无机酸性腐蚀品不得与可燃品配载；有机腐蚀品不得与氧化剂配载；硫酸不得与氧化剂配载；腐蚀品不得与普通货物配载，以免对普通货物造成损害。

④ 装卸作业时要轻装轻卸，防止撞击、跌落，禁止肩扛、背负、揽抱。

8.6.2 超限货物运输的组织与管理

1) 公路超限货物运输概述

公路超限货物运输,指使用非常规的超重型汽车列车(车组)载运外形尺寸和重量超过一般公路通行限界或常规车辆装载规定的大型物件公路(汽车)运输,也称道路大型物件运输。

大型物件是指符合下列条件之一的货物:

(1) 货物外形尺寸:长度在14 m以上或宽度在3.5 m以上或高度在3 m以上的货物。

(2) 重量在20 t以上的单体货物或不可解体的成组(捆)货物。

根据我国公路运输主管部门现行规定,公路超限货物按其外形尺寸和重量分成四级,如表8.7所示。

表8.7 公路运输大型物件分组

大型物件级别	重量/t	长度/m	宽度/m	高度/m
一	40~(100)	14~(20)	3.5~(4)	3~(3.5)
二	100~(180)	20~(25)	4~(4.5)	3.5~(4)
三	180~(300)	25~(40)	4.5~(5.5)	4~(5)
四	300以上	40以上	5.5以上	5以上

注:① "括号数"表示该项参数不包括括号内的数值。
② 货物的重量和外廓尺寸中,有一项达到表列参数,即为该级别的超限货物。货物同时在外廓尺寸和重量达到两种以上等级时,按高限级别确定超限等级。

超限货物重量指货物的毛重,即货物的净重加上包装和支撑材料后的总重,它是配备运输车辆的重要依据,一般以生产厂家提供的货物技术资料所标明的重量为参考依据。

2) 公路超限货运的特点

与普通公路货运相比较,公路大件货运具有以下特点:

(1) 车辆特殊。大件货物要用非常规的超重型汽车列车(车组)来运输,其牵引车和挂车都必须用高强度钢材和大负荷轮胎制成,不仅列车的造价高,而且对于列车行驶平稳性和安全性的要求也很高。

(2) 道路条件要求较高。由于大件货物外形尺寸大、单体重量大,由此要求通行的道路有足够的宽度、净空和曲线半径较大道路线形、较高的路面强度、通过的桥涵要有足够的承载能力,必要时还需要封闭路段,让载运车辆单独安全通过。这就需要公路管理、公安、交通、电信电力等管理部门的同意及通力配合,才能使得大件货物的运输顺利实现。

(3) 安全性要求很高。"安全质量第一"是大件货物运输的指导思想和行动指南。大件货物运输要求有科学的质量保证体系，任何一个环节都要有专人负责，按要求严格执行，经检查合格才能运行。

3) 公路超限货运组织工作要点

依据公路超限货物运输的特殊性，其组织工作环节主要包括办理托运、理货、验道、制定运输方案、签订运输合同、线路运输工作组织以及运输结算等项。

(1) 办理托运

由大型物件托运人(单位)向已取得大型物件运输经营资格的运输业户或其代理人办理托运，托运人必须在(托)运单上如实填写大型物件的名称、规格、件数、件重、起运日期、收发货人详细地址及运输过程中的注意事项。凡未按上述要求办理托运或运单填写不明确，由此发生运输事故的，由托运人承担全部责任。

(2) 理货

理货是大件运输企业对货物的几何形状、重量和重心位置事先进行了解，取得可靠数据和图纸资料的工作过程。通过理货工作分析，可为确定超限货物级别及运输形式、查验道路以及制定运输方案提供依据。

理货工作的主要内容包括：调查大型物件的几何形状和重量、调查大型物件的重心位置和质量分布情况、查明货物承载位置及装卸方式、查看特殊大型物件的有关技术经济资料，以及完成书面形式的理货报告。

(3) 验道

验道工作的主要内容包括：查验运输沿线全部道路的路面、路基、纵向坡度、横向坡度及弯道超高处的横坡坡度、道路的竖曲线半径、通道宽度及弯道半径，查验沿线桥梁涵洞、高空障碍，查看装卸货现场、倒载转运现场，了解沿线地理环境及气候情况。根据上述查验结果预测作业时间、编制运行路线图，完成验道报告。

(4) 制定运输方案

在充分研究、分析理货报告及验道报告基础上，制定安全可行的运输方案。其主要内容包括：配备牵引车、挂车组及附件，配备动力机组及压载块，确定限定最高车速，制定运行技术措施，配备辅助车辆，制定货物装卸与捆扎加固方案，制定和验算运输技术方案，完成运输方案书面文件。

(5) 签订运输合同

完成上述工作后，承托双方便可以签订运输合同，其主要内容包括，明确托运与承运方、大型物件数据及运输车辆数据、运输起讫地点、运距与运输时间，明确合同生效时间、承托双方应负责任、有关法律手续及运费结算方式、付款方式等。

(6) 运输现场组织

线路运输工作组织包括：建立临时性的大件运输工作领导小组负责实施运输方案，执行运输合同和相应对外联系。领导小组下设行车、机务、安全、后勤生活、材料供应等工作小组及工作岗位并制定相关工作岗位责任制，组织大型物件运输工作所需牵引车驾驶员、挂车操作员、修理工、装卸工、工具材料员、技术人员及安全员等依照运输工作岗位责任及整体要求认真操作、协调工作,保证大件运输工作全面、准确完成。

(7) 运费结算

大件货运运费参照交通主管部门和物价管理部门的规定,通过招投标形式确定,或协商确定;因运输大件货物发生的道路改造、桥梁加固、清障、护送、装卸等费用,均由托运人负担。

8.6.3 鲜活易腐货物运输的组织与管理

鲜活易腐货物,指在运输过程中,需要采取一定措施,以防止死亡和腐烂变质的货物,公路运输的鲜活易腐货物一般分为以下三大类:

(1) 初级农产品。动物性食品(肉类、鱼类、蛋类、鲜奶等);植物性食品(水果、蔬菜);其他(花卉、苗木等)。

(2) 加工后的食品。如各类加工食品、速冻食品、冷饮类等。

(3) 特殊商品。包括药品、疫苗、化学品等。

1) 鲜活易腐货物运输的特点

(1) 季节性强、运量变化大。如水果、蔬菜大量上市的季节,沿海渔场的渔汛期等,运量会随着季节的变化而变化。

(2) 运送时间上要求紧迫。大部分鲜活易腐货物极易变质,要求以最短的时间、最快的速度及时送达。

(3) 运输途中需要特殊照料。如牲畜、家禽、蜜蜂、花木秧苗等的运输,需配备专用车辆和设备,沿途专门地进行照料。

2) 鲜活易腐货物保藏及运输的方法

为了保持适宜的运输温度,需要根据货物特性及不同的外部条件,采用不同的运输方法。易腐货物常用的运输方法有冷藏运输、气调运输、通风运输、保温运输、防寒运输和加温运输六种方法。

(1) 冷藏运输

冷藏运输是指通过一定的制冷方式,在运输工具内保持低于外界气温的温度,使货物保持在适宜的温度条件下的运输方法。装运易腐货物的运输工具,必须具有隔热车(箱)体和制冷设备(制冷机),并在运输中不断制冷,使车内或箱内保持货物所要求规定的温度。

(2) 气调运输

气调运输是指运输过程中通过对运输环境中的空气成分、浓度及温湿度等条件的控制和调节,保证货物的新鲜度。通过低温可以抑制易腐货物新陈代谢和细菌繁殖;通过低氧可以抑制果蔬呼吸,抑制叶绿素降低,减少乙烯产生,降低抗坏血酸的损失,改变不饱和脂肪酸的比例,降低不溶性果胶的变化等。

(3) 通风运输

通风运输是指在运输过程或部分区段需开启门、窗、通风孔或吊起运输工具侧板进行通风的运输方法。通风运输时进入车(箱)内的空气温度应低于车内温度,否则不宜通风,以防因通风提高车内温度;但外界温度过低时也不宜通风,以免造成冷害。

(4) 保温运输

保温运输是指不采用任何制冷、加温措施,仅利用车体的隔热结构,使易腐货物本身蓄积的冷量或热量以较为缓慢的速度散失,在一定时间内维持低于或高于外界气温的温度,保持车内适宜温度的一种运输方法。

(5) 防寒运输

防寒运输实质上是指加强隔热性能的保温运输,但只用于寒季运送易发生冻害的货物。即在寒季运输怕冻的货物,用保温运输工具还不能防止车内温度降低到货物允许运输温度的下限时必须采用补充的隔热措施以防止货物发生冻害的运输方法。在外界气温不低于$-15℃$,运输时间不超过7昼夜时,可用加防寒设备的冷藏车(箱)或隔热车进行防寒运输。

(6) 加温运输

加温运输是指由运输工具提供热源,使车内保持高于外界气温的适宜温度以运输易腐货物的一种方法。

8.7 车货匹配货运组织

车货匹配货运组织是将互联网、物联网和大数据等信息技术与交通运输深度融合,实现人、车、货、站、线、点的智能匹配和运力资源的柔性配置,搭建资源共享的交通运输服务组织体系,已对社会生产与国民经济发展产生了深远的影响。

国内货物运输市场存在货车空载问题与车货匹配难等运输组织问题,近年来随着移动互联网技术与货运物流行业的深度融合以及国家"互联网＋流通"政策的实施,货运物流市场涌现出了无车承运人、车货匹配平台、第四方物流运输代理等车货匹配货运组织形式。

8.7.1 无车承运人

无车承运人自身没有运力,是利用移动互联网等信息化手段有效整合社会零散货源信息与物流资源,并以承运人身份与托运人签订运输合同,承担承运人的责任和义务,通过组织、整合并委托社会上其他承运人及运输工具资源完成运输任务来履行运输合同的经营者。

1) 无车承运人优势

无车承运人作为国家"双创"与"互联网＋"行动计划下的产物,打破了物流运输市场的信息壁垒,实现车货精准匹配。无车承运人的优势具体包括以下3个方面:

一是有利于促进行业"降本增效"。由我国交通运输部门公布的统计数据显示,与传统物流模式相比,无车承运企业的车辆里程利用率提高近50%,交易成本降低6%~8%,司机等货时间由2~3 d减少至8~10 h。无车承运人通过信息网络和移动互联技术,实现分散运输资源的整合,解决了目前货运物流行业普遍存在的车辆空驶、长时间等货等突出问题,提升了车辆工作效率,降低了运输成本。

二是有利于规范市场主体行为。货运物流行业主体众多、经营分散、流动性强、行业安全监管难度大,违法违规、不诚信经营的问题较为突出。无车承运人通过运力资格审查、服务标准统一、在线诚信考核等市场化手段,能够有效规范中小企业和个体运输户的经营行为,净化货运物流市场的经营环境。

三是有利于优化行业发展格局。无车承运人可以有效促进市场中分散的中小货主企业、货运企业和个体业户资源的集约整合,优化市场发展格局,引导和促使货运物流市场结构逐步从分散走向集中,打造三方物流、货运代理、船队、金融、干线、冷链、城市配送等多式联运新业态,促进行业"零而不乱、散而有序"的健康发展。

2) 无车承运人组织流程

无车承运人组织以货为中心,站在订单、货的视角致力于链接、打通货物从发货人到收货人之间整个链条所有环节的信息流。其运作流程如图8.28所示。

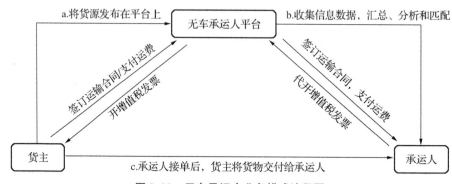

图8.28　无车承运人业务模式流程图

① 货主发布货源。经过注册且身份通过审核的货主将货源及运输要求发布在无车承运人信息平台上。

② 无车承运人平台派单。无车承运人平台通过智能匹配、精准推送技术将收集到的货源信息推送给时间和线路最切合的适配车辆。平台再用大数据代替人工议价,实时计算出运输价格,生成平台与货主、平台与承运人的两份电子合同,收取保证金。

③ 承运人运货。承运人根据平台分配的订单,到指定时间地点装货并提交承运委托书、车辆登记证、行驶证、驾驶证等实名信息证件,然后依据合同按时完成承运至目的地后卸货签收。平台制定智能路线规划方案,使配送过程中产生的总成本最小。

为了确保运输过程中货物的安全,无车承运人信息平台通过智能监控技术,对发货、装货、在途、卸货及收货进行全程可视化跟踪、控制。

8.7.2 车货匹配平台

1) 车货匹配平台概述

车货匹配平台是在"互联网+"和大数据背景下充分利用在线平台实现运输环节的去中介化,通过互联网技术提高信息检索能力和匹配效率,减少因信息不对称而造成的问题,达到提高车辆满载率的目的。

车货匹配平台主要用于货主与司机之间的信息沟通,通过平台双方可以随时、自主地发布信息,双方还可以选择自己感兴趣的信息,并通过北斗或GPS进行定位。也就是说,车货匹配平台为货主和车主提供了信息对接的渠道,并且给两者双向选择的机会,如图8.29所示。

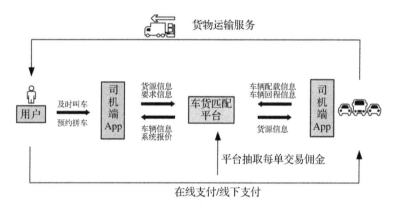

图 8.29 车货匹配平台模式流程图

oTMS(一站式运输服务)云平台是国内第一家车货匹配运输管理平台,它包括oTMS系统以及两个App,前者主要供货主或者物流公司使用;后者分别服务于司机和收货人,如图8.30所示。通过三方的共同使用形成信息的交流共享,任何一方都可以及时了解货物的状况,简化中间环节,避免重复沟通。

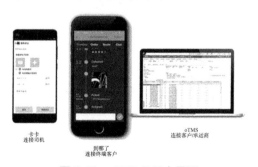

图 8.30 oTMS 云平台界面

2) 无车承运人与车货匹配平台

目前道路货物运输组织进入了"滴滴打车"的新阶段,在传统的道路运输承运人和货代公司的基础上,产生了专门匹配货源和运力的第三方网络平台,其中又分为无车承运人与车货匹配平台。

从概念上来看,两者都是运输中介组织,运输信息平台自身不参与实际运输,而是借助运营网络平台整合运输资源,为托运人匹配合适的运输公司承运货物;从资产购置要求来看,两者都不需要专门购置车辆;从盈利模式上来看,两者都是利用信息不对称而赢利,收取的都是信息资源费。

无车承运人与车货匹配平台之间也存在较大差异,一是法律地位:无车承运人属于承运人的范畴,其业务活动是以承运人的身份接受货载,并以托运人的身份向实际承运人委托承运,签发自己的提单,并对货物的安全负责。车货匹配平台则是只负责收集、传递双方运输信息,对于提供货源信息真假以及货物的安全是不负责任的。二是两者身份不同:无车承运人身份是承运人,在整个运输过程中都起着组织者的作用;而车货匹配平台仅仅具有提供信息的作用,与托运人与收货人不存在任何关系,在托运人与收货人之间承担的只是介绍人的角色,且不具备"交通运输服务"缴纳增值税的"主体资格"。因此,无车承运人是基于车货匹配平台的"升级版",兼有基于"互联网+"和创新物流发展的时代内涵和引领意义,如表8.8所示。

表8.8 三种模式区别

	车货匹配平台	无车承运人	传统第三方物流
开票金额	差额	全额	全额
税率	经纪代理服务业 6%	交通运输服务业 9%	交通运输服务业 9%
资质要求	—	①《增值电信业务经营许可证》或备案证明 ②省级网络货运经营信息监测系统接入证书 ③信息系统安全等保三级证书	—
证照获取	—	《道路运输经营许可证》	《道路运输经营许可证》
全程运输责任	不承担	承担	承担
本质	信息撮合	运输企业	运输企业

思考题

8.1 掌握 ISO 对集装箱的定义、集装箱标准分类。

8.2 根据集装箱的用途分类，集装箱有哪几种？集装箱货物一般分为哪几类？
8.3 集装箱运输涉及的关系方有哪些？简述常用的集装箱运输交付方式有哪几种？
8.4 多式联运的内涵是什么？多式联运的优势体现在哪几个方面？其主要组织形式有哪几种？
8.5 甩挂运输的概念是什么？简述该运输方式的适用范围及条件，甩挂运输的主要组织形式。
8.6 什么是集疏运？集疏运应具有的功能是什么？
8.7 电商物流有哪些组织方式？未来发展趋势可能是什么？
8.8 特种货物包括哪几类？各自划分的标准是什么？各自的组织要点是什么？
8.9 简述车货匹配货运组织的特点和优势。

9 运输组织评价及运输组织发展

学习目标

- 了解运输组织评价的目的、作用及评价类型
- 重点掌握运输组织评价的方法及步骤
- 能够进行载运工具运用效率的计算与分析
- 能够结合具体评价目标建立合理的评价指标体系并进行综合评价
- 能够熟练运用几种运输组织评价方法
- 了解运输组织发展的趋势

9.1 运输组织评价概述

运输组织评价主要包括两部分内容：一是对运输组织的现状进行系统评价，从而对现有运输系统有一个全面的了解，为运输企业生产组织方式的优化提供决策依据；二是对运输组织的项目方案进行系统评价，分析运输项目的可行性以及效益预期目标，从而为最终决策提供依据。

9.1.1 运输组织评价内容及分类

运输组织评价的内容一般涉及社会、技术、经济、环境等四个方面，根据评价的目的不同而有所侧重及分类。

1) 按评价的项目类型分类

（1）规划评价：在开始设计运输系统之前，对系统进行综合评价，包括社会、技术、经济、环境等方面，为制定出布局合理、适当超前的运输规划方案提供依据。

（2）目标评价：当运输系统的规划目标确定后，对运输系统目标进行评价，以确定运输系统目标的可实现性以及实现目标所需要的各种条件。

（3）方案评价：依据运输系统目标、规划方案制定出可操作性更强的运输系统方

案,并进行系统方案评价、比较,从而在多个运输规划方案中选择最优方案。

(4) 设计评价:运输系统设计是一个项目的核心问题,系统的功能、目标可达性在很大程度上都取决于系统设计。在此阶段主要是评价运输系统的特性,包括系统设计适合目标的程度以及系统功能、性能的分析评价。

(5) 过程评价:运输系统开始运营并体现其功能和效果后,通过对运输系统现状进行评价,从而对现有运输系统有一个全面的了解,为运输企业生产组织方式的调整和优化提供决策思路和依据。

2) 按组织时间的顺序分类

(1) 事前评价:是进行运输组织规划研究时进行的评价,主要评估是否要实施该运输组织项目。由于没有开展具体的组织工作,一般只是采用预测和仿真的方法进行评价。例如,某物流中心的规划评价,某大型枢纽工程项目的规划评价等。

(2) 事中评价:是在运输组织工作计划实施过程中的评价,重点检测运输组织工作是否是按预定计划进行的,通过评价,为运输企业生产组织方式的优化提供决策思路和依据。

(3) 事后评价:是在一个运输组织工作完成后,评价是否达到了预期的目标,由于可以获取大量的信息数据,可以采用定量评价方法。

(4) 跟踪评价:是运输组织开展的全过程跟踪评价。例如,对汽车货运企业运输车辆的跟踪调查,分析该企业汽车运用效率的高低,为企业运力结构的调整和资源合理配置提供决策依据。

3) 按评价的内容分类

(1) 技术评价:是围绕运输组织的功能进行的,评价运输组织方案是否能实现所需的功能及实现的程度。

(2) 经济评价:是围绕运输组织工作的经济效益进行的,评价的主要内容是以成本为中心的经济分析和评价。

(3) 社会评价:是围绕运输组织活动给社会带来的正面及负面影响而进行的评价,一般要站在国家和社会的角度进行客观评价,而不是站在运输企业的角度进行评价。

(4) 环境评价:是围绕运输组织项目对生态环境、自然资源的开发利用的影响评价,一般是在项目规划阶段进行的评价内容。

(5) 综合评价:是在上述四个方面评价的基础上,对运输组织方案价值的大小所做的全面评价。

以上评价类型总结如图9.1所示。

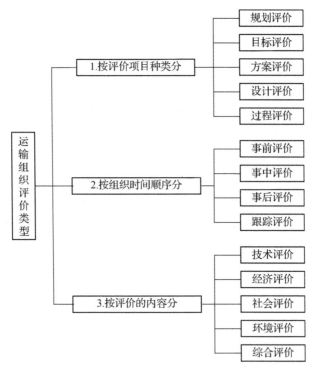

图 9.1 运输组织评价类型

9.1.2 运输组织评价的原则及评价步骤

运输组织的评价应依据评价的科学性、客观性、可比性和可行性原则。科学性主要体现在评价目标的设定、评价指标体系的建立、各指标值的确定,以及多指标的合理合并的关键环节上;客观性的难点是如何处理那些模糊的难以量化指标,如何对系统逻辑结构、层次及因果关系进行正确分析,是保证评价结果真实性的另一个难点,逻辑关系搞错了,就失去了真实性;在对多个备选方案进行比较分析时,评价目标、评价指标体系、评价模型、指标值的测定以及多指标的合并方法,都要具备可比性;可行性是指综合评价的思路和方法要具有可操作性。

运输组织评价一般包括以几个步骤(见图9.2)。

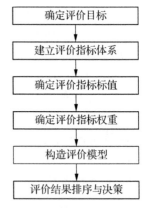

图 9.2 运输组织评价步骤

1) 确定评价目标

根据评价的目的,收集信息数据,对构成运输组织各要素及组织的性能进行全面分析,确定组织评价的目标。同时,要对评价的总目标及分目标做出明确定义,其内涵及外延边界清晰,如明确某技术方案的评价总目标为"经济效益最优"。

2）建立评价指标体系

评价指标体系包括组成系统的主要因素及有关系统性能、成本、效益等因素，由若干个单项评价指标组成，并能形成一个有机整体。因此，指标体系要根据运输组织的目的和特点确定，并依据大量的信息资料调查、分析来构造指标体系中的每个单项指标。

3）确定评价指标值

一是将指标定义尽量数量化，因为数量化的指标可比性远大于定性化指标；二是将指标值归一化，在最终决策时，单项值往往比多项值易于评判；确定指标值是一件既重要又复杂的工作。

4）确定评价指标权重

在评价系统中，由于各指标对评价目标的重要程度不同、贡献不同，对不同指标应赋予不同的权重值，赋予的权重值往往需要评价者的知识、经验和判断。

5）构造评价模型

综合评价结果不是各指标的简单数学运算，而是依据评价项目的内在规律，采用可行的数学模型进行评价，构造或采用的评价模型是否合适是评价是否客观、准确的前提。

6）评价结果排序与决策

对被评价的各个方案按综合评价结果进行排序，做出方案的选择和决策，它主要应用于运输组织规划阶段的评价。

9.2 运输组织效果评价指标

运输组织效果评价是指通过建立的评价指标体系，客观、准确地评价运输组织过程中各运输环节、各运作方面的效率与组织水平间的关系，以及各指标对生产率和服务水平的影响程度。为了做到评价的有效性、合理性及可操作性，在明确运输组织效果评价原则的基础上，选取可行的评价方法，建立一套合理的评价指标体系。

9.2.1 建立评价指标体系的原则

1）指标应具有代表性

能很好地反映研究对象某方面的特性。指标间也应具有明显的差异性，也就是具有可比性。评价指标和评价标准的制定要客观实际，便于比较分析。

2）指标应具有独立性

每个指标要内涵清晰、相对独立；同一层次的各指标间应尽力不相互重叠，相互间不存在因果关系。指标体系要层次分明，整个评价指标体系的构成必须围绕着综合评价目的层层展开，使最后的评价结论正确反映评价意图。

3）指标宜少不宜多

评价指标并非越多越好，关键在于评价指标在评价过程中所起的作用大小，目的性是评价的出发点。指标体系应能涵盖为达到评价目的所需要的基本内容，能反映对象的所有信息。另外，精炼的指标可减少评价的时间和成本，使评价活动易于开展。

4）指标应可行

指标要符合客观实际，有稳定的数据来源，易于操作，具有可测性；评价指标含义要明确，数据要规范，标准要一致，资料收集要简便易行。

以上各原则供在解决实际问题时参考，由于运输组织方式的不同、评价的侧重点不同，所以建立的评价指标体系会各有差异，在实际运用中结合评价目标要灵活考虑。

9.2.2 运输组织效果评价指标

运输组织效果评价主要是运营阶段的评价。通过设定和分析评价指标，计算运输效益水平，发现运输过程中存在的问题，挖掘组织中的潜力，使企业效益更好、服务水平更高。

不同的运输方式由于其自身的特点，其评价指标的内涵将会有一定的差异性，我们很难给出一套通用的运输组织效果评价指标体系。但不论哪种运输组织方式的效果评价指标，其基本类型一般都包括：运输产量、运输消耗、运输效率、运输效益、运输服务水平、运输安全性等6个方面的评价指标。

下面我们仅以道路运输组织效果评价为例，介绍道路运输组织效果评价指标类型及其应用。

1）运输产量指标

（1）客（货）运量 Q

运量是统计期内运送的客（货）数量[人次(p)或吨(t)]。它实质上体现了运输组织的绝对生产成果，是衡量运输规模的一个指标。

（2）客（货）周转量 W

周转量是统计期内客（货）运量被运送一定距离后产生的运输效能，是客（货）运量与其（平均）运距的乘积[人次·公里(p·km)，或吨次·公里(t·km)]。它是衡量运输消耗、运输效率、运输效益的基础性指标。

2）运输消耗指标 C

运输消耗是汽车运输成本的重要组成部分，也是衡量运输效益的重要指标，主要包括：

（1）燃料消耗指标 $C_{燃料}$，统计期内，燃油消耗值与车辆总行程之比。

$$C_{燃料} = \frac{\sum_{i=1}^{n} Q_i}{\sum_{i=1}^{n} L_i} (\text{L}/100 \text{ km}) \tag{9.1}$$

式中：Q_i——第 i 次运输行程燃油实际消耗量(L)；

　　L_i——第 i 次运行里程(100 km)。

（2）维保投入指标 $C_{维保}$，统计期内，平均单位周转量投入维修、保养、轮胎等费用。

$$C_{维保} = \frac{\sum_{k=1}^{m} S_k}{\sum_{i=1}^{n} W_i}(元/1\,000\,p \cdot km\,或元/1\,000\,t \cdot km) \tag{9.2}$$

式中：S_k——第 k 次维保资金消耗(元)；

　　W_i——第 i 次运输周转量(1 000 p·km 或 1 000 t·km)。

（3）交通规费支出指标 $C_{规费}$，统计期内，平均单位周转量所产生的规费支出，包括通行费、停车费、保险费等各种费用支出。

$$C_{规费} = \frac{\sum_{k=1}^{m} P_k}{\sum_{i=1}^{n} W_i}(元/1\,000\,p \cdot km\,或元/1\,000\,t \cdot km) \tag{9.3}$$

式中：P_k——第 k 次规费支出(元)；

　　W_i——第 i 次运输周转量(1 000 p·km 或 1 000 t·km)。

（4）运输成本指标 $C_{成本}$，统计期内，平均单位周转量所需要的成本支出。

$$C_{成本} = \frac{\sum_{k=1}^{m} S_k}{\sum_{i=1}^{n} W_i}(元/1\,000\,p \cdot km\,或元/1\,000\,t \cdot km) \tag{9.4}$$

式中：S_k——第 k 种成本支出(元)；

　　W_i——第 i 次运输周转量(1 000 p·km 或 1 000 t·km)。

3）运输效益指标

运输效益是指在运输经营活动中投入产出的比值，对运输经济效益指标的分析是衡量和评价运输效果的重要内容。

（1）车吨（客）利润 J_t，在一定时间段内，运输企业在册运营车辆总吨位平均实现的利润。

$$J_t = \frac{\sum_{i=1}^{k} J_i}{\sum_{i=1}^{n} q_i}(元/吨位\,或元/客位) \tag{9.5}$$

式中：J_i——第 i 次运输实现的利润(元)；

　　q_i——运输企业在册第 i 辆车吨(客)位(吨位或客位)。

（2）人均利润 J_n，在一定时间段内，运输企业职工总人数平均实现的利润。

$$J_n = \frac{\sum_{i=1}^{k} J_i}{N} (元/人) \tag{9.6}$$

式中：J_i——第 i 次运输实现的利润(元)；

N——运输企业职工总人数(人)。

例 10.1 南京长途客运公司经营南京—上海的客运班线,通过对 2021 年 3 月(31 天)的经营数据统计得到如下资料:

一辆 42 座豪华大巴,每天直达往返于南京—上海 4 趟,单程票价 95 元,平均上座率为 78%,问:3 月份该客运班线上的车辆,平均车客位创收毛收入为多少?该辆车为企业创收毛收入为多少?若每天共有 5 辆车在该线路上营运,该营运线路每月平均毛收入为多少?

解：① 车(客位)利润 J_t

$$J_t = \frac{\sum_{i=1}^{k} J_i}{\sum_{i=1}^{n} q_i} = \frac{4 \times 42 \times 78\% \times 95 \times 31}{42} = 9\ 188.4\ 元/客位·月$$

② 该客运班线 3 月份为企业创收毛利润 J

$$\sum J = J_t \times 42 = 9\ 188.4 \times 42 = 385\ 912.8\ 元$$

③ 南京—上海客运班线 3 月份为公司创收毛利润 J

$$\sum J = 5 \times 385\ 912.8 = 1\ 929\ 564\ 元$$

4) 运输服务水平指标

运输服务水平的高低,是乘客、货主选择运输公司的一个重要指标,也是运输企业管理水平的重要体现。这里主要介绍运输过程中服务水平评价指标。

(1) 货损货差(货运)：运输过程中,货损货差票数除以办理商品发运抵达总票数。

$$货损货差率 = \frac{货损货差票数}{办理发运抵达总票数} \times 100\% \tag{9.7}$$

(2) 货运赔偿率(货运)：统计期内(年或季)货损货差赔偿金额除以该段时间内货运营业总收入。

$$货运赔偿率 = \frac{货损货差赔偿额}{货运营业总收入} \times 100\% \tag{9.8}$$

(3) 准时运输率(客货运)：统计期内(年或季)出车准时运送次数除以该段时间内出车总次数。

$$准时运送率 = \frac{统计期内准时运送次数}{统计期内总运送次数} \times 100\% \tag{9.9}$$

5) 运输安全性指标

对于运输中的安全程度,可以用行车事故率、安全间隔里程来衡量。

(1) 行车事故率：统计期内行车事故次数与行驶里程数之比(次/万 km)。

$$行车事故率 = \frac{统计期内发生行车事故次数}{统计期内总运输公里/10\,000} \quad (9.10)$$

(2) 安全间隔里程：统计期内总行驶里程数除以统计期内事故次数(万 km/次)。

$$安全间隔里程 = \frac{统计期内行驶里程/10\,000}{统计期内事故次数} \quad (9.11)$$

综上所述，汽车运输组织效果评价指标共有 5 大类型 13 项，如表 9.1 所示。

表 9.1 汽车运输组织效果评价指标体系

评价指标类型	评价指标项目	评价指标项目表达式
运输产量指标	客(货)运量 Q	统计期内运送的客(货)数量(p 或 t)
	客(货)周转量 W	客(货)运量与(平均)运距的乘积(p·km 或 t·km)
运输消耗指标	燃料消耗指标 $C_{燃料}$	$C_{燃料} = \dfrac{\sum\limits_{i=1}^{n} Q_i}{\sum\limits_{i=1}^{n} L_i}$ (L/100 km)
	维保投入指标 $C_{维保}$	$C_{维保} = \dfrac{\sum\limits_{k=1}^{m} S_k}{\sum\limits_{i=1}^{n} W_i}$ (元/1 000 p·km 或元/1 000 t·km)
	交通规费支出指标 $C_{规费}$	$C_{规费} = \dfrac{\sum\limits_{k=1}^{m} P_k}{\sum\limits_{i=1}^{n} W_i}$ (元/1 000 p·km 或元/1 000 t·km)
	运输成本指标 $C_{成本}$	$C_{成本} = \dfrac{\sum\limits_{k=1}^{m} S_k}{\sum\limits_{i=1}^{n} W_i}$ (元/1 000 p·km 或元/1 000 t·km)
运输效益指标	车吨(客)利润 J_t	$J_t = \dfrac{\sum\limits_{i=1}^{k} J_i}{\sum\limits_{i=1}^{n} q_i}$ (元/吨位或元/客位)
	人均利润 J_n	$J_n = \dfrac{\sum\limits_{i=1}^{k} J_i}{N}$ (元/人)

续表 9.1

评价指标类型	评价指标项目	评价指标项目表达式
运输服务水平指标	货损货差率(货运)	货损货差率 = $\dfrac{货损货差票数}{办理发运抵达总票数} \times 100\%$
	货运赔偿率(货运)	货运赔偿率 = $\dfrac{货损货差赔偿额}{货运营业总收入} \times 100\%$
	准时运送率(客货运)	准时运送率 = $\dfrac{统计期内准时运送次数}{统计期内总运送次数} \times 100\%$
运输安全性指标	行车事故率	行车事故率 = $\dfrac{统计期内发生行车事故次数}{统计期内总运输公里/10\,000}$ (次/万 km)
	安全间隔里程	安全间隔里程 = $\dfrac{统计期内行驶里程/10\,000}{统计期内事故次数}$ (万 km/次)

9.3 载运工具运用效率指标

载运工具运用效率的计算与分析,是客货运任务分配、运输企业制定运输生产作业计划和开展调度工作的重要依据。

生产计划一般包括客货运量计划、载运工具运用计划、运行组织计划、设备检修计划等内容,载运工具运用效率主要通过两大类指标来反映:

① 工作量指标:主要包括运输量、运输周转量和运输收入等;

② 工作效率指标:主要包括载运工具利用效率、运输生产率、行驶速度等方面的指标。

为了评价、分析和计划载运工具的运输生产活动,应设定能够表明载运工具生产活动数量和效率指标,依此来研究载运工具各方面的利用程度,确定载运工具的生产率。

载运工具运用指标的设定应满足以下要求:

① 能体现载运工具的运输过程,及其有关各种经济现象;

② 能表明载运工具各方面的利用程度;

③ 能反映载运工具利用程度与生产率间的关系;

④ 能基于大数据手段提高运输企业管理水平。

不同的载运工具其运用效率指标的内涵和表达方式有所差异。

铁路运输方面,货车运用指标(货车静载重、动载重,货车装载能力利用率、货车生产率);客车运用指标(客车车底周转时间、列车车速指标、客座利用率);机车运用指标(机车全周转时间、机车日车公里、列车平均总重、货运机车日产量)。

航空运输方面,运输量指标(客货运输量、客货周转量、航段运量、城市对运量);航空运输效率指标(客座利用率、载运率、平均运程)等。

水路运输方面,运输量指标(货运量、货物周转量、换算周转量、集装箱运量、集装箱周转量、集装箱货运量、集装箱货物周转量);港口装卸工作指标(港口吞吐量和装卸工作量,其中装卸工作量指标由装卸自然吨、操作量、车船直接换装作业比率、操作系数等指标组成);船舶运营指标(船舶营运率、船舶航行率、船舶平均航行速度、船舶载质量利用率、船舶生产率)。

下面,我们以公路运输为例,对载运工具运用指标进行分析与计算。

9.3.1 车辆利用单项指标

1) 车辆和车辆时间利用指标

(1) 车日 D

运输企业保有的营运车辆如果以技术状况区分,有完好车辆、非完好车辆;完好车辆若以出车与否区分,有工作车辆和停驶车辆;为了准确反映车辆动态变化情况,我们可以引入"车日"的概念,处于各种状态下的车辆与其保有日数的乘积,即为车辆处于该种状态下的车日。

$$在册车日 = 车辆数 \times 车辆保有日数 \quad (9.12)$$

运输企业保有的车辆情况构成如图9.3所示。

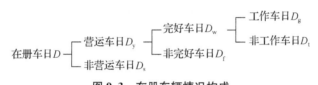

图 9.3 在册车辆情况构成

(2) 车辆时间利用指标

车辆时间利用指标是衡量运输企业保有车辆在册期间利用程度的指标,该指标可以分析单辆车、企业所有车辆的运用效率。

① 车辆工作率 α_g,是指统计期内工作车日与总车日之比。

$$\alpha_g = \frac{工作车日}{总车日} \times 100\% = \frac{D_g}{D} \times 100\% = \frac{D_y - D_f - D_t}{D} \times 100\% \quad (9.13)$$

式中:α_g——车辆工作率(%);

D_g——工作车日(车日);

D——总车日(车日);

D_f——非完好车日(车日);

D_t——停驶车日(车日)。

车辆工作率体现了车辆在时间方面的利用程度,它对车辆生产率有直接影响,提高车辆工作率的前提是增加完好车辆车日、减少停驶车辆车日。在车辆完好率基本不变的前提下,工作率的高低主要取决于运输组织与管理水平,尽量减少和避免导致车辆停驶的各种因素,是提高车辆工作率的前提。为此,应加强运输企业生产调度管理科学水平,做好计划运输和货源组织工作等。

② 车辆完好率 α_w,是指统计期内完好车日与总车日之比,用以表示总车日可以用于运输工作的最大可能性。

$$\alpha_w = \frac{完好车日}{总车日} \times 100\% = \frac{D_w}{D} \times 100\% \qquad (9.14)$$

式中：α_w——车辆完好率(%)；

D_w——完好车日(车日)。

影响车辆完好率的因素很多,车辆本身的技术特性、道路状况、气候条件、交通量的大小等都将影响到车辆的完好程度。车辆完好率能够确切反映运输企业在册车辆的技术状况,表明运输企业在生产经营过程中,车辆在时间利用方面可能达到的程度。

③ 平均每日出车时间 T_d,指在统计期内运营车辆平均每天出车的小时数。出车时间指自运营车辆出车库(场站)到回车库(场站)的延续时间,包括了办理商务时间、技术作业时间、装卸货物(客车指旅客上下车)时间、技术故障停歇时间、途中意外因素停歇时间、途中有载运行和空驶时间；不包括制度规定的驾驶员在库外休息用餐时间和长途行车在外过夜时间。前者一般称为纯运行时间,后者称为停歇时间。

$$平均每日出车时间\ T_d = \frac{统计期内每日出车时间的总和}{统计期间工作车日总和}\ (h/d)$$

$$出车时间 = 纯运行时间 + 停歇时间 \qquad (9.15)$$

平均每日出车时间越长,表明车辆时间利用程度就越高。

④ 出车时间利用系数 δ,指出车时间内纯运行时间所占比重。

$$出车时间利用系数\ \delta = \frac{纯运行时间}{出车时间} \qquad (9.16)$$

车辆工作率、平均每日出车时间、出车时间利用系数三项指标,可以全面反映车辆的时间利用程度。

2) 车辆里程利用率指标

车辆在一定时间内行驶的里程,称为行程。车辆行程由载重行程与空车行程构成。载重行程属于生产行程,空车行程包括空载行程和调空行程,空载行程指车辆由卸载地点空驶到下一个装卸地点的行程,计为生产性行程。调空行程指空车由车场开往装载地点,或由最后一个卸载地点空驶回场的行程,它是完成运输工作的准备行程,还包括与运输无关的行程,如空车开往加油站、维修点加油、维修等的行程。

为了反映车辆总行程的有效利用程度,采用评价指标——车辆里程利用率(β)进行衡量。车辆里程利用率是指在车辆的总行程(km)中,载重行程(km)所占比重。

$$车辆里程利用率\ \beta = \frac{统计期内载重行程}{统计期内车辆总行程} \times 100\% \qquad (9.17)$$

3) 车辆速度利用指标

在保证行车安全的前提下,提高车辆平均速度,是提高车辆运用效率的有效措施之一。车辆速度利用程度通常用技术速度、营运速度、平均车日行程3项指标反映。

(1) 技术速度:指营运车辆纯运行时间内平均每小时所行驶的公里数。

$$技术速度(km/h) = \frac{统计期内总行程(km)}{统计期内纯运行时间(h)} \tag{9.18}$$

在保证行车安全、车程一定的前提下,较高的行驶速度可以减少车辆在途时间,可以提高车辆生产率,同时为客户(乘客、货物)节约时间。技术速度受到车辆本身技术性能、道路条件、行车密度、气象条件、装载量与拖挂情况以及驾驶员操作水平等因素的影响。

(2) 营运速度:指按出车时间计算的车辆平均每小时行驶的公里数。

$$营运速度(km/h) = \frac{统计期内总行程(km)}{统计期内出车时间(h)} \tag{9.19}$$

(3) 平均车日行程:指平均每一工作车日行驶的里程。这是车辆在速度利用方面的一个基本指标,是以"日"为时间单位计算的综合性速度指标,这一指标将各个工作车日之间出车时间的差异抽象掉了,以便于不同运输任务间的对比。

$$平均车日行程(km) = \frac{统计期内总行程(km)}{统计期内车日数(车日)} = 营运速度 \times 平均每日出车时间 \tag{9.20}$$

平均车日行程是速度和时间利用方面的综合性指标,既受出车时间长短的影响,也受营运速度的影响。

提高车辆的行驶速度,是指车辆要具有合理的技术速度,高速度应以确保行车安全为前提。车辆技术速度的提高应在许可的技术范围内,片面地追求技术速度的提高,可能会造成机械的过量磨损,油耗的浪费,从而影响行车安全和增加运输成本。

提高车日行程的主要途径包括尽量避免或减少车辆的停歇时间,保持合理的技术速度。这方面的措施有:实行多班运输,平均车日行程将会成倍提高;加强装卸工作组织和采用机械化装卸,提高装卸效率;科学制订车辆作业计划等。

4) 车辆载重(客)能力利用指标

(1) 车辆额定装载(客、货)量:指在保证运行安全的条件下所规定的允许装载量。

额定装载量(客、货)是车辆的一个基本技术参数,在车辆出厂时已经确定。由于汽车运输的货物种类繁多,能装够货物重量的不一定能装足车辆容积,能充分利用容积的不一定能达到车辆额定装载重量。重货要求装载不能超过额定载重量的10%(否则属于超载),轻货的长宽高,普通货运单项尺寸不能超过卡车运输的特种运输规定的尺寸,否则视为特种运输。

(2) 吨(客)位利用率

$$吨(客)位利用率(\%) = \frac{\sum 实际载重(客)量}{\sum 额定载重(客)量} \times 100\% \tag{9.21}$$

式中:$\sum$ 实际载重(客)量 —— 统计期内车辆载重(客)量之和(吨或人次);

$\sum$ 额定载重(客)量 —— 统计期内参与营运车辆额定载重(客)量之和(吨或人次)。

(3) 实载率

$$实载率(\%) = \frac{\sum 换算周转量}{\sum 额定吨(客)位·公里} \times 100\% \qquad (9.22)$$

式中：$\sum$ 换算周转量——统计期内车辆载重(客)量之和(吨·公里或人次·公里)；

$\qquad \sum$ 额定换算周转量——统计期内参与营运车辆额定载重(客)量之和(吨·公里或人次·公里)。

5) 车辆拖挂能力利用指标——拖挂率

拖挂率：是指在一定时期内，挂车完成运输周转量占主挂车完成运输周转量的比重，它反映了挂车利用效率。

$$拖挂率(\%) = \frac{挂车完成的换算周转量}{主、挂车完成换算周转量之和} \times 100\% \qquad (9.23)$$

根据我国目前的道路条件和国产汽车的性能，挂车的载重量不宜超过主车的载重量。因此，运输企业拖挂率的汽车判别标准为：

$$拖运率(\%) \leqslant \frac{挂车平均总吨位}{主、挂车平均总吨位之和} \times 100\% \qquad (9.24)$$

9.3.2 车辆利用综合指标

在前面我们介绍了运输车辆利用各单项指标的内涵及其各自能反映和体现车辆运用效率的某个方面，但不论哪个单一指标，都不能完全反映车辆利用的整体水平，因此有必要设立一个能综合反映车辆在时间、速度、里程、载重(载客)量和拖挂能力利用情况的指标——运输车辆生产率。

1) 车辆生产率的计算

车辆生产率是指营运车辆在运输生产活动中的效率，是运输车辆在时间、速度、里程、载重(客)量和拖挂能力等方面利用程度的综合表现。

提高车辆运输生产率意味着以较小的人力、物力消耗，获得较好的生产效果，是企业提高经济效益的重要方面，也是企业提高组织管理水平的重要体现。车辆生产率可以用统计期(年、季、月、日)内企业所有在册车辆所完成的运输工作量来衡量，也可以用统计期内(年、季、月、日)一辆车或一个营运吨(客)位所完成的运输工作量来衡量。各自的计算公式如下：

(1) 统计期内(年、季、月、日)所有在册车辆完成的运输工作量以周转量计的车辆生产率：

$$W = \frac{A D \alpha_d \overline{L}_D \beta q_0 r}{1-\theta} \quad (\text{t·km 或 p·km}) \qquad (9.25)$$

式中：W——统计期内车辆周转量(t·km 或 p·km)；

$\qquad A$——统计期内营运车辆数(辆)；

D——统计期日历天数(天);

α_d、$\bar{L}_D$、β——分别是车辆工作率(%)、平均车日行程(km)、里程利用率(%);

q_0、r、θ——分别是车辆的平均额定载重量(t)、载重量利用率(%)、拖挂率(%)。

(2) 统计期内(年、季、月、日)某辆车完成的运输工作量以周转量计的车辆生产率计算公式为:

$$W_p = \frac{D\alpha_d \bar{L}_D \beta q_0 r}{1-\theta} (\text{t·km 或 p·km}) \tag{9.26}$$

式中:W_p——车辆周转量(t·km 或 p·km);

D——统计期日历天数(天);

α_d、$\bar{L}_D$、β——分别是该辆车工作率(%)、平均车日行程(km)、平均里程利用率(%);

q_0、r、θ——分别是车辆的额定载重量(t)、载重量利用率(%)、拖挂率(%)。

(3) 统计期内(年、季、月、日)一个营运吨(客)位完成的运输工作量以周转量计的车辆生产率计算公式为:

$$W_\delta = \frac{\sum_{i=1}^{n} D\alpha_d \bar{L}_D \beta q_0 r'}{(1-\theta) \sum_{i=1}^{n} q_0} (\text{t·km 或 p·km}) \tag{9.27}$$

式中:W_δ——车辆周转量(t·km 或 p·km);

D——统计期日历天数(天);

α_d、$\bar{L}_D$、β——分别是该辆车工作率(%)、平均车日行程(km),平均里程利用率(%);

q_0、r'、θ——分别是该辆车额定载重量(t)、载重量利用率(%)、拖挂率(%)。

综上所述,与运输车辆生产率有关的车辆利用指标共有以下几个:

车辆的工作率 α_d、技术速度 V_T、平均车日行程 $\bar{L}_D$、里程利用率 β、车辆额定载重量 q_0、载重量利用率 r、拖挂率 θ。

2) 车辆利用各单项指标对运输车辆生产率的影响分析

车辆生产率是运输企业营运车辆在运输过程中的效率,它将受到时间、速度、行程、载重和拖挂利用等一系列因素的影响。为了准确地衡量营运车辆生产率的影响因素,可对车辆在某一统计期内完成的车辆生产率计算公式进行分解后的分析。

由式(9.25)知车辆在一定时期内完成的周转量(t·km 或 p·km)为:

统计期内车辆完成的周转量(t·km 或 p·km) =

车辆保有数 × 统计期内日历天数 × 车辆工作率 × 平均车日行程 × 里程利用率 ×

$$\text{车辆平均额定载重(客)量} \times \text{载重量利用率} \times \frac{1}{1-\text{拖挂率}} \tag{9.28}$$

我们通过对该表达式进行分解,就能更进一步地明确车辆利用各单项指标对运输车辆生产率是如何影响的,见表9.2。

表 9.2　车辆周转量公式表解

营运车辆数及车辆吨位数的大小	车辆利用程度水平的高低		体现指标
	统计期内天数/天		
营运车辆数/辆	车辆工作率/%		时间
	车日行程/km		速度
平均吨(客)位	行程利用率/%		行程
	吨(客)位利用率/%		载重量
	拖挂率/%		

从表 9.2 的分解可以看出,车辆运输生产率是由车辆数及吨(客)位大小和车辆利用程度的高低两部分构成,统计期内天数贯穿其中。

因此,在统计期内,车辆的生产率的高低受两方面的因素影响:① 参加营运车辆数的多少及其吨(客)位的大小;② 车辆各项效率指标利用程度的高低。

关于营运车数及其吨(客)位,在统计期内除调进、调出和报废外,保有车数和吨(客)位数一般没有变化,而影响车辆生产率最根本的因素则是车辆各项效率指标的利用程度,即车辆的完好率、工作率、平均车日行程、实载率所能达到的水平。

进一步简化后,也就是时间(完好率、工作率)、速度(平均车日行程)、行程(行程利用率)、载重量(吨位利用率、拖挂率)的利用程度高低,它们的任何变化,都直接影响车辆生产率与其成正比变化。

由此可知,影响车辆生产率的主要因素是:① 工作率;② 平均车日行程;③ 行程利用率;④ 吨(客)位利用率;⑤ 拖挂率。

3) 提高车辆运输生产率的途径

车辆生产率是衡量运输企业生产效率的一项综合性指标。由于车辆生产率的高低与车辆工作率、平均车日行程、行程利用率、吨(客)位利用率、拖挂率等五项因素有正比例的影响关系,因此,要提高车辆运输生产率,就必须从提高这五项效率指标的措施中寻求提高车辆运输生产率的途径。

(1) 提高营运车辆工作率的途径

① 做好营运车辆的例行维护、各级维护和修理工作,最大限度地减少车辆的修理次数和降低修理占用的车日,提高车辆的完好率。

② 加强货源组织,重视运输营销工作,尽量减少待货停驶的车日。

③ 保证运行燃料、轮胎和配件的供应工作,还可对易耗材料做必要的储备。

④ 加强人员组织管理,合理编制驾乘、装卸、管理人员的岗位,所有岗位的设置应依据"科学合理、精简效能"的原则。

(2) 提高营运车辆平均车日行程的途径

车日行程是技术速度与纯运行时间的乘积,因此,提高营运车辆平均车日行程应从技术速度和纯运行时间两方面考虑,具体途径如下:

① 实行多班运输组织方式,缩短驾乘人员在途工作时间,借以减少在途中进餐、休息和住宿时间。

② 改善装卸组织方式,提高装卸机械化作业能力,尽量采用集装化运输,减少装卸作业时间。

③ 简化商务手续程序和环节,尽量使用电子商务手段。

④ 加强车辆的维修保养、检查,确保车辆在途不因故障而停驶。

(3) 提高营运车辆行程利用率的途径

① 采用科学的调度方法,使车辆运行组织方式更符合实际运输任务的要求。

② 充分掌握货源的特点,货运营销工作是第一位的,只有货源均衡且不间断才能保证货运生产的均衡。

③ 合理规划车队、停车场、自用加油站的布局,才有科学的方法选择运输线路和装货、卸货的顺序,减少车辆的空驶、迂回行驶现象,提高行程利用程度。

④ 开展多种形式的联合运输,拓展运输企业的经营范围,发挥运输经营的协同作用,实现网络化、规模化经营。

4) 提高营运车辆吨(客)位利用率的途径

车辆吨位利用率是影响车辆生产率的重要指标。在其他运输条件不变的情况下,载重能力较大的车辆,其生产率也会较高;反之就低。因此,车辆吨位利用率应尽量保持在100%,这是目标,能否实现与货源情况、货运营销水平有很大关系。另外,在货源非常充足的情况下,运输车辆的车辆吨位利用率往往会远远超过100%,以及超载运输,超载一方面会造成车辆的早期损坏,降低车辆使用寿命。另一方面,对道路路面破坏性极大,也会降低路面使用寿命,这也是道路运输管理部门一再限制超载的原因。所以运输企业应使吨位利用率保持在合理而经济的水平上,具体途径是:

① 根据运输货物的性质、数量,调度适宜的车型承运,使车辆类型适合货物包装及性质。

② 研究不同货物类别的特点及对运输条件的要求,制定车辆的技术装载标准,规范装车作业环节,合理装载,保证货物运输安全性。

③ 巧装满载。改善货物包装及其状态,通过机械打包、包装标准化、机械解体等方法使货物的比重和状态与车辆相适应;货物轻重配装合理,正确测定货物的体积,防止亏吨。

5) 提高营运车辆拖挂率的途径

在运输经营区域中运输条件合适的情况下(交通量较小、路况较好),开展拖挂运输

能有效节约运行消耗,提高载运能力,大幅度提高车辆生产率从而提高企业的经济效益。提高拖挂率的途径是:

① 配备足够数量的各型挂车,使运输企业的拖挂率处于较高水平。

② 实行定车、定挂制度,合理安排运输车辆的衔接组织环节,保证拖挂车到达预定停车点能及时换装挂车,减少中间停歇时间。

③ 加强拖挂驾驶的知识教育,保证拖挂安全运输。

除以上五个方面外,企业还应积极建立各种岗位责任制,采取多种措施发挥全体职工的积极性、创造性,科学合理编制车辆运用计划,并在运行过程中及时检查、调整运行组织安排,自始至终把提高营运车辆生产率视为企业运输经营的最重要工作内容之一。

9.4 运输组织综合评价

运输组织综合评价是根据组织确定的目标,在系统、全面调查和研究的基础上,从经济性、技术性、社会效益性、环境影响性等方面,对各种运输组织方案能够满足需要的程度(产出),以及需要消耗和占用的各种资源(投入)进行评价,从而选择技术上先进、组织上合理、实施上可行的最优方案。这种方法可以应用到运输规划决策、运营组织决策上去,是运输组织管理的重要内容之一。

现代综合评价方法很多,一些新兴的学科方法如模糊数学、人工神经网络技术、灰色系统理论等都引入到综合评价的研究中来。依据运输组织的特点,下面主要介绍模糊综合评价法以及层次分析法的方法原理和实际应用。

9.4.1 综合评价指标体系确定的原则

系统评价指标体系是由被评价对象的目标及衡量这些目标的各种指标按照其内在的因果逻辑关系构成的,运输组织综合评价指标体系的建立要以运输组织目的为依据,而运输组织涵盖了运输组织规划、运输组织方案比选、运输组织效果评价等方面的内容,因此,不同的运输组织目的,其评价指标体系将有较大的差异,各单项指标也会有较大的不同。

1) 目的性和完备性原则

确定的指标应能体现评价目的,同时能对评价对象进行客观描述,评价指标应围绕这两个方面进行设置,还应有较好的完备性,特别是反映主要影响因素的指标不能遗漏。

2) 互斥性与有机结合原则

指标之间过于独立,很难构成有机整体,指标之间过于相关,容易出现过多的信息包容使指标内涵重叠,因此指标间要强调有逻辑关系。

3) 定性指标与定量指标相结合原则

运输组织的综合评价,不论是运输规划、运输组织方案比选、运输组织效果评价等,包括了经济、技术类指标、社会、环境类指标,前两类易于用定量指标来分析和评价,后两类则很难用量化指标衡量,如影响程度、舒适度、便利程度等指标。定量指标与定性指标的综合考虑,可以弥补单纯定量或单纯定性评价的不足以及数据本身存在的某些不足。

4)绝对指标与相对指标相结合原则

绝对指标反映运输组织的规模和总量,相对指标反映运输组织在某一方面的强度或性能,两者结合起来,就能够全面地描述运输组织的特性。

5)动态与稳定性原则

指标设置应是静态、动态相结合,并具有相对稳定性,以便借助指标体系研究系统的发展变化规律。

另外,指标体系应能正确反映评价对象的客观规律和现象,不但要考虑技术、经济方面的指标,还要综合考虑社会、环境方面的指标。同时,在满足完备性、系统性的基础上,指标设置尽量力求简练、便于操作。

9.4.2 综合评价指标体系的主要内容

运输组织综合评价指标体系一般包括以下几个方面的内容,根据评价目标的不同,会有所侧重。

1)政策性指标

包括有关运输组织工作方面的发展规划、发展方针、政策、法规和办法等方面的要求和规定,这些指标对运输系统的发展、定位至关重要。

2)技术性指标

包括运输组织的功能、可靠性、方便性、先进性等方面。

3)经济性指标

包括运输组织方案的成本分析、效益评价、经济影响评价等方面。

4)社会性指标

包括运输组织对国民经济大系统的影响及社会大系统综合发展的影响等方面。

5)环境性指标

包括运输组织对生态环境的影响,对自然资源的开发、利用的影响等方面。

6)时间性指标

包括运输组织运作周期、运输组织过程的时间单项指标等方面。

以上我们考虑的是大类指标,每个大类指标又可以包含多个小类指标,每个具体指标可能是由几个指标综合反映,这样就构成了运输组织综合评价的指标体系。下面我们以汽车、船舶运输组织评价指标体系举例。它包含了运输组织规划、运输组织方案比选、运输组织效果等方面,在选择时可以根据评价目的有所侧重。

例 10.2 公路旅客运输组织综合评价指标体系(见表 9.3)。

表 9.3 公路旅客运输组织综合评价指标体系

经济类指标	1. 设施及设备投资指标	技术类指标	5. 车辆及车辆利用指标
	客运场站基础设施建设		车辆保有量及其增长率指标
	信息系统		车辆的时间利用指标
	车辆购置		行程及行程利用率指标
	单位运输量投资		客座利用指标
	投资偿还期和投资效果系数		车辆速度利用指标
	2. 运输消耗指标		6. 场站作业效率指标
	场站运营管理费用		发车间隔指标
	车辆使用费用		准点率指标
	运输企业管理费用		旅客候车指标
	折旧费		7. 运输质量指标
	3. 成本及效益指标		行车安全指标
	运输总成本、单位总成本		舒适及方便性指标
	成本利润率及平均利润率	社会类指标	8. 社会效益分析及评价
	4. 客运量指标		公路客运总量
	客运量及客运周转量		公路客运对地区经济增长的贡献率
	客运量及周转量增长率		公路客运对地区交通运输业发展的影响
			对劳动就业的影响

例 10.3 公路货物运输组织综合评价指标体系(见表 9.4)。

表 9.4 公路货物运输组织综合评价指标体系

经济类指标	1. 设施及设备投资指标	技术类指标	5. 车辆及车辆利用指标
	货运场站(堆场)基础设施建设		车辆保有量及其增长率指标
	装卸搬运机械设备		车辆的时间利用指标
	车辆购置		行程及行程利用率指标
	单位运输量投资		载重量利用及车辆拖挂能力利用指标
	投资偿还期和投资效果系数		车辆速度利用指标
	2. 运输消耗指标		6. 场站作业效率指标
	装卸、(堆)存储及加工费用		场站装卸搬运机械化程度
	车辆使用费用		场站装卸搬运效率指标
	企业管理费用		仓库(堆场)利用率指标
	折旧费		7. 运输质量指标
	3. 成本及效益指标		行车安全指标
	运输总成本、单位总成本		货损、货差指标
	成本利润率及平均利润率	社会类指标	8. 社会效益分析及评价
	4. 货运量指标		公路货运的总产出量
	货运量及货物周转量		公路货运对地区经济增长的贡献率
	货运量及周转量增长率		公路货运对地区交通运输业发展的影响
			对劳动就业的影响

例 10.4　船舶运输组织(货运)综合评价指标体系(见表 9.5)。

表 9.5　船舶运输组织综合评价指标体系

经济类指标	1. 船舶或船队投资指标	技术类指标	4. 船舶运输成本及利润指标
	购买船舶或船队投资总额		运输总成本、单位运输成本
	船舶分摊航道的投资		成本利润率、平均利润率
	船舶分摊港口的投资		5. 船舶吨位、使用效率指标
	船舶分摊装卸搬运机械的投资		在册船舶数、船舶登记注册吨位
	流动资金或商品基金负债		船舶载货吨位及容积吨位等
	单位货运量投资		船舶载重(体积)利用指标
	投资偿还期和投资效果系数		船舶行程及行程利用率指标
	2. 船舶运输企业总营运费用指标		6. 港口作业效率指标
	燃料费用		装船、卸船效率指标
	船舶维修及折旧费用		船舶在港停留时间指标
	港口使用费	社会类指标	7. 社会效益分析及评价
	人工费及各种附加费		船舶运输对区域经济增长的贡献分析及评价
	3. 船舶运输企业年货运量指标		船舶运输对交通运输业的贡献分析及评价
	货运量及货物周转量		船舶运输对进出口贸易的贡献分析及评价
	货运量及周转量增长率		

9.4.3　综合评价指标的数量化

运输组织综合评价指标的种类、取值范围会根据时间、运输规模、自然环境、社会经济增长速度和社会生产技术水平等情况确定。例如，在进行一条高速公路方案决策时，对于投资者来说，在满足技术规范的前提下，自然要考虑投资较少的方案；又如，在有天然河道可以利用的地方，建设内河航道的投资往往比建设公路或铁路的投资少，但是完全依靠开凿运河，那么基本投资多半会大于铁路或公路的投资。另外，一个项目投资的大小必然会与各种运输方式的特点、技术水平、当时的经济水平等因素有关。

在进行方案比选时，由于各方案同一指标的数值只有相对的意义，因此，我们在探讨时为清晰起见，一般取以最优方案的指标为标准进行比较评价，最优方案指标设定为 1 或 100，其他方案的指标取 1 或 100 以下的数值，具体值随差别的程度而异。

项目投资：设定最小投资方案(基准方案)的指标为 100，评判其他比较方案时，采用 $\dfrac{\text{基准方案的最小投资额}}{\text{其他比较方案的最小投资额}} \times 100\%$ 进行评判。如经过计算内河航道建设的投资额为最小，铁路建设的投资额为内河航道建设投资额的 4 倍，而公路建设的投资额为内河航道建设投资额的 2 倍,则投资的评价指标值可以设定为:内河航道为 100,铁路为 25,公路为 50。

项目工期:设定施工时间最短方案(基准方案)的指标为 100,评判其他比较方案时,采用 $\frac{\text{基准方案的施工时间}}{\text{其他比较方案的施工时间}} \times 100\%$ 进行评判。

运输成本:设定最小运输成本方案(基准方案)的指标为 100,评判其他比较方案时,采用 $\frac{\text{基准方案的运输成本}}{\text{其他比较方案的运输成本}} \times 100\%$ 进行评判。

运送时间:运送时间指从出发点到达目的地所需要的全部时间,包括途中时间和站场等待时间。指标评价值的赋值原则与项目施工工期的赋值原则相同。

准时性:准时性主要取决于管理水平,可借助于同类相似情况的统计资料进行比较确定。设定准时到达的均方差最小方案(基准方案)的指标为 100,评判其他比较方案时,采用 $\frac{\text{基准方案的均方差}}{\text{其他比较方案的均方差}} \times 100\%$ 进行评判。

安全性:安全性可用单位运量事故率衡量。事故率由相似情况的统计资料进行推算,设定事故率最小方案(基准方案)的指标为 100,评判其他比较方案时,采用 $\frac{\text{基准方案的事故率}}{\text{其他比较方案的可能事故率}} \times 100\%$ 进行评判。

舒适性:舒适性对每个人来说,因各自的感觉和体质的不同而不同,其中疲劳时间是一个重要的依据。对各个方案进行调查时可加入此项并求出统计值。指标评价值的赋值原则与前面各项相同。

损失率:各方案的货损、货差率可参照相似情况的统计数据求得。指标评价值的赋值原则与前面各项相同。

能源消耗:能源消耗包括基建中的能源消耗和运行中的能源消耗,基建中的能源消耗应根据工程项目使用寿命分摊到运行中去,然后算出单位运输量的能源消耗量。评价指标赋值原则与运输的赋值原则相同。

环境污染:交通运输工具的环境污染包括噪音、大气污染和水体污染等,同一数量化的办法尚待进一步研究。作为论证依据,可由德尔菲法进行指标评价的赋值。

总之,在进行综合评价时,要结合具体评价项目、评价的目的来设定评价指标,并赋予各指标合理的数值,这需要通过统计、实地调查、综合考虑等步骤确定。

9.5 运输组织常用评价方法介绍

现代综合评价方法很多,一些新兴的学科方法如模糊数学、人工神经网络技术、灰色系统理论等都引入到综合评价的研究中来。依据运输组织的特点,下面主要介绍模糊综合评价法以及层次分析法的原理和实际应用。

9.5.1 模糊综合评价法

1) 模糊综合评价的思想和原理

在客观世界中存在许多不确定的现象,"模糊性"就是其中的一种不确定性的表现。模糊性是指某些事物或者概念的边界不清楚,这种边界的不清楚,不是由于人的主观认识达不到客观实际所造成的,而是事物的一种客观属性,是事物的差异之间存在着中间过渡过程的结果。例如"年轻"和"年老"就是这样,人们无法划出一条严格的年龄界限来区分"年轻"和"年老",因为这种概念具有一种外延的不确定性。

当对一个技术方案进行评价时,有时很难做出肯定或否定的回答,比如说在"较好"和"一般"之间就没有一个确定的界限。要表达这些模糊概念,以解决具有模糊性的实际问题,就要以模糊数学为基础,应用模糊关系合成的原理,将一些边界不清楚、不易定量的因素定量化,从多个因素对被评价技术方案状况进行综合性评价的一种方法。综合评价法针对评价对象的全体因素,根据所给定的条件,给每个对象赋予一个非负实数——评价指标,再据此排序择优。

模糊综合评价作为模糊数学的一种应用方法,主要分为两步:第一步先按每个因素单独评价;第二步再按所有因素综合评价,尤其对多因素、多层次的复杂问题评价效果较好。模糊综合评价法的特点在于,评价逐对进行,对被评价对象有唯一的评价值,不受被评价对象所处对象集合的影响。

(1) 模糊矩阵的概念及运算

① 模糊矩阵

矩阵 $\boldsymbol{R}=(r_{ij})_{m\times n}$ 叫作一个模糊矩阵,如果对于任意的 $i\leqslant n$ 及 $j\leqslant m$ 都有 $r_{ij}\in[0,1]$。

② 模糊矩阵的合成

定义:一个 n 行 m 列模糊矩阵 $\boldsymbol{Q}=(q_{ij})_{m\times n}$,对一个 m 行 l 列的模糊矩阵 $\boldsymbol{R}=(r_{jk})_{m\times l}$ 的合成 $\boldsymbol{QR}$ 为一个 n 行 L 列的模糊矩阵 $\boldsymbol{S}$,$\boldsymbol{S}$ 的第 i 行第 k 列的元素等于 $\boldsymbol{Q}$ 的第 i 行元素与 $\boldsymbol{R}$ 的第 k 列元素的对应元素两两先取小者,然后再在所得的结果中取较大者,即

$$S_{ik}=\bigvee_{j=1}^{m}(q_{ij}\wedge r_{jk}),\begin{pmatrix}1\leqslant i\leqslant n\\1\leqslant j\leqslant l\end{pmatrix} \qquad (9.29)$$

其中,∨、∧均为扎德算子,"∨"表示取最大,"∧"表示取最小。"∘"为代数积运算符,模糊矩阵的合成 $\boldsymbol{Q}^{\circ}\boldsymbol{R}$ 也称 $\boldsymbol{Q}$ 对 $\boldsymbol{R}$ 的模糊乘积,表示广义的合成运算,有两种合成运算算子可供选择。

(2) 隶属度的概念

要对 μ_0 是否属于 A^* 做 n 次模糊统计试验(如对"60岁的人"是否属于"老年人"做一次意见调查),可以得出 μ_0 对 A^* 的隶属频率 $\Delta=\dfrac{\mu_0\in A^*\text{的次数}}{n}$。只要试验次数 n

足够大，该隶属度频率就会稳定地趋于某一个值，这个值就称为 μ_o 对 A^* 的隶属度，记为：

最大隶属度原则：若有 $i\in\{1,2,\cdots,n\}$，使
$$\mu_{Ai}(\mu_o)=\max[\mu_{A1}(\mu_o),\cdots,\mu_{An}(\mu_o)] \tag{9.30}$$
则认为 μ_o 相对隶属于 A_i。

2) 模糊综合评价方法

模糊综合评价就是一个模糊变换，其模型可分为一级和多级模型。

(1) 一级模型

利用一级模型进行模糊综合评价的步骤大致如下：

① 确定评价对象的因素集

确定评价对象因素集 $X=\{x_1,x_2,\cdots,x_n\}$，亦即确定指标体系。

例如，对某物流中心建设进行综合评价时，可以从设计、施工、运营等方面考虑，对设计单位、施工单位和物流企业（用户）进行调查分析。由于三方面考虑的侧重点不同，可以建立如下评价指标集合：

设计单位：$X_2=\{$设计功能、设计外观、工程造价、施工工期、使用年限$\}$

施工单位：$X_1=\{$施工工期、施工成本、施工难易程度、人工用量$\}$

物流企业：$X_3=\{$实用功能、安全程度、能耗$\}$

② 确定评价集

评价集 $Y=\{y^1,y^2,\cdots,y^m\}$，又称决策集、评语集，就是对各项指标的满足程度确定可能出现的几种不同的评价等级，例如：
$$Y=\{\text{很好},\text{较好},\text{一般},\text{不好}\}$$

③ 单因素模糊评价

单因素模糊评价就是建立一个从 x 到 y 的模糊映射：
$$f:X\rightarrow f(Y)$$
$$x_i\rightarrow r_{i1}/y_1+r_{i2}/y_2+\cdots+r_{im}/y_m$$
$$0\leqslant r_{ij}\leqslant 1;i=1,2,\cdots,n;j=1,2,\cdots,m$$

由 f 可诱导出模糊关系，用矩阵 $\underset{\sim}{R}=\begin{bmatrix} r_{11} & r_{12} & \cdots & r_{1m} \\ r_{21} & r_{22} & \cdots & r_{2m} \\ \vdots & \vdots & & \vdots \\ r_{n1} & r_{n2} & \cdots & r_{nm} \end{bmatrix}$ 表示，称 $\underset{\sim}{R}$ 为单因素模糊评价矩阵。

例如，针对前述某物流中心基础设施体系的综合评价，我们可邀请若干有经验的施工管理人员、技术人员和工人从施工单位的角度进行单因素评价。比如对施工工期这项指标，有 50% 的人认为很好，30% 的人认为较好，20% 的人认为一般，没有人认为不好，则得出统计结果为：

$$\text{施工工期}\rightarrow(0.5,0.3,0.2,0)$$

若对工程施工成本、施工难易程度、人工用量三项指标的统计结果为：

$$工程施工成本 \to (0.6, 0.2, 0.1, 0.1)$$
$$施工难易程度 \to (0.3, 0.2, 0.4, 0.1)$$
$$人工用量 \to (0.2, 0.3, 0.2, 0.3)$$

我们便可得到单因素模糊评价矩阵：

$$\underset{\sim}{R} = \begin{pmatrix} 0.5 & 0.3 & 0.2 & 0 \\ 0.6 & 0.2 & 0.1 & 0.1 \\ 0.3 & 0.2 & 0.4 & 0.1 \\ 0.2 & 0.3 & 0.2 & 0.3 \end{pmatrix}$$

④ 确定权重值

这是指对因素集中的各因素（即指标体系中各项指标）的重要程度做出权重分配。

仍按上例，假定我们采用前面介绍的权重值确定方法得知从施工单位考虑的权重分配为：

$$\underset{\sim}{A} = (0.2, 0.4, 0.2, 0.2)$$

对应着因素集：

$$X_i = \{施工工期、施工成本、施工难易程度、人工用量\}$$

⑤ 模糊综合评价

按照模糊综合评价数学模型进行模糊合成，就可得出综合评价结果。

前例中，施工单位对某运输基础设施体系的模糊综合评价为：

$$\underset{\sim}{B_1} = \underset{\sim}{A_1} \circ \underset{\sim}{R_1} = (0.2, 0.4, 0.2, 0.2)$$

$$\begin{pmatrix} 0.5 & 0.3 & 0.2 & 0 \\ 0.6 & 0.2 & 0.1 & 0.1 \\ 0.3 & 0.2 & 0.4 & 0.1 \\ 0.2 & 0.3 & 0.2 & 0.3 \end{pmatrix} = (0.4, 0.2, 0.2, 0.2) =$$

$$(0.4/很好, 0.3/较好, 0.2/一般, 0.1/不好)$$

由于 $\max(0.4, 0.2, 0.2, 0.3) = 0.4$，即对"很好"这一评价的隶属度最大。根据最大隶属度原则，得到施工单位对该工程施工项目体系的评价结果为"很好"。

采用同样的方法，还可以得到设计单位和物流企业（使用）单位的综合评价结果 $\underset{\sim}{B_2}$、$\underset{\sim}{B_3}$。将三方面的综合评价提供给决策者参考，从而做出总的综合评价结论。

(2) 多级模型

① 问题的提出

在物流中心工程施工过程中，假定有某种预制构件，其质量由9项指标 $x_1, x_2, \cdots, x_9$ 确定，构件的质量级别分为一级、二级、等外、废品，4个等级。由有关专家、检验人员、用户组成一个单因素评价小组，得单因素模糊评价矩阵：

其中，

$$\underset{\sim}{R_1} = \begin{pmatrix} 0.36 & 0.24 & 0.13 & 0.27 \\ 0.20 & 0.32 & 0.25 & 0.28 \\ 0.40 & 0.22 & 0.26 & 0.12 \end{pmatrix}, \quad \underset{\sim}{R_2} = \begin{pmatrix} 0.3 & 0.28 & 0.24 & 0.18 \\ 0.26 & 0.36 & 0.12 & 0.26 \\ 0.22 & 0.42 & 0.16 & 0.10 \end{pmatrix},$$

$$\underset{\sim}{R_3} = \begin{pmatrix} 0.38 & 0.24 & 0.08 & 0.20 \\ 0.34 & 0.25 & 0.30 & 0.11 \\ 0.24 & 0.28 & 0.30 & 0.18 \end{pmatrix}, \quad \underset{\sim}{R} = \begin{pmatrix} \underset{\sim}{R_1} \\ \underset{\sim}{R_2} \\ \underset{\sim}{R_3} \end{pmatrix}$$

若按指标的重要性给出的权重分配为：

$$\underset{\sim}{A} = (0.10, 0.12, 0.07, 0.16, 0.10, 0.10, 0.10, 0.10, 0.18)$$

采用一级模型进行模糊综合评价，

$$\underset{\sim}{B} = \underset{\sim}{A} \circ \underset{\sim}{R} = (0.18, 0.18, 0.18, 0.18)$$

则得不出结果。这是因为 $\underset{\sim}{B}$ 是由 $\underset{\sim}{A}$ 和 $\underset{\sim}{R}$ 的对应行列先取小、后取大得到的，而权重 $\underset{\sim}{A}$ 的因素必须满足 $\sum_{i=1}^{9} a_i = 1$，当指标数量多时，每个 a_i 一般说都很小，这样在取小运算中就容易被取上；另外，指标数量多时，要使各指标间的权重分配做到合理比较困难。

② 利用多级模型进行模糊综合评价的一般步骤

Ⅰ. 将因素集 X 按某种属性分成 S 个子集，记作

$$x_1, x_2, \cdots, x_s$$

满足 $\bigcup_{i=1}^{s} X_i = X, X_i \cap X_j = \varnothing (i \neq j)$，$\cup$、$\cap$ 分别为集合运算中并和交的运算符号，$\varnothing$ 表示空集，即 X_i 与 X_j 不相交。

设每个子集

$$X_i = \{X_{i1}, X_{i2}, \cdots, X_{in_i}\} (i = 1, 2, 3, \cdots, s)$$

$$\sum_{i=1}^{n} n_i = n$$

其中，n 为因素集中全部因素数目。

Ⅱ. 对每个子集 X_i 利用一级模型分别进行模糊综合评价。

假定评价集 $Y = \{y_1, y_2, \cdots, y_m\}$，$X_i$ 中的各指标的权重分配为 $A_i = (a_{i1}, a_{i2}, \cdots, a_{in_i})$，这里只要求 $\sum_{j=1}^{n_i} a_{ij} = 1$。$X_i$ 的单因素模糊评价矩阵为 $\underset{\sim}{R_i}$，于是第一级模糊综合评价为：

$$\underset{\sim}{B_i} = \underset{\sim}{A_i} \cdot \underset{\sim}{R_i} = (b_{i1}, b_{i2}, \cdots, b_{im}) (i = 1, 2, \cdots, s)$$

Ⅲ. 进行多级模糊综合评价。

将每个 X_i 当作一个因素对待，用

$$\underset{\sim}{A} = \begin{pmatrix} \underset{\sim}{B_1} \\ \underset{\sim}{B_2} \\ \vdots \\ \underset{\sim}{B_5} \end{pmatrix} = (b_{ij})_{s \times m}$$

作为 $\{X_1, X_2, \cdots, X_s\}$ 的单因素模糊评价矩阵,而每个 X_i 作为 X 中的一部分,反映 X 的某种属性,并按相对重要性给出权重分配 $\underset{\sim}{A} = \{A_1^*, A_2^*, \cdots, A_s^*\}$,于是二级模糊综合评价

$$\underset{\sim}{B} = \underset{\sim}{A} \circ \underset{\sim}{R} \tag{9.31}$$

二级模糊综合评价的模型框如图 9.4 所示。

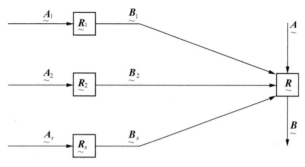

图 9.4　二级模糊综合评价模型框图

对于三级、四级以至更多级的模糊综合评价,均是在 R_i 的基础上再细分来完成的。此时可将指标利用模糊聚类分析先进行分类,然后从最低一级评价逐步做到最高一级评价,从而得出结论。

现将前面所述某种预制构件的级别评定问题改用多级模型来解决。该问题的因素集 $X = \{x_1, x_2, \cdots, x_9\}$,评价集 $Y = \{$一级、二级、等外、废品$\}$,单因素模糊评价矩阵

$$\underset{\sim}{R} = \begin{pmatrix} \underset{\sim}{R_1} \\ \underset{\sim}{R_2} \\ \underset{\sim}{R_3} \end{pmatrix}_{9 \times 4}$$

假定按某种属性将 X 分为 $X_1 = \{x_1, x_2, x_3\}$,$X_2 = \{x_4, x_5, x_6\}$,$X_3 = \{x_7, x_8, x_9\}$,它们所对应的单因素模糊综合评价矩阵分别为 $\underset{\sim}{R_1}$、$\underset{\sim}{R_2}$、$\underset{\sim}{R_3}$ 得出第一级模糊综合评价结果如表 9.6 所示。

表 9.6　预制构件质量级别评定的第一级模糊综合评价

因素集	权重分配	第一集模糊综合评价 $\boldsymbol{B}_i = \boldsymbol{A}_i \circ \boldsymbol{R}_i$
X_1	$\boldsymbol{A}_1 = (0.3, 0.42, 0.38)$	$\boldsymbol{B}_1 = \boldsymbol{A}_1 \circ \boldsymbol{R}_1 = (0.38, 0.32, 0.26, 0.28)$
X_2	$\boldsymbol{A}_2 = (0.2, 0.5, 0.3)$	$\boldsymbol{B}_2 = \boldsymbol{A}_2 \circ \boldsymbol{R}_2 = (0.26, 0.36, 0.2, 0.26)$
X_3	$\boldsymbol{A}_3 = (0.3, 0.3, 0.4)$	$\boldsymbol{B}_3 = \boldsymbol{A}_3 \circ \boldsymbol{R}_3 = (0.3, 0.28, 0.3, 0.2)$

取 $\boldsymbol{R} = \begin{bmatrix} \boldsymbol{B}_1 \\ \boldsymbol{B}_2 \\ \boldsymbol{B}_2 \end{bmatrix}$ 为 $X = \{x_1, x_2, x_3\}$ 的单因素模糊综合评价矩阵,若采用前面的权重值确定方法得出权重分配

$$\boldsymbol{A}_1 = (0.2, 0.35, 0.45)$$

第二级综合评价

$$\boldsymbol{B} = \boldsymbol{A} \circ \boldsymbol{R} = (0.2, 0.35, 0.45) \begin{bmatrix} 0.38 & 0.32 & 0.26 & 0.28 \\ 0.26 & 0.36 & 0.2 & 0.26 \\ 0.3 & 0.28 & 0.3 & 0.2 \end{bmatrix}$$

$$= (0.3, 0.35, 0.3, 0.26)$$

根据最大隶属度原则,该种预制构件属于二等品。

③ 应用

例 10.5　模糊综合评价法在物流中心选址中的应用。

在物流规划过程中,物流中心选址要考虑许多因素。根据因素特点分成层次模块,各因素又可由下一级因素构成,因素集分为三级,三级模糊评判的数学模型见表 9.7。

表 9.7　物流中心选址的三级模型

第一级指标		第二级指标		第三级指标
自然环境 U_1	(0.1)	气象条件 U_{11} 地质条件 U_{12} 水文条件 U_{13} 地形条件 U_{14}	(0.25) (0.25) (0.25) (0.25)	
交通运输 U_2	(0.2)			
经营环境 U_3	(0.3)			
候选地 U_4	(0.2)	面积 U_{41} 形状 U_{42} 周边干线 U_{43} 地价 U_{44}	(0.1) (0.1) (0.4) (0.4)	

续表 9.7

第一级指标	第二级指标	第三级指标
公共设施 U_5 (0.2)	三供 U_{51} (0.4)	供水 U_{511} (1/3) 供电 U_{512} (1/3) 供气 U_{513} (1/3)
	废物处理 U_{52} (0.3)	排水 U_{521} (0.5) 固体废物处理 U_{522} (0.5)
	通信 U_{53} (0.2)	
	道路设施 U_{54} (0.1)	

因素集 U 分为三层：

第一层为　$U = \{u_1, u_2, u_3, u_4, u_5\}$

第二层为　$u_1 = \{u_{11}, u_{12}, u_{13}, u_{14}\}$；$u_4 = \{u_{41}, u_{42}, u_{43}, u_{44}\}$；

$u_5 = \{u_{51}, u_{52}, u_{53}, u_{54}\}$

第三层为　$u_{51} = \{u_{511}, u_{512}, u_{513}\}$；$u_{52} = \{u_{521}, u_{522}\}$

规划区域有 8 个候选地址，决断集 $V = \{A, B, C, D, E, F, G, H\}$ 代表 8 个不同的候选地址，数据进行处理后得到诸因素的模糊综合评判如表 9.8 所示。

表 9.8　规划区域的模糊综合评判

因素	A	B	C	D	E	F	G	H
气候条件	0.91	0.85	0.87	0.98	0.79	0.60	0.60	0.95
地质条件	0.93	0.81	0.93	0.87	0.61	0.61	0.95	0.87
水文条件	0.88	0.82	0.94	0.88	0.64	0.61	0.95	0.91
地形条件	0.90	0.83	0.94	0.89	0.63	0.71	0.95	0.91
交通运输	0.95	0.90	0.90	0.94	0.60	0.91	0.95	0.94
经营环境	0.90	0.90	0.87	0.95	0.87	0.65	0.74	0.61
候选地面积	0.60	0.95	0.60	0.95	0.95	0.95	0.95	0.95
候选地形状	0.60	0.69	0.92	0.92	0.87	0.74	0.89	0.95
候选地周边干线	0.95	0.69	0.93	0.85	0.60	0.60	0.94	0.78
候选地地价	0.75	0.60	0.80	0.93	0.84	0.84	0.60	0.80
供水	0.60	0.71	0.77	0.60	0.82	0.95	0.65	0.76
供电	0.60	0.71	0.70	0.60	0.80	0.95	0.65	0.76
供气	0.91	0.90	0.93	0.91	0.95	0.93	0.81	0.89
排水	0.92	0.90	0.93	0.91	0.95	0.93	0.81	0.89

续表 9.8

因素	A	B	C	D	E	F	G	H
固体废物处理	0.87	0.87	0.64	0.71	0.95	0.61	0.74	0.65
通信	0.81	0.94	0.89	0.60	0.65	0.95	0.95	0.89
道路设施	0.90	0.60	0.92	0.60	0.60	0.84	0.65	0.81

Ⅰ. 分层次作综合评判

$u_{51}=\{u_{511},u_{512},u_{513}\}$,权重 $A_{51}=\{1/3,1/3,1/3\}$,由表 9.8 对 u_{511},u_{512},u_{513} 的模糊评判构成的单因素矩阵:

$$R_{51}=\begin{bmatrix}0.60 & 0.71 & 0.77 & 0.60 & 0.82 & 0.95 & 0.65 & 0.76 \\ 0.60 & 0.71 & 0.70 & 0.60 & 0.80 & 0.95 & 0.65 & 0.76 \\ 0.91 & 0.90 & 0.93 & 0.91 & 0.95 & 0.93 & 0.81 & 0.89\end{bmatrix}$$

用模型 $M(\cdot,+)$ 计算得:

$B_{51}=A_{51}\circ R_{51}=(0.703,0.773,0.8,0.703,0.857,0.943,0.703,0.803)$

类似地: $B_{52}=A_{52}\circ R_{52}=(0.895,0.885,0.785,0.81,0.95,0.77,0.775,0.77)$

$B_5=A_5\circ R_5=(0.4\quad 0.3\quad 0.2\quad 0.1)\circ$

$$\begin{bmatrix}0.703 & 0.773 & 0.8 & 0.703 & 0.857 & 0.943 & 0.703 & 0.803 \\ 0.895 & 0.885 & 0.785 & 0.81 & 0.95 & 0.77 & 0.775 & 0.77 \\ 0.81 & 0.94 & 0.89 & 0.60 & 0.65 & 0.95 & 0.95 & 0.89 \\ 0.90 & 0.60 & 0.92 & 0.60 & 0.60 & 0.84 & 0.65 & 0.81\end{bmatrix}$$

$=(0.802,0.823,0.826,0.704,0.818,0.882,0.769,0.811)$

$B_4=A_4\circ R_4=(0.1\quad 0.1\quad 0.4\quad 0.4)\circ$

$$\begin{bmatrix}0.60 & 0.95 & 0.60 & 0.95 & 0.95 & 0.95 & 0.95 & 0.95 \\ 0.60 & 0.69 & 0.92 & 0.92 & 0.87 & 0.74 & 0.89 & 0.95 \\ 0.95 & 0.69 & 0.93 & 0.85 & 0.60 & 0.60 & 0.94 & 0.78 \\ 0.75 & 0.60 & 0.80 & 0.93 & 0.84 & 0.84 & 0.60 & 0.80\end{bmatrix}$$

$=(0.8,0.68,0.844,0.899,0.758,0.745,0.8,0.822)$

$B_1=A_1\circ R_1=(0.25\quad 0.25\quad 0.25\quad 0.25)\circ$

$$\begin{bmatrix}0.91 & 0.85 & 0.87 & 0.98 & 0.79 & 0.60 & 0.60 & 0.95 \\ 0.93 & 0.81 & 0.93 & 0.87 & 0.61 & 0.61 & 0.95 & 0.87 \\ 0.88 & 0.82 & 0.94 & 0.88 & 0.64 & 0.61 & 0.95 & 0.91 \\ 0.90 & 0.83 & 0.94 & 0.89 & 0.63 & 0.71 & 0.95 & 0.91\end{bmatrix}$$

$=(0.905,0.828,0.92,0.905,0.668,0.633,0.863,0.91)$

Ⅱ. 高层次的综合评判

$U=\{u_1,u_2,u_3,u_4,u_5\}$,权重 $A=(0.1,0.2,0.3,0.2,0.2)$,则综合评判

$$B = A°R = \begin{pmatrix} B_1 \\ B_2 \\ B_3 \\ B_4 \\ B_5 \end{pmatrix}$$

$$= (0.1 \quad 0.2 \quad 0.3 \quad 0.2 \quad 0.2) \cdot$$

$$\begin{bmatrix} 0.905 & 0.828 & 0.92 & 0.905 & 0.668 & 0.633 & 0.863 & 0.91 \\ 0.95 & 0.90 & 0.9 & 0.94 & 0.60 & 0.91 & 0.95 & 0.94 \\ 0.90 & 0.90 & 0.87 & 0.95 & 0.87 & 0.65 & 0.74 & 0.61 \\ 0.8 & 0.68 & 0.844 & 0.899 & 0.758 & 0.745 & 0.8 & 0.822 \\ 0.802 & 0.823 & 0.826 & 0.704 & 0.818 & 0.882 & 0.769 & 0.811 \end{bmatrix}$$

$$= (0.871, 0.833, 0.867, 0.884, 0.763, 0.766, 0.812, 0.789)$$

由此可知,8块候选地的综合评判结果的排序为:D,A,C,B,G,H,F,E,选出较高估计值的地点作为物流中心。

应用模糊综合评判方法进行物流中心选址,模糊评判模型采用层次式结构,把评判因素分为三层,也可进一步细分为多层。这里介绍的计算模型由于对权重集进行归一化处理,采用加权求和型,将评价结果按照大小顺序排列,决策者从中选出估计值较高的地点作为物流中心即可,方法简便。

9.5.2 层次分析法

层次分析法也是一种多方案、多评价因素的评价方法,又叫 AHP 法。AHP 法是20世纪70年代提出的,时至今日,仍有许多人对此法进行改进和完善。AHP 法是一种定性与定量评价相结合的方法,特别适用于评价因素难以量化且结构复杂的评价问题。

AHP 法的基本做法是,首先把评价因素分解成若干层次,接着自上而下对各层次各评价因素两两比较(类似于环比评分法),得出评价结果。然后,通过计算,自下而上把各层次的评价结果综合在评价目标下,即可得到各系统方案的优劣顺序,供决策者决策时参考。

例 10.6 某城市处于公路、铁路、航空的交通集结点,为了做好交通运输的"十四五"规划,该城市正在集中探讨应该大力发展何种交通运输方式,以实现城市交通的可持续性。现提出了三个方案:大力发展铁路运输,在现有基础上完善基础设施,增加新的辅助设施;大力发展高速公路,新建高速公路,完善已有的公路设施;大力发展航空运输,增开新航线,扩建现有机场,在这三个方案中要选出最好的一个实施。因此评价目标是"最适合本市发展的交通方式"。那么怎样才算是最好的呢? 可以提出下述四个评价因素:有效、安全、经济和环境协调。那么,如何才算有效呢? 快速、方便、舒适;安全又应怎样理解呢? 交通事故要少,营运事故、行车事故要少等;经济的含义也有几个方面,包括能源消耗、运营费用、占地面积、社会公平性;环境协调方面包括:保持地形地貌、噪声污染、尾气排放。这样,我们就可以把该问题的三个备选方案的评价问题用图表示出来(见图9.5)。图9.5从上到下共分了四层。最上面一层,只有一个方框,叫目标层;第二层有四个评价因素,叫准则层;第三层是第二层评价因素的构成因素,可以成为次准则层;最下面一层,叫方案层。

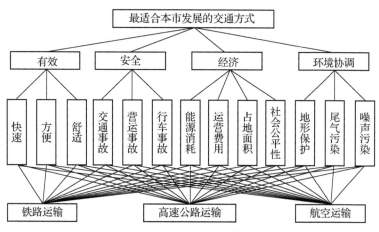

图 9.5　AHP 评价模型

一般说来,要处理这样复杂的评价问题,AHP 的做法是,先对问题所涉及的因素进行分类,然后构造一个各因素之间相互联结的层次结构模型。因素可分三类:第一是目标类,如上面例子中的"最适合本市发展的交通方式";第二为准则类,是衡量各方案是否符合目标的标准,如"有效""快速""安全""交通事故"等;第三是方案措施类,即实现目标的方案、方法、手段等,如铁路运输等。

建立多因素多层次评价模型是一项很细致的工作,要有丰富的知识和一定经验,要进行认真的分析。

在具体说明 AHP 法的计算过程之前,先介绍一下 n 个因素的重要性程度的排序与其中任意两个重要性之比的关系。设有 n 个因素 $F^1, F^2, \cdots, F^n$,其重要性大小用 $\omega_1, \omega_2, \cdots, \omega_n$ 表示,其中任意两个的重要性之比可排成一个 $n \times n$ 的矩阵 $\mathbf{A}$,即

$$\mathbf{A} = \begin{pmatrix} \omega_1/\omega_1 & \omega_1/\omega_2 & \cdots & \omega_1/\omega_n \\ \omega_2/\omega_1 & \omega_2/\omega_2 & \cdots & \omega_2/\omega_n \\ \vdots & \vdots & & \vdots \\ \omega_n/\omega_1 & \omega_n/\omega_2 & \cdots & \omega_n/\omega_n \end{pmatrix}$$

若用 a_{ij} 表示 ω_i/ω_j,则矩阵 $\mathbf{A}$ 有下列性质:

① $a_{ij} = 1, i = j$;
② $a_{ij} = 1/a_{ji}, 1 \leqslant i, j \leqslant n$;
③ $a_{ij} = a_{ik} \cdot a_{kj}, i \leqslant i, j \leqslant n$。

另外,若用 $\mathbf{W} = (\omega_1, \omega_2, \cdots, \omega_n)^T$ 表示这 n 个因素的重要性程度向量,则有

$$AW = \begin{bmatrix} \omega_1/\omega_1 & \omega_1/\omega_2 & \cdots & \omega_1/\omega_n \\ \omega_2/\omega_1 & \omega_2/\omega_2 & \cdots & \omega_2/\omega_n \\ \vdots & \vdots & & \vdots \\ \omega_n/\omega_1 & \omega_n/\omega_2 & \cdots & \omega_n/\omega_n \end{bmatrix} \begin{bmatrix} \omega_1 \\ \omega_2 \\ \vdots \\ \omega_n \end{bmatrix} = n \begin{bmatrix} \omega_1 \\ \omega_2 \\ \vdots \\ \omega_n \end{bmatrix} = nW \quad (9.32)$$

或
$$(A - nI)W = 0$$

这就是说，W 是 A 的特征向量，n 是特征值。若 W 事先未知，则可根据决策者对 n 个评价因素之间两两相比的关系，主观做出比值的判断矩阵 $\bar{A}$。

若判断矩阵 $\bar{A}$ 具有上述性质①～③，则 A 具有唯一非零的最大特征值 $\lambda_{\max} = n$。然而，人们对复杂的 n 个因素，两两比较时，不可能做到判断的完全一致性，这必然会造成特征值及特征向量中的偏差，这时 $AW = nW$ 变成了 $\bar{A}W' = \lambda_{\max}W'$，这里 $\lambda_{\max}$ 是 $\bar{A}$ 的最大特征值，一般不会等于 n，W' 是带有偏差的重要程度向量。

为了衡量两两比较的一致性，我们定义一致性指标 CI：

$$CI = \frac{\lambda_{\max} - n}{n - 1} \quad (9.33)$$

当完全一致时，$\lambda_{\max} = n$，$CI = 0$；CI 值越大，判断矩阵的一致性越差。一般只要 $CI \leq 0.1$，就可以认为判断的一致性可以接受，否则需要重新进行两两比较判断。

评价因素越多，即判断矩阵的维数 n 越大，判断的一致性将越差，故应放宽对高维判断矩阵一致性的要求。于是引入修正值 RI，见表 9.9。修正后的一致性指标用 CR 表示，则

$$CR = CI/RI \quad (9.34)$$

表 9.9 RI 值表

维数	1	2	3	4	5	6	7	8	9
RI	0	0	0.58	0.96	1.12	1.24	1.32	1.41	1.45

为了量化各个因素之间的两两比较结果，引入 1～9 标度。根据心理学家的研究结果，人们区分信息等级有极限能力为 7 ± 2，因此采用表 9.10 中的 1～9 标度。从表 9.10 中可以看到，在构造判断矩阵 A（为了简化，省略 A 顶上的一横）时只要给出 $n(n-1)/2$ 个判断数值就行了。除了表 9.10 中的 1～9 标度法外，还有许多别的标度法。

表 9.10 重要性比值表

标度 a_{ij}	定义
1	i 与 j 因素同等重要
3	i 比 j 因素稍微重要
5	i 比 j 因素明显重要

续表 9.10

标度 a_{ij}	定义
7	i 比 j 因素强烈重要
9	i 比 j 因素极端重要
2,4,6,8	介于以上两种判断之间的状态的标度
倒数	若 j 因素与 i 因素比较,得到的结果为 $a_{ji}=1/a_{ij}$

介绍完了判断矩阵及标度法之后,就可以讨论 W(为了方便,省略 W' 右肩上一撇)和 λ_{max} 的计算了。

一般而言,AHP 法中的判断矩阵 A 的最大特征值与特征矩阵用近似方法计算就行了。下面只介绍其中最简单的一种。

$$W=(\omega_1,\omega_2,\cdots,\omega_n)^T$$

$$\omega_i \approx \sum_{j=1}^{n} a_{ij} \Big/ \sum_{i=1}^{n}\sum_{j=1}^{n} a_{ij}$$

$$\lambda_{max} = \frac{1}{n}\sum_{i=1}^{n}\frac{(AW)_i}{\omega_i} \tag{9.35}$$

以上 W 只是 AHP 评价模型某一层次上各因素相对于一层某一具体因素的重要性向量,最终都要自下而上组织起来,变成各系统方案相对于评价目标的重要性向量,组合方法通过下面一个具体例子来说明。

例 10.7　层次分析法在货运企业发展定位决策中的应用。

某运输企业一直以长途货运为主要业务,为了适应市场变化,打算开展多元化经营,分散风险,计划对现有产业结构进行调整,在调整过程中具体投资方案的选择有:投资市内短途货运业务、整车外包业务、汽车维修业务和仓储加工业务。运用层次分析法对这四个产业进行评价,哪个投资方案最好?所谓好,指收益大、风险低和周转快。

解:此例的 AHP 评价模型不难构造,如图 9.6 所示。

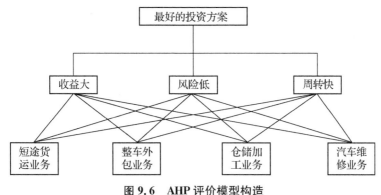

图 9.6　AHP 评价模型构造

第一步,先形成准则层三个因素相对于目标层的判断矩阵 G,

$$G = \begin{pmatrix} 1 & 1/3 & 3 \\ 3 & 1 & 5 \\ 1/3 & 1/5 & 1 \end{pmatrix}$$

第二步,再分别形成方案层四个方案相对于准则层三个因素的判断矩阵 C_1, C_2, C_3,

$$C_1 = \begin{pmatrix} 1 & 3 & 1/7 & 5 \\ 1/3 & 1 & 1/9 & 1/2 \\ 7 & 9 & 1 & 7 \\ 1/5 & 2 & 1/7 & 1 \end{pmatrix}, \quad C_2 = \begin{pmatrix} 1 & 3 & 5 & 7 \\ 1/3 & 1 & 5 & 3 \\ 1/5 & 1/5 & 1 & 1/2 \\ 1/7 & 1/3 & 2 & 1 \end{pmatrix}, \quad C_3 = \begin{pmatrix} 1 & 3 & 1/7 & 5 \\ 1/3 & 1 & 1/9 & 1/2 \\ 7 & 9 & 1 & 7 \\ 1/5 & 2 & 1/7 & 1 \end{pmatrix}$$

第三步,分别计算 G, C_1, C_2, C_3 的特征向量和特征值,得到

$$W_G = (\omega_1, \omega_2, \omega_3)^T$$

其中:$\omega_1 = (1 + 1/3 + 3)/(1 + 1/3 + 3 + 3 + 1 + 5 + 1/3 + 1/5 + 1) = 0.2915$;

$\omega_2 = (3 + 1 + 5)/(1 + 1/3 + 3 + 3 + 1 + 5 + 1/3 + 1/5 + 1) = 0.6054$;

$\omega_3 = (1/3 + 1/5 + 1)/(1 + 1/3 + 3 + 3 + 1 + 5 + 1/3 + 1/5 + 1) = 0.1031$。

$$GW_G = \begin{pmatrix} 1 & 1/3 & 3 \\ 3 & 1 & 5 \\ 1/3 & 1/5 & 1 \end{pmatrix} \begin{pmatrix} 0.2915 \\ 0.6054 \\ 0.1031 \end{pmatrix} = \begin{pmatrix} 0.8026 \\ 1.9954 \\ 0.3213 \end{pmatrix}$$

$$\lambda_G = \frac{1}{3}\left(\frac{0.8026}{0.2915} + \frac{1.9954}{0.6054} + \frac{0.3213}{0.1031}\right) = 3.0552$$

其中:
$$W_1 = (\omega_{11}, \omega_{12}, \omega_{13}, \omega_{14})^T$$

$\omega_{11} = (1 + 3 + 1/7 + 5)/(1 + 3 + 1/7 + 5 + 1/3 + 1 + 1/9 + 1/2 + 7 + 9 + 1 + 7 + 1/5 + 2 + 1/7 + 1) = 0.2379$

$\omega_{12} = (1/3 + 1 + 1/9 + 1/2)/(1 + 3 + 1/7 + 5 + 1/3 + 1 + 1/9 + 1/2 + 7 + 9 + 1 + 7 + 1/5 + 2 + 1/7 + 1) = 0.0506$

$\omega_{13} = (7 + 9 + 1 + 7)/(1 + 3 + 1/7 + 5 + 1/3 + 1 + 1/9 + 1/2 + 7 + 9 + 1 + 7 + 1/5 + 2 + 1/7 + 1) = 0.6245$

$\omega_{14} = (1/5 + 2 + 1/7 + 1)/(1 + 3 + 1/7 + 5 + 1/3 + 1 + 1/9 + 1/2 + 7 + 9 + 1 + 7 + 1/5 + 2 + 1/7 + 1) = 0.0870$

$$C_1 W_1 = \begin{pmatrix} 1 & 3 & 1/7 & 5 \\ 1/3 & 1 & 1/9 & 1/2 \\ 7 & 9 & 1 & 7 \\ 1/5 & 2 & 1/7 & 1 \end{pmatrix} \begin{pmatrix} 0.2379 \\ 0.0506 \\ 0.6245 \\ 0.0870 \end{pmatrix} = \begin{pmatrix} 0.9139 \\ 0.2428 \\ 3.3542 \\ 0.3250 \end{pmatrix}$$

$$\lambda_{c1} = \frac{1}{4}\left(\frac{0.9139}{0.2379} + \frac{0.2428}{0.0506} + \frac{3.3542}{0.6245} + \frac{0.3250}{0.0870}\right) = 4.4366$$

以下省去 C_2, C_3,特征向量 W_2, W_3 计算过程,得

$$W_2 = (\omega_{21}, \omega_{22}, \omega_{23}, \omega_{24})^T = (0.5210, 0.3039, 0.0619, 0.1132)^T$$

$$C_2W_2 = \begin{pmatrix} 1 & 3 & 5 & 7 \\ 1/3 & 1 & 5 & 3 \\ 1/5 & 1/5 & 1 & 1/2 \\ 1/7 & 1/3 & 2 & 1 \end{pmatrix} \begin{pmatrix} 0.521\ 0 \\ 0.303\ 9 \\ 0.061\ 9 \\ 0.113\ 2 \end{pmatrix} = \begin{pmatrix} 2.534\ 6 \\ 1.126\ 7 \\ 0.283\ 5 \\ 0.412\ 7 \end{pmatrix}$$

$$\lambda_{c2} = \frac{1}{4}\left(\frac{2.534\ 6}{0.521\ 0} + \frac{1.126\ 7}{0.303\ 9} + \frac{0.283\ 5}{0.061\ 9} + \frac{0.412\ 7}{0.113\ 2}\right) = 4.199\ 5$$

$$W_3 = (\omega_{31}, \omega_{32}, \omega_{33}, \omega_{34})^T = (0.2379,\ 0.0506,\ 0.6245,\ 0.0870)^T$$

$$C_3W_3 = \begin{pmatrix} 1 & 3 & 1/7 & 5 \\ 1/3 & 1 & 1/9 & 1/2 \\ 7 & 9 & 1 & 7 \\ 1/5 & 2 & 1/7 & 1 \end{pmatrix} \begin{pmatrix} 0.237\ 9 \\ 0.050\ 6 \\ 0.624\ 5 \\ 0.087\ 0 \end{pmatrix} = \begin{pmatrix} 0.913\ 9 \\ 0.242\ 8 \\ 3.354\ 2 \\ 0.325\ 0 \end{pmatrix}$$

$$\lambda_{c3} = \frac{1}{4}\left(\frac{0.913\ 9}{0.237\ 9} + \frac{0.242\ 8}{0.050\ 6} + \frac{3.354\ 2}{0.624\ 5} + \frac{0.325\ 0}{0.087\ 0}\right) = 4.436\ 6$$

第四步,对各级各因素判断矩阵进行一致性检验,得

$$G: CR = \frac{3.005\ 2 - 3}{3 - 1} \times \frac{1}{0.58} = 0.05 < 0.1, 可以。$$

$$C_1: CR = \frac{4.436\ 6 - 4}{4 - 1} \times \frac{1}{0.96} = 0.15 > 0.1, 一致性差一些,按理应重新构造判断矩$$

阵,但在本例中,要求放松些,就算一致性检验通过。

$$C_2: CR = \frac{4.199\ 5 - 4}{4 - 1} \times \frac{1}{0.96} = 0.07 < 0.1。$$

C_3:情况与 C_1 相同。

第五步,自下而上组合评价结果

$$W = \omega_1 W_1 + \omega_2 W_2 + \omega_3 W_3$$

$$= 0.291\ 5 \times \begin{pmatrix} 0.237\ 9 \\ 0.050\ 6 \\ 0.624\ 5 \\ 0.0870 \end{pmatrix} + 0.605\ 4 \times \begin{pmatrix} 0.521\ 0 \\ 0.303\ 9 \\ 0.061\ 9 \\ 0.113\ 2 \end{pmatrix} + 0.103\ 1 \times \begin{pmatrix} 0.237\ 9 \\ 0.050\ 6 \\ 0.624\ 5 \\ 0.087\ 0 \end{pmatrix}$$

$$= \begin{pmatrix} 0.409\ 3 \\ 0.203\ 9 \\ 0.283\ 9 \\ 0.102\ 9 \end{pmatrix}$$

根据,W 中各方案的相对重要性大小可知,市内短途货运业务投资是收益大、风险低、资金周转快的最好的投资方案,而开展仓储加工业务次之,投资整车外包业务第三,投资汽车维修最差。当然,这只是代表本书编者的观点,如果换一个人,结论或许会有所不同。

从上面对 AHP 的介绍可以看出,AHP 法的评估结果是强烈依赖该法适用者的知

识、经验和判断的。在使用 AHP 法时选取的各种要素,都是基于评价者的经验、知识得到的。这些决策因素之间的比较往往无法用定量的方式描述,此时需要将半定性、半定量的问题转化为定量计算问题。虽然,有很多学者认为该方法不够客观,但是,层次分析法的优点就是把其他方法难以量化的评价因素通过两两比较加以量化,把复杂的评价因素构成化解为一目了然的层次结构,使评价过程程序化,易于使用。因此,AHP 法被称为解决复杂决策系统评价问题的行之有效的方法。

例 10.8 层次分析法在大型公路客运站选址中的应用。

公路客运站是集散旅客、停靠车辆,直接为旅客及客运经营者服务的场所。合理建设好一个车站,前提是选好站址。影响客运站选址的因素很多,如,方便旅客换乘、能够吸引和诱发众多客流;要与城市总体规划及交通枢纽发展规划相协调;能与其他交通工具紧密衔接和配合;客运站布局要有利于乘客候车、乘车方便、流线短捷等;许多通常用的方法使得选址过程十分复杂,难以采用。

采用层次分析法进行公路客运站选址,即结合客运站的功能及选址布局原则,考虑经济效益和社会效益,对多个选址案进行逐一评价,寻求最佳的选址方案。该方法针对大量的不确定性、模糊性、随机性因素及其相互关系,提出了一种量化决策方法,并将定性与定量方法结合起来,使复杂的决策问题清晰化,减少了定量计算的工作量和难度,具有较好的实用性。

影响公路客运站选址的因素很多,但这些因素可概括为以下三个主要方面:乘客换乘及车辆进出的方便性;客运站与城市规划及交通枢纽的协调性;客运站的经济效益。

按层次分析法对影响客运站选址的影响因素进行归纳,其层次结构示意图见图 9.7。

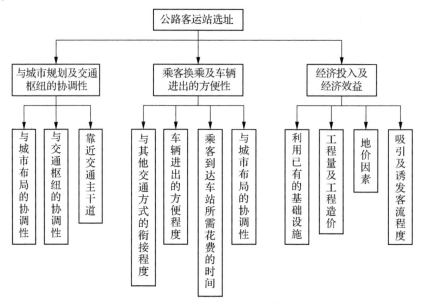

图 9.7 公路客运站选址层次结构图

9.6 运输组织发展

9.6.1 运输组织的智慧发展

智慧交通,就是通过建立 5G、大数据、人工智能、云计算、区块链、超级计算等新技术和装备与交通行业深度融合,在交通基础设施和交通信息基础设施建设不断实施中,进一步完善智慧交通形态。在我国"十四五"规划中明确提出"加快建设交通强国,完善综合运输大通道、综合交通枢纽和物流网络,加快城市群和都市圈轨道交通网络化",智慧交通的重要性日趋凸显。

智慧交通具有以下任务要求:① 完善智慧交通体制机制,研究制定智慧交通发展框架;② 推进交通运输信息化、智能化,促进基础设施、信息系统等互联互通,实现 ETC、公共交通一卡通等全国联网;③ 推动交通运输行业数据的开放共享和安全应用,利用社会力量和市场机制推进智慧交通建设;完善交通运输科技创新体制机制,强化行业重大科技攻关和成果转化,推进新一代互联网、物联网、大数据、"北斗"卫星导航等技术装备在交通运输领域的应用。

1) 运输组织的信息化发展

(1) 交通信息平台

借助视频监控、北斗卫星导航、5G 移动网络等技术,实现对交通传统行业的转型升级。结合现代智慧化交通管理技术的深化应用,按操作层、管理层、决策层、公众层四个不同应用对象进行功能设计,建立全面高效的交通信息网络共享平台,如智慧化指挥调度平台、数字化决策支持平台等,如图 9.8 所示。

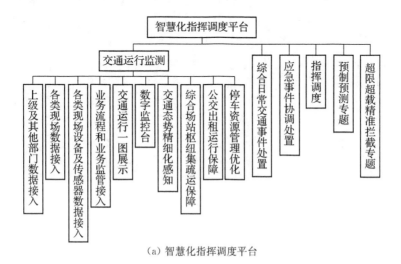

(a) 智慧化指挥调度平台

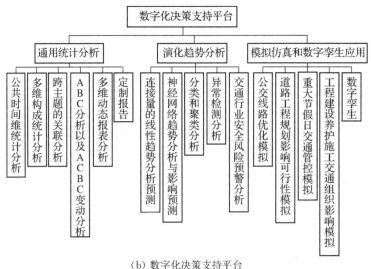

(b) 数字化决策支持平台

图 9.8 交通信息平台

① 交通大数据中心（TBDC）

交通大数据中心（Transportation Big Data Center，TBDC）可以将大数据应用技术与传统的交通管理业务相结合，将"数据大"转变为"大数据"，产生更高效的管理组织模式。交通大数据中心及交通运行指挥中心能够将分散于多部门、多系统、多业务、多层级、多区域的交通运输业大数据进行整合，提升交通领域信息化、数据化的科学决策和高效管理水平。交通大数据决策指挥平台的建立，需要根据需求确定大数据中心架构、系统搭建和数据应用与展示，如图 9.9 所示。

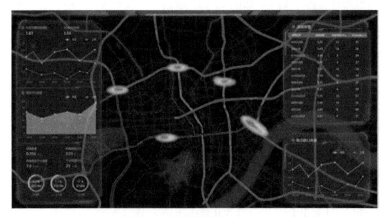

图 9.9 交通大数据中心平台

② 交通运行监测调度中心（TOCC）

交通运行监测调度中心（Transportation Operations Coordination Center，TOCC）能够实施交通运行的监测、预测和预警，面向公众提供交通信息服务，开展多种运输方式的调度协调,提供交通行政管理和应急处置的信息保障。TOCC 是综合交通运行监测协调体系的核心组成部分,可以涵盖城市道路、高速公路、国省干线三大路网,轨道交通、地面公交、出租汽车三大市内交通方式,公路客运、铁路客运、民航客运三大城际交通方式的综合运行监测和协调联动,在综合交通的政府决策、行业监管、企业运营、百姓出行方面发挥着越来越重要的作用。

③出行即服务平台

出行即服务平台(Mobility-as-a-Service,MaaS)是基于现状已有的交通方式,利用技术综合匹配乘客出行的时间成本、费用成本和对环境影响的基础上,采用一种或多种交通方式服务乘客空间位置移动的一站式出行服务方式。出行即服务平台基于公共交通智能调度、个人习惯分析、绿色出行优先等,整合互联网的支付能力,实现出行行程预定、路径一键规划、公共交通无缝衔接、费用一键支付等功能,整体提升公众公共交通出行满意度,提高公众绿色出行良好体验。

在 MaaS 系统下,出行者把出行视为一种服务,不再需要购买交通工具,而是依据出行需求购买由不同运营商提供的出行服务。MaaS 代表了一种转变:从个人拥有出行工具到将出行作为一种服务来进行消费。MaaS 的关键宗旨是基于用户的出行需求提供相应的方案,提高公众出行信息服务水平。

(2) 智慧交通枢纽

智慧交通枢纽的具体任务:① 优化综合客运枢纽运输组织,拓展枢纽内智能终端应用;② 促进各种运输方式信息互通、运力匹配、组织衔接、时刻对接;③ 实现枢纽内立体导航,推动枢纽内运输信息实时发布更新;④ 完善综合运输服务衔接机制;⑤ 制定完善多式联运系统、综合交通枢纽等建设、服务的标准,实现各种运输方式标准的有效衔接;⑥ 推进货运"一单制"、客运"一票制""一码通"、服务"一站式"的综合运输一体化服务;⑦ 实施空铁联运,联程安检互认等便民措施,在城市内部形成"三网融合"(轨道+公交+慢行)的交通新环境;⑧ 完善国家重大节假日等特殊时期运输服务协调机制,提升综合运输服务保障能力和水平。

(3) 智慧物流体系

智慧物流体系(Intelligent Logistics System,ILS)是指通过智能软硬件、物联网、大数据等智慧化技术手段,实现物流各环节精细化、动态化、可视化管理,提高物流系统智能化分析决策和自动化操作执行能力,提升物流运作效率的现代化物流模式。该体系有助于降低物流成本、提升物流企业规模化集约化水平、加强物流基础设施网络建设、提升物流社会化、专业化水平。

① 智能仓储系统

仓库管理系统(Warehouse Management System,WMS)是对物料存放空间进行管理的平台。其功能主要有两方面,一为通过在系统中设定一定的仓库仓位结构对物料具体空间位置的定位,二为通过在系统中设定一些策略对物料入库/出库/库内等作业流程进行指导。伴随着射频识别技术(RFID)、自动控制技术、智能机器人堆码垛技术、智能信息管理技术、移动计算技术、数据挖掘技术等智能技术的发展,形成了以仓储为核心的智能物流中心,如图9.10所示。智能仓储通常配有入库机、出库机、查询机等诸多硬件设备。

图 9.10　智能仓储系统

一个成熟的智能仓储解决方案除了具备全面物资管理功能外,还具备动态盘点:支持"多人+异地+同时"盘点,盘点的同时可出入库记账;动态库存:重现历史时段库存情况,方便财务审计;单据确认:入库、出库、调拨制单后需要进行确认更新库存;RFID手持机管理:使用手持机进行单据确认、盘点、查询统计;库位管理:RFID关联四号定位(库架层位);质检管理:强检物品登记、入库质检确认、外检;定额管理:领料定额、储备定额、项目定额等功能。

② 智能分拣系统

相比人工作业的效率低、易出错、货物破损大等问题,智能自动分拣系统应用的最大优势就是分拣效率高,分拣准确率高。如模组带和斜摆轮分拣系统,分拣效率超4 000件/h,高速分流器系列,效率可达8 000件/h,分拣准确率达99.99%,破损率几乎为0,如图9.11所示。

图 9.11　智能分拣系统

自动分拣系统通过输送、扫码、系统交互、分拣等装置,对货物进行分拣、输送,还可以实现货物称重扫码测体,代替人工进行面单识别、分拣、传送。使用自动化分拣系统,可以节省70%以上的人工成本,同时可以优化各环节结构,把更多的人员安排到柔性化的工作,如人工集包、人工理货等环节。

(4) 智慧交通基础设施

信息技术已逐步应用于公路基础设施规划、设计、建造、养护、运行管理等环节。如高速公路电子不停车收费系统(ETC)门架。智能网联路侧单元、高精度交通地理平台、智慧交通基础设施管理系统等。基于5G的无人驾驶作业和智能驾驶示范线路等。

利用计算机视觉技术对视频信号进行处理、分析和理解,在不需要人为干预的情况下,通过对序列图像自动智能分析,对监控场景中的变化进行定位、识别和跟踪,并在此基础上分析和判断目标的行为,有效完成车辆减超速、车辆逆行、交通堵塞、道路烟雾和火灾等事件的自动监控,并且就车流量、车速、车型、突发事件紧急程度进行预测分析,为道路安全运行与危险情况营救提供必要的数据支持。

2) 运输无人化组织的发展

随着5G、人工智能、车路协同等技术的不断发展进步,促使更加高效智能的运输设备与运输系统产生,为实现运输无人化提供了条件。

(1) 客运无人化——无人驾驶公交

在客运方面,乘客从购票、进站、安检乃至乘车的过程都在逐渐向无人化方向发展,智慧场站、无人巴士等技术已经落地实施。

从场站枢纽看,如今乘客购票已经从线下人工窗口购买转变为网上购票的模式,通过手机App或自助购票机自行购买车票,车站对应的人工窗口也相应减少;进站时也大多采用人脸识别的方式进行,人证核验通过后即可进站。

从乘客乘坐工具看,近几年无人驾驶公交、无人驾驶巴士等陆续开始上路运行。以苏州市无人驾驶公交为例,2020年10月,由中国移动与无人驾驶公司轻舟智航部署的全国首个常态化运营的5G无人公交驶上苏州高铁新城街头,如图9.12所示。

图9.12 苏州无人公交车

之前的无人公交项目多是在封闭道路或园区运营,而苏州市启动的常态化运营5G无人公交则是在城市的开放道路上,车辆速度为20到50 km/h。在中国移动5G网络的加持下,这辆装载了轻舟智航无人驾驶方案的无人小巴能应对城市公开道路上的各种复杂路况,比如十字路口混合交通流、人群横穿马路、电动车鬼探头等。

该公交首条开通的线路为苏州 Robo-Bus Q1 路,路线呈 8 字形,一共有 5 个站点,定位为城市微循环公交线路。后续,该无人公交项目将开通更多路线,计划覆盖苏州北站周边 9.8 km² 区域,解决数万居民出行"最后三公里"难题。

(2) 货运无人化——物流无人化

当前电商、物流行业巨头推动的物流无人化,是为了满足大幅增长的快递包裹高效处理与配送需求,以提升消费者体验为目的,以数字化为核心驱动力,以自动化、智能化技术设备取代人力。受到技术、成本、政策等条件的制约,物流无人化的真正实现还有相当一段距离,但作为发展方向,其研究意义在于,以智慧物流技术实现设备与人力的协同作业,提高运输效率,降低运输成本。

① 仓储环节无人化组织发展

无人化技术应用最早、范围最广的就是在仓储环节。从最初的托盘式自动化立体库 ASRS、自动输送与分拣系统、无人搬运车(AGV)到后来的穿梭车、料箱式自动化立体库 Miniload 等,先进的自动化物流解决方案不断涌现。物流中心正逐步向高度信息化、自动化和智能化方向发展,最终将实现无人化。

以菜鸟网络浙江嘉兴一个日均处理百万件商品的全自动化仓库为例:包裹自动拣货完成后,被自动贴上快递面单,就连最后的封箱作业也由机器自动完成,然后被送上高速分拣机。分拣机 1 h 可以分拣超过 2 万件包裹。由于整个仓库不需要人工操作,无须预留车以及人工通道,货架的高度也无限制,整个仓库存储密度极高,相当于传统仓库的 4 倍。

无人化技术对提高物流作业效率的效果显著。例如,某电商无人分拣中心的分拣能力可以达到 9 000 件/h,供包环节的效率提升了 4 倍,在同等场地和分拣货量的前提下,无人化技术应用使得每个场地可节省人力 180 人。尽管限于技术和成本因素,目前物流中心主流的解决方案还是人机结合的方案,但是作为技术储备,很多公司也积极进行着完全无人仓技术的研发和试验。

图 9.13 为某电商无人分拣中心。

图 9.13 某电商无人分拣中心

② 运输和配送环节无人化组织发展

在物流运输和配送环节,中国企业也从追赶者逐渐转为领跑者,正在加速探索构建无人机和无人车的空地一体运输配送网络。

Ⅰ. 无人机

无人机物流的概念由美国的商业巨头亚马孙于2013年引入公众视野,中国的快递巨头顺丰、京东也是最早一批布局无人机物流的企业之一。

以顺丰为例,顺丰在赣州区域试点运营其自主研发的小型物流无人机,最大有效载重 5～25 kg,最大载重飞行距离 15～100 km,主要用于末端货件派送(图 9.14)。顺丰还将通过无人机实现航空物流网络干支线对接,构建的"大型有人运输机＋支线大型无人机＋末端小型无人机"三段式空运网将实现 36 h 通达全国。

图 9.14　末端货件派送

Ⅱ. 无人车

物流无人车主要有无人重卡、无人配送车两种类型。其中,无人配送车不仅适合开放密集的楼宇、城市 CBD,也可以在居民社区、校园、工业园区等封闭或半封闭的环境内运行,以此减少配送员的工作量。对于无人重卡而言,干线和港口是两个比较理想的落地场景,目前国内已有无人重卡落地干线、港口场景的实例。

以苏宁物流为例,2018 年,苏宁无人配送车"卧龙一号"是国内首个可以实现室内室外场景无缝切换的无人配送车,也是国内首个可以与电梯进行信息交互送货上门的物流无人配送车,它通过多线激光雷达＋GPS＋惯导等多传感器融合定位,实现智能化末端货件派送(图 9.15)。

图 9.15　"卧龙一号"无人配送车

该无人配送车依照"接单、送货、自主定位、自主规划路径及避障、货物送达"的流程完成配送工作,截至目前,"卧龙一号"已在北京、南京、成都三地实现了于当地指定社区范围内的常态化运行。苏宁物流对无人配送车的场景规划十分清晰:即消费者线上下单完成后,商家通过前置仓、易购门店、社区便利店(苏宁小店)通过无人小车发出商品,在1 h内送抵消费者手中,从而形成一个3 km范围内的理想生活圈。

Ⅲ. 智能自提柜

在末端配送领域还有一种无人化方式,智能自提柜替代快递员送货上门。智能自提柜集成了物联网、智能识别、动态密码、无线通信等技术,能够实现快递包裹的24 h自助存取、远程监控和信息发布等功能。由于自提柜的运行只依赖电力系统和通信系统,对空间条件要求不高,因此可以根据业务和运营的需求灵活设置。

使用自提柜投递快件,减少了等待客户等环节,投递效率十分高;一个快递员最少可以管理十几组自提柜,因此每次投递的人工成本可以降低很多。用户在使用自提柜时,除了传统的动态密码解锁方式,现在还出现了刷脸取件方式,使用更加便捷。

目前,智能自提柜主要由电商巨头、主流快递公司和第三方快递柜企业布局设置,如京东商城、苏宁易购、丰巢科技和日日顺乐家、速递易、中集e栈等,如图9.16所示。

图9.16 丰巢自提柜

9.6.2 运输组织的可持续发展

1) 交通运输为碳达峰、碳中和做贡献

交通领域的碳排放是引发全球气候变化的主要因素之一。应对气候变化的关键在于"控碳",其必由之路是先实现"碳达峰",而后实现"碳中和"。"碳达峰"指我国承诺2030年前,二氧化碳的排放不再增长,达到峰值之后逐步降低。"碳中和"指企业、团体或个人测算在一定时间内直接或间接产生的温室气体排放总量,然后通过植物造树造林、节能减排等形式,抵消自身产生的二氧化碳排放量,实现二氧化碳"零排放"。

对于道路交通领域,汽车行业需顺应绿色低碳发展的大方向,锚定"碳达峰、碳中和"目标,从全生命周期去不断持续地减少碳排放和污染物排放,向低碳、近零碳转型,在推动国家"碳达峰、碳中和"战略目标过程中,实现汽车行业自身的高质量可持续的发展。

调整运输结构,也是交通运输低碳发展的主攻方向。"碳中和"目标需全社会共同努力,要充分发挥各种运输方式的比较优势和组合效率,实现结构减排效应的最大化,公路货运向铁路和水运转移的减排效果明显,需长期坚持。

在"碳达峰、碳中和"目标推动下,公共交通将得到进一步大力发展,地铁、轻轨、城轨、公交的智慧化程度将会越来越高;共享汽车和共享单车也将更进一步解决"最后一公里"的问题。

2) 全面深入推进绿色交通发展

交通运输部《关于全面深入推进绿色交通发展的意见》指出,坚持人与自然和谐共生的基本方略,树立社会主义生态文明观,践行"绿水青山就是金山银山"的理念,以交通强国战略为统领,以深化供给侧结构性改革为主线,实施交通运输结构优化、组织创新、绿色出行、资源集约、装备升级、污染防治、生态保护等七大工程,构建绿色发展制度标准、科技创新和监督管理等三大体系,从而实现绿色交通由被动适应向先行引领、由试点带动向全面推进、由政府推动向全民共治的转变,推动形成绿色发展方式和生活方式。

(1) 运输结构优化

国务院《推进运输结构调整三年行动计划(2018—2020年)》明确了,牢固树立和贯彻落实新发展理念,按照高质量发展要求,标本兼治、综合施策,政策引导、市场驱动,重点突破、系统推进,以深化交通运输供给侧结构性改革为主线,不断完善综合运输网络,切实提高运输组织水平,优化交通运输结构,构建绿色低碳环保的现代综合交通运输体系。

统筹交通基础设施布局。在国土主体功能区和生态功能保障基线要求下,优化铁路、公路、水运、民航、邮政等规划布局,扩大铁路网覆盖面,完善公路网,推进内河高等级航道建设,统筹布局综合交通枢纽,优化港口、机场等重要枢纽集疏运体系,提升综合交通运输网络的组合效率。

优化旅客运输结构。铁路、公路、水运、民航等客运系统有机衔接和差异化发展,提升公共客运的舒适性和可靠性,吸引中短距离城际出行更多转向公共客运;构建以高速铁路和城际铁路为主体的大容量快速客运系统,形成与铁路、民航、水运相衔接的道路客运集疏网络,提高铁路客运比重,逐步减少800 km以上道路客运班线。

改善货物运输结构。按照"宜水则水、宜陆则陆、宜空则空"的原则,调整优化货运结构。提升铁路全程物流服务水平,理顺运价形成机制,提高疏港比例,发挥铁路在大宗物资中远距离运输中的骨干作用。大力发展内河航运,充分发挥水运占地少、能耗低、运能大等比较优势。逐步减少重载柴油货车在大宗散货长距离运输中的比重。

(2) 运输组织创新

推广高效运输组织方式。发展多式联运、江海直达、滚装运输、甩挂运输、驼背运输等先进运输组织方式。依托铁路物流基地、公路港、沿海和内河港口等,完善多式联运型和干支衔接型货运枢纽(物流园区)建设,统筹农村地区交通、邮政、商务、供销等资源,推广"多站合一"农村物流节点建设、农村"货运班线"服务方式。推进铁水联运示范工程,将集装箱铁水联运示范项目逐步扩大到内河主要港口。

发展高效城市配送模式。优化城市货运和快递配送体系,在城市周边布局建设公共货运场站或快件分拨中心,完善城市主要商业区、校园、社区等末端配送节点设施,引导企业发展统一配送、集中配送、共同配送等集约化组织方式。

(3) 绿色出行

倡导绿色出行行动,鼓励公众使用绿色出行方式,提升公交、地铁等绿色低碳出行方式比重。鼓励汽车租赁业网络化、规模化发展,依托机场、火车站等客运枢纽发展"落地租车"服务,促进分时租赁创新发展。

深入实施公交优先战略。在大中城市提升公交线网密度,提高公交出行的分担率,完善公共交通管理体制机制,推动城市轨道交通、公交专用道、快速公交系统等公共交通基础设施建设,强化智能化手段在城市公共交通管理中的应用。打造"轨交＋公交＋慢行"的绿色出行体系。通过完善公共交通网络、推广新能源汽车、公共自行车等交通模式,构建多层次的绿色出行服务体系。推进城际、城市、城乡、农村客运四级网络有序对接,鼓励城市公交线路向郊区延伸,扩大公共交通覆盖面。

(4) 交通运输资源集约利用

推广应用节能环保先进技术。制定发布交通运输行业重点节能环保技术和产品推广目录。对港口、机场、货运枢纽(物流园区)装卸机械和运输装备实施"油改电、油改气"工程,开展机场新能源综合利用示范。

(5) 高效清洁运输装备升级

推进运输装备专业化标准化。调整完善内河运输船舶标准船型指标,加快推广三峡船型、江海直达船型和节能环保船型。深化车辆运输车治理,推进货运车辆标准化、厢式化、轻量化。推进敞顶集装箱、厢式半挂车等标准化运载单元的推广应用。

推广应用新能源和清洁能源车船。在港口和机场服务、城市公交、出租汽车、城市物流配送、汽车租赁、邮政快递等领域优先使用新能源汽车,提高新能源车辆在市场中的占比。推动加氢站、加气站、公交充电桩等公交配套设施建设。加快充电基础设施建设,完善充电网络体系,特别是在高速公路服务区、交通枢纽充电加气设施的规划与建设。

(6) 交通运输污染防治

强化船舶和港口污染防治。推进港口船舶污染物接收设施建设,提升化学品洗舱水接收能力,并确保与城市公共转运、处理设施衔接。

制定实施汽车检测与维护(I/M)制度,确保在用车达到能耗和排放标准。倡导推广生态驾驶、节能操作、绿色驾培。积极推广绿色汽车维修技术,加强对废油、废水和废气的治理,提升汽车维修行业环保水平。

绿色交通体制机制完善需要从每一个环节入手,需要从制定绿色交通发展框架和评价指标体系,引导社会各方共同推进绿色交通发展;健全营运车船燃料消耗和主要污染物排放的市场准入和退出机制;加强绿色交通统计监测体系建设,完善重点交通运输企业节能减排监管和工程建设生态保护制度;完善交通运输节能减排产品(技术)推广机制,大力推广应用清洁能源等多个方面着手推进。

思考题

9.1 运输组织综合评价的内容有哪些?
9.2 综合评价指标体系的内容有哪些?
9.3 多目标综合评价方法的基本步骤有哪些?
9.4 确定指标的权重有哪些方法?
9.5 利用多级模型进行模糊综合评判的步骤有哪些?
9.6 层次分析法的基本思想是什么?
9.7 试给出铁路以及航空货物运输组织规划的综合评价指标体系。
9.8 举例说明你身边的智慧运输组织方式有哪些?
9.9 某汽车运输公司4月初(按4.1日)有155辆营运货车,其中:4 t的127辆,5 t的28辆;有41辆营运客车,其中:38座的35辆,40座的2辆,41座的3辆,42座的1辆;4月16日新增营运车20辆,内有4 t货车10辆,38座的客车10辆;4月21日将原有货车中2.5 t的货车全部调出,次日(4.22日)该公司又新增营运车15辆,内有4 t的货车10辆,40座的客车5辆。

根据以上资料,分别计算客货车的:
(1) 4月底保有总车数;
(2) 4月底总车日;
(3) 4月底总车吨位日、总车座位日;
(4) 4月份保有平均总吨位/车;
(5) 4月份平均座位数/车。

9.10 某汽车队2020年第一季度初(按1月1日计)有4 t营运货车10辆,5 t货车25辆。1月15日新增4 t货车5辆;2月25日又新增8 t货车5辆;3月11日调出5 t货车5辆。已知第一季度非完好车日288车日,停驶车日252车日,拖运率为25%。主车完成货物周转量为16.832万t·km。

根据以上资料,计算第一季度末保有的车数、平均吨位、车辆完好率、车辆工作率。

9.11 某汽车运输公司车队9月份有关统计数据为:营运车辆为100辆,车辆工作率为90%,出车时间为18 900 h,其中运行时间为9 450 h,总行程为56.7万 km。

根据以上资料,计算该车队9月份的工作车日、平均每日出车时间、技术速度、出车时间利用系数。

9.12 某运输企业2021年末有营运解放卡车70辆(标记吨位4 t),营运东风车50辆

(标记吨位 5 t)。计划 2022 年一季度末增加营运东风车 20 辆,二季度末增加营运东风柴油车 30 辆(标记吨位 8 t),三季度末减少营运解放车 20 辆。分别计算该企业 2022 年的年初车数、年末车数、年末总车日、月平均营运车数、车吨日数、月平均吨位及总吨位。

9.13 某汽车货运公司 2020 年末统计,指标如下:日历天数 365 天,平均车数 60 辆,平均吨位 8 t,工作车日 17 520 车日,平均车日行程 200 km,车辆完好率 85%,载重行程 212.04 万 t·km,完成周转量 1 681.92 万 t·km。若根据 2020 年已签订的运输合同以及市场预测资料,全年有 30 万 t 货物的运输任务,且平均运距为 60 km,经过必要的计算,回答下列问题:

(1) 该公司 2020 年单车年产量为多少 t·km?
(2) 该公司 2020 年实载率指标是多少?
(3) 若该公司车辆运用效率水平与 2020 年相同,能不能完成 2021 年生产任务,为什么?

9.14 某汽车运输公司 2020 年上半年,有关指标如下:日历日数 181 天,车辆工作率 87%,车辆平均日行程 400 km,行程利用率 75%,额定吨位 5 t,吨位利用率 84%,拖运率 40%。试计算分析如下问题:

(1) 该运输公司 2020 年上半年单车产量?
(2) 单车日产量为多少 t·km?
(3) 车吨日产量是多少?

9.15 某汽车客运公司 2020 年底拥有营运客车 100 辆,其中大客车(45 座)60 辆,中型客车(20 座)40 辆,2020 年完成旅客运量 30 万人次,平均运距 200 km,公司的经营状况处在成长时期。为进一步开拓业务,公司增加投资购置豪华大客车 20 辆(50 座),预计新增车辆后,车辆工作率为 85%,平均车日行程为 400 km,平均实载率为 70%。

经过必要的计算后,回答下列问题(日历日数按 360 天计):

(1) 该公司 2020 年车座年产量为多少?
(2) 购置新车后,公司年生产能力将达到多少?

9.16 智能化运输主要体现在哪些方面?低碳运输主要体现在哪些方面?

参 考 文 献

[1] 陈京. 汽车运输组织管理[M]. 北京:机械工业出版社,2004.
[2] 崔国成,闫秀峰. 运输管理实务[M]. 武汉:武汉理工大学出版社,2015.
[3] 崔国成. 运输组织与管理[M]. 武汉:武汉理工大学出版社,2019.
[4] 崔书堂,朱艳茹. 交通运输组织学[M]. 南京:东南大学出版社,2008.
[5] 董千里. 交通运输组织学[M]. 北京:人民交通出版社,2008.
[6] 冯树民,白仕砚,慈玉生. 城市公共交通[M]. 北京:知识产权出版社,2012.
[7] 傅莉萍. 运输管理[M]. 北京:清华大学出版社,2015.
[8] 过秀成,姜晓红. 城乡公共客运规划与组织[M]. 北京:清华大学出版社,2011.
[9] 韩萍. 汽车运输组织[M]. 北京:北京交通大学出版社,2017.
[10] 卢佐安,薛峰. 交通运输组织学[M]. 成都:西南交通大学出版社,2014.
[11] 孟祥茹. 运输组织学[M]. 北京:北京大学出版社,2014.
[12] 欧国立. 运输市场学[M]. 2版. 北京:中国铁道出版社,2018.
[13] 冉斌. 手机数据在交通调查和交通规划中的应用[J]. 城市交通,2013,11(1):72-81.
[14] 苏朝霞,陈栋,陈彧. 运输组织与管理[M]. 北京:科学出版社,2016.
[15] 孙家庆,张赫,张傅雯. 集装箱多式联运[M]. 4版. 北京:中国人民大学出版社,2020.
[16] 王小乐. 公路货运协同运输管理平台研究[D]. 成都:西南交通大学,2017.
[17] 王玥. 物流园区集疏运系统中的运输方式选择与运量配置研究[D]. 南京:东南大学出版社,2017.
[18] 吴文静. 公路运输组织学[M]. 2版. 北京:人民交通出版社,2017.
[19] 许淑君. 运营管理[M]. 北京:中国人民大学出版社,2013.
[20] 严季.《危险货物道路运输规则》(JT/T 617—2018)实用指南[M]. 北京:化学工业出版社,2019.
[21] 张健,李文权,冉斌. 常规公交车辆行车计划智能化编制及优化方法[M]. 南京:东南大学出版社,2014..
[22] 赵光辉,姜彦宁."互联网+"助推交通强国[M]. 北京:人民邮电出版社,2018.
[23] 郑长江,张小丽. 城市公共交通[M]. 北京:国防工业出版社,2013.